Prüfungsbuch Gastgewerbliche Berufe

– gästeorientiert/handlungsorientiert –

Zur Vorbereitung auf die Zwischen- und Abschlussprüfung

Herausgeber: Prof. Dr. Harald Dettmer

Autoren: Harald Dettmer,
Anton Hann, Thomas Hausmann,
Otto Manina, Helmut Meisl,
Werner Schneid, Klaus Steffens

Best.-Nr. 7310
Holland + Josenhans Verlag Stuttgart

Dieses Werk folgt der reformierten Rechtschreibung und Zeichensetzung.

Quellennachweis:
AID Auswertungs- und Informationsdienst für Ernährung, Landwirtschaft und Forsten e. V., Bonn, S. 241/1; Atlanta Handelsgesellschaft Harder & Co., GmbH, Bremen, S. 241/2/3, 250/1/2/5; CMA Centrale Marketing-Gesellschaft der Deutschen Agrarwirtschaft mbH, Bonn, S. 241/4; creaplan, Zürich/Schweiz, S. 80; Deutsche Bahn AG, Berlin, S. 112, 320; Deutsches Weininstitut GmbH, Mainz, S. 272; Eising, Bildagentur, München, S. 82; Elger u. a.: „Die neue Schule der Nahrungszubereitung", Hamburg, S. 243/3; Emmelmann, K.-W., Bonn, S. 300; FIMA Fischwirtschaftliches Marketing-Institut, Bremerhaven, S. 248/3/5; Hasenpusch, Foto-Schnappschuß, Industrie- und Werbeaufnahmen, Bad Harzburg, S. 106, 288, 291, 293, 296; Henckels, J. A., Zwillingswerk AG, Solingen, S. 104/3, 110/3; Jüngel & Severin Hotel- und Gaststättenbedarf, Garmisch-Partenkirchen, S. 110/5; MP-DESIGN, Bad Harzburg, S. 107, 108, 109, 256; OKAPIA Bild-Archiv KG, Frankfurt, S. 248/2/4; Pfanni-Werke KG, München, S. 243/1; Richter, Regina, Hamburg, S. 88, 89, 271; Schmidt, Erich, Verlag GmbH & Co., Berlin, S. 11; Schnee-Frost Ernst Schnetkamp GmbH & Co., Löningen/Oldb., S. 243/2/4; Schrempp, Heinz, Breisach-Oberrimsingen, S. 250/3/4; StockFood, Eising, S. 248/1; WMF Württembergische Metallwarenfabrik AG, Geislingen, S. 104/1/2, 110/1/2/4/6;

Titelbild: Hotelfachschule Bad Wörishofen, Bad Wörishofen
Schönbuch Hotel, Pliezhausen

Dieses Buch ist auf Papier gedruckt, das aus 100 % chlorfrei gebleichten Faserstoffen hergestellt wurde.

Gestaltung: Ursula Thum, 70599 Stuttgart

Gesamtherstellung: Oertel + Spörer GmbH + Co., 72764 Reutlingen

ISBN 3-7782-7310-0

Geleitwort

Mit dem Ablegen der Abschlussprüfung wird ein entscheidender Lebens- und Berufsabschnitt erreicht. In den Berufen des Gastgewerbes sind Kenntnisse und Fertigkeiten nachzuweisen, die es sich während der Ausbildung anzueignen gilt. Gemischte Gefühle begleiten Prüfungssituationen immer, denn zu deren Bestehen ist es unerlässlich, ein bestimmtes Wissen im richtigen Moment parat zu haben. Hier hilft nur intensives Lernen: Entscheidend für den Erfolg ist die systematische Vorbereitung.

Das vorliegende gäste- und handlungsorientierte „Prüfungsbuch Gastgewerbliche Berufe“ ist besonders hilfreich, da es zum einen auf die aktuelle Form der schriftlichen Abschlussprüfung in geeigneter Weise vorbereitet und methodisch differenzierte Multiple-Choice-Aufgaben zur Wiederholung und Festigung der Prüfungsinhalte anbietet, zum anderen anhand einer Fragensammlung mit Antworten die Fülle des Lernstoffes noch einmal ins Gedächtnis zurückruft. Der Prüfling wird dadurch bei seiner Vorbereitung auf den mündlichen und praktischen Prüfungsteil unterstützt.

Möge die Arbeit mit diesem Buch den Beschäftigten im Gastgewerbe die notwendige Sicherheit und Gelassenheit geben, ihre Prüfung erfolgreich zu absolvieren.

Bonn, im Frühjahr 1998

Dr. Erich Kaub
Präsident des DEHOGA

Vorwort

Dieses Prüfungsbuch ist eine Neubearbeitung des „Prüfungsbuch Gastgewerbliche Berufe“, welches eine sehr große Aufnahme am Markt gefunden hat. Für die hier vorliegende gästeorientierte Version wurde die Gesamtkonzeption durch eine handlungsorientierte Ausrichtung umgestaltet. Die Neuerungen werden im Folgenden unter „Benutzerhinweise“ besonders gekennzeichnet.

In das Prüfungsbuch „Gastgewerbliche Berufe – gästeorientiert/handlungsorientiert“ sind in verschiedenen Teilbereichen neue Aufgaben aufgenommen worden; einerseits um den jüngsten Entwicklungen im Gastgewerbe Rechnung zu tragen, andererseits, um dem aktuellen Stand der Prüfungen bei den Industrie- und Handelskammern zu entsprechen. Aus diesem Grund wurde auch ein neuer Situationsaufbau entwickelt, welcher einzelne Stoffgebiete in praxisnahen Handlungsabläufen vorstellt. Zudem wurden die Aufgaben der Ursprungsversion durchgesehen und zu einem großen Teil überarbeitet, so dass gezielter auf gastorientiertes Handeln und teamorientiertes Arbeiten eingegangen worden ist.

Verlag und Autoren sind für konstruktive Kritik dankbar.

Bad Harzburg — Herausgeber und Verfasser

Benutzerhinweise

Das vorliegende Prüfungsbuch enthält alle Prüfungsbereiche, die den Kandidaten/-innen abverlangt werden können.

Vor Prüfungen spielt die systematische Vorbereitung eine entscheidende Rolle, um den angestrebten Erfolg zu erzielen. Besonders hilfreich können dabei Fragensammlungen mit Antworten bzw. Lösungen sein, mit deren Hilfe sich die ganze Fülle des Lernstoffes noch einmal ins Gedächtnis rufen lässt. Auf jeden Fall können so vorhandene Wissenslücken in der Form von Frage und Antwort leicht festgestellt und verbessert werden.

Das Prüfungsbuch ist in vier Teile gegliedert. **Teil 1** ist vornehmlich abgestellt auf die praktische Prüfung, das Prüfungsgespräch sowie eine eventuelle mündliche Ergänzungsprüfung. Hier werden die Lerninhalte in Frage und Antwort erarbeitet. Der **zweite Teil** enthält

Aufgaben in der Multiple-Choice-Form, wie sie im schriftlichen Teil der Zwischen- und Abschlussprüfung verlangt werden; verschiedene der im Teil 2 angesprochenen Lerninhalte werden auch im Bereich der praktischen Prüfung und im Prüfungsgespräch gefordert. Die Lösungen/Erläuterungen zu diesem Teil befinden sich im **Teil 4**.

Zu einer erfolgversprechenden methodischen und inhaltlichen Vorbereitung auf alle Prüfungsteile wurde auch bei den Multiple-Choice-Aufgaben ein gäste- und handlungsorientierter Aufbau berücksichtigt.

Der erste Teil des Prüfungsbuches ist in zwei Spalten aufgeteilt; die linke enthält die zu lösende Frage bzw. Aufgabe, in der rechten Spalte wird die entsprechende Antwort bzw. Lösung gegenübergestellt. Diese Anordnung ermöglicht es den Lernenden, durch Abdecken der rechten Spalte ihren jeweiligen Kenntnisstand zu überprüfen.

Für manche Fragen oder Aufgaben ist eine umfangreiche Lösung erforderlich, um die Lernenden gründlich zu informieren. Dieses kann allerdings dazu führen, dass ein Teil der Lösung auf der folgenden Buchseite fortgesetzt wird. Solche Lösungen erkennen Sie daran, dass die Seite mit einem Hinweis (→) endet. Auf der folgenden Buchseite finden Sie dann den Vermerk „▷ *Fortsetzung der Antwort* ▷“.

Die Aufgaben des zweiten Teils sind entsprechend dem Ablauf der schriftlichen Prüfung angeordnet. Aus didaktisch-methodischen Gründen ist das Lerngebiet **Fachrechnen** den übrigen Aufgaben bewusst vorangestellt, um den Kandidaten/-innen die Möglichkeit zu geben, diese integrativen Fähigkeiten besonders zu erarbeiten sowie durch übende Anwendung zu vertiefen.

Die integrierende Zuordnung der Lerninhalte im Fachrechnen zu den einzelnen Prüfungsbereichen ist durch entsprechende Aufgabenstellung gewährleistet. Zusätzlich bietet das Sachwortverzeichnis eine zielführende Hilfestellung. Wie bei den Prüfungsaufgaben der Industrie- und Handelskammer werden auch hier verschiedene Fragearten und Fragetechniken berücksichtigt, so wechseln Verständnis- und Wissensaufgaben ab, bezogen auf die beruflichen Fähigkeiten.

An die einzelnen Prüfungsbereiche schließt sich jeweils ein Komplex mit kurzen, gäste- und handlungsorientierten Situationen an; sie beinhalten mehrere Fragen, die jedoch eigenständig zu beantworten sind.

Der folgende **Teil 3** beinhaltet, ebenfalls in Multiple-Choice-Form, ausgewählte praxis- und handlungsorientierte Situationen des Gastgewerbes. Obwohl die zugehörigen Fragen auch innerhalb dieser größeren Situation eigenständig zu beantworten sind, werden hier die Abhängigkeiten im betrieblichen Prozess verdeutlicht.

Teil 4 enthält die Lösungen zu den Aufgaben der Teile 2 und 3, teilweise mit weitergehenden Erläuterungen. Dieser Teil wurde zusätzlich erweitert durch die Aufnahme gastgewerblicher Fachausdrücke in französischer und englischer Sprache, inklusive Lautschrift und zugehöriger Legende.

Die Inhalte dieses Prüfungsbuches eignen sich als Lehr- und Lernhilfe für Aus- und Fortbildungsprüfungen im Gastgewerbe – besonders in Verbindung mit dem Erarbeiten der entsprechenden Kapitel im Lehrbuch **„Gastgewerbliche Berufe in Theorie und Praxis“**. So wird das vorliegende Prüfungsbuch zum Wegbegleiter während des Berufslebens in der Gastronomie.

Inhaltsverzeichnis

Teil 1 (Frage – Antwort)

Wirtschafts- und Sozialkunde

1 Worauf sollte bei der Berufswahl bezüglich der allgemeinen Qualifikationen besonders geachtet werden?

Die angestrebte Berufsqualifikation sollte
- möglichst breit angelegt sein
- in mehreren Berufen Verwendung finden und damit Übergangsmöglichkeiten auf artverwandte Berufe beinhalten
- Entwicklungsmöglichkeiten bieten

2 a) Welches Instrument regelt die Ausbildung in den verschiedenen Ausbildungsberufen?
b) Von wem wird dieses erlassen?

a) Die Ausbildungsordnung
b) vom zuständigen Bundesminister

3 Welches sind die Partner/Personen, die an der Ausbildung beteiligt sind?

a) Auszubildender (Lehrling)
b) Ausbildender (Unternehmer)
c) Ausbilder (Mitarbeiter, dem die Ausbildung obliegt)

4 Kann ein Ausbildungsverhältnis nach Ablauf der Probezeit gekündigt werden?

Ja,
- wenn ein wichtiger Grund vorliegt
- wenn die Ausbildung aufgegeben oder ein anderer Beruf gewählt wird
- bei beiderseitigem Einverständnis
- bei Konkurs oder Stilllegung des Unternehmens

5 Welche Hauptgebiete umfasst das Arbeitsrecht?

a) Individuelles Arbeitsrecht
b) kollektives Arbeitsrecht
c) soziale Schutzgesetze
d) Arbeitsgerichtsbarkeit

6 Was ist nach der Verkehrsanschauung ein Arbeiter, Angestellter, leitender Angestellter?

a) **Arbeiter** ist, wer überwiegend körperliche Arbeit leistet.
b) **Angestellter** ist, wer überwiegend geistige Arbeit leistet.
c) **Leitender Angestellter** ist nach dem BetrVG, wer zur selbständigen Einstellung und Entlassung von Arbeitnehmern berechtigt ist, dem Prokura oder Generalvollmacht erteilt wurde.
Weitere Kriterien finden sich in *§ 5 Abs. 3, 4 BetrVG.*

7 Welche zwei Merkmale gelten nur für die leitenden Mitarbeiter eines Betriebes?

a) Recht auf Einstellung/Entlassung von Mitarbeitern
b) Entlohnung in der Regel ohne tarifliche Bindung

8 Grenzen Sie Arbeitnehmer und Arbeitgeber voneinander ab.

Arbeitnehmer ist, wer aufgrund eines Arbeitsvertrages zur Leistung abhängiger Arbeit in fremden Diensten verpflichtet ist, also weitgehend wirtschaftlich und persönlich abhängig ist.
Arbeitgeber ist jeder, der einen anderen als Mitarbeiter beschäftigt und diesem für seine Tätigkeit eine Gegenleistung zugesagt hat.

9 Welche Pflichten fallen Arbeitnehmern und Arbeitgebern zu?

Arbeitnehmer:
- Arbeitspflicht
- Treuepflicht

Arbeitgeber:
- Lohnzahlungspflicht
- Fürsorgepflicht
- Beschäftigungspflicht
- Gleichbehandlungspflicht
- Pflicht zur Urlaubsgewährung

10 Aus welchen Gründen kann ein Arbeitsverhältnis aufgelöst werden (außer Kündigung)?

Als Beendigungsgründe kommen in erster Linie in Betracht:
- Aufhebungsvertrag
- Wegfall der Geschäftsgrundlage
- Zeitablauf

→

▷ *Fortsetzung der Antwort* ▷

- Tod des Arbeitnehmers
- Aussperrung
- Anfechtung wegen Irrtums
- Auflösung durch gerichtliche Entscheidung

11 Geben Sie die Hauptformen der Kündigung an.

a) Die ordentliche, fristgerechte Kündigung
b) die außerordentliche, fristlose Kündigung

12 Die ordentliche Kündigung kann nur unter Einhaltung bestimmter Kündigungsfristen erfolgen. Nennen Sie diese.

Für Arbeiter und Angestellte gelten gleichermaßen:

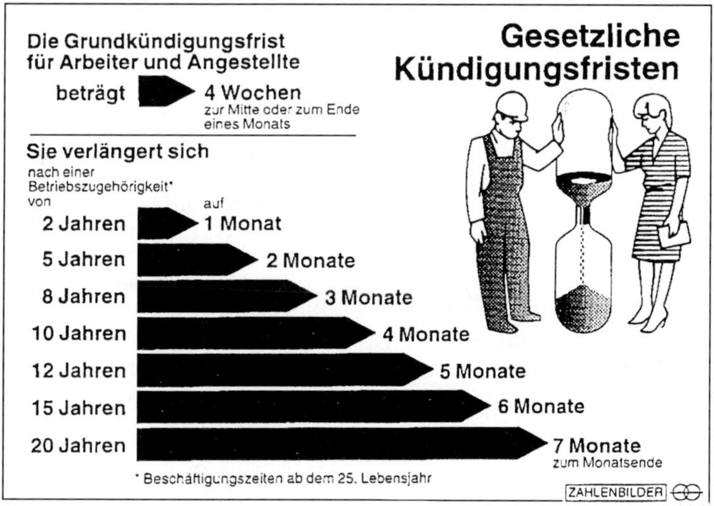

© Erich Schmidt Verlag 243 812

13 Jeder Arbeitnehmer kann ein Zeugnis beanspruchen. Unterscheiden Sie die Arten.

a) Das einfache Arbeitszeugnis
b) das qualifizierte Arbeitszeugnis (enthält auch Angaben über die Führung und Leistungen des Arbeitnehmers)

14 Welche Hauptgebiete zählen zum Arbeitsschutzrecht?

a) Betriebs- und Gefahrenschutz
b) Arbeitszeitschutz
(= sozialer Arbeitsschutz)
c) Jugendarbeitsschutz
d) Frauen- und Mutterschutz
e) Schwerbehindertenschutz
f) Heimarbeiterschutz

15 Wodurch wird die wöchentliche Arbeitszeit in einem Betrieb geregelt?

Meistens durch einen Tarifvertrag; gesetzlich vorgeschriebene Höchstgrenzen sind zu beachten.

16 Welche Aufgaben umfasst der Betriebs- und Gefahrenschutz in erster Linie?

- **Schutz des Lebens** durch Unfallverhütungsvorschriften
- **Schutz der Gesundheit** durch Maßnahmen gegen Berufskrankheiten
- **Schutz von Sitte und Anstand**

17 Was bedeutet die Koalitionsfreiheit im Rahmen des kollektiven Arbeitsrechts?

Festlegen der Arbeitsbedingungen in sozialer Selbstverwaltung zwischen den Tarifparteien.

18 Unterscheiden Sie die Tarifverträge.

a) Rahmen- oder Manteltarifverträge
b) Lohn- und Gehaltstarifverträge

19 Gilt ein Tarifvertrag nur für Gewerkschaftsmitglieder?

Zunächst ja; er wird aber durch die sogenannte **Allgemeinverbindlichkeitsklausel** auf Nichtmitglieder ausgedehnt.

20 Nennen Sie Inhalte von Betriebsvereinbarungen.

- Arbeitsordnung
- Arbeitszeiten
- Gratifikationen
- Zusatzurlaub
- Lohnabtretungen
- Nebenbeschäftigungen, usw.

21 Nennen Sie typische Arbeitskampfmittel bei Tarifauseinandersetzungen.

a) Streik der Gewerkschaftsmitglieder
b) Aussperrung durch die Arbeitgeber

[22] Welches Instrument benutzen die Tarifparteien gern, um Arbeitskämpfe zu vermeiden?

Das Schlichtungsverfahren

[23] Welches sind die Voraussetzungen für die Wahl eines Betriebsrates?

- Mindestens fünf Arbeitnehmer im Betrieb (dazu zählen auch Teilzeitbeschäftigte, Aushilfskräfte und Heimarbeiter) – *§ 1 BetrVG* – von denen drei wählbar sind – *§ 8 BetrVG*.
- Die Wahlberechtigten müssen das 18. Lebensjahr vollendet haben.

[24] Die Beteiligung der Arbeitnehmer an betrieblichen Entscheidungen lässt sich in drei Bereiche unterteilen/abstufen. Welche?

- Mitbestimmung in **sozialen Angelegenheiten**
- Mitwirkung/Mitbestimmung in **personellen Angelegenheiten**
- Mitsprache- und Informationsrecht in **wirtschaftlichen Angelegenheiten**

[25] Welche Rechtsgebiete umfasst das kollektive Arbeitsrecht?

a) Das Tarifrecht
b) das Arbeitskampfrecht
c) das Betriebsverfassungsrecht

[26] Wo werden Streitigkeiten in Arbeitssachen ausgetragen?

Vor Arbeitsgerichten, die Zivilsondergerichte sind.

[27] Was gehört zu den arbeitsgerichtlichen Streitigkeiten?

Streitigkeiten
- zwischen den Tarifpartnern über die Gültigkeit von Tarifverträgen und daraus entstehender Ansprüche
- aus Arbeits- und Lohnverhältnissen

[28] Was besagt das Solidaritätsprinzip?

Der versicherte Personenkreis trägt die vereinbarten Risiken als Selbsthilfeorganisation gemeinsam (= gemeinschaftliche Vorsorge).

[29] Welche Zweige zählen zur Sozialversicherung?

a) Krankenversicherung
b) Rentenversicherung
c) Arbeitslosenversicherung
d) Unfallversicherung
e) Pflegeversicherung

[30] Wer hat welche Beiträge an die einzelnen Sozialversicherungszweige abzuführen?

Der Arbeitgeber hat die Bezüge zur Sozialversicherung an die Krankenkassen abzuführen; die leitet diese an die verschiedenen Träger weiter.

[31] Wer bringt die Beiträge zu den einzelnen Sozialversicherungszweigen auf?

Die Beiträge werden jeweils zur Hälfte von den Arbeitnehmern und Arbeitgebern erbracht (bis zur gültigen Beitragsbemessungsgrenze), ausgenommen die Unfallversicherung, die allein durch den Arbeitgeber bezahlt wird.

[32] Wodurch wird die Sozialversicherung im Rahmen der sozialen Absicherung der Arbeitnehmer häufig ergänzt?

Durch die Vertragsversicherungen (= Individualversicherungen)

[33] Teilen Sie die individuelle Vorsorge in drei Bereiche ein, und geben Sie je ein Beispiel dazu.

a) **Personenversicherung,**
   z. B. Lebensversicherung
b) **Sachversicherung,**
   z. B. Hausratversicherung
c) **Vermögensversicherung,**
   z. B. priv. Haftpflichtversicherung

[34] Was ist unter einer „Police“ zu verstehen?

Der Versicherungsschein, der die Rechte von Versicherer und Versichertem enthält.

[35] Im Gastgewerbe wird zwischen einzelnen Betriebsarten unterschieden. Nehmen Sie eine Unterteilung vor.

Gastgewerbliche Hauptbetriebe
- Beherbergungsbetriebe, Hotel
- Bewirtungsbetriebe, Restaurant
- Unterhaltungsbetriebe, Diskothek

→

▷ *Fortsetzung der Antwort* ▷

Gastgewerbliche Nebenbetriebe
- Beherbergungsbetriebe, Gästehaus
- Bewirtungsbetriebe, Erfrischungsräume von Warenhäusern
- Einrichtungen religiöser und sozialer Vereinigungen, Jugendherbergen

36 Nennen Sie die Kennzeichen gastgewerblicher Hauptbetriebe.

a) Gewinnerzielungsabsicht
b) Haupterwerbsquelle
c) jedermann zugänglich
d) auf gewisse Dauer angelegt

37 Erläutern Sie das ökonomische Prinzip, und unterscheiden Sie
– Maximalprinzip
– Minimalprinzip
als Prinzipien wirtschaftlichen Handelns.

Unbegrenzten menschlichen Bedürfnissen steht Güterknappheit gegenüber. Nach dem ökonomischen Prinzip wird versucht, ein möglichst günstiges Verhältnis zwischen den einzusetzenden Mitteln und dem zu erreichenden Zweck herzustellen.
Je nachdem, ob die einzusetzenden Mittel oder die angestrebten Leistungen festgesetzt sind, spricht man vom **Maximalprinzip:** mit einem bestimmten Mitteleinsatz einen größtmöglichen Erfolg erzielen oder **Minimalprinzip:** mit dem geringstmöglichen Mitteleinsatz einen bestimmten Erfolg erzielen.

38 Was versteht man in einer Volkswirtschaft unter dem Markt?

Ein Markt ist jegliches Zusammentreffen von Anbietern und Nachfragern, um Leistungen und Gegenleistungen auszutauschen.
Beispiele: Wochenmarkt, Supermarkt, Börse (Markt für Wertpapiere)

39 Nach der Art der gehandelten Güter und Dienstleistungen unterscheidet man verschiedene Marktarten. Nennen Sie sechs davon.

a) Arbeitsmarkt
b) Immobilienmarkt
c) Kredit- und Kapitalmarkt
d) Rohstoff- und Investitionsgütermarkt
e) Konsumgütermarkt
f) Dienstleistungsmarkt

40 Entsprechend der Zahl der Marktteilnehmer unterscheidet man drei grundlegend verschiedene Marktformen. Nennen und erklären Sie diese.

Monopol:
ein Anbieter, ein Nachfrager
Oligopol:
wenige Anbieter, wenige Nachfrager
Polypol:
viele Anbieter, viele Nachfrager

41 Erklären Sie, was man unter dem Gleichgewichtspreis (auch Konkurrenzpreis genannt) versteht.

Beim Gleichgewichtspreis stimmen die angebotene und nachgefragte Menge überein. Es ist gleichzeitig der Preis, zu dem der größte Absatz am Markt erzielt wird.

42 Welche Kalkulationsverfahren kommen im Gastgewerbe zur Anwendung
a) bei Speisen und Getränken,
b) im Beherbergungsbereich?

a) Zuschlagskalkulation
b) Divisionskalkulation
   – einfache
   – mit Äquivalenzzahlen

43 Was versteht man unter einem „vollkommenen Markt"?

Einen Markt mit vollkommenem Wettbewerb (viele Anbieter und viele Nachfrager) – dabei gibt es keinerlei Bevorzugung und alle Marktteilnehmer haben vollkommene Informationen.

44 Geben Sie drei Beispiele für gelerntes und ungelerntes Personal.

gelerntes Personal:
- Köche
- Hotelfachleute
- Restaurantfachleute

ungelerntes Personal:
- Zimmermädchen
- Hoteldiener
- Küchenhilfe

45 Leitende Angestellte gelten auch als Arbeitnehmer, jedoch mit Sonderregelungen.
Nennen Sie diese.

- geringerer Schutz gegen Kündigungen *(§ 14 Abs. 2 KSchG)*
- die Arbeitszeitbeschränkungen der Arbeitszeitordnung gelten nicht *(§ 1 Abs. 2, Nr. 2 AZO)*
- keine Anwendung des Betriebsverfassungsgesetzes nach *§ 5 Abs. 3 BetrVG*

46 Unterscheiden Sie die Arten der Vollmachten nach deren Umfang.

Nach dem Umfang lassen sich unterscheiden
- allgemeine Handlungsvollmacht (gültig für alle Rechtsgeschäfte)
- Artvollmacht (gültig für laufend bestimmte Tätigkeiten)
- Einzelvollmacht (gültig für einmalige Tätigkeiten)

47 Wie kann der Hoteldirektor seinem Mitarbeiter eine Vollmacht erteilen?

Die Erteilung der Vollmacht ist bis auf einige Ausnahmen (z. B. Prokura) an keine bestimmte Form gebunden, kann also auch mündlich oder stillschweigend erfolgen *(§ 167 Abs. 2 BGB)*.

48 Unterscheiden Sie die Artvollmacht von der Einzelvollmacht am Beispiel.

Während die Artvollmacht für eine bestimmte Tätigkeit, z. B. Kassierer, bis auf Widerruf gültig ist, ist die Einzelvollmacht nur für eine einmalige Tätigkeit gültig, z. B. Einkauf von Betten durch die Hausdame.

49 Die Zustimmung sollte vor dem Abschluss eines Rechtsgeschäftes vorliegen. Wie bezeichnet man diese dann?

Einwilligung (nachträglich = Genehmigung)

50 Geben Sie Beispiele für Sachen und Rechte.

Sachen:
z. B. Textilien, Grundstücke
Rechte:
z. B. Forderungen, Eigentum, Patente, Pacht, Lizenzen

51 Grenzen Sie „Eigentum" und „Besitz" gegeneinander ab.

Eigentum ist die rechtliche Herrschaft über eine Sache, z. B. Verpachtung einer Gaststätte.
Besitz ist die tatsächliche Herrschaft über eine Sache, z. B. Pacht einer Gaststätte.

[52] Durch Willenserklärungen werden Rechtsgeschäfte begründet. Wodurch kommen Willenserklärungen zustande?

Willenserklärungen ergeben sich durch:
- **ausdrückliche Äußerung** (mündlich, schriftlich)
- **bloßes Handeln** (z. B. Einsteigen in ein Taxi)
- **Schweigen** (gilt unter Kaufleuten als Annahme, sonst als Ablehnung)

[53] Was versteht man unter nichtgültigen Rechtsgeschäften?

Derartige Rechtsgeschäfte sind entweder

a) **nichtig,** d. h. von vornherein ungültig, z. B. bei Verstößen gegen Strafgesetze oder Formvorschriften (z. B. fehlende notarielle Beurkundung bei Grundstücksgeschäften, die guten Sitten, Wucher)

b) **anfechtbar,** d. h. mit der Anfechtung werden diese Rechtsgeschäfte nichtig, z. B. bei einem Irrtum
   - in der Erklärung = Versprechen/Verschreiben,
   - im Inhalt = Leasen statt Kauf steht im Kaufvertrag,
   - in der Eigenschaft der Sache oder Person = Verwechslung.

[54] Bei verschiedenen Rechtsgeschäften sind bestimmte Formen vorgeschrieben. Welche sind das?

Schriftliche Form bei
- Schuldversprechen
- Schuldanerkenntnis
- Mietverträgen über ein Jahr Laufzeit

Öffentlich zu beglaubigen sind Anträge auf Eintragung ins
- Grundbuch *(§ 126 BGB)*,
- Handels-, Vereins-, oder Güterrechtsregister *(§ 129 BGB)*

Notariell zu beurkunden sind
- Veräußerungen und Belastungen von Grundstücken,
- Schenkungsversprechen,
- Beschlüsse der Hauptversammlung einer AG *(§ 128 BGB)*

55 Geben Sie Beispiele für Freizeichnungsklauseln.

a) Ohne Obligo (o. O.)
b) Zwischenverkauf vorbehalten
c) freibleibend
d) unverbindlich
e) ohne Gewähr
f) solange der Vorrat reicht

56 Welchen Inhalt haben das Verpflichtungs- und Verfügungsgeschäft (= Erfüllungsgeschäft)?

Mit dem Abschluss eines Kaufvertrages gehen die Partner Verpflichtungen ein (= Verpflichtungsgeschäft), die erfüllt werden müssen (= Erfüllungsgeschäft).

- **Der Verkäufer** ist verpflichtet, dem Käufer den Kaufgegenstand ordnungsgemäß (zur rechten Zeit, am rechten Ort, frei von Mängeln) zu übergeben und das Eigentum daran zu verschaffen sowie das Geld anzunehmen.
- **Der Käufer** ist verpflichtet, die Ware anzunehmen und den vereinbarten Kaufpreis zu bezahlen.

57 Nennen Sie im Gastgewerbe vorkommende Zahlungsbedingungen.

a) Vorauszahlung, z. B. bei Banketten
b) Anzahlung, z. B. bei Konferenzen
c) Zahlung bei Lieferung/Leistung (= Zug um Zug)
d) Zahlung nach Lieferung/Leistung (= Zahlungsziel – oft mit Skonto)

58 Was ist unter dem Erfüllungsort und dem Gerichtsstand zu verstehen?

a) **Erfüllungsort** ist der Ort, an dem der Verkäufer zu liefern und der Käufer zu zahlen hat.
b) **Gerichtsstand** ist der Ort, an dem eventuelle Streitigkeiten aus dem Vertrag entschieden werden *(§ 137 ZPO)*, z. B. der Wirt eine Geldforderung einklagen kann.

59 Ein Kaufvertrag kommt meist durch Anfrage und Angebot zustande. Was verstehen Sie darunter?

a) **Anfragen** dienen zur Anbahnung von Geschäftsbeziehungen und sind rechtlich unverbindlich (z. B. Anforderung einer Preisliste).
b) **Angebote** sind Willenserklärungen (= Anträge), die sich an eine bestimmte Person (z. B. den Hotelier) richten und mitteilen, unter welchen Bedingungen der Anbieter bereit ist, Waren (z. B. an den Hotelier) zu liefern oder eine Leistung zu erfüllen.

60 Erfüllen die Vertragspartner ihre eingegangenen Verpflichtungen nicht oder nicht vollständig, so können sich Störungen ergeben. Welche?

a) **Mangelhafte Lieferung** (Sach- oder Rechtsmängel)
b) **Lieferungsverzug** (Verkäufer liefert nicht oder nicht rechtzeitig)
c) **Annahmeverzug** (Käufer nimmt die Lieferung des Verkäufers nicht oder nicht rechtzeitig an)
d) **Zahlungsverzug** (Käufer bezahlt den vereinbarten Kaufpreis nicht oder nicht rechtzeitig)

61 Unterscheiden Sie die Arten der Mängel.

a) Mängel in der **Güte,** z. B. minderwertige Qualität
b) Mängel in der **Beschaffenheit,** z. B. verdorbene oder beschädigte Ware
c) Mängel in der **Menge,** z. B. Mehrlieferung oder Minderlieferung von Ware
d) Mängel in der **Art,** z. B. Lieferung falscher Ware

62 Der Gastronom und der Privatmann haben die Prüfungs- und Rügepflicht *(§ 377 HGB, § 477 BGB).* Was ist darunter zu verstehen?

Prüfungspflicht:
- **Der Gastronom** muss die Ware unverzüglich (ohne schuldhaftes Verzögern) prüfen = zweiseitiger Handelskauf.

→

▷ *Fortsetzung der Antwort* ▷

- **Privatleute** müssen die Ware innerhalb von sechs Monaten prüfen = einseitiger Handelskauf.

Rügepflicht:
- **Der Gastronom**
  – bei offenen Mängeln unverzüglich; bei versteckten Mängeln unverzüglich nach Entdeckung bis zu sechs Monate nach Lieferung
- **Der Privatmann**
  – bei offenen und versteckten Mängeln innerhalb von sechs Monaten nach Lieferung

[63] Welche Rechte hat der Käufer bei mangelhafter Warenlieferung?

a) Wandlung
Kaufvertrag wird rückgängig gemacht
b) Ersatzlieferung
(Umtausch), Neulieferung
c) Minderung
Herabsetzen des Kaufpreises
d) Schadensersatz wegen Nichterfüllung
bei Fehlen zugesicherter Eigenschaften, z. B. Schürzen sind nicht wasserdicht

[64] Wann kommt der Lieferer in Lieferungsverzug?
a) ohne festen Liefertermin
b) beim Fixgeschäft (der Lieferzeitpunkt ist kalendermäßig genau festgelegt)

Voraussetzungen für Lieferungsverzug:
a) 1. Die Lieferung muss fällig sein.
2. Ein Verschulden des Lieferers muss vorliegen.
3. Der Käufer/Besteller muss die Lieferung nach Fälligkeit anmahnen.
b) wie a 1. und a 2.

[65] Welche Rechte hat der Käufer aus dem Lieferungsverzug?

Der Käufer kann
a) beim Fixgeschäft
1. Lieferung verlangen oder
2. vom Vertrag zurücktreten →

▷ *Fortsetzung der Antwort* ▷

oder
3. beim Verschulden des Lieferers Schadensersatz verlangen.

b) ohne festen Liefertermin wie a) 1. oder 2. oder 3. handeln, muss aber eine Nachfrist schriftlich setzen.

66 Wann gerät der Käufer in Annahmeverzug?

Der Käufer gerät in Annahmeverzug, wenn er die ihm ordnungsgemäß (d. h. zur rechten Zeit, am rechten Ort, mangelfrei) gelieferte Ware nicht annimmt *(§ 293 ff. BGB)*.

67 Welche Rechte hat der Verkäufer beim Annahmeverzug?

Der Verkäufer kann die Ware
– zurücknehmen und anderweitig verkaufen oder
– die Ware auf Kosten und Gefahr des Käufers einlagern sowie auf Abnahme klagen.

68 Wann tritt Zahlungsverzug ein?

Zahlungsverzug tritt ein, wenn
– der Schuldner nicht an dem vereinbarten Termin zahlt,
– kein bestimmter Zahlungstag vereinbart war, nach schriftlicher Mahnung mit Fristsetzung.

69 Nennen Sie die Rechte des Verkäufers beim Zahlungsverzug.

a) Er kann auf Vertragserfüllung, also Zahlung, bestehen.
b) Er kann Vertragserfüllung und Schadensersatz fordern, z. B. Verzugszinsen.
c) Er kann vom Vertrag zurücktreten.
d) Er kann Schadensersatz wegen Nichterfüllung verlangen.

70 Welches sind die wichtigsten Verjährungsfristen für den Gastronomen?

a) Die **zweijährige Verjährungsfrist** beginnt am Ende des Jahres, in dem der Anspruch entstanden ist, z. B.
   – Lohn- und Gehaltsforderungen,
   – Forderungen der freien Berufe (Ärzte, Anwälte, Steuerberater), →

▷ *Fortsetzung der Antwort* ▷

- Forderungen der Gewerbetreibenden gegenüber Privatpersonen (der Wirt gegenüber seinen Gästen).

b) Die **vierjährige Verjährungsfrist** beginnt am Ende des Jahres, in dem der Anspruch entstanden ist, z. B.
- Ansprüche auf Zinsen,
- Ansprüche aus Pachten,
- Forderungen der Kaufleute untereinander (z. B. Hoteliers).

c) Die **dreißigjährige Verjährungsfrist** beginnt mit dem Tag der Entstehung des Anspruchs, z. B.
- Darlehen,
- gerichtlich festgestellte Ansprüche (Urteile),
- Forderungen von Privatpersonen untereinander.

[71] Wie unterscheiden sich Minder- und Vollkaufleute?

a) **Minderkaufleute** sind Kleingewerbetreibende, die ein Grundhandelsgewerbe betreiben, deren Unternehmen aber keine kaufmännische Organisation benötigen.

b) **Vollkaufleute** hingegen haben folgende Rechte und Pflichten:
- Führen einer Firma
- Eintragung in das Handelsregister
- Buchführung nach Handels- und steuerlichen Gesichtspunkten
- Erteilung von Prokura
- Übernahme einer selbstschuldnerischen Bürgschaft möglich (auch mündlich)

[72] Um welche Art Firma handelt es sich bei der „Harzer Hotel AG“?

Die „Harzer Hotel AG“ ist eine **Sachfirma.**
Außerdem gibt es die **Personenfirma**, z. B. „Wolfgang Bauer OHG“
und die **gemischte Firma**, z. B. „Spirituosenherstellung Steffen und Co.“.

73 Gelten die Allgemeinen Geschäftsbedingungen (AGB) auch beim Abschluss eines Beherbergungsvertrages?

AGB werden nur Bestandteil eines Einzelvertrages, wenn der Käufer vor Vertragsschluss
- ausdrücklich auf die AGB aufmerksam gemacht wurde,
- die AGB zur Kenntnis nehmen konnte,
- den AGB nicht widersprochen hat.

74 In welcher Form muss der Name der Schank- oder Gastwirtschaft für den Besucher erkennbar sein?

Nach *§ 15 Gewerbeordnung* muss der Familienname mit mindestens einem ausgeschriebenen Vornamen an der Außenseite der Gast- oder Schankwirtschaft deutlich lesbar angebracht werden.

75 Erklären Sie die Zahlungsarten
a) Barzahlung,
b) halbbare Zahlung,
c) bargeldlose (unbare) Zahlung,
und nennen Sie je zwei Beispiele.

a) Zahlung erfolgt durch Übergabe von Banknoten und Münzen gegen Quittung.
Beispiele: Geldübergabe, Postanweisung, Wertbrief

b) Schuldner oder Gläubiger verfügen über ein Konto bei der Postbank oder einem anderen Kreditinstitut. Ein Beteiligter muss Bargeld einzahlen bzw. empfangen.
Beispiele: Zahlungsempfänger (Gläubiger) verfügt über Girokonto: Zahlschein oder Zahlkarte; Zahlender (Schuldner) verfügt über ein Girokonto: Barscheck

c) Schuldner und Gläubiger verfügen über ein Konto. Beim Zahlungsvorgang wird kein Bargeld bewegt: Lastschrift auf das Konto des Schuldners, Gutschrift auf das Konto des Gläubigers (Buchgeld).
Beispiele: Verrechnungsscheck, Dauerauftrag, Einzugsermächtigung, Überweisung, Kreditkarte, ec-Karte, home-banking

[76] Welche Angaben müssen einer Quittung unbedingt zu entnehmen sein?

a) Name des Zahlers
b) Zahlungsbetrag
c) Zahlungsgrund
d) Datum der Zahlung
e) Empfangsbestätigung
f) Unterschrift des Zahlungsempfängers

[77] Worauf müssen Sie bei der Annahme eines Euroschecks achten?

a) Auf Scheck und Scheckkarte müssen übereinstimmen:
   - Name des bezogenen Geldinstituts
   - Kontonummer
   - Unterschrift des Ausstellers
   - Scheckkartennummer auf der Rückseite des Schecks
b) Ausstellungsdatum des Schecks muss innerhalb der Gültigkeitsdauer der Scheckkarte liegen
c) Höchstbetrag 400,00 DM
d) richtiger Währungseintrag auf dem Scheck

[78] Erklären Sie die Begleichung einer Hotelrechnung durch einen Voucher.

Diese Abrechnungsart ist hauptsächlich bei Buchungen über einen Reiseveranstalter üblich. Die Reiseteilnehmer bezahlen an den Veranstalter im voraus und erhalten den Voucher als Zahlungsbeleg. Abgerechnet wird zwischen Veranstalter und Hotel.

[79] Welche Besonderheiten unterscheiden Reiseschecks (traveller-Schecks) von anderen Schecks?

- Reiseschecks lauten auf fest eingedruckte Beträge,
- man kauft sie bei Geldinstituten als Zahlungsmittel,
- sie sind immer gedeckt,
- man kann sie nicht sperren lassen,
- sie werden bei Banken eingelöst oder als Zahlungsmittel benutzt,
- Zweitunterschrift in Gegenwart der Person, die den Scheck entgegennimmt, →

▷ *Fortsetzung der Antwort* ▷

- sie werden wie Verrechnungsschecks bei der Bank eingereicht und dem Konto gutgeschrieben,
- bei Verlust von Schecks ohne Kontrollunterschrift (Zweitunterschrift) werden Verluste bis 1.000,00 DM schon während der Reise ersetzt,
- sie sind unbeschränkt gültig,
- nicht eingelöste Schecks werden von der bezogenen Bank bei Rückgabe gutgeschrieben.

80 Die Abbildung zeigt eine weitere Möglichkeit der bargeldlosen Zahlung.

a) Wie wird sie genannt?
b) Beschreiben Sie den Zahlungsvorgang.

a) Kreditkarte
b) – Prüfung der Karte auf Gültigkeit: Verfalltag, Sperrliste, Warnmeldung
– Angaben der Karte und Angaben über Betrieb werden mittels Imprinter (Druckgerät) auf den sales slip (Leistungsbeleg) übertragen. →

▷ *Fortsetzung der Antwort* ▷

- Datum und Betrag (bei Überschreitung des Limits rückfragen) werden handschriftlich eingetragen.
- Der Zahlungsempfänger reicht die Rechnung mit Unterschrift und Angaben des Zahlers bei der Kartengesellschaft ein.
- Der Betrag wird abzüglich der Provision bargeldlos beglichen.
- Der Zahler erhält in der Regel monatlich eine Abrechnung.

Die Bearbeitung ist auch über „electronic cash" möglich.

81 Schauen Sie sich den abgebildeten Wechsel an.

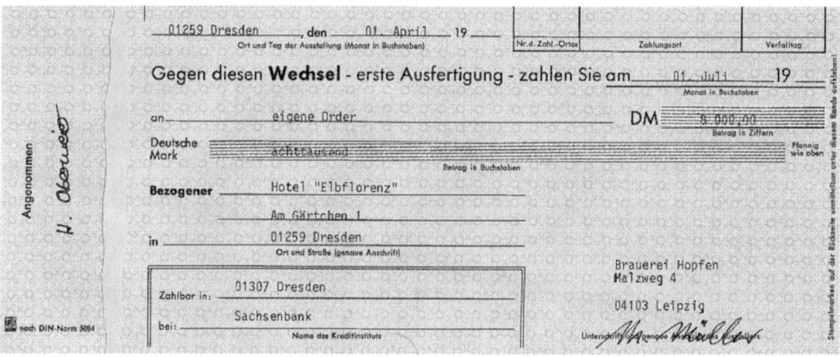

a) Welche Laufzeit hat der abgebildete Wechsel?
b) Wer ist Wechselschuldner, wer Gläubiger?
c) Erklären Sie, wie dieser Wechsel vom Gläubiger verwendet werden kann.
d) Wann wird der Wechsel spätestens zur Einlösung vorgelegt?

a) Laufzeit: 01. April bis 01. Juli: 3 Monate

b) Wechselschuldner ist der Bezogene, also Hotel „Elbflorenz", Gläubiger die Brauerei „Hopfen"

c) **Zahlungsmittel**: „Hopfen" kann den Wechsel zahlungsweise (als Geldersatzmittel zur Begleichung eigener Verbindlichkeiten) weitergeben. **Kreditmittel**: Die Brauerei „Hopfen" kann den Wechsel vor dem Verfalltag diskontieren, d. h. an →

▷ *Fortsetzung der Antwort* ▷

ein Kreditinstitut verkaufen und erhält den Wechselbetrag abzüglich Diskont (Vorauszins) gutgeschrieben. Für die Zeit vom Diskontierungs- bis zum Verfalltag gewährt das Kreditinstitut einen Kredit.
Kreditsicherung: Aufgrund der strengen Vorschriften des *Wechselgesetzes* stellt der Wechsel für den Inhaber eine Sicherheit des gewährten Warenkredites dar. Diese Möglichkeit nutzt der Verkäufer häufig bei einem Zielverkauf, indem er vom Käufer ein Akzept in Höhe des Rechnungsbetrages verlangt. Die Brauerei „Hopfen" bewahrt in diesem Fall den Wechsel im Wechselportefeuille (Wechselaufbewahrungstasche) auf, um ihn am Verfalltag durch die Bank einziehen zu lassen.

d) Die Vorlage bei der Zahlstelle (Sachsenbank in Dresden) erfolgt innerhalb von zwei Werktagen nach Fälligkeit, spätestens also am 04. Juli. Wird der Wechsel später vorgelegt, verfallen die wechselrechtlichen Ansprüche, die sich aus dem *Wechselgesetz* ergeben.

82 Was bedeutet Sparen für
a) die einzelne Person,
b) die Volkswirtschaft?

a) Einzelne Person: Konsumverzicht
b) Volkswirtschaft: Voraussetzung für die Vergabe von Krediten

83 Worauf achten Sparer bei der Wahl der Anlageform?

Entscheidungskriterien bei der Geldanlage können sein:
- Verfügbarkeit
- Ertrag (Rendite)
- Sicherheit (Risiko)
- Steuerersparnis (staatliche Förderung)

84 Welche Renditemöglichkeiten bieten
a) festverzinsliche Wertpapiere,
b) Aktien?

a) Festverzinsliche Wertpapiere:
   - fester Zinssatz während der gesamten Laufzeit
   - zusätzliche Rendite durch geringfügige Kursgewinne möglich

b) Aktien:
   - jährliche Dividendenzahlungen, deren Höhe sich nach dem erwirtschafteten Gewinn richtet und von der Hauptversammlung beschlossen wird
   - zusätzliche Renditechancen ergeben sich durch
     - Kurssteigerungen,
     - mögliche Gratisaktien,
     - Verkauf von Bezugsrechten bei Kapitalerhöhung

85 Wie wird vermögenswirksames Sparen nach dem *Vermögensbildungsgesetz* gefördert?

a) Sparen nach dem *Vermögensbildungsgesetz* können Personen, deren zu versteuerndes Jahreseinkommen bei Ledigen 50.000,00 DM und bei Verheirateten 100.000,00 DM nicht überschreitet.
b) Bei Anlagen zum Erwerb von Kapitalbeteiligungen zahlt der Staat 10 % jährlich als Arbeitnehmersparzulage für maximal 936,00 DM Anlagekapital.
c) Für vermögenswirksames Bausparen erhält der Sparer für ebenfalls maximal 936,00 DM 10 % Arbeitnehmersparzulage.

86 Unterscheiden Sie wichtige Kreditarten nach den Merkmalen
– Kreditdauer,
– Verwendungszweck,
– Kreditsicherheit.

- **Kreditdauer**
  - kurzfristige Kredite (Laufzeit bis 1 Jahr)
  - mittelfristige (1–4 Jahre)
  - langfristige (über 4 Jahre)

▷ *Fortsetzung der Antwort* ▷

- **Verwendungszweck**
  – Investitionskredit
  – Konsumkredit
- **Kreditsicherheit**
  – ungedeckte (Blanko-)Kredite
  – gedeckte Kredite (Personal- und Realkredite)

87 Was sind Steuern?

Steuern sind Zwangsabgaben der Bürger an den Staat (Bund, Länder und Gemeinden). Sie begründen keinen Anspruch auf eine unmittelbare Gegenleistung.

88 Nennen Sie die sieben Einkunftsarten nach dem *Einkommenssteuergesetz (EStG)*.

Einkünfte aus:
1. Land- und Forstwirtschaft
2. Gewerbebetrieb
3. selbständiger Arbeit
4. nichtselbständiger Arbeit
5. Kapitalvermögen
6. Vermietung und Verpachtung
7. sonstige Einkünfte

89 Warum werden die Arbeitnehmer zur Lohnsteuererhebung in Steuerklassen eingeteilt?

Durch die Einteilung in Steuerklassen können persönliche Verhältnisse (z. B. Familienstand, Kinderzahl) berücksichtigt werden.

90 Wonach richtet sich die Höhe der Gewerbesteuer?

a) Gewerbeertrag (Jahresgewinn),
b) Gewerbekapital (Geschäftsvermögen, für das vom Finanzamt ein Einheitswert festgelegt wird).

91 Erklären Sie die Zahllast.

Die Zahllast ist der Unterschiedsbetrag zwischen Umsatzsteuer und Vorsteuer. Die Umsatzsteuervoranmeldung ist in der Regel am 10. des Folgemonats für den Vormonat an das Finanzamt abzusenden.

92 Nennen Sie fünf für die Gastronomie wichtige Verbrauchsteuern.

a) Biersteuer
b) Getränkesteuer
c) Vergnügungssteuer
d) Branntweinsteuer
e) Schaumweinsteuer

93 Erklären Sie die Anwendungsmöglichkeiten des Bildschirmtextdienstes Datex J, vormals Btx, der Telekom.

a) Beim Bildschirmtext sind Telefon und Fernseher so miteinander verbunden, dass über den Bildschirm des Fernsehgerätes rund um die Uhr Informationen in Form von Texten und Grafiken gesendet und abgerufen werden können.
Durch einen sogenannten Decoder wird ein normales Fernsehgerät zu einem Datex J-fähigen Fernseher.
b) An dieses System der Telekom angeschlossene externe Rechner ermöglichen beispielsweise auch die Abwicklung des Zahlungsverkehrs mit Banken sowie Buchungen von Reisen bzw. Bestellungen bei Versandhäusern.
c) Die Teilnehmer werden in einem amtlichen Verzeichnis mit einer Nummer geführt.

94 Was ist unter einer GmbH zu verstehen?

a) Kleinform der Kapitalgesellschaft
b) mit eigener Rechtspersönlichkeit (juristische Person) und damit besonders für kleine und mittlere Unternehmen geeignet.

95 Welche Organe hat die GmbH?

Den/die Geschäftsführer/in,
den Aufsichtsrat
(ab 500 Arbeitnehmern),
die Gesellschafterversammlung

96 Welche Vorteile hat die GmbH?

a) Geringes Stammkapital
b) beschränkte Haftung in Höhe des Gesellschaftsvermögens
c) elastische Unternehmensführung wie bei einer Personengesellschaft

97 Was ist unter einer AG zu verstehen?

Die Aktiengesellschaft ist eine Handelsgesellschaft im Sinne des HGB. Als Kapitalgesellschaft und juristische Person des Privatrechts →

▷ *Fortsetzung der Antwort* ▷

verfügt sie über eine eigene Rechtspersönlichkeit, die sie durch Eintragung in das Handelsregister erlangt (konstitutive Eintragung). Sie verfügt über ein in Aktien zerlegtes Grundkapital.

98 Wie heißen die Teilhaber der Aktiengesellschaft und wie haften sie?

Die Teilhaber werden Aktionäre genannt und haften mit ihrer Einlage (= Aktien).

99 Welche Voraussetzungen müssen für die Gründung einer Aktiengesellschaft erfüllt sein?

- Mindestens eine Person (Gründer) ist notwendig.
- Das Grundkapital muss mindestens 100.000 DM betragen, und zwar als Bar- oder Sachgründung.
- Die Satzung der Aktiengesellschaft bedarf der notariellen Beurkundung und ist in das Handelsregister (Abteilung B) einzutragen.

100 Nennen Sie die Organe der Aktiengesellschaft.

Gesetzmäßige Organe:
- Vorstand
  = geschäftsführendes Organ
- Aufsichtsrat
  = überwachendes Organ
- Hauptversammlung der Aktionäre
  = beschlussfassendes Organ

101 Was heißt e.G.?

Eingetragene Genossenschaft

102 Wie haften die Genossen?

Sie haften mit ihren Geschäftsanteilen an den Verbindlichkeiten der Gesellschaft; die Höhe der Geschäftsanteile ist im Statut der Genossenschaft festgelegt.

103 Welche Voraussetzungen sind zur Gründung einer Genossenschaft zu erfüllen?

a) Mindestens 7 Mitglieder
b) schriftlicher Gesellschaftsvertrag (Statut)
c) Eintragung ins Genossenschaftsregister

104 Über welche Organe verfügt die Genossenschaft, und wer wählt diese?

a) **Geschäftsführung,** die aus mindestens zwei Personen besteht; sie wird von der Generalversammlung gewählt
b) **Aufsichtsrat,** der aus mindestens drei Mitgliedern besteht und von der Generalversammlung gewählt wird
c) **Generalversammlung** als oberstes Organ der Genossenschaft

105 Für die Arbeit in der Praxis sind die verschiedenen Arten der Beherbergungsbetriebe definiert worden. Erläutern Sie danach, was unter einem/r

a) Hotel,
b) Hotel garni,
c) Gasthof,
d) Gaststätte,
e) Imbisshalle
zu verstehen ist.

a) Ein Hotel ist ein Beherbergungsbetrieb mit angeschlossenem Verpflegungsbetrieb für Hausgäste und Passanten. Es zeichnet sich durch einen angemessenen Standard seines Angebots und durch entsprechende Dienstleistungen aus. Ein Hotel muss folgende Mindestvoraussetzungen erfüllen:
   – Es werden 20 Gästezimmer angeboten.
   – Ein erheblicher Teil der Gästezimmer ist mit einem Bad/Dusche und WC ausgestattet.
   – Ein Hotelempfang steht zur Verfügung.

b) Ein Hotel garni ist ein Hotelbetrieb, der Beherbergung, Frühstück, Getränke und höchstens kleine Speisen anbietet. Es führt kein für Passanten zugängliches Restaurant.

c) Der Gasthof ist ein Beherbergungsbetrieb, dem wie dem Hotel ein Schank- oder Speisebetrieb angeschlossen ist, der aber im Regelfall weniger zusätzliche Einrichtungen bietet.

d) Die Bewirtungsbetriebe geben hauptsächlich Speisen und Geträn-

→

▷ *Fortsetzung der Antwort* ▷

ke aller Art an die Gäste zum Verzehr an Ort und Stelle ab (Gaststätten).

e) Unter Imbisshallen versteht man kleinere Betriebe mit einer Küchengröße zwischen 8 und 15 m^2, in denen nur küchenfertig vorbereitete Einfachspeisen abgegeben werden dürfen, so dass man zu dem typischen Imbissangebot (z. B. Pommes frites, Currywurst, Hähnchen, Frikadellen, Schnitzel) kommt.

106 Wozu zählen Sie
a) Erfrischungsräume/ Cafeterias von Warenhäusern,
b) Straußwirtschaften,
c) Bars,
d) Speisewagen der Deutschen Bahn AG?

a) gastgewerbliche Nebenbetriebe
b) gastgewerbliche Nebenbetriebe
c) gastgewerbliche Hauptbetriebe
d) gastgewerbliche Nebenbetriebe

107 Die Systemgastronomie gewinnt ständig an Bedeutung im Gastgewerbe. Welches sind die Grundvoraussetzungen dieser Spezialdisziplin?

Systemgastronomie betreibt, wer
– entgeltlich Speisen oder Getränke abgibt, die an Ort und Stelle verzehrt werden können, und
– über ein standardisiertes und multipliziertes Konzept (= mindestens drei Betriebsstätten) verfügt, das zentral gesteuert wird.

108 Was ist unter „Catering“ zu verstehen?

Auftragsgastronomie

109 Welche Gebiete umfasst das Catering?

Catering umfasst die Gebiete der Einzel-, Gemeinschafts-, Außer-Haus- und Individualverpflegung.

110 Wodurch wird die Personengesellschaft gekennzeichnet?

Bei Personengesellschaften regelt das HGB bzw. der jeweilige Gesellschaftsvertrag, wie sich die Rechte →

▷ *Fortsetzung der Antwort* ▷

und Pflichten der einzelnen Teilhaber aufteilen. Zu den Kennzeichen zählen:
- Die Haftung und das Risiko werden zwischen den Teilhabern aufgeteilt.
- Das Kapital der Gesellschaft wird durch mehrere Personen aufgebracht.
- Die Verantwortung tragen verschiedene/mehrere Gesellschafter.
- Die Kreditwürdigkeit der Gesellschaft steigt durch die Veräußerung der Kapitalbasis.
- Im Vordergrund steht die persönliche Mitarbeit der Inhaber.

111 Welche Gesellschaftsform ist für Kleinunternehmen im gastgewerblichen Bereich typisch?

Bei kleinen und mittleren Unternehmen in der Gastronomie kommt häufig die **Einzelunternehmung** vor.

112 Nennen Sie Vor- und Nachteile der Einzelunternehmung.

Vorteile:
- Unternehmer/in kann allein und schnell entscheiden
- Unternehmer/in verfügt allein über den Gewinn
- keine Meinungsverschiedenheiten in der Geschäftsführung

Nachteile:
- Unternehmer/in trägt das Risiko und die Verantwortung allein
- Unternehmer/in haftet mit seinem/ihrem Geschäfts- und Privatvermögen
- begrenzte Kapitalkraft

113 Was ist unter einer OHG zu verstehen?

Die OHG (Offene Handelsgesellschaft) ist ein Zusammenschluss von mindestens zwei Personen zum Betrieb eines vollkaufmännischen Handelsgewerbes unter gemeinsamer Firma, bei der alle Gesellschafter gleiche Rechte und Pflichten haben.

114 Wie ist die Haftung bei der OHG geregelt?

Alle Gesellschafter haften den Gesellschaftsgläubigern (also im Außenverhältnis)
- unbeschränkt, d. h. mit dem gesamten Geschäfts- und Privatvermögen,
- unmittelbar, d. h., die Gläubiger haben sich nicht erst an die OHG zu halten, sondern können sich unmittelbar an die Gesellschafter wenden,
- solidarisch, d. h., es steht den Gläubigern frei, an welchen Gesellschafter sie sich mit ihren Forderungen wenden.

115 Wie ist die Gewinn- und Verlustbeteiligung bei der OHG geregelt?

Alle Gesellschafter erhalten 4% Zinsen auf die Kapitaleinlagen, der Rest wird nach Köpfen verteilt *(§ 121 HGB)*; der Verlust wird nach Köpfen aufgeteilt *(§ 121 HGB)*.

116 Wie sind Geschäftsführung und Vertretung bei der OHG geregelt?

Das Recht zur Vertretung der Gesellschaft nach außen, d. h. gegenüber Dritten, steht jedem Gesellschafter bei Rechtsgeschäften zu; eine Gesamtvertretung ist nur durch Gesellschaftsvertrag und Handelsregistereintragung möglich. Die Geschäftsführung (Innenverhältnis) steht jedem Gesellschafter allein zu *(§ 114 ff. HGB)*.

117 Was ist unter einer KG zu verstehen?

Die KG ist eine weiterentwickelte OHG, denn es schließen sich mindestens ein Vollhafter (Komplementär) und mindestens ein Teilhafter (Kommanditist) zusammen, um ein Handelsgewerbe unter gemeinsamer Firma zu betreiben.

118 Wie ist die Haftung bei der KG geregelt?

Die Vollhafter (Komplementäre) haften wie OHG-Gesellschafter unbeschränkt, unmittelbar und soli- →

▷ *Fortsetzung der Antwort* ▷

darisch. Die Kommanditisten haften nur bis zur Höhe ihrer Kapitaleinlage (beschränkte Haftung).

119 Kann der Kommanditist einer Hotel-KG als Geschäftsführer arbeiten?

Der Kommanditist kann lediglich als Prokurist oder Handlungsbevollmächtigter in der Kommanditgesellschaft, in der er beteiligt ist, mitarbeiten; eine Geschäftsführung ist ausgeschlossen.

120 Wie ist die Gewinnverteilung bzw. Verlustzuweisung bei der KG geregelt?

Nach *§ 168 HGB* erhalten alle Gesellschafter 4% Zinsen auf die Kapitaleinlage, der Rest wird in angemessenem Verhältnis aufgeteilt.
Bei etwaigen Verlusten haften die Komplementäre wie OHG-Gesellschafter, die Kommanditisten bis zur Höhe ihres Kapitalanteils.

121 Ist der Tod eines Kommanditisten ein Auflösungsgrund bei der Kommanditgesellschaft?

Nein, sondern lediglich der eines Komplementärs.

122 Stellen Sie die Gründe, die für die Rechtsform einer OHG oder KG sprechen, gegenüber.

Für die OHG:
- keine Vorschriften über Mindesteinlage und Mindestkapital
- Mitarbeit der Gesellschafter steht im Vordergrund
- hohe Kreditwürdigkeit durch die unbeschränkte Haftung

Für die KG:
- eignet sich besonders für Familiengesellschaften (Eltern = Komplementäre, Kinder = Kommanditisten)
- durch die Aufnahme von Kommanditisten kann das Geschäftskapital erhöht werden, wobei sich die Geschäftsführungsbefugnis des Komplementärs dadurch nicht ändert

123 Wie kann in der Hotellerie eine stille Gesellschaft entstehen?

Die stille Gesellschaft ist ein Einzelunternehmen, das dadurch entsteht, dass sich eine Person am Hotel eines anderen mit einer Vermögenseinlage, z. B. Geld oder Waren, beteiligt und nach außen nicht benannt wird.

124 Welche Motive könnten zur Gründung einer GmbH & Co. KG führen?

a) Haftungsbeschränkung
b) Steuerersparnis
c) günstige Nachfolgeregelung

125 Welches können die Gründe für die Bildung einer Gesellschaft sein?

- Verbreiterung der Kreditbasis
- Risikoverteilung
- Kapitalvermehrung
- Aufnahme von Verwandten oder des Ehegatten in das Unternehmen
- Beteiligung der Arbeitnehmer
- Vergrößerung wirtschaftlicher Macht durch Beteiligung oder Ankauf
- Verminderung der Steuerlast
- Möglichkeit der rechtlich einwandfreien Weiterführung des Unternehmens im Krankheits- oder Erbfall
- Heranziehung von Fachkräften

126 Welche Rechtsform dient besonders häufig der Verwirklichung von Gemeinschaftsinteressen?

Die Gesellschaft des bürgerlichen Rechts (auch BGB-Gesellschaft oder GbR genannt).

127 Welche Bereiche umfasst der Begriff des Gastgewerbes?

a) Schankwirtschaft
b) Speisenwirtschaft
c) Beherbergungsbetrieb

128 Wer betreibt ein Gaststättengewerbe?

Ein Gaststättengewerbe betreibt nach § 1 des *GastG* jeder, der

1. Getränke zum Verzehr an Ort und Stelle verabreicht (Schankwirtschaft), →

▷ *Fortsetzung der Antwort* ▷

2. zubereitete Speisen zum Verzehr an Ort und Stelle verabreicht (Speisewirtschaft),
3. Gäste beherbergt (Beherbergungsbetrieb), wenn der Betrieb jedermann oder bestimmten Personenkreisen zugänglich ist.

129 Nennen Sie die Voraussetzungen für die Konzessionserteilung.

- Persönliche Zuverlässigkeit
- Unterrichtungsnachweis über lebensmittelrechtliche Kenntnisse (= Teilnahmebescheinigung der Industrie- und Handelskammer)
- Die Gasträume müssen den Vorschriften der einzelnen Länder entsprechen.
- Der Gewerbebetrieb darf im Hinblick auf die Lage und Verwendung der Räume dem öffentlichen Interesse nicht widersprechen.
- Ein ärztliches Gutachten muss vorliegen, das den Antragsteller für geeignet befindet (gesund).

130 Nennen Sie erlaubnisfreie Betriebe.

a) Betriebskantinen gemäß *§ 2 Abs. 2 Nr. 4 GastG*
b) Einzelhandelsgeschäfte, die alkoholische Getränke nicht zum Ausschank bringen, sondern lediglich flaschenweise abgeben
c) Beherbergungsbetriebe (private Zimmervermietung), die nicht mehr als acht Gäste gleichzeitig beherbergen
d) Deutsche Bahn AG (Bahnhofsgaststätten und -hotels, Bord-Restaurants), Bundeswehrkasernen und Kasinos, Autobahnraststätten und -rasthäuser, Betriebe des „Bundes“

131 Welche Gründe können für den Verkauf oder die Verpachtung eines gastronomischen Betriebes sprechen?

a) Krankheit des Eigentümers
b) Alter des Inhabers
c) Kapitalbedarfsänderung
d) steuerliche Überlegungen
e) berufliche Neuorientierung des Unternehmens
f) Konjunkturgründe
g) Tod des Eigentümers

132 Darf der Erwerber einer Gaststätte die bisherige Firma unverändert fortführen?

Ja, mit ausdrücklicher Zustimmung des bisherigen Geschäftsinhabers oder der Erben oder mit einem Zusatz, z. B. Sybille Kopf, Inh. Martin Meyer *(§ 22 HGB)*

133 Wie kann ein Beherbergungsvertrag zustandekommen (zwei übliche Möglichkeiten)?

a) 1. Möglichkeit:
   - unverbindliche Anfrage durch den Gast
   - Angebot durch das Hotel
   - Annahme des Angebotes durch den Gast

b) 2. Möglichkeit:
   - Gast bestellt Zimmer beim Hotel = verbindliches Angebot,
   - Hotel sendet Auftragsbestätigung

134 Was versteht man unter einer garantierten Buchung eines Hotelzimmers?

Bei einer garantierten Buchung verpflichtet sich das Hotel, ein Zimmer zu reservieren. Falls dieses nicht möglich ist, hat das Hotel in einem anderen Hause gleichen Standards für eine Unterkunft zu sorgen. Falls die Kosten höher sind, so hat das Hotel diese in der ersten Nacht zu übernehmen.

135 Wie lange darf ein Bierlieferungsvertrag nach der EG-Verordnung höchstens laufen?

Bierlieferungsverträge dürfen nicht für länger als zehn Jahre abgeschlossen werden.

→

▷ *Fortsetzung der Antwort* ▷

Alleinbezugsverträge für Bier und andere Getränke gelten bis höchstens fünf Jahre (ist die Brauerei Verpächterin, gelten diese Grenzen nicht).

136 Schildern Sie den Leistungsaustausch beim Franchising.

Franchise-Geber:
- überlässt Franchise-Paket (= Leistungsbündel) und Lizenz = „Alleinvertretungsrecht" für ein Gebiet
- führt Kontrollen durch

Franchise-Nehmer:
- zahlt Gebühr
- nutzt Leistungsbündel des Franchise-Gebers

137 Welches Ziel hat die *Preisangabenverordnung*?

Die Position des Verbrauchers sowie Preiswahrheit und Preisklarheit zu fördern.

138 Wann spricht man von einem „gemischten Pachtverhältnis"?

Wenn Gaststättenräume gepachtet werden und gleichzeitig Wohnräume für den Pächter gemietet werden.

139 Erläutern Sie die Bedeutung des Leasing, und geben Sie Beispiele aus der Gastronomie.

Beim Leasing handelt es sich um eine Sachkreditgewährung gegen Zahlung eines bestimmten Mietpreises.
Beispiele: Handtuchautomaten, Seifenspender, Fotokopiergeräte, EDV-Anlagen

140 Wie heißen die Beteiligten am Leasinggeschäft?

Leasinggeber und Leasingnehmer (= Gastronom)

141 Welche Vorteile ergeben sich für Leasingnehmer und Leasinggeber?

Vorteile für Leasingnehmer:
- Erhaltung des Kreditspielraumes
- Mietkosten sind Betriebsausgaben
- Rationalisierung der Verwaltung
- keine Überalterung der Anlagen
- flexible Investition durch eventuelle Rückgabe

→

▷ *Fortsetzung der Antwort* ▷

Vorteile für Leasinggeber:
- Zusatzgeschäfte durch Wartung
- dauerhafter und enger Kundenkontakt

142 Was ist unter „Inklusivpreisen“ zu verstehen?

Es sind alle Bedienungs- und sonstigen Zuschläge, z. B. Umsatzsteuer, in den Preisen für angebotene Speisen und Getränke enthalten.

143 Wie viele Preisverzeichnisse für Speisen und Getränke sind in einer Gaststätte auszulegen?

Mindestens je ein Verzeichnis für drei bis vier Tische

144 Was muss außer dem Preis aus der Getränkekarte noch ersichtlich sein?

Das Volumen der Gläser, auf die sich der Preis bezieht, z. B. bei Bier 0,4 l oder 0,5 l

145 Welche Schankgefäße kennen Sie?

a) Schankgefäße zum Trinken, z. B. Gläser
b) Schankgefäße zum Umfüllen, z. B. Karaffen

146 Welches Gesetz bezeichnet man als das „Grundgesetz des Gastgewerbes“?

Das *Gaststättengesetz (GastG)*

147 Wer oder was fällt nicht unter die Sperrzeiten?

- Beherbergungsbetriebe
- Abgabe von alkoholischen Getränken und Speisen durch Automaten an das Personal der Nachtschicht
- Bundeswehreinrichtungen, Kantinen, Heime, Kasinos
- Bewirtung von Passagieren auf Schiffen, in Flugzeugen und Zügen

148 Gibt es Sonderregelungen für Sperrzeiten?

Sonderregelungen gelten für:
- Bahnhofsgaststätten
- bestimmte Betriebsarten: Nachtlokale, Kabaretts, Vergnügungslokale können eine kürzere Sperrzeit beantragen. →

▷ *Fortsetzung der Antwort* ▷

- bestimmte Gebiete:
  Für Kurorte, Badeorte, Fremdenverkehrsorte kann die Aufsichtsbehörde die Sperrzeit verkürzen bzw. vorverlegen, sofern dies im Sinne des Fremdenverkehrs bzw. der Anwohner ist.
- bestimmte Tage:
  Bei Jahresübergang oder bei sonstigen Feiern (Kirchweih, Fastnacht usw.) kann die Sperrzeit durch die Behörde verkürzt oder aufgehoben werden.

149 Was verstehen Sie unter a) dem Trinkzwangverbot, b) dem Koppelungsverbot?

a) Verboten ist im Gaststättengewerbe, das Verabreichen von Speisen von der Bestellung von Getränken abhängig zu machen oder bei Nichtbestellung von Getränken die Preise zu erhöhen *(§ 20 Abs. 3 GastG)*.

b) Die vorstehende Aussage gilt ebenfalls im Verhältnis von alkoholfreien zu alkoholischen Getränken. Auch braucht der Gast die Getränke nicht vor den Speisen zu bestellen.

150 Wann ist eine Entziehung der Konzession möglich?

Die Erlaubnis zum Betreiben eines Gaststättenbetriebes kann entzogen werden,

- wenn Auflagen nicht erfüllt worden sind, z. B. bauliche Maßnahmen wurden nicht vorgenommen,
- wenn wahrheitswidrige Angaben im Antrag gemacht worden sind,
- wenn die Zuverlässigkeit des Konzessionsinhabers nachträglich abgesprochen wird (z. B. bei Steuerhinterziehung, Nichtabführen von Sozialversicherungsbeiträgen, →

▷ *Fortsetzung der Antwort* ▷

Überschreiten der Polizeistunde, Dulden unerlaubter Glücksspiele usw.),
- bei Änderung der Betriebsart bzw. Einbezug nichtkonzessionierter Räume in den Geschäftsbetrieb oder Ausschank nichtkonzessionierter Getränke,
- bei unerlaubter Beschäftigung eines Stellvertreters bzw. von Personen, die gegen *§ 21* des *GastG* verstoßen.

151 Wann erlischt eine Konzession?

a) Mit dem Tod des Inhabers
b) Verzicht des Inhabers, z. B. bei Verkauf oder Verpachtung
c) Nichtausübung des Gaststättenbetriebes
d) Entzug der Konzession

152 Was versteht man unter dem Bruttosozialprodukt (BSP)?

Das Bruttosozialprodukt ist der Gesamtwert aller in einem Jahr hergestellten bzw. angebotenen Güter und Dienstleistungen einer Volkswirtschaft.

153 In der Bundesrepublik Deutschland (Gesamtdeutschland) betrug 1996 das nominale Bruttoinlandsprodukt (BIP) 3.542 Mrd. DM, das reale Bruttoinlandsprodukt (in Preisen von 1991) hingegen belief sich auf 3.055 Mrd. DM. Erklären Sie den Unterschied zwischen nominalem und realem Bruttoinlandsprodukt.

Nominales Bruttoinlandsprodukt: Es wird zu Marktpreisen bewertet. Somit sind darin sämtliche Preissteigerungen der Güter und Dienstleistungen enthalten, die in der Volkswirtschaft erzeugt worden sind.

Reales Bruttoinlandsprodukt: Im Gegensatz zum nominalen BIP enthält es keine Preissteigerungen. Der Wert der Güter und Dienstleistungen wird dabei auf der Grundlage der Preise eines Basisjahres (1991) berechnet.

154 Muss der Gastronom einen Gast in seinem Lokal aufnehmen?

Die Pflicht besteht, wenn Gefahr für Leib und Leben des Gastes droht.

155 Stellen Sie die Rechte und Pflichten von Gast und Gastwirt gegenüber.

Der Gastwirt hat Rechte:
- Anspruch auf Bezahlung, spätestens beim Verlassen des Hauses, durch den Gast
- Eigentum an den vom Gast nicht verzehrten Speisen und Getränken

Pflichten:
- Lieferung mangelfreier Speisen und Getränke in angemessener Zeit
- Service

Der Gast hat Rechte:
- Rückgabe mangelhafter Speisen und Getränke ohne Zahlungsverpflichtung
- Verzehr am Ort oder Mitnahme der Getränke und Speisen

Pflichten:
- Zahlung des vereinbarten Preises

156 Wann wird ein Gast zum Zechpreller?

Zechprellerei ist gegeben, wenn
- eine Täuschung vorliegt,
- der Gast wahrheitswidrig behauptet, er sei zahlungsunfähig, nachdem Speisen oder Getränke ausgegeben wurden oder ein Zimmer bereitgestellt worden ist,
- aufgrund der Täuschung dem Wirt Schaden zugefügt wurde.

157 Wann haftet der Verursacher für einen Schaden?

Wenn der Schaden durch widerrechtliches, schuldhaftes Verhalten (= Vorsatz oder Fahrlässigkeit) herbeigeführt wurde.

158 Die Bedienung fügt dem Gast beim Servieren des Essens einen Schaden zu (Soße auf den Anzug getropft). Muss der Wirt dafür aufkommen?

Der Gastwirt haftet für seine Bedienung (= Erfüllungsgehilfe) bei vorsätzlichem oder fahrlässigem Handeln *(§ 278 BGB).*

159 Auf dem Plattenweg zum Hotel stürzt ein möglicher Gast, da der Weg nicht gestreut war. Wer haftet?

In diesem Fall liegt ein widerrechtliches Verhalten des Wirtes vor, so dass er auch bereits bei Vertragsentstehung haften muss. Die **Verkehrssicherungspflicht** wurde nicht erfüllt.

160 Die Rezeptionistin führt eine falsche Buchung durch, so dass der anreisende Gast nicht im Hotel wohnen kann.

a) Handelt die Rezeptionistin als Erfüllungs- oder Verrichtungsgehilfin?
b) Wer trägt die Kosten für die Außer-Haus-Übernachtung?

a) Die Rezeptionistin steht in einem Abhängigkeitsverhältnis zum Wirt und handelt daher als Verrichtungsgehilfin.
b) Nach *§ 831 BGB* hat der Wirt die Kosten zu übernehmen, es sei denn, er kann sich exkulpieren, d. h., der Wirt weist nach, dass er sie genügend eingewiesen und überwacht hat.

161 Herr Blindow wohnt mit seinen zwei Töchtern im Hotel „Schwanensee“. Pro Bett hat B. 60,00 DM zu zahlen. Nach der Rückkehr von einem Spaziergang entdecken die Töchter, dass ihr Schmuck (Wert 8.000,00 DM) sowie 20.000,00 DM Bargeld aus ihrem Zimmer entwendet worden sind. Muss der Hotelier haften?

Der Hotelier haftet nur für Wertsachen, die ihm zur Aufbewahrung übergeben worden sind, und zwar für Schmuck bis 1.500,00 DM pro Person; für das Bargeld ebenfalls bis 1.500,00 DM pro Person (Haftungssumme insgesamt 6.000,00 DM).

162 Hotelier Finck bittet seine Gäste grundsätzlich, einen Revers (= Formblatt) zu unterschreiben, um dadurch jegliche Haftung im Rahmen der Beherbergung und Bewirtung in seinem Hause auszuschließen. Ist dieses rechtens?

Ein Ausschluss der Haftung des Gastwirts durch einen Aushang im Empfangsbüro oder Hotelzimmer sowie ein Vermerk in der Anmeldung bzw. auf einem Revers ist nicht möglich.

163 Bis zu welcher Höchstsumme haftet der Beherbergungswirt?

Der Beherbergungswirt haftet höchstens bis zum Hundertfachen des Beherbergungspreises für einen Tag, mindestens jedoch bis zum Betrag von 1.000,00 DM und höchstens bis 6.000,00 DM (gegenüber jedem einzelnen Gast).

164 Familie Herm besucht das Restaurant „Saaleschleife“. Beim Verlassen des Bewirtungsbetriebes fehlt die Lederjacke von Frau Herm an der Garderobe. Wer haftet für das Abhandenkommen der Garderobe?

Der Wirt einer Schank- und Speisewirtschaft hat keine unmittelbare Verwahrungspflicht, es sei denn, ihm ist ein Verschulden nachzuweisen, z. B., wenn das Restaurant keine Ablagemöglichkeit für die Garderobe im Gastraum liefert und somit der Gast diese nicht selbst beobachten kann.

165 Anja besucht das Schwimmbad des Hotels „Zum Achtermann“. Beim Umkleiden findet sie eine wertvolle Uhr.
a) Um welche Art einer Fundsache handelt es sich dabei?
b) Wie lassen sich Fundsachen im Hotel unterscheiden?

a) Es handelt sich bei der Uhr um eine **„verlorene Sache“.**
b) Fundsachen im Hotel werden unterschieden in
   - **„liegen gelassene Sachen“** = versehentliches Zurücklassen von Gegenständen, an die sich der Gast erinnert, und in
   - **„verlorene Sachen“** = Gegenstände, die zurückbleiben, ohne dass sich der Verlierer daran erinnert.

166 In welcher Höhe könnte Anja Finderlohn verlangen, wenn die Uhr einen Wert von 500,00 DM hat?

Der gesetzliche Finderlohn beträgt bei Sachen bis zu 1.000,00 DM 5 % bzw. von dem Mehrwert 3 % (bei Tieren ebenfalls 3 %) nach *§ 971 BGB*. Anja hätte demnach einen Anspruch in Höhe von 25,00 DM.

167 Kann der Besitzer eines Restaurants Sachen des Gastes zurückbehalten, wenn dieser die Rechnung nicht bezahlt?

Der Schank- und Speisewirt kann seine Forderungen nicht durch ein Pfandrecht durchsetzen.

168 Fritz Wurster ist Gast im Hotel „Zur Oase". Während seines 14-tägigen Aufenthalts geht ihm das Geld aus, so dass Wurster seine Rechnung nicht bezahlen kann.
a) Wie kann der Hotelier seine Forderung sichern?
b) Worum würde es sich handeln, wenn Wurster bereits nach einer Woche wüsste, dass er die Rechnung nicht bezahlen kann?

a) Der Hotelier kann seine Forderung durch das ihm nach *§ 704 BGB* zustehende Pfandrecht an den eingebrachten Sachen des Gastes sichern, z. B. goldene Uhr.
b) In diesem Fall wäre der Tatbestand der Zechprellerei erfüllt (= Betrug).

169 Gastwirt Seigis verschenkt gepfändete Gegenstände an sein Personal, wenn diese Geburtstag haben. Ist eine solche Schenkung rechtens?

Gastwirt Seigis hat gepfändete Gegenstände sorgfältig und kostenlos aufzubewahren und darf diese nicht verschenken oder selbst verwenden.

170 Welche Angaben sind nach dem *Melderechtsrahmengesetz* auf dem Meldeschein zu machen?

a) Datum der Ankunft
b) Datum der voraussichtlichen Abreise
c) Name, Vorname
d) Geburtsdatum
e) Geburtsort
f) Staatsangehörigkeit
g) Straße, Wohnort
h) Unterschrift

171 Was versteht man im Gaststättengewerbe unter Zubehörwaren und -leistungen?
Nennen Sie drei unterschiedliche Bereiche für Zubehörwaren und -leistungen im Gastgewerbe.

Zubehörwaren und -leistungen stellen eine Ergänzung der von den Gastronomen gebotenen Hauptleistung dar. Das bedeutet aber auch, dass diese Nebenleistungen grundsätzlich nur Gästen zur Verfügung stehen dürfen. Der Umfang der Geschäfte muss sich im üblichen Rahmen gastgewerblicher Leistungen bewegen. →

▷ *Fortsetzung der Antwort* ▷

Andernfalls liegt ein Einzelhandel vor, der den Ladenschlusszeiten unterliegt.

Zubehörwaren (Beispiele):
- Tabakwaren, Obst, Süßwaren, Post- und Ansichtskarten, Zeitungen und Zeitschriften, Bücher, Fahrpläne, Theaterkarten
- Bei Hotels gilt auch der Verkauf von Toilettenartikeln und das Bereitstellen eines Friseursalons und der Wäschereinigung als Zubehörleistung.

Außer-Haus-Verkauf:
Im Rahmen der Konzession dürfen außerhalb der Sperrzeit auch Getränke und Speisen privaten Bestellern ins Haus geliefert werden.

172 Erklären Sie den Automatenaufstellvertrag als Gestattungsvertrag.

Schließt ein Gastronom mit einem gewerblichen Automatenaufsteller einen Vertrag über die Aufstellung eines Spielautomaten ab, so handelt es sich um einen sog. Gestattungsvertrag. Dabei verpflichtet sich der Gastronom, den Automaten an einem festgelegten Platz gegen Entgelt in Form einer prozentualen Umsatzbeteiligung aufzustellen.

173 Welchen Zweck verfolgt das *„Gesetz zum Schutz der Jugend in der Öffentlichkeit“ (JSchÖG)?*

Das *JSchÖG* will die Jugend durch vorbeugende Maßnahmen schützen und Hilfe gewähren. Daher verpflichtet das Gesetz Eltern, Erzieher, Gewerbetreibende und Veranstalter sowie die zuständigen Behörden, die Jugend vor Gefährdungen in der Öffentlichkeit zu schützen.

174 Erklären Sie die Kontrollpflichten der Gastronomen im Zusammenhang mit dem Jugendschutz.

Die Bestimmungen des *Jugendschutzgesetzes* sind vom Gastwirt an einer gut sichtbaren Stelle und in deutlich erkennbarer Form auszu- →

▷ *Fortsetzung der Antwort* ▷

hängen. Darüber hinaus sind Gastwirte angehalten, gezielte Kontrollen, z. B. bei Tanzveranstaltungen, durchzuführen. Sollten sich für Gastwirte aufgrund des äußeren Erscheinungsbildes Anhaltspunkte ergeben, dass der Gast nicht das notwendige Alter hat, so muss er sich den Ausweis der betroffenen Person zeigen lassen.

175 Erklären Sie das Wesen des Marketing in einer Volkswirtschaft, deren gesellschaftliche Rahmenbedingungen einem steten Wandel unterworfen sind.

Zunehmender materieller Wohlstand, mehr Freizeit, steigendes Durchschnittsalter der Bevölkerung, neues Umweltbewusstsein und andere Trends führen zu einem Wandel im Verhalten des Verbrauchers. Anbieter im Gastgewerbe können auf dem Markt nur bestehen, wenn sie Trends frühzeitig erkennen und ihr Angebot den sich ändernden Bedingungen anpassen. Die Bedürfnisse der Gäste müssen analysiert und das Angebot muss entsprechend angepasst werden.

176 Erklären Sie die Marktforschung und unterscheiden Sie deren Instrumente
– Marktanalyse,
– Marktbeobachtung.

Marktforschung ist die systematische, planvolle und objektive Ermittlung von Marktinformationen. Sie bedient sich der

- **Marktanalyse:**
  zeitpunktbezogene Feststellung (einmalig oder in bestimmten Abständen) der Marktstruktur.
- **Marktbeobachtung als Zeitraumbetrachtung:**
  kontinuierliche Untersuchung des Marktgeschehens – Veränderungen des Marktes werden festgestellt und ihre Ursachen erklärt.

177 Womit beschäftigen sich Markt- und Umfeldanalysen?
Erklären Sie die Begriffe.

Sie beschäftigen sich schwerpunktmäßig mit Angebot, Nachfrage und Preis.

→

▷ *Fortsetzung der Antwort* ▷

- **Angebot:**
  Darunter sind nicht nur die Leistungen des Hauses, sondern das gesamte nähere Umfeld (Verkehrslage, Attraktionen) zu verstehen.
- **Nachfrage:**
  Sie richtet sich nach dem bereitgestellten Angebot und ist abhängig von den Motiven des Gastes.
- **Preis:**
  Ein wesentlicher Faktor für den Erfolg eines Unternehmens ist das angemessene und der Zielgruppe angepasste Preis-/Leistungs-Verhältnis.

178 Nennen und unterscheiden Sie die gestaltenden und kommunikativen Marketinginstrumente.

- **Gestaltende Marketinginstrumente:**
  Angebotspolitik, Service, Gästebetreuung und Distributionsmethode setzen kreatives Verhalten und sorgfältige Planung voraus. Sie sind in jedem Marketingmix vertreten. Jede Leistung hat einen Preis und gelangt über einen Verkaufsweg (Distributionsmethode) an den Gast. Man nennt diesen Minimalmix auch Leistungsmix.
- **Kommunikative Marketinginstrumente:**
  Persönlicher Verkauf, Werbung, Verkaufsförderung und Öffentlichkeitsarbeit beeinflussen Einstellungen und Vorstellungen der Gäste vom Angebot, nicht aber die Leistung selbst.

179 Nennen Sie vier wesentliche Aufgaben der Werbung.

a) Bedürfnisweckung
b) Produktinformation
c) Gäste gewinnen
d) Gäste erhalten

180 Erklären Sie das in der Werbung häufig angewandte AIDA-Modell.

A Attention: Aufmerksamkeit beim Gast auf die gastronomische Leistung lenken.
I Interest: Interesse des Gastes am Produkt wecken.
D Desire: Wunsch nach der gastronomischen Leistung, Bedürfnisweckung durch Werbung.
A Action: Kaufhandlung beim Gast auslösen, z. B. Tischreservierung, Buchung von Übernachtungen.

181 Unterscheiden Sie Außen- und Innenwerbung und nennen Sie je vier Beispiele.

a) **Außenwerbung („Out-House-Promotion"):**
Werbung außerhalb des Betriebes. Sie bedient sich dabei verschiedener Werbemittel, um Gäste zu gewinnen.
Beispiele: Anzeigen, Leuchtwerbung, Wirtshausschild, Plakate, Hausprospekte, Werbebriefe, Tagungs- und Bankettmappen

b) **Innenwerbung („In-House-Promotion"):**
Sie nutzt alle innerbetrieblichen Maßnahmen, um Gäste zufriedenzustellen, zum Wiederkommen zu motivieren und damit als indirekte Werbeträger zu gewinnen.
Beispiele: Empfangsgetränke, Tischreiter, Speisenkarten, Servicekleidung, Atmosphäre, Gestaltung der Räumlichkeiten

182 Erläutern Sie Wesen und Bedeutung der Verkaufsförderung (Sales Promotion).

Verkaufsförderung dient der Förderung, Information und Motivation der am Absatzprozess beteiligten Personen im Haus („In-House-Promotion") und außer Haus („Out-House-Promotion"). Die Maßnahmen unterstützen die persönlichen Kontakte zu den Gästen, um diese im Sinne des Unternehmens zu beeinflussen.

183 Das Wettbewerbsrecht setzt der missbräuchlichen Anwendung des absatzpolitischen Instrumentariums gesetzliche Schranken.

a) Welche Gesetze haben Gastronomen in diesem Zusammenhang zu beachten?

b) Welche Verbote des Wettbewerbsrechts sind einzuhalten?

a) *Gesetz gegen unlauteren Wettbewerb (UWG)* und *Rabattgesetz*

b) Verboten ist das Anlocken von Gästen
- durch Missachtung des Wahrheitsgrundsatzes (z. B. falsche Qualitätsangaben)
- irreführende Angaben (Lockvogelangebote: Angebote mit besonders günstigem Preis und evtl. Mengenbeschränkung, durch die der Gast zum Kauf anderer, oft überteuerter Waren veranlasst werden soll)
- mit unzulässigen Werbemitteln und Werbemethoden (z. B. vergleichende Werbung, Produkte der Konkurrenz werden herabgewürdigt)
- mit unangemessenen Preisen („Schleuderpreise")
- durch Gewährung unzulässiger Rabatte (z. B. Barzahlungsnachlässe über 3 % oder Zugaben)
- durch Verkauf von Zubehörwaren

184 Nennen und erklären Sie die verschiedenen Formen der Warenunterschiebung.

a) **Erkennbare Warenunterschiebung:** offensichtliche Abweichung von der Bestellung.

b) **Irreführende Warenunterschiebung:** Der Gast erhält stillschweigend ein anderes als das bestellte Produkt, ohne dass dies für ihn ohne weiteres erkennbar ist.

c) **Betrügerische Warenunterschiebung:** Der Gast erhält absichtlich ein minderwertigeres Produkt als das bestellte, bezahlt aber den höheren Preis.

185 Welche Interessen vertritt
– die Gewerkschaft Nahrung – Genuss – Gaststätten (NGG)
– der Deutsche Hotel- und Gaststättenverband (DEHOGA)?

Gewerkschaft Nahrung – Genuss – Gaststätten (NGG)
Gewerkschaften verstehen sich als Interessenvertreter der Arbeitnehmer. Die NGG ist eine der Einzelgewerkschaften im Deutschen Gewerkschaftsbund (DGB).

Deutscher Hotel- und Gaststättenverband (DEHOGA)
Der DEHOGA vertritt die Interessen der Arbeitgeber. Er gehört als Unternehmerverband dem Gemeinschaftsausschuss der deutschen gewerblichen Wirtschaft an.

186 Welche Bedeutung haben die Interessenverbände für die Gesamtwirtschaft?

Die von ihnen vertretenen Gruppen haben unterschiedliche und oft sogar gegensätzliche Interessen. Durch Vereinbarungen (z. B. Tarifverträge) stellen sie ein gleichgewichtiges Verhältnis zwischen Arbeitgeber und Arbeitnehmer her. Dank ihrer Kompromissfähigkeit leisten sie einen wesentlichen Beitrag zur Sicherung des sozialen Friedens in den Betrieben und in der Gesellschaft.

187 Nennen Sie die Bereiche der Herkunft des Sozialproduktes.

a) Landwirtschaft, Forstwirtschaft und Fischerei
b) warenproduzierendes Gewerbe
c) Handel und Verkehr
d) Dienstleistungen
e) Staat

188 Wie wird das Sozialprodukt verwendet?

a) Privater Verbrauch
b) Staatsverbrauch
c) Investitionen
d) Außenbeitrag [= Differenz zwischen Ausfuhr (+) und Einfuhr (–)]

189 Wie lauten die im *Stabilitätsgesetz* festgelegten vier Ziele der Wirtschaftspolitik?

Im *Stabilitätsgesetz (Gesetz zur Förderung der Stabilität und des Wachstums in der Wirtschaft)* sind folgende allgemeine Ziele festgelegt: →

▷ *Fortsetzung der Antwort* ▷

- relative Preisstabilität
- relative Vollbeschäftigung
- angemessenes Wirtschaftswachstum
- außenwirtschaftliches Gleichgewicht

190 Warum spricht man bei den vier allgemeinen Zielen der staatlichen Wirtschaftspolitik auch vom „magischen Viereck“?

Damit werden die Schwierigkeiten zum Ausdruck gebracht, alle Ziele gleichzeitig zu erreichen. Praktisch lässt sich ein Ziel meist nur über die Vernachlässigung eines anderen verwirklichen. So besteht beispielsweise in einer vollbeschäftigten Wirtschaft die Tendenz zum allgemeinen Preisanstieg, weil einerseits die kaufkräftige Nachfrage zunimmt und andererseits die Verknappung der Produktionsfaktoren zu steigenden Faktorpreisen und damit höheren Produktionskosten führt.

191 Erklären Sie die „Lohn-Preis-Spirale“.

Werden in Phasen des Konjunkturaufschwungs und der Hochkonjunktur Lohnsteigerungen auf die Preise abgewälzt, führt dies zu einer Steigerung der Absatzpreise (= Inflation). Zum Ausgleich fordern die Arbeitnehmer erneut höhere Löhne.
In ungünstigen Fällen ist der Preisanstieg höher als die nominale Lohnsteigerung, was zu realen Einkommenseinbußen (= sinkende Reallöhne trotz nominaler Lohnerhöhungen) führt.

192 Was versteht man unter „Konjunktur“?

Konjunktur ist jede Veränderung im Wirtschaftsablauf. Die Veränderungen lassen sich an gesamtwirtschaftlichen Daten wie Beschäftigung, Produktion und Preisen erkennen. So kann man vereinfacht sagen: Konjunktur ist die jeweilige Wirtschaftslage.

193 Nachstehende Abbildung zeigt modellhaft den Verlauf der Konjunktur.

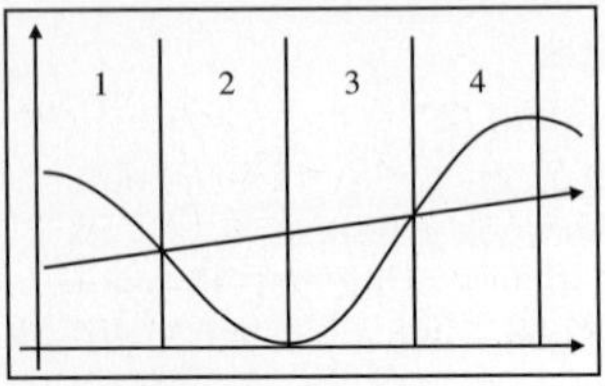

a) Benennen Sie unter Verwendung der Fachbegriffe die einzelnen Phasen, und nennen Sie jeweils zwei Merkmale.

b) Wie bezeichnet man einen Zeitraum, in dem alle vier Phasen durchlaufen werden? Wie lange dauert dieser in der Regel?

c) Welcher Trend wird durch den Pfeil angedeutet?

a) Konjunkturphasen

1. **Rezession:** Phase des Abschwungs
   - Produktionsrückgang
   - rückläufige Kapazitätsauslastung
   - zunehmende Arbeitslosigkeit
   - Rückgang der Investitionstätigkeit
   - sinkende Gewinne, Löhne und Preise
2. **Depression:** Tiefstand
   - Produktionstiefstand
   - rasch sinkende Kapazitätsauslastung
   - hohe Arbeitslosigkeit
   - geringe Investitionstätigkeit
   - niedrige Gewinne, Löhne und Preise
3. **Expansion:** Phase des Aufschwungs
   - Produktion nimmt zu
   - Verbesserung der Kapazitätsauslastung
   - Arbeitslosigkeit geht zurück
   - Investitionen nehmen zu
   - Verbesserung der Kapazitätsauslastung
   - steigende Gewinne, Löhne und Preise
4. **Boom:** Hochkonjunktur
   - Produktionshöchststand
   - sehr hohe Kapazitätsauslastung
   - relativ geringe Arbeitslosigkeit (evtl. Voll-/Überbeschäftigung)
   - erhöhter Preisanstieg, kein entsprechender Zuwachs bei den Löhnen

b) Konjunkturzyklus, ca. vier bis fünf Jahre

c) Der Pfeil verdeutlicht den langfristigen Konjunkturtrend (Wirtschaftswachstum).

194 Was versteht man unter „Kaufkraft"?

Die Kaufkraft (Geldwert) gibt an, welche Gütermenge für einen bestimmten Geldbetrag gekauft werden kann.

195 Erklären Sie den Lebenshaltungskosten-Preisindex als Messzahl der Kaufkraft.

Zur Messung der Kaufkraft des Geldes werden Messzahlen ermittelt, die Preisänderungen anzeigen. Der wichtigste Preisindex für die Verbraucher ist der Lebenshaltungskosten-Preisindex. Dabei werden die Konsumausgaben von Durchschnittsfamilien in einem „Warenkorb" zusammengefasst. Die in Prozenten ausgedrückte preisliche Veränderung im Vergleich zum Vormonat oder zum Vorjahr bezeichnet man als Lebenshaltungskosten-Preisindex.

196 Was ist eine „Währung"?

a) Die staatsrechtliche Ordnung des Geldsystems
b) die Geldeinheit eines Landes, die gesetzliches Zahlungsmittel ist

197 Erklären Sie
– Inflation
– Deflation.

- **Inflation**
  ist eine durch Preissteigerungen bedingte Geldentwertung (Kaufkraftschwund). Ursache: Die Geldmenge wächst schneller als die Gütermenge.
- **Deflation**
  Bei steigendem Geldwert kommt es zu einem Preisverfall (Steigerung der Kaufkraft). Ursache: Verknappung der Geldmenge, Überangebot von Gütern.

198 Erklären Sie die Zielsetzung und Maßnahmen der staatlichen Förderpolitik im Bereich des Tourismus. Nennen Sie drei unterschiedliche Maßnahmen.

Staatliche Förderpolitik im Bereich des Fremdenverkehrs kommt im Rahmen der Mittelstandspolitik auch gastgewerblichen Unternehmen zugute. Es handelt sich hierbei um Maßnahmen zur Förderung der →

▷ *Fortsetzung der Antwort* ▷

Leistungs- und Wettbewerbsfähigkeit kleiner und mittlerer Unternehmen des Gastgewerbes. In Form von Zuschüssen, zinsgünstigen Darlehen und Bürgschaften werden von Bund und Ländern (regionale Förderungsprogramme) z. B. gefördert:

- Existenzgründung
- Unternehmensberatung für etablierte Betriebe und Existenzgründer
- Investitionen zur Rationalisierung und Modernisierung
- berufliche Weiterbildung für Unternehmer und Führungskräfte

199 Was versteht man unter dem Wechselkurs?

Der Wechselkurs gibt den Außenwert einer Währung an. Es ist der Preis in DM, den man für eine bestimmte Menge ausländischen Geldes zahlen muss.

200 Nennen Sie fünf Prädikate, die von Bundesländern für Erholungseinrichtungen in Tourismusgebieten verliehen werden können.

a) Erholungsort
b) Luftkurort
c) heilklimatischer Ort
d) Kneippkurort
e) Ort mit Heilquellen oder Moor-/Kurbetrieb
f) Heilbad
g) Kneippheilbad

201 Sachverhalt: Frau Gotz (Stammgast, alleinstehend) bittet um Reservierung eines Einbettzimmers mit Bad und WC für die Zeit vom … bis …
Im „Braunschweiger Hof“ ist kein Einbettzimmer mehr frei.
a) Die folgende Abbildung zeigt einen Geschäftsbrief entsprechend DIN 676 und 5008. Bezeichnen Sie die einzelnen Teile. →

1

▷ *Fortsetzung* ▷

b) Nennen Sie mögliche Vorgehensweisen, wenn der „Braunschweiger Hof“ keine Dependance hat, um Gäste unterzubringen.

❶ **Hotel Braunschweiger Hof**

❷ Hotel Braunschweiger Hof · Postfach · 31162 Bad Salzdetfurth

❸ Frau
Lisa Gotz
Emmertinger Str. 11

84518 Garching (Alz)

❹ Ihre Zeichen, Ihre Nachricht vom	Unsere Zeichen	Telefon	Bad Salzdetfurth
⓫ ...-05-25	HJ/be		...-05-28

❺ Ihre Reservierungsanfrage vom 19..-03-25

❻ Sehr geehrte Frau Gotz,

vielen Dank für Ihre Anfrage. Wir freuen uns, dass Sie in diesem Jahr Ihren Urlaub wieder bei uns verbringen wollen.

⓬ ❼ So kurz vor Beginn der Sommersaison sind schon alle Einbettzimmer im Hotel vergeben. Wir können Ihnen jedoch ein sehr schönes Zimmer in unserem Nebengebäude für den gewünschten Zeitraum reservieren. Unsere Dependance, die allen gewohnten Komfort bietet, liegt nur 5 Gehminuten vom Hauptgebäude entfernt.

Bitte lassen Sie uns so schnell wie möglich wissen, ob wir Ihnen dort ein Zimmer reservieren dürfen.

❽ Mit freundlichen Grüßen

Hotel Braunschweiger Hof

❾ Nicole Beutner

Nicole Beutner

❿ Anlagen

⓭ —

⓮ Hotel Braunschweiger Hof Bad Salzdetfurth · Familien Curt Behnecke und Wilfried Bartels
Curt Behnecke OHG · Herzog-Wilhelm-Straße 54 · Postfach · 31162 Bad Salzdetfurth
Telefon (0 50 63) 78 80 · Fax (0 50 63) 5 33 49
Bankverbindung: Bad Salzdetfurther Volksbank, Kto.-Nr. 1 017 101, BLZ 278 932 15

→

▷ *Fortsetzung der Antwort (zweispaltig)* ▷

a) **1** Briefkopf
2 Absenderanschrift
3 Empfängeranschrift
4 Bezugszeichenzeile
5 Betreff
6 Anrede
7 Brieftext
8 Gruß
9 Unterschrift
10 Anlage
11 Faltmarke
12 Lochmarke
13 Warnzeichen (Hinweis, dass noch 9 Schreibzeilen zur Verfügung stehen)
14 Geschäftsangaben

b)
- Mit Bedauern absagen
- ein Zweibettzimmer zum Preis eines Einbettzimmers reservieren
- fragen, ob der Gast den Urlaub verschieben kann
- ein Hotel empfehlen, mit dem man zusammenarbeitet und das noch über freie Einbettzimmer verfügt

202 Nennen Sie mögliche Grußformen für einen Geschäftsbrief.

a) Mit freundliche(m)(n) Gruß/Grüßen
b) Mit gastfreundliche(m)(n) Gruß/Grüßen (fröhlich)
c) Mit kollegialen Grüßen
d) Mit kollegialer Hochachtung (förmlich)
e) Mit dem(n) besten Gruß/Grüßen
f) Mit freundlichen Empfehlungen
g) Hochachtungsvoll (förmlich, veraltet)
h) Mit vorzüglicher Hochachtung (sehr förmlich, veraltet)

203 Welche Anreden werden beim Geschäftsbrief verwendet?

a) **Briefempfänger ist namentlich bekannt:**
- Sehr geehrte Frau ...
- Sehr geehrter Herr ...

b) **Briefempfänger ist namentlich nicht bekannt:**
- Sehr geehrte Damen und Herren
- Sehr verehrte Damen, sehr geehrte Herren

204 In welche Teile gliedert sich das Inventar?

A Vermögen
B Schulden (Fremdkapital)
C Ermittlung des Reinvermögens (Eigenkapital)

205 Grundsätze ordnungsmäßiger Buchführung (GoB) sind in der *Abgabenordnung AO* und dem *Handelsgesetzbuch HGB* festgelegte formale und inhaltliche Regeln, die im Rahmen der Buchführung zu beachten sind.
Nennen Sie diese.

- Sämtliche Buchungen müssen der Wahrheit entsprechen.
- Alle Buchungen müssen klar, übersichtlich und in chronologischer Reihenfolge ausgeführt werden.
- Keine Buchung ohne Beleg!
- Die Seiten der Buchführungsbücher werden fortlaufend numeriert.
- Eintragungen müssen dokumentecht sein, also nicht mit Bleistift.
- Radierungen sind zu unterlassen.
- Fehleintragungen werden so gestrichen, dass die ursprüngliche Eintragung lesbar bleibt.
- Leerräume werden durch Winkelstrich („Buchhalternase“) entwertet.

206 Was versteht man unter
a) Inventur
b) Inventar?

a) **Inventur**
Unternehmer sind verpflichtet, am Schluss eines jeden Geschäftsjahres Vermögen und Schulden festzustellen. Die Bestandsaufnahme der einzelnen Vermögensgegenstände durch Zählen, Messen, Wiegen und in Ausnahmen Schätzen heißt Inventur.

b) **Inventar**
Es ist das Verzeichnis, in dem die Vermögens- und Schuldenwerte einzeln nach Art und Höhe eingetragen werden.

207 Erklären Sie die Unterscheidung in körperliche und nichtkörperliche Bestandsaufnahme.

a) **Körperliche Bestandsaufnahme**
Sie enthält die mengenmäßige Erfassung aller Vermögensgegenstände, die durch Augenschein feststellbar sind (z. B. Maschinen, Waren). →

▷ *Fortsetzung der Antwort* ▷

b) **Nichtkörperliche Bestandsaufnahme oder Buchinventur**
Die Erfassung des unbeweglichen Vermögens (Immobilien), von Forderungen, Bankguthaben und Vermögensgegenständen ähnlicher Art sowie der Höhe der Schulden erfolgt durch die Übertragung aus Belegen und Büchern.

208 Das *HGB* ermöglicht verschiedene Inventurverfahren, die sich nach dem Aufnahmezeitpunkt unterscheiden. Im Gastgewerbe kommen vor allem die Stichtagsinventur und die permanente Inventur vor. Erklären Sie diese beiden Möglichkeiten.

a) **Stichtagsinventur**
Körperliche Bestandsaufnahme am Bilanzstichtag, z. B. am 31. Dez. eines jeden Jahres. Dabei können die Bestände innerhalb einer Frist von zehn Tagen vor oder nach dem Bilanzstichtag aufgenommen werden, wenn die Veränderungen zwischen dem Aufnahmetag und dem Bilanzstichtag berücksichtigt werden (= zeitnahe Stichtagsinventur).

b) **Permanente Inventur**
Bei dieser Methode wird die körperliche Bestandsaufnahme auf das ganze Jahr verteilt. Durch einen Inventurplan wird sichergestellt, dass alle Vermögensgegenstände einmal im Jahr erfasst werden. Die Bestände werden in Karteikarten oder Lagerbüchern mengenmäßig fortgeschrieben.

209 Welche Vorteile bietet die permanente Inventur gegenüber der Stichtagsinventur?

Die permanente Inventur hat gegenüber der herkömmlichen Stichtagsinventur hauptsächlich folgende Vorteile:

- Die Inventurarbeiten können über das ganze Jahr verteilt werden.

→

▷ *Fortsetzung der Antwort* ▷

- Der einzelne Artikel kann grundsätzlich dann aufgenommen werden, wenn sein Bestand am niedrigsten ist.
- Der Bestand kann jederzeit festgestellt und überprüft werden.

210 Geben Sie für nachfolgende Geschäftsfälle an:

a) Welche Bilanzposten sind betroffen, wie verändern sie sich (+ oder –)?
b) Welche Art der Bilanzänderung liegt vor?
c) Tritt eine Veränderung der Bilanzsumme ein?

① Barabhebung vom Bankkonto
② Umwandlung einer Lieferer- in eine Darlehensschuld
③ Wir kaufen Getränke auf Ziel
④ Barzahlung an Lieferer

① a) Bank –, Kasse +
b) Aktivtausch
c) nein

② a) Verbindlichkeiten –
Dahrlehen +
b) Passivtausch
c) nein

③ a) Getränkevorrat +
Verbindlichkeiten +
b) A-P-Mehrung
c) ja

④ a) Verbindlichkeiten –,
Kasse –
b) A-P-Minderung
c) ja

211 Erklären Sie
a) Kosten
b) betriebliche Leistungen.

a) **Kosten:** Bei der Erstellung der Leistungen entsteht im Betrieb ein Verbrauch von Gütern und Dienstleistungen. Diesen in DM bewerteten betriebsbedingten Werteverzehr (Vermögensabgang) bezeichnet man als Kosten.

b) **Betriebliche Leistungen:** Der Wert aller im Betrieb hergestellten materiellen (z. B. Speisen) und immateriellen (Service) Leistungen. Sie lassen sich in Hauptleistungen (Verpflegungs- und Beherbergungsleistungen) sowie Nebenleistungen (z. B. Telefon) einteilen.

212 Erklären Sie die Bedeutung der Kostenerfassung in der Kosten- und Leistungsrechnung sowie die dabei zu beachtende Unterscheidung in Einzelkosten und Gemeinkosten. Nennen Sie je Kostenart zwei Beispiele.

Die Kostenerfassung dient der Vorbereitung der Kosten für deren Weiterverrechnung im BAB (BAB 1: Kostenstellenrechnung, BAB 2: Kostenträgerrechnung).

- **Einzelkosten:**
  Diese werden vom Kostenträger (Einzelleistung) verursacht und können diesem direkt zugeordnet werden.
  - Beispiele: Wareneinsatz Speisen und Getränke, umsatzabhängig entlohntes Personal
- **Gemeinkosten:**
  alle Kosten, deren direkte Zurechnung auf die Kostenträger nicht möglich ist; sie werden mit Hilfe eines Verteilerschlüssels in einer Zwischenrechnung umgelegt. Im Gastgewerbe zählen außer den obengenannten Einzelkosten die meisten Kosten dazu.
  - Beispiele: Personalkosten (Küche, Verwaltung), Energie, Pacht

213 Erklären Sie die Begriffe
a) Kostenstelle
b) Kostenträger.

a) **Kostenstelle:**
Nach Verantwortungsbereichen abgegrenzter Teilbereich (z. B. Beherbergung, Küche, Restaurant) des Gesamtbetriebs (= Kostenfeld), in dem Kosten verursacht werden.

b) **Kostenträger:**
So nennt man die von einem Unternehmen erstellten und dem Betriebszweck entsprechenden Güter und Dienstleistungen.
Sie haben die Kosten zu tragen, z. B. Küchenleistungen.

214 Erklären Sie die Unterscheidung der Gesamtkosten in
a) fixe (feste) Kosten
b) variable (veränderliche) Kosten.
Nennen Sie je zwei Beispiele.

a) **Fixkosten:**
Kosten der Betriebsbereitschaft, die für den Betrachtungszeitraum in gleichbleibender Höhe anfallen und nicht auf Auslastungsschwankungen reagieren, z. B. Löhne und Gehälter des festangestellten Personals, Abschreibungen, Pacht.

b) **Variable Kosten:**
Von der Leistungserbringung abhängige Kosten entstehen in direkter Abhängigkeit von der Auslastung, z. B. Warenkosten, umsatzabhängig entlohntes Personal, Teile der Energiekosten.

Technologie

Arbeitssicherheit im Gastgewerbe

1 Jedes Unternehmen ist verpflichtet, die Erste-Hilfe-Leistungen aufzuzeichnen. Welche Daten müssen dabei festgehalten werden?

a) Zeit, Ort und Hergang des Unfalls
b) Art und Umfang der Verletzung
c) Zeitpunkt, Art und Weise der Erste-Hilfe-Leistung
d) Namen der Verletzten, Ersthelfer und evtl. Zeugen

2 Durch eine Unachtsamkeit beim Flambieren gerät die Kleidung des Servicemitarbeiters Schulze in Brand. Welche Sofortmaßnahmen muss sein Kollege Weber einleiten?

- Brennende Person aufhalten (da evtl. Panik).
- Danach den Brand an der Kleidung mit einem Tuch (z. B. Tischdecke) ersticken, wenn möglich, Tuch feucht machen.
- Sollte der brennende Stoff schon bis zur Haut gelangt sein, dann auf keinen Fall entfernen.

3 Ergänzen Sie Nachfolgendes zum Thema Berufsgenossenschaft:
a) Aufgaben
b) Anmeldung – wann?
c) Schadensmeldung – wann?
d) Wer ist versichert?
e) Wer bezahlt die Beiträge?

a) Betriebliche Unfallschäden regulieren und vorbeugende Maßnahmen empfehlen und durchsetzen
b) Neuanmeldung innerhalb einer Woche
c) Arbeitsunfälle, die eine Arbeitsunfähigkeit von mehr als drei Tagen nach sich ziehen, müssen innerhalb von drei Tagen gemeldet werden – Schwerverletzungen oder Unfälle mit tödlichem Ausgang müssen sofort (telefonisch, telegrafisch, per Fax) gemeldet werden
d) die Mitarbeiter, der Unternehmer sowie dessen mitarbeitende Familienangehörigen
e) hier bezahlt der Unternehmer 100 % der fälligen Beiträge – die Mitarbeiter sind beitragsfrei

4 In jedem gewerblichen Unternehmen befindet sich eine große Zahl von sichtbaren und verborgenen Gefahrenquellen. Nachfolgend sind einige davon aufgeführt.
Zeigen Sie Gegenmaßnahmen auf.

a) Verstellte oder nicht gekennzeichnete Fluchtwege
b) schadhafte Beleuchtung des Arbeitsplatzes
c) Mängel an Signal- und Bedieneinrichtungen von Maschinen
d) Gefährdung durch Fußböden und Treppen
e) mangelhafte Sicherungen an der Kippbratpfanne
f) Gefährdung durch heißes Fett in der Friteuse

Gegenmaßnahme

a) Da eine Kennzeichnung Vorschrift und eine Verstellung verbotswidrig ist, muss sofort Abhilfe geschaffen werden.

b) Unzureichende Beleuchtung ist ein permanenter Gefahrenherd. Sofort, notfalls durch den Fachmann, für ausreichendes Licht sorgen.

c) Hier hilft eine tägliche Überprüfung vor Inbetriebnahme.

d) Rutsch- und Trittsicherheit bei Böden und Treppen ist Voraussetzung für einen sicheren Arbeitsplatz. Es ist daher darauf zu achten, dass die Oberfläche bei Böden (selbst bei leichter Nässe) griffig ist.
Ebenso dürfen Treppenstufen nicht ausgetreten sein und sollten eine rutschfeste Oberfläche (Teppichbelag, Gummiläufer) haben.
Außerdem muss zumindest ein Handlauf (wenn vorgeschrieben, auch zwei) angebracht sein.
Selbstverständlich sollten schlecht einsehbare Treppen gut beleuchtet sein.

e) Die Deckel von Kippbratpfannen dürfen nicht unbeabsichtigt zufallen. Außerdem sind Deckel und Griffe so anzuordnen, dass beim Öffnen ein Verbrühen durch Dampfschwaden vermieden wird.

f) Eine Friteuse muss immer sicher und fest stehen. Das Ablassventil muss gegen unbeabsichtigtes Öffnen gesichert sein. Außerdem sind Temperaturregler und -begrenzer ständig auf Funktionstüchtigkeit zu überprüfen.

5 Ordnen Sie die abgebildeten Verbots-, Gebots- und Warnzeichen den verschiedenen Aussagen zu. Setzen Sie die entsprechende Zahl zur dazugehörenden Erklärung.

Warnung vor feuergefährlichen Stoffen ⑮
Rauchen verboten ⑤
Fluchtweg-Richtung ⑳
Offenes Licht und Feuer verboten ⑥
Augenschutz tragen ⑱
Verbot, das Wasser zu trinken ⑨
Warnung vor ätzenden Stoffen ⑰
Hinweis auf Erste Hilfe ⑦
Handfeuerlöscher ⑭
Schutzhandschuhe tragen ⑬
Warnung vor einer Gefahrenstelle ③
Zutritt verboten ⑩
Verbot, mit Wasser zu löschen ⑧
Warnung vor radioaktiven Stoffen ②
Nicht schalten ⑪
Warnung vor schwebender Last ④
Für Fußgänger verboten ⑲
Gehörschutz tragen ⑫
Warnung vor giftigen Stoffen ①
Atemschutz tragen ㉑
Warnung vor Explosionsstoffen ⑯

6 Bettina ist Auszubildende und derzeit im Zimmerdienst. Hier ist es u. a. ihre Aufgabe, fehlerhafte Glühlampen auszuwechseln. Worauf muss Bettina achten, um einen Unfall mit elektrischem Strom zu vermeiden?

a) Nur mit völlig trockenen Händen arbeiten.
b) Niemals in die Fassung greifen.
c) Sicherheitsleiter verwenden.
d) Schuhe mit Gummisohlen tragen.
e) Stromzufuhr vor Auswechslung unterbrechen.
f) Bei Problemen sofort den Fachmann verständigen.

7 Nennen Sie mindestens fünf Sicherheitsregeln, die beim Umgang mit Spraydosen zu beachten sind.

a) Nicht in offene Flamme sprühen.
b) Nicht gewaltsam öffnen.
c) Niemals in Augen sprühen.
d) Nur völlig leer entsorgen.
e) Vor Sonne und Hitze schützen.
f) Leere Dosen nicht verbrennen.

8 Bernd Korbach ist als Ersthelfer ausgebildet. Welche Maßnahme hat er bei einem vermutlichen Knochenbruch des Unterarms zu ergreifen?

Ruhigstellung des Unterarms durch ein Armtragetuch mit einer gepolsterten Schiene oder einem breiten Pappstück.

9 Erläutern Sie die Funktion einer Sprinkleranlage.

Die Sprinkleranlage ist eine ortsfeste, selbsttätig wirkende Melde- und Löschanlage. Sie besteht aus einem mit Düsen bestückten Wasserrohrnetz, welches unter der Decke oder dem Dach montiert ist und ständig unter Druck steht. Die Düsen sind durch Schmelzlote oder Glasfässchen verschlossen, die sich unter Einfluss von Wärmeentwicklung im Brandfall öffnen. Somit löschen nur diejenigen Sprinkler, die in unmittelbarer Nähe des Brandes durch aufsteigende heiße Brandgase auf ihre Auslösetemperatur aufgeheizt werden.

Umweltschutz im Gastgewerbe

10 Der Ausspruch – „Recycling lebt vom Mitmachen“ – ist eine Aufforderung an die Bevölkerung. Erklären Sie, was damit gemeint ist.

Nur wenn jeder mithilft, die wertvollen Rohstoffe wie **Glas, Papier, Metall und Textilien** auszusortieren und zu den Sammelbehältern zu bringen, können diese auch wieder aufbereitet und als Rohstoffe dem Produktionskreislauf zugeführt werden.

11 Geben Sie mindestens drei Beispiele für Abfalltrennung.

a) Glascontainer (weiß, braun, grün)
b) Papier/Pappe, Plastik (unterschiedlicher Zusammensetzung)
c) kompostierbare Abfälle
d) Weißblech
e) Styropor

12 Ein sehr häufig genannter Begriff im Zusammenhang mit unserer Umwelt ist das „Ozonloch“. Was bedeutet es, und wodurch wird es verursacht?

Durch FCKW (Fluorchlorkohlenwasserstoff) und **FKW (Fluorkohlenwasserstoff)** wird die Ozonschicht, die die Erdkugel umgibt, zerstört. Das bedeutet, dass die UV-Strahlen der Sonne ungehindert (ungefiltert) auf die Erde gelangen können.

13 Der Grüne Punkt wurde durch das Duale System ins Leben gerufen. Was sagt dies über damit gekennzeichnete Verpackungen aus?

Verpackungen, die mit dem Grünen Punkt gekennzeichnet sind, können entsorgt und wieder verwertet werden.

14 Wie kann ein gastronomischer Betrieb den anfallenden Müll umweltgerecht entsorgen? Geben Sie vier Beispiele.

- **Altöle/Altfette** in Tonnen sammeln und dem Lieferanten zurückgeben
- **Kompostierverschlag** für organischen Abfall
- **Restmülltrennung** durch aufgestellte Container
- **Kartons/Styropor/Folien** dem Lieferanten wieder mitgeben

15 Das Umweltzeichen (Umweltengel) wird für Produkte vergeben, die umweltfreundliche Alternativen darstellen. Was jedoch sagt das Zeichen <u>nicht</u> aus?

Durch die Aussage, dass das Produkt zwar umweltfreundlicher ist als ein vergleichbares Produkt, wird dennoch nicht gesagt, dass es ggf. nicht völlig überflüssig ist. Der Umweltengel bedeutet nicht, dass ein Produkt unbedenklich ist oder dass es vermeidbar ist. Die kritische Überlegung des Verbrauchers kann dieses Zeichen nicht ersetzen.

16 Welche staatlichen Maßnahmen wurden zum Schutz der Umwelt eingeleitet?

Zum Beispiel:
- Katalysator
- Schlotfilter
- Umweltengel
- Grüner Punkt
- Duales System
- Recycling
- Verpackungsverordnung

17 In der Gastronomie fallen erhebliche Mengen an Abfallstoffen an. Es gibt jedoch Möglichkeiten zu umweltorientiertem Handeln in den einzelnen Abteilungen. Nennen Sie für den Service-, den Etagen-, den Verwaltungs- und den Küchenbereich je drei Beispiele, wie Sie umweltorientiert handeln würden.

a) **Servicebereich**
- Auf dem Frühstücksbüfett sollten überwiegend Lebensmittel angeboten werden, die nicht portionsweise abgepackt sind.
- Getränkedosen, Plastikflaschen und Einweggeschirr sind nicht im Angebot.
- Papierservietten werden, wo immer möglich, durch solche aus Stoff ersetzt.

b) **Etagenbereich**
- Auf portionsverpackte Einwegkosmetik verzichten.
- Grundsätzlich nur biologisch abbaubare Reinigungsmittel verwenden.
- Wo es sinnvoll ist, werden Sparlampen eingesetzt.

→

▷ *Fortsetzung der Antwort* ▷

c) **Verwaltungsbereich**
- Voraussetzungen für eine strikte Abfalltrennung schaffen.
- Offene Waren und solche ohne Umkartons bevorzugen.
- Bei sämtlichen Werbemitteln Umweltschutzpapier verwenden.

d) **Küchenbereich**
- Verbrauchte Speiseöle und Fritierfette werden in gut verschließbaren Behältern gesammelt und entsorgt.
- Auf Dosenware verzichten.
- Phosphatfreie Spülmittel verwenden.

Naturwissenschaftliche Grundlagen

18 Welcher Unterschied besteht zwischen der pflanzlichen und der tierischen Zelle?

Der Unterschied ist in der Zellwand festzustellen; die tierische Zellwand besteht aus einem dünnen Eiweißhäutchen, die pflanzliche Zelle hat feste Wände.

**19 In der Betriebsanleitung einer Spülmaschine sind Angaben über Wasserhärte und pH-Wert.
Erklären Sie den Begriff „pH-Wert".**

Der pH-Wert ist eine Messzahl. Durch den pH-Wert kann man feststellen, ob es sich um eine Säure oder Base handelt. Außerdem zeigt der pH-Wert an, wie stark die Säure oder Base ist.

20 Beim Druckgaren sind höhere Temperaturen erforderlich, um das Wasser zum Sieden zu bringen. Welche Folgen hat diese Kochart?

a) Schonenderer Kochvorgang
b) kürzere Garzeit
c) energiesparend
d) weitgehender Erhalt von Vitaminen und Mineralstoffen

21 Welche festen Stoffe haben eine besonders gute elektrische Leitfähigkeit, um Strom bzw. Wärme schnell weiterzuleiten?

Silber, Kupfer und Aluminium
- Silber und Kupfer dürfen für die Zubereitung der Speisen nicht verwendet werden.

→

▷ *Fortsetzung der Antwort* ▷

- Aluminium ist ein sehr guter Wärmeleiter, aber nicht säure- und laugenfest, daher nur bedingt einsetzbar.

[22] Jedes Lebewesen besteht aus Zellen, die im Prinzip den gleichen Aufbau haben. Welche Funktion haben:

a) Zellwand
b) Zellkern
c) Zellplasma

a) Gibt der Zelle Halt und Form
b) enthält die Erbanlagen
c) Zellflüssigkeit – enthält Wasser und Nährstoffe

[23] Nennen Sie positive Lebensmittelveränderungen durch Enzymwirkung.

a) Reifung von Lebensmitteln
b) Fleisch wird zart und mürbe
c) Geschmacksentwicklung bei Käse
d) Reifung von Obst, z. B. Bananen

[24] Wodurch kann man die Enzymwirkung hemmen?

a) Durch Tiefkühlen
b) durch Trocknen
c) durch Erhitzen und Kühlen

[25] Welche positiven und negativen Veränderungen bewirken Mikroben bei Lebensmitteln?

Positive Veränderungen:
- Konservierungsverfahren (Sauerkraut)
- Herstellungsverfahren (Gärung von Brot, Bier, Wein)

Negative Veränderungen:
- Verderb von Lebensmitteln (Marmelade wird schimmlig, Fett wird ranzig, Saft beginnt zu gären)

[26] Welche Funktionen haben Mikroben im Umweltschutz?

a) **Kompostierung** von pflanzlichen Abfällen
b) **Selbstreinigung** von Gewässern durch die Natur
c) **biologische Reinigung** von Abwässern

Hygiene im Gastgewerbe

[27] Bei der Bekämpfung von Kriechtieren und Insekten mit Gift ist größte Vorsicht geboten, da manche der zur Schädlingsbekämpfung angebotenen Gifte auch Menschen gefährden können. Führen Sie aus, worauf bei der Anwendung von Giften besonders zu achten ist.

a) Die Angaben und Hinweise auf der Verpackung bzw. dem Beiblatt müssen befolgt werden.
b) Weder die Mitarbeiter noch die im Betrieb befindlichen Lebensmittel dürfen mit dem Gift in Berührung kommen.
c) Fußböden, Wände und Gefäße, die für einen Gifteinsatz benutzt wurden, müssen einer gründlichen Reinigung unterzogen werden.

[28] Welche Verordnungen und Gesetze regeln den Schutz der Verbraucher vor Gesundheitsschädigung durch verdorbene Lebensmittel?

a) *Bundesseuchengesetz*
b) *Hygieneverordnungen der Länder*
c) *Hackfleischverordnung*
d) *Getränkeschankanlagen-Verordnung*
e) *LMBG (Lebensmittel- und Bedarfsgegenständegesetz)*

[29] Erläutern Sie den Begriff „Tiefkühlkette“.

Man nennt die gleichmäßige ununterbrochene Tiefkühlung eines Lebensmittels bei –18 °C von der Produktion bis zum Verbraucher **Tiefkühlkette.**

[30] Petra hat Küchendienst. Für eine Aufschnittplatte benötigt sie Brot. Auf einer Seite der Brotscheiben entdeckt sie Schimmel. Sie schneidet die befallenen Stellen ab und will das Brot verwenden. Der Küchenchef verbietet ihr jedoch, Gästen das Brot anzubieten. Sie soll es vielmehr vernichten. Warum hat der Küchenchef recht?

Durch die Schimmelschicht entsteht das **hochwirksame Krebsgift Aflatoxin.** Deshalb sollte man nie nur die befallenen Stellen abschneiden, sondern grundsätzlich verschimmeltes Brot in den Abfall geben.

31 Die Produkt-Hygiene-Kette setzt die hygienische Behandlung von Lebensmitteln – von der Herstellung bis zum Verbrauch – voraus. Erklären Sie anhand von mindestens vier Beispielen, was das im Einzelnen bedeutet.

a) Frische und Unversehrtheit der Ware kontrollieren
b) getrennte Lagerung für Fisch, Fleisch, Obst und Gemüse
c) regelmäßige Reinigung aller Kühlräume
d) Vorräte nur für einen begrenzten Zeitraum einlagern
e) Kurzzeitlagerungskühlschrank oder -theke
f) saubere, hygienische Handhabung bei der Verarbeitung

32 Nennen sie mindestens fünf Lebensmittel, deren Herstellung ohne die Arbeit von Mikroorganismen nicht möglich wäre.

a) Pökelerzeugnisse
b) Käse
c) Kefir
d) Joghurt
e) Hefegebäck
f) Bier
g) Wein
h) Sauerkraut
i) Kakao
u. v. m.

Lebensmittelrecht im Gastgewerbe

33 Im Jahre 1974 wurde das *Lebensmittel- und Bedarfsgegenständegesetz (LMBG)* reformiert. Wozu dient dieses Gesetz?

a) Schutz des Verbrauchers (Gesundheit, Schutz vor Irreführung)
b) Information des Verbrauchers

34 Die *Hackfleischverordnung* greift direkt in die Küchenpraxis ein mit Vorschriften über zerkleinertes Fleisch. Definieren Sie folgende Begriffe:
a) Hackfleisch
b) Schabefleisch
c) Thüringer Mett

a) **Hackfleisch** ist rohes, von groben Sehnen befreites Skelettmuskelfleisch von warmblütigen Schlachttieren in zerkleinertem Zustand ohne jeden Zusatz.
b) **Schabefleisch** ist rohes, fettarmes (bis 6% Fettgehalt) und sehnenfreies Skelettmuskelfleisch vom Rind in fein zerkleinertem Zustand ohne jeden Zusatz.
c) **Thüringer Mett** ist Schabe- oder Hackfleisch, dem Speisesalz, Zwiebeln und Gewürze zugesetzt sind.

35 In der *Getränkeschankanlagenverordnung* ist die Reinigung von Schankanlagen festgelegt. Was beinhalten diese Vorschriften?

Täglich sind zu reinigen:
– Teile, die mit dem Getränk und Luft in Berührung kommen,
14-tägig sind zu reinigen:
– Getränkeleitung mit Zubehör,
bei Fasswechsel ist zu reinigen:
– Anstichvorrichtung.

Inhaltsstoffe von Lebensmitteln

36 Lebensmittel sind aus zahlreichen verschiedenen Stoffen aufgebaut, die in Gruppen zusammengefasst sind. Nennen Sie die natürlichen Inhaltsstoffe von Lebensmitteln.

a) Kohlenhydrate
b) Fett
c) Eiweiß
d) Wasser
e) Mineralstoffe
f) Ballaststoffe
g) Vitamine

37 Welche drei Elemente sind bei allen Kohlenhydraten am Aufbau beteiligt?

C = Kohlenstoff
H = Wasserstoff
O = Sauerstoff

38 Nennen Sie die drei Hauptgruppen von Kohlenhydraten und geben Sie jeweils Beispiele dazu an.

a) **Einfachzucker (Monosaccharide)**
– Fruchtzucker
– Traubenzucker
b) **Doppelzucker (Disaccharide)**
– Milchzucker
– Malzzucker
c) **Mehrfachzucker (Polysaccharide)**
– Stärke
– Dextrine
– Cellulose

39 a) Aus welchen Rohstoffen werden Nahrungsfette hergestellt?
b) Erläutern Sie die typischen Eigenschaften dieser Fette.

a) aus tierischen und pflanzlichen Rohstoffen
b) **Eigenschaften:**
– fest (Kokosfett)
– streichfähig (Butter)
– flüssig (Speiseöl)

40 Tierisches Eiweiß versorgt den Menschen bei ausgewogener Ernährung mit essentiellen Aminosäuren. Was geschieht, wenn diese nicht mit der Nahrung zugeführt werden?

Es kommt zu Mangelerscheinungen:
- Unterernährung
- Anfälligkeit
- Wachstumsstörungen

41 Jod ist ein wichtiger Mineralstoff. Durch welche Lebensmittel wird es dem menschlichen Körper zugeführt?

Durch
- Seefische
- Trinkwasser
- Obst
- Gemüse

42 Ballaststoffe sind für die Verdauung von äußerster Wichtigkeit. Was bewirken Sie?

a) Bessere Durchblutung des Darms
b) erhöhte Darmtätigkeit durch Dehnung der Darmwand
c) leichteren Stuhlgang

43 Es sollte darauf geachtet werden, den Vitaminverlust möglichst gering zu halten. Was ist bei der Lagerung und Verarbeitung von Lebensmitteln zu beachten?

- Lebensmittel sollten dunkel und kühl gelagert werden (Luftsauerstoff und Lichteinwirkung zerstören Vitamine).
- Sie sollten schnell verarbeitet werden.
- Wasserlösliche Vitamine gehen beim Kochen ins Salzwasser über und sind für die Ernährung meist verloren (Kochwasser weiterverwenden).

44 Wasser ist für den menschlichen Körper unerlässlich. Welche Funktionen hat Wasser in diesem Zusammenhang?

Wasser ist:
- ein Kühlmittel des Körpers
- Universallösungsmittel für z. B. Lebensmittelbestandteile
- Transportmittel für gelöste Stoffe über das Blutgefäßsystem (Wärme)
- Baustoff für Zellen und Gewebe

45 Nennen Sie die natürlichen Inhaltsstoffe von Lebensmitteln.

a) Geruchsstoffe
b) Geschmacksstoffe
c) natürliche Farbstoffe

46 Welche Geruchs- und Geschmacksstoffe gibt es? Geben Sie jeweils mindestens zwei Beispiele an.

Fruchtsäuren, Säuren:
Weinsäure (Trauben),
Bernsteinsäure (Honig)
Gerbstoffe:
Kaffee, Tee, Wein
Ätherische Öle:
Orangenschale, Knoblauch, Gewürze

47 Alkohol und Säuren entstehen bei Gärungsvorgängen in Lebensmitteln. Geben Sie jeweils eine positive und negative Auswirkung an.

Während **Alkohol als Gift** den Körper belastet, steigert die **milde, unbedenkliche Milchsäure** die Bekömmlichkeit zahlreicher Lebensmittel.

Ernährung

48 Zur Aufrechterhaltung der Körperfunktionen benötigt der Mensch eine bestimmte Menge Energie. Man spricht hier von Grund- und Leistungsumsatz. Erklären Sie diese Begriffe.

Grundumsatz:
- die für alle Grundfunktionen des Körpers notwendige Energiemenge

Leistungsumsatz:
- zusätzlicher Energiebedarf zum Grundumsatz für Arbeit und Freizeit

49 Was versteht man unter Resorption der Nährstoffe?

Die Nährstoffe gelangen durch **die Darmwand** ins Körperinnere.

50 Welche Funktion hat die Leber im Zusammenhang mit dem Eiweißstoffwechsel?

Die Aminosäuren gelangen als Eiweißbausteine in die Leber, wo sie entweder sofort oder zunächst gespeichert und später zu körpereigenem Eiweiß aufgebaut werden. Außerdem können sie zu Traubenzucker abgebaut werden

51 Nennen sie fünf Grundregeln, die man für ein richtiges Ernährungsverhalten beachten sollte.

a) Abwechslungsreiche Ernährung
b) gemischte Kost (notwendige Mineral- und Ballaststoffe, Vitamine)
c) richtige, schonende Zubereitung
d) mehrere kleine Mahlzeiten
e) dem Lebensalter und der Arbeitsleistung entsprechend essen

52 In der Gastronomie ist die „Vollwertkost" nicht mehr wegzudenken. Erklären Sie diesen Begriff.

a) Das Verwenden von Nahrungsmitteln möglichst aus biologischem Anbau
b) Erhalten des vollen Nährstoffgehalts
c) vorwiegend vegetabile Kost,
d) geringer Verarbeitungsgrad der Nahrung durch Prozesstechniken und Zubereitungsverfahren

53 Ein Gast erklärt Ihnen, dass er sich ovo-lacto-vegetarisch ernährt. Welche Lebensmittel würden Sie für ihn zubereiten?

a) Eier
b) Milch
c) Milcherzeugnisse

Lebensmittel im Gastgewerbe

54 Wie werden die pflanzlichen Lebensmittel in der Gastronomie eingeteilt?

Nach der Verwendung verschiedener pflanzlicher Erzeugnisse:
- Gemüse
- Pilze
- Obst
- Sättigungsbeilagen
- Backwaren
- Gewürze
- Kräuter
- Würzmittel

55 Die geläufigste Einteilung der Gemüse ist die nach den Pflanzenteilen. Nennen Sie die Grundeinteilung der Gemüsearten.

Fruchtgemüse
Samengemüse
Wurzelgemüse
Sprossgemüse
Kohlgemüse
Blattgemüse
Zwiebelgemüse
Keimlinge

56 Was geschieht bei der Nachreifung von Fruchtgemüsen durch die Tätigkeit fruchteigener Enzyme?

a) **Stärke wird abgebaut,** ergibt süßen Geschmack.
b) **Cellulose wird abgebaut,** Frucht wird weicher.
c) **Farbe nimmt zu,** wird intensiver, dunkler.

57 Für eine gesunde Ernährung sind Gemüse unerlässlich. Begründen Sie diese Aussage.

Gemüse sind für
- die Mineralstoffversorgung
- die Vitaminversorgung
- die Ballaststoffversorgung

von größter Bedeutung.

58 Um welche Pilze handelt es sich bei den nachstehenden Abbildungen?

a) Pfifferling
b) Morchel
c) schwarze Trüffel

a)

b)

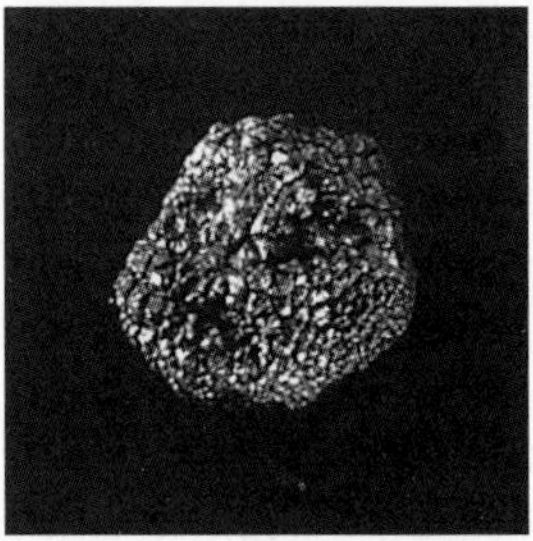

c)

59 Erläutern Sie, warum Pilze nur kurzfristig lagerfähig sind.

Pilze enthalten leichtverderbliches Eiweiß. An Druck- und Faulstellen tritt der Eiweißabbau sofort ein. (Dies ist vergleichbar mit den Zerfallprodukten des Fleisches.)

60 Auf dem Markt sind verschiedene Arten von Pilzen erhältlich. Nennen Sie vier Angebotsformen.

a) Wildpilze
b) Kultur- und Zuchtpilze
c) Pilznasskonserven
d) Pilzerzeugnisse

[61] Obst und Zitrusfrüchte enthalten unterschiedliche Stoffe, die ihnen den typischen Eigengeschmack verleihen. Um welche Substanzen handelt es sich hier?

Aus:
Fruchtsäuren (Zitronen-, Wein-, Apfel-, Oxalsäure)
Gerbstoffen (leicht bitterer Geschmack)
ätherischen Ölen (vor allem in Schalen der Zitrusfrüchte)
Enzymen (Reifungsvorgänge)
natürlichen Farbstoffen (gelb, orange, rot, blau, usw.)

[62] Begründen Sie, warum Kartoffeln bei der Speisenzusammenstellung eine wesentliche Rolle spielen.

Weil sie
- im Geschmack neutral sind,
- vielfältige Zubereitungsarten erlauben,
- mit den unterschiedlichsten Gerichten harmonieren,
- Nähr- und Wirkstoffe in einem ausgewogenen Verhältnis enthalten.

[63] Nach welchen Kriterien werden die verschiedenen Kartoffelarten unterschieden?

- **Nach dem Verwendungszweck** (Speise-, Futter-, Industriekartoffeln)
- **nach der Farbe** (weiß-, gelb-, rot-, blaufleischig)
- **nach der Form** (rund, rundoval, langoval, nierenförmig)
- **nach dem Boden** (Sand-, Lehmboden)
- **nach dem Verhalten beim Kochen** (fest- oder mehligkochend)
- **nach der Erntezeit** (frühe, mittelfrühe, mittelspäte und späte Kartoffeln)

[64] Im praktischen Unterricht werden Sie beauftragt, verschiedene Teigwaren selbst herzustellen. Welche Vorteile haben selbst hergestellte Teigwaren?

Bestimmung der
- Mehlqualität (kleberreiche Hartweizensorten)
- Geschmacksrichtung
- Farbe (Tomaten, Spinat)
- Menge der Eier

65 Wie unterscheiden sich Vollkornschrot und -mehl vom „normalen“ Mehl, und welchen Vorteil hat diese Verarbeitung?

Beim **Vollkornschrot und -mehl** werden die Körner mit Keimling und Samenschale verarbeitet. Entsprechend höher sind Ballaststoff-, Mineralstoff- und Vitamingehalt sowie Nährstoffgehalt.

66 Ihr Ausbildungsplan des praktischen Unterrichts in der Patisserie enthält u. a. die Zubereitung von Teigen und Massen. Erläutern Sie den Unterschied.

Massen haben einen höheren Fett- und Zuckeranteil, enthalten kaum Flüssigkeit, werden durch eingeschlagene Luft, Wasserdampf und chemische Triebmittel gelockert.
Teige werden aus Weizenmehl mit niedriger Typenzahl hergestellt, mit Backaromen, Essenzen, Gewürzen, Trockenfrüchten verfeinert, sie werden geknetet und nicht geschlagen.

67 Benennen Sie die nachstehend abgebildeten Kräuter.

a) Liebstöckel
b) Bohnenkraut
c) Salbei
d) Thymian

a)

c)

b)

d)

68 Gewürze haben bei der Zubereitung von Speisen eine wichtige Bedeutung. Begründen Sie diese Aussage.

Gewürze
- fördern Geschmack, Geruch, Appetit und Verdauung.
- verbessern die Bekömmlichkeit der Speisen.
- färben Speisen.
- wirken dekorierend.
- wirken wachstumshemmend auf Mikroben.

69 Wie nennt man die drei Verfahren, bei denen Rohmilch einer Hitzebehandlung unterzogen wird?

1. Pasteurisieren (62–85 °C)
2. Ultrahocherhitzen (140–150 °C)
3. Sterilisieren (120 °C)

70 Welche Grundarten von Butter gibt es, und wie ist die Zusammensetzung?

- Süßrahmbutter
- Sauerrahmbutter
  (83% Fett, 15% Wasser, 1% Eiweiß, 0,6% Mineralstoffe)

71 Auf verschiedenen Käsearten finden Sie die Bezeichnung „Fett i. Tr.“. Was bedeutet diese Abkürzung?

Fett in Trockenmasse, d. h. der Fettgehalt aller Bestandteile des Käses wie Eiweiße, Fette, Zucker, Mineral- und Aromastoffe, Säuren, außer Wasser

72 Dürfen Enteneier in der Gastronomie verwendet werden?

Ja. Sie müssen vor dem Verzehr mindestens 10 Minuten gekocht oder bei Verwendung als Backware mindestens 10 Minuten auf 100 °C durchgebacken werden.

73 Fische werden in unterschiedliche Gruppen eingeteilt. Nennen Sie die Grundeinteilung der Fische.

Süßwasserfisch – Salzwasserfisch
Schuppenfisch – Hautfisch
Rundfisch – Plattfisch
Knorpelfisch – Knochenfisch
Wanderfische

74 Sie erhalten eine Lieferung von frischen Fischen. Nennen Sie mindestens vier Möglichkeiten, die Frische der Ware festzustellen.

Druckprobe: Fleisch ist elastisch
Geruch: frisch nach Fisch riechend
Kiemen: Farbe hellrosa
Augen: klar
Schuppen: festsitzend

75 Bei der Warenannahme stehen auf dem Lieferschein: Schillerlocken, Ihlen und Kipper. Um welche Produkte handelt es sich hier?

Schillerlocke: Geräucherte Bauchlappe des Dornhais
Ihle: am Ende der Heringsaison abgelaichter Fisch
Kipper: kaltgeräucherter Hering (bei einer Temperatur von 25 bis 30 °C)

76 Von welchen Faktoren hängt die Fleischqualität ab?

a) Alter
b) Geschlecht und Rasse
c) Fütterung
d) Haltung
e) Schlachtung

77 Durch welche wesentlichen Merkmale zeichnet sich ein Rinderfilet oder Roastbeef aus?

Fett: weiß
Faserung: fein
Farbe: kräftiges Rot
Marmorierung: durchwachsen, mit feinen Fettäderchen

78 Ein Rinderfilet kann in verschiedene Teile zerlegt werden. Um welche Teile handelt es sich?

a) Filetspitzen
b) Filet Mignon
c) Tournedos
d) Filetsteak
e) Chateaubriand
f) Filetkopf (evtl. für Tournedos)

79 Welche Innereien von Schlachttieren zählen heutzutage zu den Delikatessen?

a) Kalbsbries
b) Kalbsleber
c) Kalbsniere
d) Kalbshirn

80 Nennen Sie die qualitativ hochwertigsten Teile vom Lamm.

a) Lammkeule
b) Lammrücken

[81] Warum muss vor zu häufigem Genuss von Leber und Niere abgeraten werden?

Sie sind besonders mit Schadstoffen belastet, speziell mit Schwermetallen. Bedenklich sind auch die Purin- und Harnsäurewerte.

[82] Welche Möglichkeiten gibt es zur Konservierung/ Haltbarmachung von Schlachtfleisch?

a) Trocknen
b) Räuchern
c) Kochen
d) Pökeln
e) Sterilisieren (Dosenkonserven)
f) Beizen

[83] Welche drei gesetzlichen Vorschriften müssen bei der Lagerung von Wild in der Decke beachtet werden?

Es muss
- hängend,
- im separaten Kühlraum,
- getrennt von anderen Lebensmitteln

gelagert werden.

[84] Wie unterscheiden sich die Wildarten? Nennen Sie jeweils vier Beispiele.

a) **Haarwild:**
Rotwild, Reh- und Schwarzwild, Damwild
b) **Federwild:**
Fasan, Rebhuhn, Wildente, Birkhuhn

[85] In der Gastronomie wird das Hausgeflügel in hell- und dunkelfleischiges Geflügel eingeteilt. Geben Sie jeweils vier Beispiele.

a) **Hellfleischig:** Küken, Hähnchen, Kapaun, Suppenhuhn
b) **dunkelfleischig:** Perlhuhn, Ente, Gans, Taube

[86] Begründen Sie, warum man hellfleischiges Mastgeflügel bei Schon- oder Diätkost bevorzugt einsetzt.

Der Bindegewebeanteil ist niedriger als der beim Schlachtfleisch. Fleischfasern sind feiner, zarter und daher leichter verdaulich.

[87] Welche Meerestiere zählen zu den Feinkostprodukten?

a) **Krustentiere:**
Hummer, Languste, Garnelen
b) **Weichtiere:**
Austern, Schnecken, Muscheln

88 Der Verzehr von Krebs- und Weichtieren sowie Kaviar hat positive und negative Auswirkungen. Erläutern Sie diese Aussage.

Positive Auswirkungen:
Wohlgeschmack, zarte Struktur, hoher Nährwert, geringer Fettanteil
Negative Auswirkungen:
sehr hoher Eiweißgehalt (bei zu großen Mengen Eiweißschock), Ballaststoffe fehlen völlig, hohe Cholesterin- und Purinwerte

89 In welche vier Gruppen werden die Convenience Produkte im Handel angeboten?

a) **Garfertige** Lebensmittel
b) **tischfertige** Lebensmittel
c) **verzehrfertige** Lebensmittel
d) **Instant**-Lebensmittel

Verarbeitung von Lebensmitteln

90 Worauf müssen Sie bei der Verarbeitung von frischem Gemüse besonders achten?

- Vor dem Schälen und Zerkleinern waschen.
- Nicht im Wasser liegen lassen (Vitamin- und Mineralstoffverlust).
- Nicht mit warmem Wasser behandeln (Zuckerstoffe werden ausgelaugt).

91 Verschiedene Lebensmittel müssen vor ihrer Weiterverwendung bearbeitet werden. Erklären Sie dazu folgende Begriffe:

a) parieren
b) tournieren
c) blanchieren

a) Befreien von Sehnen, Fett und Knorpeln bei Fleischstücken.
b) Formgeben (Gemüse, Kartoffeln)
c) Kurzes Aufkochen mit sofortigem Abkühlen.

92 Wie hoch ist die Temperatur bei folgenden Garmethoden:

a) kochen
b) sautieren
c) fritieren

a) ca. 98 °C
b) bis 200 °C
c) bis 180 °C

Speisen im Gastgewerbe

93 Bei der Herstellung eines kalten Büfetts werden Sie mit folgenden Begriffen konfrontiert:
a) Canapés
b) Tarteletts
c) Pasteten
d) Cocktails
Erklären Sie diese Begriffe.

a) **Krustenloses, getoastetes Weißbrot,** rund, quadratisch, oval, mit Butter bestrichen, belegt mit Delikatessen
b) **runde Törtchen aus Mürbe- oder Blätterteig,** belegt mit Gänseleber, Hummer, Lachs, Kaviar
c) **feinste Farcen,** aus Wild, Geflügel oder Fischen hergestellt, in einer Teighülle gebacken
d) **aus unterschiedlichsten Rohstoffen hergestellt,** z. B. Krustentiere, Obst, Gemüse und mit pikanten Cocktailsoßen überzogen

94 In der kalten Küche werden Sie beauftragt, einen Garnelencocktail herzustellen. Welche Zutaten verwenden Sie?

- Garnelen
- Mayonnaise
- Ketchup
- Meerrettich
- Zitronensaft
- Cognak
- Salz
- Pfeffer
- Sahne
- Garnitur

95 Um eine Kraftbrühe herzustellen, benötigt man verschiedene Rohstoffe. Nennen Sie diese.

a) **Grundbrühe, Klärfleisch** (Wadenfleisch, Hesse)
b) **Gemüse** (Karotten, Lauch, Sellerie)
c) **Gewürze** (Pfefferkörner, Lorbeerblatt, Thymian)
d) **Hühnereiweiß**

96 Was verstehen Sie unter dem Begriff „Zwischengericht"?

Eine Gruppe kleinerer Speisen, die in einem mehrgängigen klassischen Menü enthalten sind.

97 Was ist der Unterschied zwischen einem „Bouchée" und einem „Vol-au-vent"?

Bouchée:
Blätterteigpastete für eine Person
Vol-au-vent:
Großpastete für zwei bis vier Personen

98 Auf unseren Speisekarten haben sich verschiedene Schnittarten für Steaks aus den USA und Großbritannien etabliert. Erklären Sie folgende Steakarten:
a) Rumpsteak
b) Porterhouse-Steak
c) T-bone-Steak
d) Clubsteak

a) Aus der Hüfte (Rindsrose) geschnitten, in Deutschland auch aus dem Roastbeef geschnitten
b) enthält das Roastbeef und das vollständige Filet, eine Scheibe wiegt bis zu 1 000 g
c) wird dünner geschnitten (rund 400 g) und hat einen geringeren Filetanteil
d) entspricht einem T-bone-Steak ohne Filet

99 Nennen Sie die Bratstufen für Steaks in deutscher, englischer und französischer Sprache.

- **Blutig** – rare – bleu
- **rosa** – medium rare – saignant
- **rosa-grau** – medium – à point
- **grau (durch)** – well done – bien cuit

100 Bei der Zerteilung eines Kalbskarrees werden folgende Teile geschnitten:
a) Kalbsmedaillons
b) Kalbsnoisettes
c) Kalbskoteletts
Erläutern Sie diese Begriffe.

a) Kleine runde oder ovale Filetscheiben
b) kleine runde Steaks aus Kalbsfilet, der kleinen Nuss oder aus Kalbsrücken
c) Scheiben aus dem Kotelettstrang mit Knochen

101 Benennen Sie die Teile des Kalbes.

1. Rippenstück/Kotelett
2. Nierenstück/Sattelstück
3. Filet
4. Keule (Schlegel)
5. Hachse/Haxe
6. Schulter (Bug)

102 Welche wesentlichen Unterschiede gibt es zwischen Schweine- und Kalbfleisch?

Schweinefleisch hat einen höheren Fettanteil, ist nicht so gut verdaulich, aber schmackhafter.
Kalbfleisch ist feinfaseriger, geeignet für Schonkost.

103 Worin unterscheidet sich die Qualität von Milchlamm- und Lammfleisch?

Das Milchlamm wird bis zum Zeitpunkt der Schlachtung ausschließlich mit Milch ernährt, das Fleisch ist dadurch heller, feinfaseriger und noch nicht so ausgeprägt im Geschmack. **Das Lamm** kann bereits festes Futter bekommen haben, das Fleisch ist daher etwas dunkler, aber wohlschmeckender.

104 Um welches Teil vom Lamm oder Schaf handelt es sich bei dieser Abbildung?

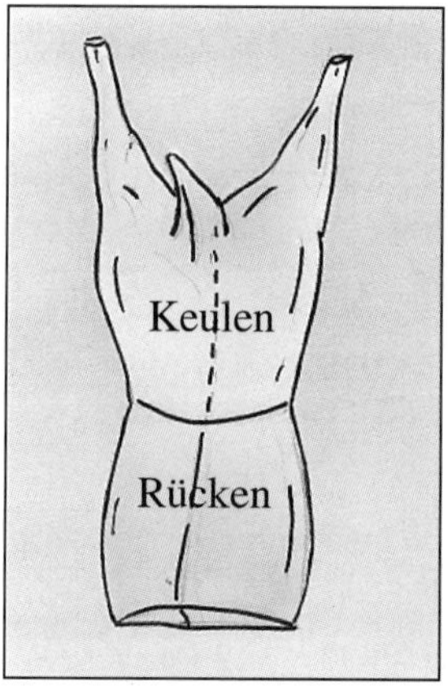

Um das **„Baronstück“.** Sowohl beim Lamm als auch beim Hammel werden beide Keulen und der Rücken zusammenhängend gebraten.

105 Eine halbgebratene Hammelkeule wird mit blanchierten Kartoffelscheiben und Zwiebeln fertig gebraten. Welches Gericht wird hier beschrieben?

Hammelkeule **nach Bäckerinart**

106 Nennen Sie jeweils fünf Sättigungs- und Gemüsebeilagen, die zu Geflügelgerichten besonders geeignet sind.

a) **Sättigungsbeilagen:**
Reis, Nudeln, Kartoffelpüree, Kartoffelkroketten, Semmeln als Füllung

→

▷ *Fortsetzung der Antwort* ▷

b) **Gemüse:**
Karotten, Erbsen, Spargel, Pilze, Spinat (auch Obst eignet sich sehr gut)

107 Auf einer Wildspezialitätenkarte finden Sie u. a. „Hirschragout“ und „Hasenpfeffer“. Worin liegt bei diesen Gerichten der Unterschied?

- Pfeffer wird **mit Blut** gebunden.
- Ein Ragout wird **mit Mehl** gebunden.

108 Nennen Sie klassische Garnituren für gebratene Wildgerichte.

a) **Baden-Baden:**
mit Johannis- oder Preiselbeergelee gefüllte gedünstete Birnenhälfte, Wildrahmsoße
b) **Hubertus:**
Maronenpüree, Trüffel, Pfefferrahmsoße

109 Bei der Vorbereitung von Haar- und Federwild spricht man von „Lardieren“ und „Bardieren“. Erklären Sie diese Begriffe.

Lardieren:
Fleischstücke, z. B. Hasen- oder Rehkeulen, mit dünnen Speckstreifen spicken;
Bardieren:
dünngeschnittener grüner Speck wird zum Umwickeln von Wildgeflügel verwendet, um vor dem Austrocknen zu schützen.

110 Ein Gast wünscht die Zubereitung eines Fisches „blau“. Welche Fische würden Sie empfehlen?

- Forelle
- Schleie
- Karpfen

111 Woraus bestehen folgende klassische Fischgarnituren:
a) Doria
b) Murat
c) Dugleré?

a) Mit olivenförmig geschnittenen, gedünsteten Gurken
b) angebratene Artischocken- und Tomatenviertel, heiße Kräuterbutter, Pariser Kartoffeln
c) angebratene Tomatenfleischwürfel, Weißweinsoße, gehackte Petersilie

112 Ein Gast kann sich unter „Eier im Näpfchen" nichts vorstellen. Wie erklären Sie ihm dieses Gericht?

Feuerfeste Näpfchen werden teilweise gefüllt mit Einlagen: Salpikon, Ragouts, braune Soße, mit einem rohen Ei versetzt, im Wasserbad 12 bis 15 Minuten pochiert.

113 Die Herstellung der braunen Kraftsoße (Demiglace) erfolgt in mehreren Arbeitsschritten. Wie entstehen Farbe und Geschmack?

Das Anbraten der Knochen und Parüren mit dem Röstgemüse dient der Farb- und Geschmacksbildung.

114 Welche Zutaten benötigen Sie zur Herstellung einer „Holländischen Soße"?

Eigelb, geklärte Butter, Zitronensaft, Salz, Cayennepfeffer, Wasser (Das Wasser verdampft zum größten Teil beim Reduktionsvorgang.)

115 Was ist äußerst wichtig bei der Zubereitung von Blattsalaten?

- Möglichst trockene Blätter zubereiten.
- Erst kurz vor dem Servieren anmachen.
- Sparsam mit Marinaden umgehen.

116 Für ein Salatbüfett sollen Sie verschiedene Salatsoßen vorbereiten, u. a. ein Kräuterdressing. Welche Kräuter sind typische Salatkräuter?

a) Schnittlauch
b) Zitronenmelisse
c) Petersilie
d) Dill
e) Kapuzinerkresse

117 Welche Gemüsearten eignen sich gut zum Glasieren?

Alle zucker- und stärkehaltigen Gemüse wie Karotten, Perlzwiebeln, Kastanien und Kohlrabi

118 Was verstehen Sie unter einem „Omelette surprise"?

Zwischen zwei likörgetränkten Biskuitschichten verteilt man Speiseeis und Früchte. Das Ganze wird mit Auflaufomelettmasse abgedeckt, verziert, überbacken und überzuckert.

119 Woraus wird „Backteig" hergestellt, und welche Verwendungsmöglichkeiten gibt es?

Aus einer mehlhaltigen Masse aus Öl, Zucker, Eigelb und Eischnee
- zum Ausbacken von Obst als Süßspeise
- ohne Zucker für Gemüse, Innereien oder Krustentiere

Menükunde

120 Bei der Menügestaltung müssen diverse Regeln beachtet werden. Um welche handelt es sich dabei?

a) Korrekte Reihenfolge der darzubietenden Speisen
b) keine Wiederholung der Rohstoffe (Ausnahmen bei unterschiedlich zubereiteten Kartoffelbeilagen sind ebenso möglich wie die Verwendung von gegartem und rohem Gemüse)
c) keine Wiederholung der Zubereitungsart
d) Beachtung der Farbkontraste
e) kein unmittelbares Aufeinanderfolgen gebundener bzw. ungebundener Speisen im Menü
f) Steigerung der Speisenfolge
g) Nährstoffzusammensetzung
h) Anlass

121 Die Regel „heller Wein zu hellem Fleisch, dunkler Wein zu dunklem Fleisch" kann richtig sein, ist aber nicht immer verbindlich. Begründen Sie diese Behauptung.

Nicht die Farben der Speisen und Getränke sollen harmonieren, sondern deren Geschmack.

122 Zu vielen Käsesorten passt Weißwein ausgezeichnet. Wäre es korrekt, nach einem Rotwein zum Hauptgang einen Weißwein zum Käsedessert zu reichen?

Nach einem Rotwein soll kein Weißwein mehr gereicht werden. Der Rotwein zum Hauptgang wird weiter serviert.

123 In einem Jagdmenü finden Sie als Vorspeise Wildentenpastete und in Folge Fasanenkraftbrühe. Sind Sie mit der Wiederholung des Rohstoffes „Wild“ einverstanden?

Jagdmenüs basieren auf dem Geschmack eines besonderen Gästekreises. Wiederholungen von Wildgängen sind in diesem Fall erlaubt.

Getränke im Gastgewerbe

124 Welche Anforderungen stellt das *Lebensmittel- und Bedarfsgegenständegesetz* an Trinkwasser?

Trinkwasser muss
- farb-, geruch- und geschmacklos,
- klar,
- frei von gesundheitsschädlichen Stoffen

sein.

125 Wo kann über die gesetzlichen Anforderungen im Hinblick auf Wässer nachgelesen werden?

In der *Mineral- und Tafelwasserverordnung*

126 Wann darf ein Mineralwasser als Heilwasser deklariert werden?

Wenn die heilende Eigenschaft während einer erprobten Zeit nachgewiesen wurde.

127 Welche Getränke bestehen aus Fruchtsäften oder Konzentraten, Wasser und Zucker, wobei der Mindestfruchtanteil von der Art der zu verwendenden Früchte abhängig ist?

Fruchtsaftgetränke
Bei Verwendung von Kernobst beträgt der Mindestfruchtanteil 30%, bei Zitrusfrüchten 6% und bei allen anderen Fruchtsorten 10%.

128 Welches Getränk besteht zu 100% aus frischen Früchten oder Konzentrat, dem die entzogene Wassermenge wieder zugefügt werden darf?

Fruchtsaft

129 Fruchtsäfte können aus unterschiedlichen Früchtekategorien bestehen. Wie heißen diese?

a) Kernobst
b) Steinobst
c) Südfrüchte
d) Zitrusfrüchte
e) Beeren

130 Was bedeuten die Aussagen
a) „Reich an Vitamin C“,
b) „Vitamin-C-haltig“?

Es müssen
a) mindestens **300 mg** Vitamin C,
b) mindestens **200 mg** Vitamin C
in einem Liter des jeweiligen Getränkes enthalten sein.

131 Zu welchen Getränkegruppen gehören Kaffee, Tee und Kakao?

Zu den Aufgussgetränken

132 Was verstehen Sie bei Tee unter folgenden Abkürzungen der Blattgradbezeichnungen?
a) FOP
b) OP
c) P
d) BOP
e) BP

a) Flowery Orange Pekoe
b) Orange Pekoe
c) Pekoe
d) Broken Orange Pekoe
e) Broken Pekoe

133 Was sind teeähnliche Getränke?

Tees, die nicht aus Teeblättern, sondern **aus Blüten, Blättern von Früchten etc.** hergestellt werden.

134 Man unterscheidet zwischen Hoch- und Tieflandkaffee.
a) Woran ist Hochlandkaffee zu erkennen?
b) Worin sehen Sie den Vorteil von Hochlandkaffee für den Verbraucher?

a) Die Bohnen sind kleiner und haben einen unregelmäßigen „zackigen“ Bohneneinschnitt.
b) Hochlandkaffee ist sparsamer im Verbrauch und hat ein stärkeres Aroma.

135 Was ist ein Espresso?

Es handelt sich hier um einen **durch Dampfdruck zubereiteten Kaffee** aus stärker gerösteten Kaffeebohnen.

[136] Welche Rohstoffe dürfen in Deutschland zur Bierherstellung verwendet werden?

- **Wasser**
- **Hefe**
- **Hopfen**
- **Malz**

Durch das Urteil des Europäischen Gerichtshofes können Mitgliedsstaaten der EU von dieser Vorschrift des Reinheitsgebotes abweichen.

[137] Was ist Braugerste?

Es ist eine **zweizeilige Gerste,** deren Eiweißgehalt unter 12% i. Tr. liegen soll.
Gerste liefert den Zucker, ohne den eine Gärung nicht möglich ist.

[138] Welches sind die bekanntesten Hopfenanbaugebiete Deutschlands?

a) **Der Hallertau** (Bayern)
b) **Tettnang** (Baden-Württemberg)
c) **bei Bruchsal**
d) **bei Halle**
e) **die Magdeburger Börde**

[139] Was bedeutet „Stammwürzegehalt"?

Stammwürze ist der Gehalt an gelösten Stoffen (Hopfen, Dextrine, Zucker etc.) in Prozenten vor der Vergärung (in der Würze).

[140] Was ist unter dem Begriff „alkoholische Gärung" zu verstehen?

Die Spaltung von Einfachzucker in Alkohol und Kohlendioxid durch das Enzym „Zymase".

[141] Woraus besteht eine Hefezelle?

Aus
- der Zellwand
- dem Zellplasma
- der Vakuole
- dem Zellkern

[142] Man unterscheidet zwischen unter- und obergärigen Bieren. Nennen Sie jeweils fünf Beispiele.

Untergärige Biere:
Pilsbier, Exportbier, Diätbier, Bockbier, Märzen
Obergärige Biere:
Altbier, Kölsch, Weizenbier, Weiße, Stout

143 Nennen Sie die typischen Merkmale eines Pilsbieres.

Pils ist ein Vollbier, das stark gehopft ist (Bittergeschmack) und sich durch eine feinporige Schaumkrone auszeichnet.

144 Aus welchen Gegenden bzw. Ländern stammen folgende Biere?

a) Altbier
b) Rauchbier
c) Dampfbier
d) Ale
e) Tuborg
f) Porter

a) Rheinland
b) Bamberger Gegend
c) Bayreuther Gegend
d) Großbritannien
e) Dänemark
f) Großbritannien

145 Die Staaten der Europäischen Union sind in Weinbauzonen unterteilt. Welche Zonen gibt es in Deutschland?

A und B (B nur Baden)
Die Weinbauzonen C I bis C III liegen südlich deutscher Breitengrade.
Einige gesetzliche Vorschriften sind zonengebunden.

146 Wie heißen die bestimmten Weinanbaugebiete Deutschlands?

a) Ahr
b) Hessische Bergstraße
c) Nahe
d) Mittelrhein
e) Rheingau
f) Rheinhessen
g) Pfalz
h) Mosel – Saar – Ruwer
i) Württemberg
j) Baden
k) Saale – Unstrut
l) Sachsen (Elbtal)
m) Franken

147 Wie ist ein bestimmtes Weinanbaugebiet unterteilt?

a) In Bereiche
b) in Gemarkungen
c) in Einzel- bzw. Großlagen

148 Welche Farben haben die Deutschen Weinsiegel, und was bedeuten diese Farben?

Gelb: trockener Wein
Grün: halbtrockener Wein
Rot: Wein gehobener Qualität (in der Regel lieblich)

149 Welche Prüfungen muss ein deutscher Qualitätswein erfolgreich abgelegt haben?

a) Lese- und Reifeprüfung
b) Analysenprüfung
c) Sinnesprüfung (Punktevergabe für Geruch, Geschmack, Harmonie zur Ermittlung der Qualitätszahl)

150 Wie heißen die festen Kristalle, die sich manchmal in einer Weißweinflasche absetzen?

Weinstein (Salz der Weinsäure, das sich als Rohweinstein aus dem Wein absondert)

151 Wir unterscheiden zwischen weinhaltigen und weinähnlichen Getränken. Erklären Sie den Unterschied, und geben Sie jeweils zwei Beispiele an.

a) **Weinhaltige Getränke** enthalten u. a. Wein, z. B. Bowle, Weinschorle.
b) **Weinähnliche Getränke** werden wie Wein hergestellt, jedoch nicht aus Weintrauben, z. B. Apfelwein, Kirschwein.

152 Nennen Sie acht bedeutende französische Weinanbaugebiete.

a) Bourgogne
b) Bordeaux
c) Val de Loire
d) Côtes-du-Rhône
e) Champagne
f) Alsace
g) Languedoc-Roussillon
h) Jura

153 Wie heißen die französischen Qualitätsbezeichnungen für Weine?

a) Vin de Table mit Vin de Pays
b) Vin Délimité de Qualité Supérieure
c) Appellation d'Origine Contrôlée

154 In welche bedeutenden Regionen ist das Anbaugebiet Bourgogne unterteilt?

a) Chablis (Yonne)
b) Côte d'Or mit Côte de Nuits und Côte de Beaune
c) Chalonnais
d) Mâconnais
e) Beaujoulais

155 Was ist „Eau de vie de vin"?

Es ist eine allgemeine Bezeichnung für französische Weinbrände, die nicht aus Armagnac oder Cognac stammen.

156 Hauptsächlich wird die jeweilige Geschmacksrichtung des Sherrys in spanischer Sprache angegeben. Wie heißen die einzelnen Geschmacksrichtungen?

Manzanilla
Fino
Amontillado
Oloroso
Cream

157 Was bedeuten auf den Etiketten der Sherryflaschen die Angaben
1. Fino
2. Amontillado
3. Very dry pale
4. Medium dry?

1. trocken (span. Bezeichnung)
2. halbtrocken (span. Bezeichnung)
3. trocken (engl. Bezeichnung)
4. halbtrocken (engl. Bezeichnung)

158 Welche der folgenden Dessertweine (Likörweine) sind gespritet?

Samos	**Tokayer Aszú**
Malaga	**Lacrimae Christi**
Sherry	**Madeira**

- Sherry
- Madeira

Außer gespriteten gibt es natürliche und konzentrierte Likörweine.

159 Schaumwein ist der Oberbegriff für unterschiedliche Arten von Schaumweinen. Nennen Sie untergeordnete Begriffe.

a) Qualitätsschaumwein
b) Qualitätsschaumwein mit Prädikat
c) Qualitätsschaumwein mit Jahrgangsangabe
d) Qualitätsschaumwein mit Rebsortenangabe
e) Drittländerschaumwein
f) Diabetikerschaumwein

160 Was verstehen Sie unter Frappieren von Schaumwein?

Der Schaumwein wird am Büfett in einem Sektkübel mit Wasser, Eis und etwas Salz gedreht.
Das Drehen und die Salzzugabe ermöglichen ein schnelleres Abkühlen des Schaumweins.

161 Nach welchen Herstellungsverfahren können Schaumweine bereitet werden?

a) Champagne(r)verfahren (Flaschengärung)
b) Transvasierverfahren
c) Großraumgärverfahren

162 Bei der alkoholischen Destillation gehen unterschiedliche Stoffe in den gasförmigen Zustand über. Welche Temperaturen sind bei Äthanol (Ethanol), Methanol und Aromastoffen erforderlich?

a) Äthanol (Ethanol) ca. 78,3 °C
b) Methanol ca. 65 °C
c) Aromastoffe ca. 78,5 °C
Methanol ist in hohem Maße gesundheitsschädlich und muss bei einer vorausgehenden Destillation entzogen werden.

163 Bei der Herstellung einiger Spirituosen ist die Spaltung von Vielfachzucker in Einfachzucker erforderlich. Was könnten die Ausgangsstoffe dieser Spirituosen sein?

Stärkehaltige Rohstoffe wie Getreide oder Kartoffeln. Die Spaltung von Vielfachzucker über Doppelzucker zu Einfachzucker erfolgt durch Enzyme.

164 Auf der Getränkekarte finden Sie u. a. Kirschwasser und Himbeergeist. Welches der beiden Erzeugnisse erhielt seinen Alkoholgehalt lediglich durch den Zuckeranteil der Frucht?

Kirschwasser
Himbeeren haben zu wenig eigenen Zucker. Der Maische muss neutraler Alkohol zugefügt werden, der vor der Destillation Geschmacks- und Aromastoffe aufnimmt.

165 Um welche Spirituosen handelt es sich bei Drambuie und Grappa?

- **Drambuie ist ein Likör.** Er wird aus schottischem Whisky, Kräuterauszügen und Heidehonig hergestellt.
- **Grappa ist eine italienische Tresterspirituose,** die durch eine direkte Destillation des Tresters gewonnen wird.

166 Was ist unter den Begriffen „Barack Palinka“ und „Ouzo“ zu verstehen?

- **Barack Palinka** ist eine ungarische Aprikosenspirituose.
- **Ouzo** (auch als Ouze oder Ouse bekannt) ist eine mit Anis versetzte griechische Spirituose.

167 Was verstehen Sie unter dem Begriff „Likör“?

Liköre sind Mischungen, die u. a. aus Alkohol, Zucker und dem Geschmacksträger bestehen.

168 Wie heißen Liköre, bei deren Herstellung u. a. Eier, Sahne oder Milch verwendet werden?

Emulsionsliköre
Zu dieser Kategorie gehören u. a. Kaffee-, Mokka- und Eierlikör.

169 Welches sind die Zutaten für Grog, Pharisäer und Glühwein?

Grog:
– heißes Wasser, Rum, Zucker
Pharisäer:
– starker Kaffee, Rum, Schlagsahne
Glühwein:
– Rotwein, Gewürznelke, Zucker, Zimt, Zitronenscheibe

Büfett

170 Die Reinigung der Bierleitung muss in ein speziell dafür vorgesehenes Buch eingetragen werden.
a) Wie heißt das Buch?
b) Welche Eintragungen sind erforderlich?

a) Betriebsbuch für eine Getränkeschankanlage
b) Tag der Reinigung, Unterschrift des Ausführenden, welche Leitung(en) gereinigt wurde(n)

171 Beim Anstich eines Kegs (Keg-Fasses) wird zwischen zwei Systemen unterschieden. Um welche handelt es sich?

- Flachfitting
- Korbfitting

172 Wie viele Spülbecken schreibt der Gesetzgeber
– bei einem Bierhahn bzw.
– bei mehreren Bierhähnen vor?

In jedem Fall sind zwei Spülbecken (eines für Warmwasserreinigung) vorgeschrieben. Alternativ ist ein Spülbecken mit zusätzlich einem Doppelkammerspülboy oder eine Gläserspülmaschine zulässig.

173 Welches sind die erforderlichen Eigenschaften der Weingläser?

a) Dünnwandig
b) durchsichtig
c) kelchverengt zum Mundrand verlaufend
d) fehlerfrei
e) glatter Mundrand
f) über Jahre nachkaufbar

174 Es wird zwischen Schank- und Beistellgläsern unterschieden. Entscheiden und begründen Sie in folgenden Servicesituationen:
a) Der Gast bestellt eine Flasche Wein.
b) Der Gast bestellt eine Karaffe Wein.
c) Der Gast bestellt ein Glas Wein.

a) **Beistellglas:**
Der Gast kann anhand des Etiketts die servierte Menge erkennen.
b) **Beistellglas:**
Der Gast kann anhand des Füllstrichs auf der Karaffe die servierte Menge erkennen.
c) **Schankglas:**
Der Gast erkennt die servierte Menge am Füllstrich des Glases.

175 Welches sind die geläufigen Ausschankmengen von Bier, Weißwein, Sekt, Rotwein und Sherry?

a) **Bier:** 0,2 l; 0,25 l; 0,3 l; 0,4 l; 0,5 l
b) **Weißwein:** 0,2 l; 0,25 l
c) **Sekt:** 0,1 l; 0,2 l
d) **Rotwein:** 0,2 l; 0,25 l
c) **Sherry:** 5 cl

176 Sektgläser sollten einen Moussierpunkt haben. Warum?

Der Moussierpunkt ist eine aufgerauhte Stelle im unteren Glaskelch. Er intensiviert und verlängert das Perlen des Sektes.

177 Der Druck einer CO_2-Flasche beläuft sich auf ca. 65 bar. Wie heißt das Gerät, das den Druck auf den erforderlichen Ausschankdruck reduziert?

Druckminderer

178 Bei einer Bestandskontrolle wird nach dem morgendlichen Auffüllen des Flaschenbiers der Marke xy ein Zugang von 24 Flaschen und ein Abgang von 87 Flaschen angenommen. Wie hoch müsste der Anfangsbestand gewesen sein, wenn der vorhandene Bestand 62 Flaschen beträgt?

	125 Flaschen Anfangsbestand
+	24 Flaschen Zugang
	149 Flaschen
–	87 Flaschen Abgang
	62 Flaschen vorh. Bestand

179 Ein zu Geschäftsbeginn angestecktes Bierfass wird bis 14 Uhr geleert. Welche Möglichkeiten gibt es, die Übereinstimmung der verbrauchten Biermenge mit der Bonierung zu überprüfen?

- **Bonkontrolle** ab Geschäftsbeginn
- **Spartenauszug** der Computerkasse

180 Anhand welcher Buchungsunterlagen kann die Magazinverwaltung den ausgegebenen Tagesbedarf überprüfen?

Die Warenanforderungsscheine enthalten alle Posten, die vom Magazin ausgegeben werden. Der Erhalt der Posten wird vom Empfänger durch Unterschrift bestätigt.

181 Welche Boniersysteme sind Ihnen geläufig?

a) Bonbuch
b) Registrierkassen
c) Computerkassen

182 Welche Nachteile haben Bonbücher gegenüber Registrierkassen bei der täglichen Abrechnung mit dem Betrieb?

a) Zeitraubendes Aufrechnen der Bonbuchseiten
b) nicht auszuschließende Additionsfehler

183 Welche Vorteile haben Computerkassen gegenüber Bonbüchern?

- Kein manuelles Beschriften der Bons
- Speicherung von Artikeln und Preisen
- kein Verrechnen beim Multiplizieren der Preise
- Ausdruck von Einzel-, Doppel- und Sammelbons
- Zeitangabe auf den Bons
- Tischkennzeichnungen auf den Bons
- automatische Preisänderungen in unterschiedlichen Zeitzonen
- Zwischenberichte von Warengruppen bzw. Sparten →

▷ *Fortsetzung der Antwort* ▷

- Abruf von Einzel-, Gruppen- und Gesamtberichten
- getrennter Spartenabruf pro Restaurantfachmann/-frau
- Erstellen von Statistiken
- Inventureinsatz
- Guest-Check-System
- automatische Abrechnungserstellung der Servicemitarbeiter
- Ermittlung der Frequentation einzelner Tische und Reviere

Servierkunde

184 Tischtücher haben Längs- und Querbrüche. Welche Brüche laufen parallel der Webkanten?

Längsbrüche

185 Längsbrüche ist ein Oberbegriff. Welche Brüche fallen unter diesen Begriff?

a) Unterbruch
b) Mittelbruch
c) Oberbruch

186 Um welche Fäden handelt es sich bei 1 und 2 auf dieser Abbildung?

1 = Kettfäden
2 = Schussfäden

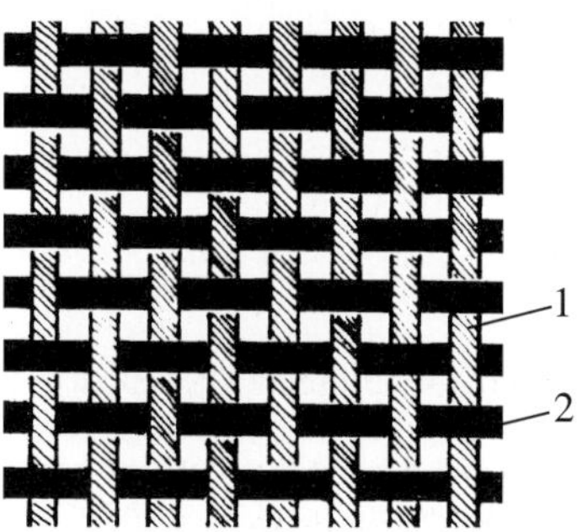

187 Bestecke (meist nur die Messer) werden auf unterschiedliche Arten hergestellt. Nennen Sie diese.

1. Monoblockbesteck
2. Hohlheftbesteck
3. Heftbesteck

1.

2.

3.

188 Auf versilberten Bestecken finden Sie z. B. die Zahl 90. Was bedeutet das?

90 g Feinsilber wurden für eine **Besteckoberfläche von 24 dm^2** verwendet.

189 Was ist unter den Begriffen „Patentversilberung" bzw. „Hartversilberung" zu verstehen?

Die Stellen der Bestecke, die stärker beansprucht werden (Löffelspitze, Auflagenflächen), sind doppelt bzw. mehrfach versilbert.

190 Aus welchen Materialien bestehen Edelstahlbestecke, und wie hoch ist der etwaige prozentuale Anteil der jeweiligen Bestandteile?

a) **Chrom** – ca. 18%
b) **Nickel** – ca. 8%
c) **Stahl** – ca. 74%

191 Welche Anforderungen stellt der Unternehmer an Hotelgeschirr?

- Bruchunempfindlichkeit durch entsprechende Formgebung
- Geschirr muss stapelbar sein (platzsparend) →

▷ *Fortsetzung der Antwort* ▷

- Temperaturunempfindlichkeit
- leichte Reinigung (keine Verschnörkelungen)
- spülmaschinenfest (kein Aufglasurdekor)
- mindestens zehn Jahre nachkaufbar

192 Wir unterscheiden bei der Anbringung von Dekoren auf Porzellan zwischen drei Arten.
a) Um welche Arten handelt es sich?
b) Welche Art ist für Hotelgeschirr nicht geeignet?
c) Begründen Sie Ihre Antwort zu b).

a) – Unterglasurdekor
– Aufglasurdekor
– Inglasurdekor
b) Aufglasurdekor
c) Nach mehrmaligem Spülen verblasst der Dekor.

193 Welche Arbeiten gehören zur Vorbereitung der Restauranttische?

a) Säubern der Tische
b) Ausrichten der Tische
c) Ausgleichen der „Wackeltische“
d) Auflegen der Tischwäsche
e) Eindecken der Grundgedecke oder erweiterten Gedecke

194 Welche Tafelformen gehören zu den geläufigsten?

a) Block
b) T-Form
c) E-Form
d) erweiterte E-Form (Kammform)
e) L-Form
f) U-Form
g) runde Form

195 Wie können vor dem Eindecken einer Festtafel die korrekten Gedeckplätze (gleiche Abstände zwischen den jeweiligen Gedeckmitten) ermittelt werden?

Durch Ausrichten (korrektes Anstellen der Stühle an allen zu besetzenden Tafelseiten)

196 Wie können beim Eindecken einer Tafel die gleich großen Abstände zwischen den innenliegenden Besteckteilen der Gedecke (z. B. große Messer und große Gabeln) genau festgelegt werden?

Durch
- Platzteller
- Orientierungsteller (große Teller, die nach der Fertigstellung der Gedecke wieder ausgenommen werden)
- Servietten

197 Welche gängigen Tisch- bzw. Tafeldekorationen sind Ihnen geläufig?

a) Kerzen
b) Kandelaber
c) Tischläufer
d) Tischbänder
e) Sets
f) Platzkärtchen
g) Menükarten
h) Blumendekorationen

198 Blumengestecke können unterschiedliche Grundformen haben. Welche sind gängig?

- runde Form
- dreieckige Form
- asymmetrische Form

199 Um welche Vorlegegriffe handelt es sich bei den hier abgebildeten?

① Herkömmlicher Vorlegegriff
② Zangengriff
③ Spreizgriff
④ Seitengriff

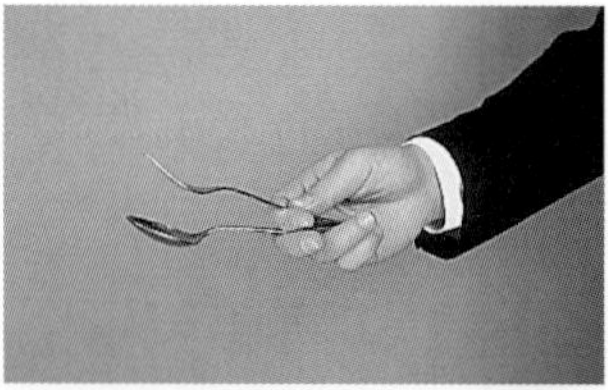
①

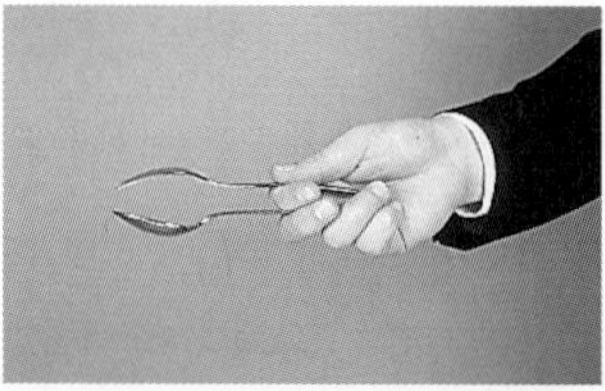
②

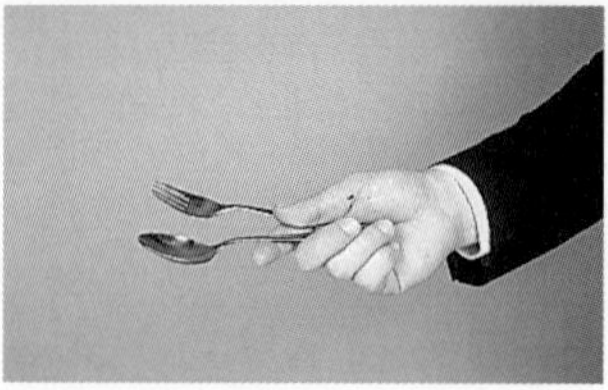
③

④

200 Warum ist es nicht korrekt, mehrere Gläser, die auf einer Tafel plaziert werden sollen (auch in Abwesenheit der Gäste), in der linken Hand zwischen den Fingern zu tragen?

Beim Polieren der Gläser wurde weitgehend darauf geachtet, Fingerabdrücke zu vermeiden.
Beim Tragen mehrerer Gläser in der Hand entstehen zwangsläufig Fingerabdrücke auf den Oberseiten der Gläserstandteller.

201 Wann wird beim Servieren eines Festmenüs (insbesondere beim Bankettservice) der Salatteller zum Hauptgang eingesetzt?

Um einen reibungslosen Service zu gewährleisten (viele Gäste stellen die vorab gereichten Salatteller unmittelbar nach deren Servieren in die Gedeckmitte), wird er nach dem Servieren des Haupttellers zum Hauptgang eingesetzt.

202 Wann werden beim Servieren eines Menüs die Brotteller ausgehoben?

Mit den Tellern für den Hauptgang, heute wird Brot bis zum Ende des Hauptganges angeboten.

**203 In dem folgenden Couvert (kalte Vorspeise – Suppe – Hauptgang – Dessert) liegen vier Besteckteile falsch.
Um welche handelt es sich?**

a) Großes Messer
b) Mittelmesser
c) Kaffeelöffel
d) Kuchengabel

204 Um welche Spezialgedecke handelt es sich bei den hier abgebildeten Couverts?

a) Austerngedeck
b) Hummergedeck
c) Schneckengedeck für Schnecken im Gehäuse

a)

b)

c)

1

205 Welche Fehler haben sich bei den gegenüber eingedeckten Gedecken für ein viergängiges Menü eingeschlichen? (siehe Abb.)

a) Mittelmesser und große Messer sind vertauscht.
b) Die Gabeln liegen falsch.
c) Die Couverts liegen nicht exakt gegenüber.
d) Die Abstände der Messer zur Tischkante sind unterschiedlich groß.
e) Die Gabel und der Löffel zum Dessert liegen falsch.

206 Worin unterscheiden sich Sitzplan und Serviceplan?

Der **Sitzplan** gibt die Plazierung der Gästeplätze seitens des Gastgebers an. Der **Serviceplan** kennzeichnet die Serviceabschnitte bzw. die Reviere der jeweiligen Servicemitarbeiter.

Barkunde

207 Ordnen Sie die Zahlen der hier abgebildeten Bargeräte den in deutscher und englischer Sprache angeführten Bargeräten zu.

Barsieb/Strainer ②
Mixbecher/Shaker ①
Eiszange/Ice-tongs ④
Messbecher/Jigger ⑥
Barlöffel/Barspoon ③
Rührglas/Mixingglas ⑤

208 Es wird u. a. zwischen After-Dinner-Cocktails und Before-Dinner-Cocktails unterschieden. Welche sind nicht als Appetitanreger geeignet? Begründen Sie Ihre Antwort.

After-Dinner-Cocktails enthalten liebliche bis süße Bestandteile. Die Süße dieser Zutaten geht unmittelbar nach dem Verzehr in das Blut über und bewirkt sofort eine vorübergehende Sättigung.

209 Nach international gültigen Wettbewerbsregeln dürfen Cocktails bis 7 cl Gesamtflüssigkeit aufweisen.

a) Wie viele Zutaten dürfen höchstens verwendet werden?
b) Wie viel alkoholische Zutaten in cl dürfen höchstens enthalten sein?

a) Cocktails dürfen maximal aus fünf Zutaten bestehen.
b) Es dürfen nicht mehr als 6 cl alkoholischer Zutaten enthalten sein.

210 Wie heißt die Kategorie der Bargetränke, die u. a. immer aus Milch, Eiern und Muskat bestehen?

Egg-Noggs

211 Das Glas eines bestimmten Bargetränks wird grundsätzlich mit einem Zuckerrand versehen. Um welches Getränk handelt es sich?

Crusta
Ein Zuckerrand kann mit Eiweiß und Zucker bzw. durch Zitronensaft oder farbige Liköre und Zucker angebracht werden.

212 Sie sollen einen Pousse Café „Finnlandia“ bereiten.

a) Welche Zutaten sind erforderlich?
b) In welcher Reihenfolge sind die Zutaten in das Pousse Café-Glas zu füllen?

a) **Zutaten:**
- Crème de Menthe grün
- Maraschino
- Curaçao blue

b) **Reihenfolge:**
- Wie unter a) genannt.
- Sie richtet sich nach dem Alkoholgehalt der Zutaten. Je weniger Alkohol, desto schwerer die Zutaten. Die schwersten Zutaten zuerst, die nächsten richten sich nach der Steigerung des Alkoholgehaltes.

213 Was verstehen Sie unter „Fancy Drinks“?

Fancy Drinks sind Phantasiegetränke. Sie können Ihrer Phantasie bei der Zubereitung „freien Lauf“ lassen. Wichtig ist, daß die Zutaten miteinander harmonieren.

214 Was verstehen Sie unter dem Begriff „Pick-me-up“?

Es sind **sogenannte Muntermacher** gegen „Kater“. Sie enthalten u. a. kräftigende Zutaten.
„Pick-me-up“ Getränke sind u. a. Bloody Mary, Prairie Oyster und Matriowska.

215 Sie sollen einen Matriowska bereiten. Geben Sie die erforderlichen Zutaten an.

5 cl Wodka
2 dashes Worcestershire-Sauce
3 Tropfen Tabasco
3 cl Zitronensaft
Tomatensaft nach Belieben
Selleriesalz
2 Gurkenscheiben

216 Welche der folgenden Zutaten gehören nicht in eine Bloody Mary, sondern in eine Prairie Oyster: Wodka, Zitronensaft, Worcestershire-Sauce, Eigelb, Tabasco, Tomatensaft, Selleriesalz?

Eigelb

Empfang

217 Im Kursbuch finden Sie u. a. folgende Zeichen. Was bedeuten sie?

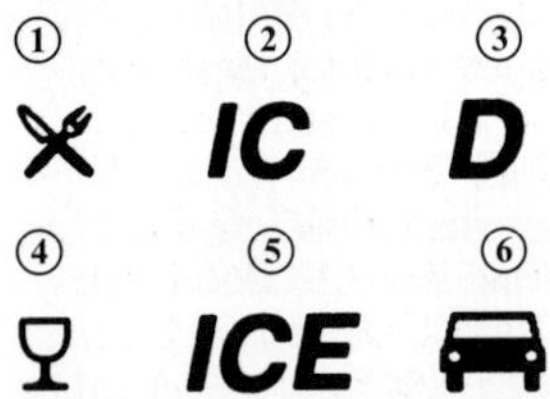

① Zugrestaurant
② InterCity
③ Schnellzug
④ Imbiss und Getränke erhältlich
⑤ InterCity-Express
⑥ Zug führt Autotransportwagen

218 In welcher Unterlage werden die Leistungen für den Gast wertmäßig erfasst?

Im Hoteljournal

219 Ein Gast muss kurz vor seiner Ankunft ein reserviertes Zimmer absagen. Wie heißt dieser Vorgang?	Stornierung
220 Welchen gesetzlichen Anspruch hat ein Hotelier an einen Gast, dem er einen liegengelassenen wertvollen Ring nachsendet?	Er hat lediglich Anspruch auf Portokosten und evtl. Telefonkosten.
221 Ein Gast möchte seine Rechnung in ausländischer Währung bezahlen. Welcher Kurs ist für die Umrechnung ausschlaggebend?	Der Ankaufkurs
222 Ein Gast bestellt sein für den nächsten Tag reserviertes Zimmer ab. Der Beherbergungsvertrag wird gelöst. Wie verhält sich der Hotelier?	Er informiert den Gast, dass eine anderweitige Reservierung/Vermietung des Zimmers versucht werde; ist das nicht möglich, muss der verhinderte Gast den Übernachtungspreis abzüglich der Einsparungen des Hoteliers bezahlen.
223 Was ist unter dem Begriff „Voucher" zu verstehen?	Es handelt sich um den **Gutschein** von einem Reisebüro.

Housekeeping

224 Die Mitarbeiter/innen der Abteilung Housekeeping sind sehr vielfältig eingesetzt; führen Sie neun Arbeitsbereiche auf.	a) Hotelzimmer und Etagen b) Personal- und Hygieneräume c) sanitärer Bereich d) Wäscherei inkl. Wäschelager e) öffentlicher Bereich (Hotelhalle, Foyer, Treppenhäuser usw.) f) Restaurationsbereich g) Fitnessbereich h) öffentliche Plätze (Parkplätze, Garagen, Grünflächen usw.) i) Büro- und Empfangsbereich

225 Eine reibungslose Zusammenarbeit der Abteilung Housekeeping mit den anderen Abteilungen des Hotels ist für eine ordnungsgemäße Aufgabenerfüllung notwendig. Welche Falschinformationen und daraus resultierende Folgefehler können die Arbeit stören?

Falschinformationen bei:
- Abreise-/Bleibezimmern
- Belegung als Einzel-/Doppelzimmer
- Dekoration im Bankettbereich
- VIP-Anreisen

Folgefehler:
- zu wenig/zu viel Reinigungs-, Pflege- oder Zimmerpersonal
- keine oder fehlerhafte Raumvorbereitung für Veranstaltungen
- zu wenig/zu viel Bestellung von Gästeartikeln

226 Nennen Sie mindestens fünf wesentliche Werkstoffe, die in der Gastronomie Verwendung finden, und geben Sie für den Verwendungszweck mindestens je ein Beispiel.

Gusseisen: Herdplatten, Brat- und Schmorpfannen
Messing: Türbeschläge, Dekorationsartikel
Alpacca: Bestecke
Kupfer: Dekorationsartikel
Aluminium: Eloxiert für Pfannen und Töpfe
Edelstahl: Platten, Schüsseln, Bestecke
Silber: Bestecke
Zinn: Dekorationsartikel

227 Der Umweltschutz steht beim Kauf von Reinigungs- und Pflegemitteln im Vordergrund. Worauf ist zu achten, um einen möglichst umweltschonenden Reiniger zu erhalten?

Es ist darauf zu achten, dass
- **der pH-Bereich,**
- **die Tenside** sowie
- **der Phosphatanteil**

des Reinigers die Umwelt so gering wie möglich belasten.

228 Teppichböden können sowohl trocken als auch feucht/nass gereinigt werden. Welche Reinigungsgeräte sind in dem jeweiligen Fall zu verwenden?

Trockenreinigung erfolgt mit einem Staubsauger.
Feucht-/Nassreinigung erfolgt mit einem Schamponierer (Nassstaubsauger).

229 Textile Rohstoffe werden in Naturfasern und Chemiefasern unterteilt. Geben Sie zu den beiden Faserarten mindestens je drei Beispiele.

Naturfasern:
- Wolle, Seide, Leinen, Hanf, Jute, Sisal, Kamelhaar, Angorawolle

Chemiefasern:
- Viskose, Polyester, Polyacryl, Acetatfaser

230 Welche tierischen Naturfasern finden bei der Teppichherstellung Verwendung?

Wolle – Schaf
Haare – Kamel, Ziege
Seide – Raupe

231 Warum sollte in der Gastronomie auf Weichspüler verzichtet werden?

Weil die Umwelt belastet und die Saugfähigkeit der Textilien stark herabgesetzt wird.

232 Karin hat eine Servierschürze mit Rotwein befleckt; womit kann sie diese reinigen?

Eine Reinigung (Säuberung) ist mit einem Universalwaschmittel (enthält Bleichmittel) möglich.

233 Deutsches Trinkwasser (Leitungswasser) wird in Härtegrade (1 dh = 1 deutscher Härtegrad) eingeteilt. Was bedeutet 1 dh?

1 dh bedeutet, dass pro Liter Wasser 10 mg Calciumoxid (1 Gramm in 100 Liter) enthalten sind.

234 Teilen Sie die Matratzen in drei Kategorien ein.

a) Federkernmatratzen
b) Taschenfederkernmatratzen
c) Schaumstoffmatratzen

235 Moderne Matratzen haben eine Winter- und Sommerseite. Welche Materialien werden dabei verwendet?

Sommerseite:
feuchtigkeitsregulierende Baumwoll-Linterswatte

Winterseite:
wärmende Schurwollesteppschicht

236 Was sind Daunen?

Daunen sind kielfreie, leichte Flocken des Bauch- oder Brustgefieders von Gänsen oder Enten.

237 Erläutern Sie den Begriff und die Bedeutung des Hotelverschlusses bei Hotelbettwäsche.

Beim Hotelverschluss werden weder Knöpfe, Klettverschlüse oder Reißverschlüsse verwendet. Hierbei sind die Überzüge (Kopfkissen, Bettdecken) so genäht, **dass der eine Teil nach innen überlappt und somit ein Herausrutschen verhindert wird.**

238 Das Hotel „Europäischer Hof“ will für das Haus neue Federbetten anschaffen. Worauf hat die Hausdame beim Kauf zu achten, damit das Bettzeug lange benutzt werden kann? (Stichwortantwort)

a) Steppung der Bettdecke
b) Füllung der Karos (mehr Füllung = Wärme für bestimmte Körperpartien und umgekehrt)
c) Bezugsstoff möglichst aus Baumwolle, wobei Federkiele nicht nach außen dringen dürfen und Luft von außen nach innen dringen kann.
d) Als Füllung bieten sich auch synthetische Fasern an (hohe Bauschkraft, wärmeisolierend, waschbar, für Gäste mit Stauballergien und Asthma geeignet).

239 Um Wäsche zu glätten, stehen je nach Menge und Material drei verschiedene Methoden zur Auswahl. Nennen Sie diese.

Bügelverfahren:
- Bügeln
- Dämpfen
- Mangeln

240 Die Qualität und Eignung von textilen Fußbodenbelägen für die unterschiedlichen Einsatzbereiche im Hotel lassen sich anhand bestimmter Zeichen erkennen. Ordnen Sie den Schaubildern eine entsprechende Bedeutung zu:

① stuhlrollengeeignet
② treppengeeignet
③ feuchtraumgeeignet
④ antistatisch
⑤ geeignet für Fußbodenheizung

①

②

③

④

⑤

Organisation im Gastgewerbe

241 Bringen Sie nachstehende Begriffe in die richtige Reihenfolge:
- **Kontrolle der eingehenden Ware**
- **richtige Einlagerung der Ware**
- **Anlieferung der Ware**
- **Ausgabe der Ware an einzelne Abteilungen**
- **Buchung des Warenausgangs**
- **sachgemäße Behandlung und Kontrolle der eingelagerten Ware**

1. Anlieferung der Ware
2. Kontrolle der eingehenden Ware
3. richtige Einlagerung der Ware
4. sachgemäße Behandlung und Kontrolle der eingelagerten Ware
5. Ausgabe der Ware an einzelne Abteilungen
6. Buchung des Warenausgangs

242 Zu welcher Art von Organisationsmitteln sind der Tafelorientierungsplan und der Krankheitsvertretungsplan zu zählen?

Personaleinsatzpläne

243 Welche Hilfsmittel dienen dazu, die Warenbestände im Magazin zu erfassen und die Zu- und Abgänge aufzunehmen?

a) Lagerfachkarte
b) Lagerkartei
c) EDV-Verwaltung

244 Nach welchem Merkmal ist eine Kartei geordnet, wenn sie chronologisch sortiert ist?

In zeitlicher Reihenfolge, d. h. nach dem Datum der Belege.

245 Beschreiben Sie, was unter einer Stellenbeschreibung zu verstehen ist.

Die Stellenbeschreibung ist eine detaillierte Beschreibung aller **organisatorisch wichtigen Regelungen, die für eine Stelle** von Bedeutung sind.

[246] Ergänzen Sie die nachstehenden Hauptgliederungspunkte einer Stellenbeschreibung mit einzelnen Unterpunkten:
a) Organisationseingliederung
b) Aufgaben/Kompetenz des Stelleninhabers
c) Anforderungen
d) Sonstiges

a) Bezeichnung der Stelle, Abteilung, Über- bzw. Unterordnung
b) Vertretung, einzelne Tätigkeiten, Überwachung, Verantwortung, Kontaktpflege
c) Einstellungsalter, Vorbildung, Kenntnisse, Eigenschaften, Arbeitsbedingungen
d) Gehaltseinstufung, Bewertungsmaßstab, Verfasser und Unterschrift des Verantwortlichen

[247] Welches Ziel hat das absatzpolitische Instrument „Public Relations"?

Vertrauen in den Betrieb und Interesse für den Betrieb wecken und stärken

[248] Wann sollen möglichst neue Waren für das Magazin bestellt werden?

Sie müssen so rechtzeitig bestellt werden, dass von den Gästen **keine Reklamationen** aufgrund von Fehlbeständen erfolgen; Bestelltermin: spätestens bei Erreichen des **Meldebestandes.**

[249] Ordnen Sie den nachstehenden Tätigkeiten die richtige Abteilung zu.
a) Kostenrechnung erstellen
b) Wäschekontrolle durchführen
c) über Verkehrsverbindungen Auskunft geben
d) Gäste beraten
e) Hotelgäste empfangen
f) Material ausgeben

Hausverwaltung	b)
Betriebsbüro	a)
Magazin	f)

[250] Wie heißt der Plan, dem man die Sitzordnung entnehmen kann?

Tafelorientierungsplan

[251] Welches DIN-Format hat
a) ein Geschäftsbrief,
b) eine Postkarte?

a) DIN A4
b) DIN A6

252 Welcher Organisationsplan muss mehrere Monate im voraus aufgestellt werden?

Urlaubsplan

253 Welche Informationen kann man einem Hoteljournal entnehmen?

a) Leistungen für die einzelnen Gäste
b) Zahlungsverkehr mit einzelnen Gästen
c) Verteilung der Umsätze auf die einzelnen Sparten

254 Bestimmen Sie, ob es sich bei den nachstehenden Tätigkeiten um eine generelle (= g) oder fallweise (= f) Regelung handelt:
a) Ein Gast erhält Kredit
b) Kostenplan für die Küche
c) Festlegung des Mindestbestandes im Magazin
d) für eine Reisegruppe wird ein Sonderrabatt gewährt
e) Wochenenddienstplan in der Hochsaison
f) Einstellung von Mitarbeitern
g) Monatsinventur

a) Ein Gast erhält Kredit f
b) Kostenplan für die Küche g
c) Festlegung des Mindestbestandes im Magazin g
d) für eine Reisegruppe wird ein Sonderrabatt gewährt f
e) Wochenenddienstplan in der Hochsaison f
f) Einstellung von Mitarbeitern f
g) Monatsinventur g

255 Wie heißt eine Regelung, die in einer unerwarteten Situation vorgenommen werden muss?

Improvisation

256 In welche zwei grundsätzliche Arten unterteilt man die Organisation?

a) Aufbauorganisation
b) Ablauforganisation

[257] Durch welche wesentlichen Merkmale sind Stabsstellen gekennzeichnet?

a) Unterstützung/Beratung der Führungskräfte
b) keine Entscheidungsbefugnis
c) keine Anordnungsbefugnis gegenüber der Linie

[258] Welche Tätigkeitsbereiche sind dem kaufmännischen Direktor untergeordnet?

a) Personalwesen
b) Magazinverwaltung
c) Revision
d) Kontrollwesen
e) Lohn- und Finanzbuchhaltung

[259] Welche Organisationsformen sind nachstehend abgebildet?

a)

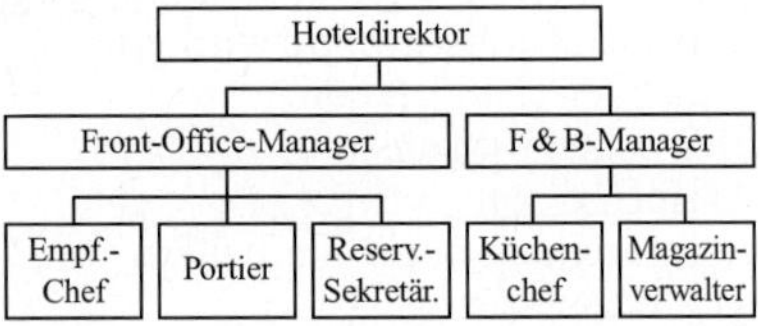

a) Linienorganisation

b)

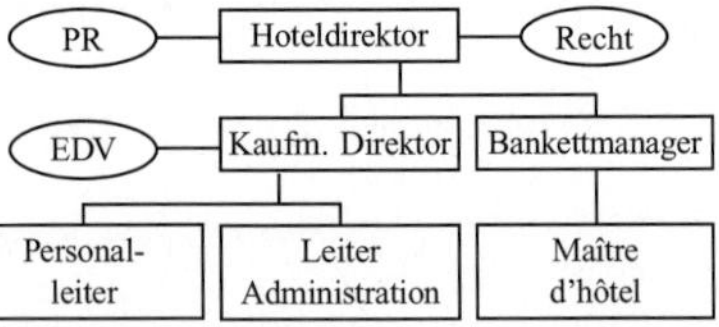

b) Stablinienorganisation

[260] Nennen Sie die fünf wichtigsten Vorteile des Liniensystems.

a) Übersichtlichkeit/Transparenz
b) eindeutige Weisungs- bzw. Berichtswege
c) keine Kompetenzüberschneidungen
d) schnelles Durchsetzen von Entscheidungen
e) gute und klare Kontrollmöglichkeiten

261 Welche Nachteile können bei einer Stablinienorganisation auftreten?

a) **Fehlende Weisungsbefugnisse:** Vorschläge der Stäbe werden von Instanzen unterlaufen bzw. ignoriert.
b) **hohe Kosten:** nur in Großbetrieben wirtschaftlich einsetzbar.
c) **Fachwissen:** indirekte Machtübernahme durch die Stäbe möglich.

262 Wie heißen die Abteilungsleiter, die für die folgenden Bereiche zuständig und verantwortlich sind:
a) Küche
b) Verwaltung
c) Service
d) Housekeeping
e) Empfang?

a) F & B-Manager
b) Kaufmännischer Direktor
c) Restaurantdirektor/Bankettmanager
d) 1. Hausdame/Executivhousekeeper
e) Front-Office-Manager/Empfangsdirektor

263 Wie heißt die Übersicht, die die Kostenarten den einzelnen Kostenstellen eines Betriebes zuordnet?

Betriebsabrechnungsbogen (BAB)

264 Ein Hotelier lässt die Mitarbeiter/innen mit unterschiedlichen Kenntnissen aus verschiedenen Bereichen des Hotels zusammenkommen, damit sie gemeinsam eine Großveranstaltung planen und durchführen. Wie heißt diese Art der Organisation(sform)?

Teamwork/Kooperation

265 Bestimmen Sie, ob es sich bei den aufgeführten Bereichen um eine zentrale Leitungsfunktion (= L) oder eine zentrale Hilfsfunktion (= H) handelt:

a) EDV
b) Planung
c) Recht
d) Qualitätskontrolle
e) Organisation
f) Revision

a) H
b) L
c) H
d) H
e) L
f) L

266 Wie heißt jeweils der Mitarbeiter, der
a) Tischreservierungen entgegennimmt?
b) eine bestimmte Anzahl von Tischen betreut?
c) beim Eindecken der Tische hilft und dem Chef de rang Speisen und Getränke heranträgt?
d) Süßspeisen, Kuchen, Gebäck und Eis sowie Aufläufe erstellt?
e) Bratengerichte und u. U. auch Grillgerichte erstellt?
f) für den gesamten Hotelhallenservice verantwortlich ist?
g) das Restaurant repräsentiert und für den gesamten Service verantwortlich ist?

a) Maître d'hôtel (Oberrestaurantfachmann)
b) Chef de rang (Restaurantfachmann für die Station)
c) Commis (... de rang)
d) Pâtissier (Küchenkonditor)
e) Rotisseur (Bratenkoch)
f) Chef de service aux salons (Hallenchef)
g) Directeur de restaurant (Restaurantdirektor)

267 Welche drei Arten von Stellen gibt es?

- Stabsstelle
- Instanz
- ausführende Stelle

268 Welche Vorteile bringen Stellenbeschreibungen für den Hotelbetrieb?

a) Grundlage für Stellenausschreibungen und Einstellungsgespräche
b) Grundlage für Ausbildungsgänge

→

▷ *Fortsetzung der Antwort* ▷

c) Grundlage für Beurteilung und Gehaltseinstufung
d) Grundlage für Einarbeitung neuer Mitarbeiter
e) Vermeidung von Doppelarbeit/ Leerlauf
f) sachliche und objektive Kontrolle möglich
g) Transparenz für Führungskräfte und beteiligte Mitarbeiter

269 Welche Anforderungen sollen Dienstpläne erfüllen?

- Sie sollen rechtzeitig erstellt werden.
- Arbeitsabläufe sind mit dem Personalbedarf abzustimmen (Urlaub, Krankheit, Sonderveranstaltungen).
- Öffnungszeiten mit den Arbeitszeiten abstimmen.
- Kosten sparen.
- Gesetzliche und tarifliche Bestimmungen beachten.
- Vor allem: Die Leistungen für die Gäste dürfen nicht gestört/beeinträchtigt werden.

270 In welchen Fällen ist außer dem Dienstplan ein Vertretungsplan zu erstellen?

a) Bei Urlaub
b) bei Krankheitsfällen
c) bei außergewöhnlicher Frequentierung bzw. besonderem Gästeandrang (Reisegesellschaft o. ä.)

271 Welche Standortvoraussetzungen sind für ein Seminarhotel besonders wichtig?

a) Gute Erreichbarkeit durch Eisenbahn, Auto und/oder Flugzeug
b) ruhige Lage am Stadtrand oder in ländlicher Gegend

272 Wozu benötigt man einen Tafelorientierungsplan?

Um bei Veranstaltungen (Banketten) den teilnehmenden Gästen durch eine Sitzplanmarkierung die Tisch- und Platzsuche zu erleichtern.

273 Wer ist der verantwortliche Ansprechpartner für Verkaufsgespräche bei gastronomischen Sonderveranstaltungen?

Je nach Größe des gastronomischen Betriebes kann dieses die Verkaufsabteilung (Chef, Maître d'hôtel, Küchenchef usw.) oder die Bankettabteilung (Bankettmanager, F & B-Manager) sein.

274 In der Großhotellerie liegt der Wareneinkauf in der Verantwortung der F & B-Abteilung. Welche Kenntnisse und Techniken (= Voraussetzungen) verlangt diese Aufgabe von dem Einkäufer?

a) Waren- und Marktkenntnisse
b) Kenntnisse zeitgemäßer Einkaufsmethoden und -verfahren
c) Verhandlungssicherheit
d) Organisationsgeschick
e) Verantwortungsbewusstsein
f) Vertrauenswürdigkeit
g) Kenntnisse der entsprechenden Gesetze und Verordnungen (z. B. des Lebensmittelrechts)

275 Welche Aufgaben (Tätigkeiten) kennzeichnen eine nach wirtschaftlichen Kriterien arbeitende F & B-Abteilung?

- Bedarfsermittlung
- Marktbeobachtung
- Angebotsvergleich
- Lieferantenauswahl
- Verhandlungsgeschick
- Vertragsabschlüsse
- Warenüberprüfung
- Überwachen der Liefertermine und der Anlieferung
- Mahnung bei Lieferungsverzug
- Reklamationen
- Rechnungs- und Verbrauchskontrollen
- Führen einer Lieferantenkartei und -datei

276 Bei Waren (Gütern) unterscheidet man in:

a) Rohstoffe
b) Hilfsstoffe
c) Betriebsstoffe
d) Handelswaren
e) Investitionsgüter (Produktionsgüter).
Geben Sie zu jedem Begriff ein Beispiel.

a) **Rohstoffe:** z. B. Fleisch
b) **Hilfsstoffe:** z. B. Gewürze
c) **Betriebsstoffe:** z. B. Strom
d) **Handelswaren:** z. B. Postkarten
e) **Investitionsgüter:** z. B. Schreibmaschine

277 In der Gastronomie überwiegen vier Lagermöglichkeiten. Nennen Sie diese, und geben Sie drei Beispiele.

a) **Kühllagerung im Keller:**
Bier, Wein, Konserven
b) **Kühllagerung im Kühlhaus:**
Fleisch, Gemüse, Eier
c) **Gefrierlagerung:**
Obst, Fisch, Fleisch
d) **Trockenlagerung:**
Gewürze, Gläser/Porzellan, Mehl/Zucker

278 Lagerkarteikarten sind für eine optimale Warenlagerung unerlässlich. Worüber geben sie Auskunft?

- Mindestbestand
- Höchstbestand
- Bestellmenge
- Artikel
- Lieferanten
- Artikelpreis
- Meldebestand
- Zugänge/Abgänge
- Liefer- und Entnahmedaten
- die erhaltende Abteilung

279 Errechnen Sie den Meldebestand nach vorgegebenem Muster:

Verbrauch pro Woche	**16**
Lieferzeit in Wochen	**2**
Mindestbestand	**128**

Meldebestand ?

Der Meldebestand beträgt 160.
(Lösungsweg: $128 + [2 \times 16]$)

280 Jede Lagerhaltung verursacht Kosten für den Betrieb. Welche Kosten entstehen in welchen Bereichen; geben Sie je drei Beispiele:

Kosten der Lagerhaltung:
a) Kosten der Lagerverwaltung
b) Kosten der Lagerräume, -einrichtungen und -hilfsmittel
c) Kosten der Lagervorräte

a) Löhne und Gehälter
Sozialkosten
Organisationskosten
b) Raumkosten
Reparaturkosten
Reinigung
c) Risikokosten
Lagerzinsen
Versicherungsprämien

[281] Welche Arten von Kontrollen sind von der Bestellung einer Ware bis zur Buchung der Gästerechnung durchzuführen?

a) Wareneinkaufskontrolle (Konditionen)
b) Wareneingangskontrolle (Qualität)
c) Rechnungskontrolle (Menge/Preis)
d) Lagerkontrolle (Schwund, Bruch, Temperatur, Umschlaghäufigkeit)
e) Warenausgabekontrolle (Soll/Ist)
f) Qualitäts-/Standardkontrolle (Verarbeitung)
g) Bonkontrolle (Fehlerfindung)
h) Rechnungskontrolle (Buchhaltung)

[282] Beim Rechnungsausgleich durch Kreditkarten kommen in vielen Hotels Telecash-Anlagen zum Einsatz. Was ist eine Telecash-Anlage, und welche Aufgabe übernimmt sie?

a) Sie ist ein elektronisches Bezahlungssystem.
b) Sie überprüft die Kreditwürdigkeit (Bonität) des Karteninhabers nach Eingabe der persönlichen Geheimnummer.
c) Sie reagiert auf Verlust- und Diebstahlsmeldungen.
d) Sie gibt dem Gastronom eine Zahlungsgarantie.

Teil 2 (Multiple-Choice)

Fachmathematik

Tragen Sie das richtige Ergebnis in die Kästchen ein.

1. Aufgabe

Vier Hotelbetriebe werben während einer Messe gemeinsam in der Regionalzeitung und müssen insgesamt 6.960,00 DM für die Werbeaktion aufwenden. Die Kosten sollen unter den Hotels nach der Anzahl der Betten verteilt werden.

Hotel A verfügt über 75 Betten.
Hotel B verfügt über 90 Betten.
Hotel C verfügt über 65 Betten.
Hotel D verfügt über 70 Betten.

Welchen Betrag muss Hotel C anteilig für die Werbeaktion aufwenden?

▶ ☐.☐☐☐,☐☐ DM

2. Aufgabe

Ein Gast aus Schweden hat in einem Restaurant von Hotel B eine Rechnung in Höhe von 186,50 DM zu bezahlen. Er möchte in Kronen bezahlen.

Wie viel Kronen muss er bei folgenden Kursen bezahlen?

Ankauf 21,00 Verkauf 23,25 ▶ ☐☐☐,☐☐ skr

3. Aufgabe

Eine Flasche Sekt der Hausmarke wird auf einer Getränkekarte von Hotel D zum Inklusivpreis von 27,20 DM angeboten.

Wie viel DM darf die Flasche im Einkauf höchstens kosten, wenn der Betrieb mit einem Gesamtaufschlag von 320 % kalkuliert?

▶ ☐,☐☐ DM

4. Aufgabe

Wie viel Prozent beträgt der Auslastungsgrad des Hotels „Goldener Bär" mit 110 Betten, wenn im letzten Jahr (365 Tage) 32 923 Übernachtungen verzeichnet wurden?

▶ ☐☐,☐ %

Lösungen der Aufgaben auf Seite 496

Tragen Sie das richtige Ergebnis in die Kästchen ein.

5. Aufgabe

An der Hotelbar des Hotels „Goldener Bär" wurden folgende Getränke verkauft:

314 Gläser Bier je 0,2 l
225 Gläser Bier je 0,3 l
129 Gläser Bier je 0,5 l

a) Wie viel Liter Bier wurden in dem Abrechnungszeitraum insgesamt verkauft?

▶ □□□,□□ l

b) Wie hoch war der Gesamtumsatz, wenn ein 0,2-l-Glas 2,30 DM, ein 0,3-l-Glas 3,40 DM und ein 0,5-l-Glas 5,50 DM kostete?

▶ □.□□□,□□ DM

6. Aufgabe

Das Restaurant „Die leckere Pfanne" bestellt bei seinem Lieferanten verschiedene Lebensmittel. Der Küchenchef stellt beim Einkauf fest, dass der Preis für 1 kg Rindfleisch um 1,17 DM auf 20,67 DM gestiegen ist.

Wie viel Prozent beträgt die Preissteigerung?

▶ □,□ %

7. Aufgabe

Das Restaurant muss 8,40 DM Materialkosten für ein Menü aufwenden und kalkuliert mit 180 % Gemeinkosten. Der Gewinn wird mit 24 % berechnet, das Bedienungsgeld (Umsatzbeteiligung für Service) beträgt 15 %.

Wie hoch ist der Inklusivpreis bei einem Umsatzsteuersatz von 16 %?

▶ □□,□□ DM

8. Aufgabe

Das Hotel „Goldener Bär" erhält von seiner Bank eine Abrechnung über einen Kredit, der vor sieben Monaten aufgenommen wurde. Bei einem Zinssatz von 9,5 % sind insgesamt 1.343,30 DM Zinsen zu zahlen.

Welcher ausgeliehene Kreditbetrag liegt der Berechnung zugrunde?

▶ □□.□□□,□□ DM

Lösungen der Aufgaben auf Seite 496

Tragen Sie das richtige Ergebnis in die Kästchen ein.

9. Aufgabe

Der Einkaufspreis eines Bürostuhles für das Personalbüro beträgt einschließlich 16 % Umsatzsteuer 393,30 DM.

Wie hoch ist der Nettoeinkaufspreis?

▶ ☐☐☐,☐☐ DM

10. Aufgabe

In einem Hotel findet ein Firmenjubiläum statt. Für diese Veranstaltung sind 135 Gäste angemeldet. Jeder Gast soll zur Begrüßung ein Glas Sekt mit einem Inhalt von 0,2 l bekommen.

Wie viel 0,75-l-Flaschen sind bereitzustellen, damit jeder Gast die vorgesehene Menge bekommen kann?

▶ ☐☐ Flaschen

11. Aufgabe

Die Lagerkarteikarte für trockenen Weißwein zeigt im Magazin in einem Abrechnungsmonat folgende Werte:

Bestandsübersicht – trockener Weißwein

Datum	Vorgang	Bestand	Zugänge	Abgänge
1. Juni		228 Fl.		
3. Juni	Verbrauch Hotelbar			47 Fl.
5. Juni	Privatentnahme			6 Fl.
12. Juni	Lieferung		126 Fl.	
13. Juni	Bruch			4 Fl.
20. Juni	Verbrauch Büfett			199 Fl.
22. Juni	Lieferung/ Sonderangebot		7 Kartons à 6 Fl.	
28. Juni	Verbrauch Hotelbar			35 Fl.

Wie viel Flaschen sind am Ende des Abrechnungsmonats noch im Magazin?

▶ ☐☐☐ Flaschen

Lösungen der Aufgaben auf Seite 496

Tragen Sie das richtige Ergebnis in die Kästchen ein.

12. Aufgabe

Der Magazinverwalter eines Hotelbetriebs unternimmt eine Fortbildungsreise in die Schweiz. Er will bei seiner Bank einen Betrag von 1.800,00 DM in Schweizer Franken umtauschen. Die Kursangaben bei seiner Bank lauten: Ankauf 111,85 Verkauf 113,15

a) Wie viel sfrs (Schweizer Franken) erhält er, wenn er die DM vor Antritt der Reise umtauscht?

▶ □.□□□,□□ sfrs

b) Er bringt nach Ende der Fortbildungsreise 56,00 sfrs wieder mit nach Deutschland zurück. Wie viel DM erhält er dafür von seiner Bank ausgezahlt?

▶ □□,□□ DM

13. Aufgabe

Berechnen Sie den Durchschnittspreis für 1/4 kg der folgenden Mischung:

Sorte I	125 g	zu 0,90 DM
Sorte II	1 Pfund	zu 2,40 DM je kg
Sorte III	3/4 kg	zu 4,20 DM je kg
Sorte IV	650 g	zu 3,60 DM je kg
Sorte V	1 3/8 kg	zu 2,88 DM je kg
Sorte VI	850 g	zu 3,23 DM

▶ □,□□ DM

14. Aufgabe

Im Restaurant „Die leckere Pfanne“ soll ein Tronc von 30.705,00 DM im Verhältnis der Garantielöhne auf folgende Mitarbeiter verteilt werden:

1	Maître d'hôtel	3.450,00 DM Garantielohn
3	Chefs de rang	je 2.350,00 DM Garantielohn
3	Demîchefs	je 1.680,00 DM Garantielohn
4	Commis de rang	je 1.425,00 DM Garantielohn

a) Welchen Gesamtbruttolohn erhalten die einzelnen Mitarbeiter?

▶ □.□□□,□□ DM
□.□□□,□□ DM
□.□□□,□□ DM
□.□□□,□□ DM

→

Lösungen der Aufgaben auf Seite 496

Tragen Sie das richtige Ergebnis in die Kästchen ein.

▷ *Fortsetzung der 14. Aufgabe* ▷

b) Wie viel Prozent der Gesamtbruttolohnsumme entfallen auf den Maître d'hôtel?

▶ □□,□□ %

c) Welcher Vortrag in DM bleibt für den nächsten Monat?

▶ □□□,□□ DM

15. Aufgabe

Ein Hotelzimmer soll mit Teppichboden ausgelegt werden.
Es hat folgenden Grundriss:

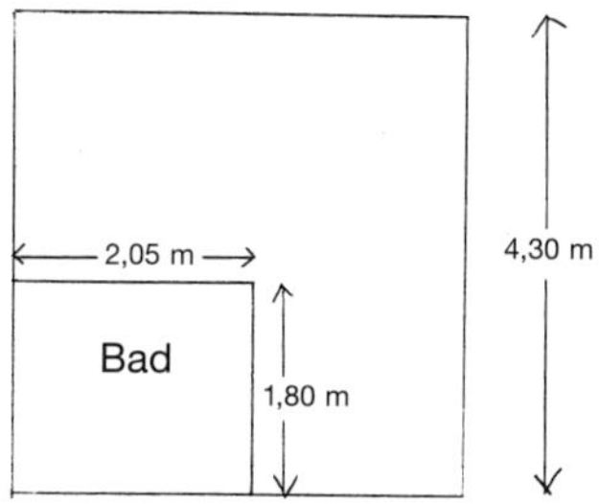

Der Listeneinkaufspreis für einen Quadratmeter Teppichboden beträgt 26,40 DM.

Berechnen Sie den Bruttoeinkaufspreis einschließlich 16 % Umsatzsteuer, wenn uns der Lieferer 15 % Rabatt gewährt und bei sofortiger Zahlung 2,5 % Skonto abgezogen werden.

▶ □□□,□□ DM

16. Aufgabe

Zwölf Mitarbeiter des Hotels „Goldene Krone" führen eine Jahresinventur in neun Tagen durch, wenn sie täglich fünf Stunden daran arbeiten.

Wie lange dauert die Inventur, wenn zwei Mitarbeiter wegen Krankheit ausfallen und die tägliche Arbeitszeit auf sechs Stunden erhöht wird?

▶ □ Tage

Lösungen der Aufgaben auf Seite 496

Tragen Sie das richtige Ergebnis in die Kästchen ein.

17. Aufgabe

Ein Schweinebraten wiegt 2,300 kg. Ein Kilogramm kostet 15,60 DM.

Wie viel DM betragen die Materialkosten je Portion, wenn aus dem Stück zwölf Portionen zubereitet werden?

▶ □,□□ DM

18. Aufgabe

Aus einem Stück Rinderbraten, das vor dem Braten 3,600 kg wog, konnten für eine Gesellschaft 21 Portionen zu je 150 g geschnitten werden.

Wie viel Prozent beträgt der Bratverlust?

▶ □□,□ %

19. Aufgabe

Der Pkw eines Magazinleiters verbraucht auf einer Strecke von 250 km insgesamt 22 l Benzin.

a) Wie viel Liter verbraucht sein Auto, gleiche Fahrweise und gleicher Durchschnittsverbrauch vorausgesetzt, auf einer Strecke von 675 km?

▶ □□,□ l

b) Welchem Durchschnittsverbrauch (l/100 km) entspricht dies jeweils?

▶ □,□ l

c) Um wie viel Prozent erhöht sich der Durchschnittsverbrauch, wenn auf der Strecke von 675 km aufgrund schneller Fahrweise insgesamt 70,2 l verbraucht werden?

▶ □□,□ %

20. Aufgabe

In einem Magazin wird wöchentlich Inventur durchgeführt. Folgende Bestände an Rotwein werden ermittelt

01. 04.	56 Flaschen
15. 04.	28 Flaschen
30. 04.	45 Flaschen
14. 05.	37 Flaschen
31. 05.	69 Flaschen

a) Wie viele Flaschen waren über die zwei Monate durchschnittlich am Lager?

▶ □□ Flaschen

→

Lösungen der Aufgaben auf Seite 496

Tragen Sie das richtige Ergebnis in die Kästchen ein.

▷ *Fortsetzung der 20. Aufgabe* ▷

b) Welcher Betrag in DM war durchschnittlich an Kapital gebunden, wenn der Bezugspreis für eine Flasche Rotwein durchschnittlich 3,95 DM betrug?

▶ ☐☐☐,☐☐ DM

21. Aufgabe

Im Hotel „Münchener Hof" findet eine Feier statt. Es soll à la carte gegessen werden.

a) Der Preis eines Menüs wird von 21,50 DM auf 23,50 DM erhöht. Wie viel Prozent beträgt die Preiserhöhung?

▶ ☐,☐ %

b) Es soll auf besonderen Wunsch für einige Gäste an runden Tischen, die einen Durchmesser von 2,10 m haben, eingedeckt werden. Wie viele Personen haben an dem Tisch Platz, wenn pro Person 90 cm Platz gerechnet werden? (Wir rechnen π mit 3,14.)

▶ ☐ Personen

c) Wie viel Gramm Kaffeepulver sind notwendig, wenn für diese Feier 50 Gäste gemeldet sind und jeder Gast 0,4 l Kaffee bekommen soll? Der Gastwirt rechnet mit einer Menge von 45 g Kaffeepulver für 1 l Kaffee.

▶ ☐☐☐ g

22. Aufgabe

Beim Ausschank aus einer Flasche Weinbrand mit 0,7 l Inhalt entsteht ein Schankverlust von 4 cl.

a) Wie viel Prozent beträgt der Schankverlust?

▶ ☐,☐ %

b) Wie viel Gläser mit je 2 cl Inhalt können ausgeschenkt werden?

▶ ☐☐ Gläser

→

Lösungen der Aufgaben auf Seite 496

2

Tragen Sie das richtige Ergebnis in die Kästchen ein.

▷ *Fortsetzung der 22. Aufgabe* ▷

c) Wie viel DM betragen die Materialkosten pro Glas, wenn die Flasche 18,00 DM im Einkauf kostet?

► □,□□ DM

d) Welchen Preis erzielt ein Glas Weinbrand im Verkauf, wenn mit einem Kalkulationszuschlag von 300 % gerechnet wird?

► □,□□ DM

23. Aufgabe

In einem Hotel garni reicht ein Vorrat von Konfitüren 20 Tage, wenn das Hotel 35 Gäste bewirtet.

Wie lange reicht der gleiche Vorrat, wenn 25 Gäste zu verzeichnen sind?

► □□ Tage

24. Aufgabe

Ein Stück Fleisch wiegt 3,880 kg. Der Küchenmeister rechnet mit 30 % Verlust an Knochen und Parüren sowie mit 12 % Bratverlust.

Welches Gewicht hat das Stück Fleisch noch nach dem Braten?

► □,□□□ kg

25. Aufgabe

In der Hotelküche wird ein Salat aus folgenden Zutaten zubereitet:

12 Kopf Salat zu	1,15 DM je Stück mit je 160 g
1,250 kg Paprika zu	5,20 DM je kg
4,500 kg Bananen zu	3,60 DM je kg
3 Dosen Ananas zu	2,45 DM je Dose mit je 490 g Abtropfgewicht
350 g Zwiebeln zu	2,60 DM je kg
350 g Öl zu	9,15 DM je kg
Gewürze, Dekoration	8,50 DM

Wie viel DM kostet eine Portion mit einem Gewicht von 150 g?

► □,□□ DM

Lösungen der Aufgaben auf Seite 496

Tragen Sie das richtige Ergebnis in die Kästchen ein.

26. Aufgabe

Das Hotel „Schwanenburg" kauft bei einem Großhändler Geschirr im Wert von 3.456,00 DM. Die Rechnung wird am 25. 03. einschließlich 9 % Verzugszinsen mit insgesamt 3.520,80 DM beglichen.

Wann war die Rechnung fällig?

▶ ☐☐.☐☐.

27. Aufgabe

Am Restaurant „Goldener Löffel" sind drei Gesellschafter beteiligt:

Dohmeier mit 45.000,00 DM
Schubart mit 110.000,00 DM
Tietzmann mit 85.000,00 DM

Wie viel DM erhält jeder vom Jahresgewinn, der 276.000,00 DM beträgt und im Verhältnis der Kapitaleinlagen verteilt werden soll?

☐☐.☐☐☐,☐☐ DM
▶ ☐☐☐.☐☐☐,☐☐ DM
☐☐.☐☐☐,☐☐ DM

28. Aufgabe

Aus folgenden Zutaten wird ein alkoholisches Mixgetränk hergestellt:

1,5 l reiner Alkohol (96 Vol.-%)
0,75 l Obstbranntwein (38 Vol.-%)
$2^1/_5$ l gepresster Orangensaft

Berechnen Sie den Alkoholgehalt des Mixgetränkes.

▶ ☐☐ %

29. Aufgabe

Im Hotel „Weiße Rose" kostet eine Übernachtung in einem Doppelzimmer inklusive Bedienung und Umsatzsteuer 135,00 DM.

Wie hoch sind die Selbstkosten, wenn das Hotel mit 18 % Gewinn, 15 % Bedienungsgeld und 16 % Umsatzsteuer kalkuliert?

▶ ☐☐,☐☐ DM

Lösungen der Aufgaben auf Seite 496/497

Tragen Sie das richtige Ergebnis in die Kästchen ein.

30. Aufgabe

Im Restaurant „Die leckere Pfanne" wird der Tronc nach dem Punktesystem verteilt. Der Tronc beträgt in einem Abrechnungsmonat 12.580,00 DM. Im Restaurant besteht das Personal aus folgenden Mitarbeitern:

1 Maître d'hôtel	14 Punkte	☐.☐☐☐,☐☐ DM
4 Chefs de rang	je 10 Punkte	☐☐☐,☐☐ DM
1 Demichef	8 Punkte	► ☐☐☐,☐☐ DM
8 Restaurantfachleute	je 7 Punkte	☐☐☐,☐☐ DM
3 Commis	je 6 Punkte	☐☐☐,☐☐ DM

Welchen Anteil erhält jeder Mitarbeiter?

31. Aufgabe

Für eine Fortbildungstagung bucht ein Küchengerätehersteller fünf Zimmer (Übernachtung mit Frühstück). Die Gäste reisen entgegen der Reservierung nicht an, und so stellt das Hotel dem Gerätehersteller 80 % des vereinbarten Preises in Rechnung. Die Ausfallrechnung beläuft sich auf insgesamt 660,00 DM.

Wie hoch war der ursprünglich vereinbarte Preis für eine Übernachtung mit Frühstück pro Person?

► ☐☐☐,☐☐ DM

32. Aufgabe

Für das bevorstehende Osterfest wird eingekauft.
Der Preis für 1 kg Kaffee ist von 18,24 DM auf 16,98 DM gesunken.

Wie viel Prozent beträgt die Preissenkung?

► ☐,☐ %

33. Aufgabe

An der Hausbar wurden an einem Abend aus einer 0,75-l-Flasche Weinbrand 28 Gläser mit 2 cl verkauft.

Wie viel Gläser können noch verkauft werden, wenn mit einem Schankverlust von 4 % gerechnet wird?

► ☐ Gläser

Lösungen der Aufgaben auf Seite 497

Tragen Sie das richtige Ergebnis in die Kästchen ein.

34. Aufgabe

Ein Gast bestellt ein 1/4 l-Glas Milch und möchte von der Bedienung wissen, wieviel Kilojoule darin enthalten seien, da er „kalorienbewusst" lebe. Die Aufschrift einer 1 l-Packung Milch enthält folgende Angaben:

100 g Milch enthalten

Eiweiß	3,3 g
Fett	3,5 g
Kohlenhydrate	4,8 g

Wie viel Kilojoule sind in 1/4 l Milch enthalten, wenn 1 g Eiweiß 17 kJ, 1 g Fett 37 kJ und 1 g Kohlenhydrate 17 kJ enthält?

► □□□ kJ

35. Aufgabe

Aus einer Flasche Wein mit 0,7 l Inhalt sind drei Gläser mit 0,2 l Inhalt verkauft worden.

Wie viel Prozent der ursprünglichen Menge sind noch in der Flasche?

► □□,□ %

36. Aufgabe

Das Hotel „Goldene Krone" erhält folgende Lieferung an Rotwein:

24 Flaschen zu je 6,20 DM
39 Flaschen zu je 7,15 DM
19 Flaschen zu je 9,25 DM

a) Wie viel DM kostet eine Flasche Rotwein im Durchschnitt?

► □,□□ DM

b) Welchen Betrag muss das Hotel bezahlen, wenn von der Rechnungssumme 2 % Skonto abgezogen werden können?

► □□□,□□ DM

Lösungen der Aufgaben auf Seite 497

2

Tragen Sie das richtige Ergebnis in die Kästchen ein.

37. Aufgabe

a) Im Hotel „Goldene Krone" wird die Kalkulation für verschiedene Menüs, Getränke und Beherbergung durchgeführt. Die Materialkosten für ein großes Menü betragen 13,50 DM, die Selbstkosten 29,70.
Wie viel Prozent der Materialkosten betragen die Selbstkosten?

► ☐☐☐ %

b) Für eine Festtagsgesellschaft von 46 Personen soll der Preis für ein Gedeck berechnet werden. Die Materialkosten betragen insgesamt 910,80 DM. Es wird mit einem Gesamtaufschlag von 245 % kalkuliert.
Welcher Preis ist für jedes Gedeck zu berechnen (auf volle DM abrunden)?

► ☐☐,☐☐ DM

c) Der Selbstkostenpreis eines Zimmers beträgt für eine Übernachtung 52,20 DM.
Welchen Preis hat der Gast zu bezahlen, wenn das Hotel mit einem Gewinnsatz von $16^2/_3$ %, 15 % Bedienung und 16 % Umsatzsteuer kalkuliert (auf volle DM abrunden)?

► ☐☐,☐☐ DM

38. Aufgabe

Ein Restaurant kauft 18 Literflaschen Wein für insgesamt 115,20 DM. Es rechnet mit einem Gemeinkostenzuschlag von 123 %, einem Gewinnsatz von 28 %, einem Bedienungszuschlag von 15 % sowie einem Umsatzsteuersatz von 16 %.

Mit welchem Preis wird ein 0,2-l-Schoppen auf der Getränkekarte angeboten (auf volle 0,10 DM aufrunden)?

► ☐,☐☐ DM

39. Aufgabe

Für eine Gesellschaft von elf Personen soll Ochsenschwanzsuppe zubereitet werden. Für 1 l Ochsenschwanzsuppe werden unter anderem 300 g Ochsenschwanz, 40 g Fett sowie 40 g Mehl benötigt.

Wie viel Gramm der angegebenen Bestandteile sind erforderlich, wenn jedem Gast 0,25 l Ochsenschwanzsuppe serviert werden soll?

Ochsenschwanz ► ☐☐☐ g
Fett ► ☐☐☐ g
Mehl ► ☐☐☐ g

Lösungen der Aufgaben auf Seite 497

Tragen Sie das richtige Ergebnis in die Kästchen ein.

40. Aufgabe

In der Buchhaltung eines Restaurantbetriebes werden für eine Abrechnungsperiode folgende Beträge festgestellt:

Materialkosten 176.000,00 DM
Gemeinkosten 360.800,00 DM

Wie viel Prozent beträgt der Gemeinkostenzuschlag?

▶ ☐☐☐ %

41. Aufgabe

Ein Lebensmittelgroßmarkt beliefert ein Hotel mit Frischobst. Es wird eine Kiste mit frischen Weintrauben brutto für netto geliefert. Die Kiste Weintrauben kostet 47,46 DM und wiegt 9,7 kg. Das Gewicht der Kiste (Tara) beträgt 1,3 kg.

Wie viel DM kostet 1 kg der Ware?

▶ ☐,☐☐ DM

42. Aufgabe

Im Hotel „Waldesruh" bezahlt ein Gast aus Spanien seine Rechnung in Höhe von 175,30 DM mit 16 Pesetenscheinen zu je 1.000 ptas. Den Rest gibt er als Tip (Trinkgeld).

a) Berechnen Sie, wie hoch der Tip bei folgenden Kursen ist:
Ankauf 1,20 Verkauf 1,35

▶ ☐☐,☐☐ DM

b) Wie viel Prozent des Rechnungsbetrages beträgt der Tip?

▶ ☐,☐☐ %

43. Aufgabe

Für frischen Grapefruitsaft werden 17,5 kg Grapefruits ausgepresst. Der Saftanteil beträgt 60 %.

Wie viel Gläser Grapefruitsaft mit 0,2 l Inhalt können verkauft werden (1 l entspricht 1 kg)?

▶ ☐☐ Gläser

Lösungen der Aufgaben auf Seite 497

Tragen Sie das richtige Ergebnis in die Kästchen ein.

44. Aufgabe

In einem Quartal (Vierteljahr) hat ein Hotel für zwei Etagen insgesamt 1.624,50 DM an Heizkosten zu zahlen. Die Raumverteilung sieht wie folgt aus:

1. Etage	6 Zweibettzimmer	mit je 24 m^2
	3 Einbettzimmer	mit je 20 m^2
2. Etage	5 Zweibettzimmer	mit je 23 m^2
	2 Einbettzimmer	mit je 21 m^2

a) Welcher Heizkostenanteil in DM entfällt auf die 1. Etage?

▶ □□□,□□ DM

b) Wie viel Prozent der gesamten Heizkosten entfallen auf die 2. Etage?

▶ □□,□ %

45. Aufgabe

Im Hotel „Zur weißen Rose“ soll ein Tronc in Höhe von 21.416,00 DM an folgende Angestellte verteilt werden:

2 Büfettiers mit einem Garantielohn von	je 1.575,00 DM
1 Etagenhausdiener mit einem Garantielohn von	1.480,00 DM
3 Hausdiener mit einem Garantielohn von	je 1.390,00 DM
4 Pagen mit einem Garantielohn von	je 1.265,00 DM

a) Berechnen Sie die Einzellöhne für jeden Mitarbeiter.

▶ □.□□□,□□ DM
▶ □.□□□,□□ DM
▶ □.□□□,□□ DM
▶ □.□□□,□□ DM

b) Ermitteln Sie den Vortrag, der nach der Troncverteilung auf die nächste Abrechnungsperiode übertragen wird.

▶ □□,□□ DM

Lösungen der Aufgaben auf Seite 497

Tragen Sie das richtige Ergebnis in die Kästchen ein.

46. Aufgabe

Für einen großen Kindergeburtstag soll eine Bonbonmischung aus folgenden Sorten hergestellt werden:

0,8 kg Karamellbonbons	zu	5,95 DM	je kg
750 g Lakritzbonbons	zu	2,40 DM	je 200 g
900 g Fruchtbonbons	zu	7,75 DM	je Pfund
3/4 Pfund Pfefferminzbonbons	zu	11,40 DM	je kg

Berechnen Sie die Materialkosten für eine Portion von 150 g.

► □,□□ DM

47. Aufgabe

Die Gäste möchten ein Menü speisen. Für die Materialkosten eines Gedeckes werden folgende Beträge ermittelt:

Vorspeise	5,90 DM
Zwischengericht	9,25 DM
Hauptgericht	17,35 DM
Dessert	4,80 DM

Mit welchem Preis wird das Menü auf der Karte angeboten, wenn der Gastronom mit 140 % Gemeinkosten, 12 % Gewinn, 11 % Bedienungsgeld und 16 % Umsatzsteuer rechnet (auf volle 0,50 DM aufrunden)?

► □□□,□□ DM

48. Aufgabe

Ein Restaurant erhält von seiner Hausbrauerei eine Bierlieferung. Der Rechnungsbetrag beträgt einschließlich 16 % Umsatzsteuer 583,05 DM.

Wie viel DM beträgt der Umsatzsteueranteil?

► □□,□□ DM

49. Aufgabe

Das Hotel „Münchener Hof" verfügt über 210 Betten. Es hat eine Auslastung von 72 %. Die gesamten Selbstkosten betragen 1.772 638,60 DM.

Mit welchem Preis wird ein Bett für eine Nacht bei einem kalkulierten Gewinn von 18 %, Bedienungsgeld von 12,5 % und 16 % Umsatzsteuer angeboten (auf volle DM aufrunden)?

► □□ DM

Lösungen der Aufgaben auf Seite 497

Tragen Sie das richtige Ergebnis in die Kästchen ein.

50. Aufgabe

Ein Hotel mit 72 Betten war in einem Jahr wegen Renovierungsarbeiten 29 Tage geschlossen. In dem Abrechnungsjahr wurden 19 675 Übernachtungen registriert.

a) Wie hoch war die tatsächliche Hotelfrequenz?

► ☐☐,☐ %

b) Berechnen Sie die Hotelfrequenz, wenn die Renovierungsarbeiten nicht gemacht worden wären und das Hotel dieselbe Übernachtungszahl verzeichnet hätte.

► ☐☐,☐ %

51. Aufgabe

Aus einem 100-l-Fass Bier werden 184 Gläser mit 0,3 l und 72 Gläser mit 0,4 l ausgeschenkt.

Wie viel Liter Bier müssten noch bei einer Bestandsaufnahme im Fass sein (ohne Schankverlust)?

► ☐☐ l

52. Aufgabe

Ein Hotel verfügt in seinem Garten über einen Swimmingpool. Er hat folgende Maße: Länge 6 m; Breite: 4,50 m; Höhe: 1,80 m.

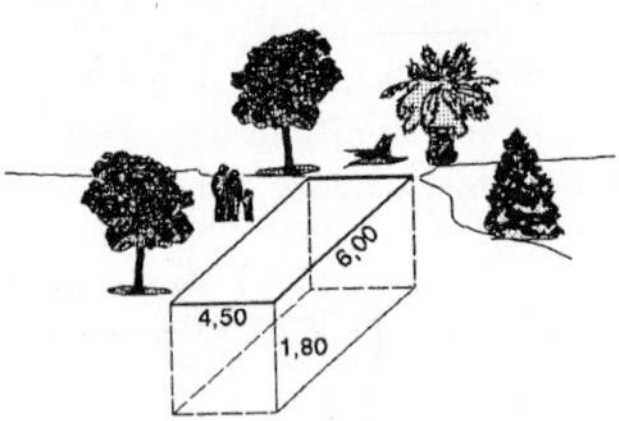

a) Wie viel Liter Wasser müssen in den Pool eingelassen werden, wenn er bis 20 cm unter den Beckenrand gefüllt sein soll?

► ☐☐☐☐☐ l

b) Wie viel Stunden dauert es, den Pool zu füllen, wenn pro Minute 45 l in das Becken eingelassen werden können?

► ☐☐ Stunden

Lösungen der Aufgaben auf Seite 497

Tragen Sie das richtige Ergebnis in die Kästchen ein.

53. Aufgabe

Bei einer Tagesabrechnung werden folgende Küchenbons ermittelt:

76 Bons zu je	16,95 DM
12 Bons zu je	45,30 DM
161 Bons zu je	8,60 DM
49 Bons zu je	12,90 DM
57 Bons zu je	18,50 DM

a) Berechnen Sie den Durchschnittswert eines Bons.

► □□,□□ DM

b) Wie hoch ist der wertmäßige Prozentanteil der Bons zu 8,60 DM am Gesamtumsatz?

► □□,□ %

54. Aufgabe

Eine Dose Ananas kostet 2,60 DM. Die Dose hat eine Füllmenge von 820 g, das Abtropfgewicht beträgt 490 g.

Wie hoch ist der Materialpreis für eine Scheibe Ananas, wenn die Dose sieben Scheiben Ananas enthält?

► □,□□ DM

55. Aufgabe

Ein Weinvorrat von 24 l reicht zehn Tage, wenn sechs Gäste diesen Wein bestellen.

Wie lange reicht ein um 25 % größerer Weinvorrat, wenn fünf Gäste diesen Wein bestellen?

► □□ Tage

56. Aufgabe

Ein Restaurant kauft 4,400 kg Schweinefleisch zu einem Einkaufspreis von 12,40 DM je Kilogramm. Beim Braten entsteht ein Bratverlust von 15 %.

a) Wie viel Portionen zu je 170 g können zubereitet werden?

► □□ Portionen

b) Wie hoch ist der Materialpreis für eine Portion?

► □,□□ DM

Lösungen der Aufgaben auf Seite 497

2

Tragen Sie das richtige Ergebnis in die Kästchen ein.

57. Aufgabe

In einem Restaurant bittet der Reiseleiter einer französischen Reisegesellschaft, die Summe von 14 Essen zu je 16,50 DM und 18 Essen zu je 21,90 DM in französischen Francs bezahlen zu dürfen.

Wie viel Francs muss er bei folgenden Kursangaben bezahlen?
Ankauf 29,40 Verkauf 31,50
Der Reiseleiter rundet den Betrag auf volle 100 FF auf.

▶ □.□□□,□□ FF

58. Aufgabe

In der Halle eines Hotels sollen zur Dekoration Blumenkästen aus Holz aufgestellt werden.

Wie viel Quadratmeter Holz sind für die Anfertigung von vier Blumenkästen erforderlich, wenn ein Kasten 1,10 m lang, 45 cm breit und 40 cm hoch sein soll und der Tischler mit einem Verschnitt von 15 % rechnet?

▶ □,□ m^2

59. Aufgabe

Der Preis für eine Flasche Weinbrand ist von 13,60 DM auf 14,45 DM gestiegen.

Wie viel Prozent beträgt die Preissteigerung?

▶ □,□□ %

60. Aufgabe

Der Restaurantfachmann Günter hat 2.559,60 DM auf seinem Sparbuch. Nach 50 Tagen werden ihm 14,22 DM Zinsen gutgeschrieben.

Zu welchem Zinssatz war das Geld angelegt?

▶ □,□ %

61. Aufgabe

In einem Restaurant muss ein neuer Herd angeschafft werden. Für diese Investition nimmt der Gastronom einen Kurzkredit über 4.800,00 DM auf, der mit 12,5 % verzinst wird.

Welchen Betrag hat er insgesamt zurückzuzahlen, wenn der Kredit vom 12. Mai bis zum 01. August aufgenommen werden muss?

▶ □.□□□,□□ DM

Lösungen der Aufgaben auf Seite 497/498

Tragen Sie das richtige Ergebnis in die Kästchen ein.

62. Aufgabe

Aus einem Stück Schmorbraten mit einem Gewicht von 4,390 kg werden 24 Portionen zu je 150 g zubereitet.

Wie viel Prozent beträgt der Verlust, der beim Braten entsteht?

► □□,□ %

63. Aufgabe

Der Fettanteil von 140 g Heringsfilet hat 777 kJ.

Wie viel Prozent Fett sind in diesem Filet enthalten, wenn 1 g Fett 37 kJ enthält?

► □□ %

64. Aufgabe

Eine 45-jährige Frau, die als Personalsachbearbeiterin in einem Hotel tätig ist, hat einen täglichen Energiebedarf von 7.974 kJ.

Wie viel Gramm Fett kann diese Frau täglich zu sich nehmen, wenn 23,2 % des gesamten Energiebedarfs durch Fett abgedeckt werden sollen? (1 g Fett enthält 37 kJ.) Runden Sie das Ergebnis auf volle Gramm auf.

► □□ g

65. Aufgabe

Wie hoch ist der Tagesbedarf an Kohlenhydraten (in kJ) eines 43-jährigen Mannes mit einem Körpergewicht von 71 kg, wenn wegen leichter Tätigkeit 6 g Kohlenhydrate je Kilogramm Körpergewicht benötigt werden? (1 g Kohlenhydrate enthält 17 kJ.)

► □□□□,□ kJ

66. Aufgabe

Im Restaurant „Buchenhof" sind folgende Personen beschäftigt:

1	Chef de service	mit 18 Punkten
2	Chefs de rang	mit je 14 Punkten
2	Commis	mit je 11 Punkten

Es soll der Tip eines Abrechnungsmonats in Höhe von 1.717,00 DM nach den Punkten verteilt werden.

a) Wie viel Punkte hat jeder der Mitarbeiter im Durchschnitt?

► □□,□ Punkte

→

Lösungen der Aufgaben auf Seite 498

2

Tragen Sie das richtige Ergebnis in die Kästchen ein.

▷ *Fortsetzung der 66. Aufgabe* ▷

b) Wie viel DM erhält jeder Mitarbeiter als Anteil aus dem Tip?

Chef de service ☐☐☐,☐☐ DM

▶ 1 Chef de rang ☐☐☐,☐☐ DM

1 Commis ☐☐☐,☐☐ DM

c) Welchen Prozentanteil am Tip erhalten die beiden Commis?

▶ ☐☐,☐☐ %

67. Aufgabe

An einem Wochenende wurden an einer Hotelbar folgende Mengen Weinbrand verkauft:

67 Gläser mit 2 cl Inhalt
24 Gläser mit 4 cl Inhalt

Es standen 5 Flaschen mit je 0,7 l Inhalt zur Verfügung.

Wie viel Gläser mit 2 cl Inhalt können noch ausgeschenkt werden, wenn ein Schankverlust von 4 % zu berücksichtigen ist?

▶ ☐☐ Gläser

68. Aufgabe

Aus einer Lagerkartei eines Betriebes sind folgende Daten zu entnehmen:

Bestand am 01. Mai	35,000 kg
Entnahme am 03. Mai (Verbrauch)	5,275 kg
Entnahme am 05. Mai (Verbrauch)	$6\frac{1}{2}$ Pfund
Einkauf am 08. Mai	8,5 kg
Entnahme am 09. Mai (Verbrauch)	9,750 kg
Entnahme am 13. Mai (Verbrauch)	$12\frac{3}{4}$ kg
Entnahme am 14. Mai (Verderb)	2,500 kg

Wie hoch ist der Bestand am 15. Mai?

▶ ☐,☐☐☐ kg

Lösungen der Aufgaben auf Seite 498

Tragen Sie das richtige Ergebnis in die Kästchen ein.

69. Aufgabe

Das Restaurant „Goldener Bär“ kauft in einem Großmarkt ein:

12,5 kg	Schweineleber	zu 2,75 DM je kg
6,8 kg	Schweinenacken	zu 7,80 DM je kg
9,4 kg	Schweinebauch	zu 5,20 DM je kg
4,5 kg	Schweinefilet	zu 14,60 DM je kg

Die Ware wurde mit insgesamt 217,15 DM in Rechnung gestellt.

a) Wie viel DM hat der Großmarkt zuviel berechnet?

▶ □□,□□ DM

b) Wie viel Prozent von der richtigen Summe beträgt die Abweichung?

▶ □,□ %

c) Für die Lieferung von 120 Flaschen Mineralwasser sind 142,80 DM zu bezahlen.

Wie viel DM kostet eine Flasche im Durchschnitt?

▶ □,□□ DM

70. Aufgabe

Die Restaurantfachfrau Brigitte soll Kalkulationen für verschiedene Speisen durchführen.

a) Der Inklusivpreis eines Gerichtes beträgt einschließlich 12,5 % Bedienungsgeld und 16 % Umsatzsteuer 62,10 DM.

Wie viel DM Bedienungsgeld und Umsatzsteuer sind in dem Preis enthalten?

▶ Bedienungsgeld □,□□ DM

USt □,□□ DM

b) Für ein Festtagsmenü, für das ein kalkulierter Inklusivpreis von 142,91 DM berechnet wurde, wurden 120 % Gemeinkosten, $11\frac{1}{9}$ % Gewinn, 12 % Bedienungsgeld sowie 16 % Umsatzsteuer zugrunde gelegt.

Wie hoch dürfen die Materialkosten für dieses Menü höchstens sein?

▶ □□,□□ DM

→

Lösungen der Aufgaben auf Seite 498

2

Tragen Sie das richtige Ergebnis in die Kästchen ein.

▷ *Fortsetzung der 70. Aufgabe* ▷

c) Die Materialkosten für ein weiteres Menü betragen 22,30 DM, der kalkulierte Inklusivpreis 70,20 DM.

Wie hoch ist der Kalkulationszuschlag?

► □□□,□ %

d) Eine regionale Spezialität wird auf der Karte zu einem Inklusivpreis von 24,50 DM angeboten. Die Materialkosten betragen 7,69 DM, die Gemeinkosten 125 %, das Bedienungsgeld 10 % und die Umsatzsteuer 16 %.

Wie hoch ist der Gewinn in DM und Prozent?

► □,□□ DM

□□,□ %

71. Aufgabe

Die Ausstattung der Gästezimmer eines Hotels wird jährlich mit 20 % abgeschrieben (= Prozentanteil des Wertverlustes) und beträgt in einem Geschäftsjahr noch 249.600,00 DM.

Wie hoch war der Wert ein Jahr davor?

► □□□.□□□,□□ DM

72. Aufgabe

Die Betriebsstatistik eines Hotels enthält folgende Lagerbestände:

Anfangsbestand 01. 01. 18.525,00 DM

Endbestände:

Januar	38.956,00 DM	Juli	8.490,00 DM
Februar	16.274,00 DM	August	17.150,00 DM
März	8.012,00 DM	September	26.579,00 DM
April	10.060,00 DM	Oktober	14.712,00 DM
Mai	9.560,00 DM	November	18.510,00 DM
Juni	12.380,00 DM	Dezember	4.640,00 DM

Ermitteln Sie den durchschnittlichen Lagerbestand.

► □□.□□□,□□ DM

Lösungen der Aufgaben auf Seite 498

Tragen Sie das richtige Ergebnis in die Kästchen ein.

73. Aufgabe

Das Schwimmbad eines Hotels, das 27.000 l fasst, kann in 18 Stunden gefüllt werden, wenn stündlich 1.500 l eingelassen werden.

In welcher Zeit wird das Becken gefüllt, wenn stündlich 6 % mehr eingelassen werden können und das Becken 2.000 l Wasser weniger enthalten soll?

► ☐☐,☐ Stunden

74. Aufgabe

Die Kaffeerösterei „Bohnus GmbH" mischt für ein Restaurant 150 kg der Sorte „Kräftige Bohne". Der Preis der Mischung soll 13,50 DM je kg betragen. Die beiden Sorten, die für die Mischung verwendet werden, kosten 11,70 DM je kg (Sorte I) und 16,20 DM je kg (Sorte II).

a) In welchem Verhältnis sind die Sorten I und II zu mischen?

► ☐:☐

b) Wie viel Kilogramm sind für eine andere Mischung von zwei Sorten zu nehmen, wenn die Sorten I und II im Verhältnis 4 : 9 gemischt werden und insgesamt 65 kg der Mischung entstehen sollen?

► Sorte I ☐☐ kg

► Sorte II ☐☐ kg

75. Aufgabe

Drei Hotels mieten gemeinsam Einstellplätze eines Parkhauses. Die Gesamtkosten in Höhe von 4.350,00 DM monatlich sollen nach der Anzahl der gemieteten Plätze auf die Hotels verteilt werden.

Welchen Betrag muss jedes Hotel entrichten, wenn die Hotels

„Braunschweiger Hof"	**27 Stellplätze**
„Harzer Tanne"	**14 Stellplätze**
„Zur Linde"	**17 Stellplätze**

beanspruchen?

☐.☐☐☐,☐☐ DM

► ☐.☐☐☐,☐☐ DM

☐.☐☐☐,☐☐ DM

Lösungen der Aufgaben auf Seite 498

Tragen Sie das richtige Ergebnis in die Kästchen ein.

76. Aufgabe

Die Allgemeine Kreditbank hat als Hausbank von drei Gastronomiebetrieben Kredite vergeben.

a) Für einen Kredit von 15.000,00 DM muss ein Gastronom bei einem Zinssatz von 10,5 % insgesamt 918,75 DM Zinsen bezahlen.

Für wie lange war der Kredit aufgenommen worden?

► ☐ Monate

b) Ein anderer Kredit von 3.790,00 DM wird am 28. 02. zu einem Zinssatz von 9 % aufgenommen und einschließlich Zinsen mit 3.873,38 DM zurückgezahlt.

An welchem Tag erfolgt die Rückzahlung?

► ☐☐.☐☐.

c) Ein Hotelier nimmt bei der Bank einen Kurzkredit in Höhe von 8.400,00 DM zu einem Zinssatz von 11,5 % auf. Am 13. 11. erfolgt die Rückzahlung einschließlich Zinsen mit einem Betrag von 8.866,90 DM.

Wann war der Kredit aufgenommen worden?

► ☐☐.☐☐.

77. Aufgabe

In einem Hotel soll ein Tronc in Höhe von 26.489,50 DM nach den Garantielöhnen folgender Mitarbeiter verteilt werden:

1 Maître d'hôtel	4.100,00 DM	3 Commis de rang	je 2.300,00 DM
1 Bankettleiter	2.950,00 DM	5 Chefs de rang	je 2.490,00 DM
2 Chefs d'étage	je 3.170,00 DM		

a) Berechnen Sie, welchen Bruttolohn jeder Mitarbeiter insgesamt erhält.

☐.☐☐☐,☐☐ DM
☐.☐☐☐,☐☐ DM
► ☐.☐☐☐,☐☐ DM
☐.☐☐☐,☐☐ DM
☐.☐☐☐,☐☐ DM

b) Wie viel DM werden als Übertrag auf die nächste Abrechnungsperiode übernommen?

► ☐☐☐,☐☐ DM

Lösungen der Aufgaben auf Seite 498

Tragen Sie das richtige Ergebnis in die Kästchen ein.

78. Aufgabe

Eine Kassenüberprüfung in einem Restaurant ergibt folgende Werte:

Einnahmen 8.413,75 DM Ausgaben 7.839,89 DM

a) Wie hoch ist das Kassenmanko, wenn der Kassenbestand 550,91 DM beträgt?

▶ ☐☐,☐☐ DM

b) Wie viel Prozent des Sollbestandes beträgt das Manko?

▶ ☐,☐ %

79. Aufgabe

Der Bruttoeinkaufspreis eines Blumengebindes für eine Jubiläumsfeier beträgt einschließlich 8 % Umsatzsteuer 253,80 DM.

Berechnen Sie die anteilige Umsatzsteuer.

▶ ☐☐,☐☐ DM

80. Aufgabe

Das Hotel „Achtermann“ bezieht von einem Computergroßhändler drei Personalcomputer (PC) zu je 4.930,00 DM und 35 Pakete Druckerpapier zu je 6,00 DM. Ein PC wiegt komplett 8,5 kg, ein Paket Papier wiegt 2,5 kg. An Frachtkosten fallen insgesamt 84,75 DM, an Transportversicherung insgesamt 240,00 DM an.

Ermitteln Sie den Bezugspreis einschließlich aller Bezugskosten für einen PC und für ein Paket Druckerpapier. (Hinweis: Die Fracht ist nach dem Gewicht, die Transportversicherung nach dem Wert zu verteilen.)

PC ▶ ☐.☐☐☐,☐☐ DM

Papier ▶ ☐,☐☐ DM

81. Aufgabe

Das Restaurant „Kupferpfanne“ muss für das dritte Quartal insgesamt 3.937,75 DM Stromkosten bezahlen.

a) Wie hoch sind die durchschnittlichen Stromkosten pro Tag in diesem Quartal?

▶ ☐☐,☐☐ DM

→

Lösungen der Aufgaben auf Seite 498

Tragen Sie das richtige Ergebnis in die Kästchen ein.

▷ *Fortsetzung der 81. Aufgabe* ▷

b) Wie hoch ist der durchschnittliche Stromaufwand pro Tag, wenn in diesem Quartal wegen Betriebsferien an 17 Tagen nicht gearbeitet wird?

► ☐☐,☐☐ DM

82. Aufgabe

Im Weinkeller eines großen Hotels befinden sich 1 484 Flaschen Wein. Davon sind $^4/_7$ des Vorrates Weißwein, der Rest Rotwein.

a) Wie viel Flaschen Weißwein und Rotwein sind vorrätig?

► Weißwein ☐☐☐ Flaschen

► Rotwein ☐☐☐ Flaschen

b) Wie viel Liter Weißwein sind gelagert, wenn die eine Hälfte der Flaschen 1 l Inhalt, die andere Hälfte 0,7 l Inhalt hat.

► ☐☐☐,☐ l

c) Wie viel Schoppen Rotwein zu 0,2 l können ausgeschenkt werden, wenn es sich ausschließlich um 0,75-l-Flaschen handelt und ein Schankverlust von 4 % zu berücksichtigen ist?

► ☐☐☐☐ Schoppen

83. Aufgabe

Für eine Reisegesellschaft sollen unter anderem Rinderfilets serviert werden.

a) Wie viel Portionen zu 160 g je Stück können aus 4,400 kg Rinderfilet angeboten werden, wenn mit einem Bratverlust von 12 % gerechnet werden muss?

► ☐☐ Portionen

b) Mit welchem Materialpreis muss eine Portion kalkuliert werden, wenn 1 kg des Rinderfilets im Einkauf 41,80 DM kostet?

► ☐,☐☐ DM

Lösungen der Aufgaben auf Seite 498

Tragen Sie das richtige Ergebnis in die Kästchen ein.

84. Aufgabe

Vom Umsatz eines Restaurants entfiel $^1/_3$ auf Speisen, $^1/_4$ auf alkoholfreie Getränke und der Rest in Höhe von 23.085,25 DM auf alkoholische Getränke.

Welcher DM-Anteil entfiel jeweils auf die Speisen und die alkoholfreien Getränke, und wie hoch war der Gesamtumsatz?

Speisen ☐☐.☐☐☐,☐☐ DM
► alkoholfreie Getränke ☐☐.☐☐☐,☐☐ DM
gesamt ☐☐.☐☐☐,☐☐ DM

85. Aufgabe

Ein Hotelbetrieb hat Materialkosten von 45.000,00 DM. Es wird mit allgemeinen Küchenkosten von 59 %, Küchengemeinkosten von 36 % und Dienstleistungskosten in Höhe von 14.400,00 DM kalkuliert.

a) Wie viel Prozent der Materialkosten betragen die Dienstleistungskosten?

► ☐☐,☐ %

b) Wie viel Prozent beträgt der gesamte Gemeinkostenzuschlag?

► ☐☐☐,☐ %

86. Aufgabe

Im Hotel „Zur grünen Tanne“ soll ein neues Büro eingerichtet werden. Für die Ausstattung des Büros erhält das Hotel folgende Angebote:

Angebot A:	35.600,00 DM	10 % Rabatt	2 % Skonto
Angebot B:	37.400,00 DM	15 % Rabatt	2,5 % Skonto
Angebot C:	32.150,00 DM		3 % Skonto

a) Berechnen Sie die Bareinkaufspreise für die drei Angebote.

A ☐☐.☐☐☐,☐☐ DM
► B ☐☐.☐☐☐,☐☐ DM
C ☐☐.☐☐☐,☐☐ DM

b) Um wie viel Prozent liegt das günstigste Angebot niedriger als das teuerste?

► ☐,☐ %

Lösungen der Aufgaben auf Seite 498

Tragen Sie das richtige Ergebnis in die Kästchen ein.

87. Aufgabe

Es werden 28 kg Erbsen in der Schote zu je 2,95 DM eingekauft.

Welcher Materialpreis ergibt sich für 150 g, wenn der Putzverlust 60 % beträgt?

► ☐,☐☐ DM

88. Aufgabe

In einem Hotel, das über 37 Betten verfügt, wurden in einem Jahr 11.650 Übernachtungen registriert. Das Hotel war wegen Renovierungsarbeiten drei Tage geschlossen.

Wie hoch war der Auslastungsgrad?

► ☐☐,☐ %

89. Aufgabe

Es sollen folgende zwei Sorten Tee gemischt werden:

Darjeeling	zu 4,50 DM je 100 g
Assam	zu 7,20 DM je 100 g

Die Mischung soll 5,40 DM je 100 g kosten.

a) In welchem Verhältnis sind die beiden Sorten zu mischen?

► ☐:☐

b) Wie viel Gramm sind von der Sorte Darjeeling zu nehmen, wenn insgesamt 960 g der Mischung hergestellt werden sollen?

► ☐☐☐ g

c) Wie viel DM kostet die gesamte Menge der Mischung?

► ☐☐,☐☐ DM

90. Aufgabe

Der Chef de cuisine bezieht ein Bruttogehalt von 4.350,00 DM. Die Lohnsteuer beträgt 13,6 % (verh., 1 Kind, Lohnsteuerklasse III), der Solidaritätszuschlag 5,5 % und die Kirchensteuer 9 % der Lohnsteuer. Die gesetzlichen Beiträge zur Sozialversicherung betragen:

Krankenversicherung	13,5 %
Arbeitslosenversicherung	6,5 %
Rentenversicherung	20,3 %
Pflegeversicherung	1,7 %

→

Lösungen der Aufgaben auf Seite 499

Tragen Sie das richtige Ergebnis in die Kästchen ein.

▷ *Fortsetzung der 90. Aufgabe* ▷

a) Wie hoch ist das Nettoeinkommen des Chefs de cuisine?

▶ □.□□□,□□ DM

b) Wie hoch ist der Arbeitgeberanteil zur gesetzlichen Sozialversicherung?

▶ □□□,□□ DM

c) Welchen Betrag muss der Arbeitgeber insgesamt an den gesetzlichen Sozialversicherungsträger abführen?

▶ □.□□□,□□ DM

91. Aufgabe

Das Controlling des Hotels „Zum Tannengrund" stellt fest, dass sich die Umsatzrentabilität von 5 % im letzten Jahr auf 6 % in diesem Jahr erhöht hat.

Wie viel Prozent beträgt die Rentabilitätssteigerung?

▶ □□ %

92. Aufgabe

Eine Abendgesellschaft hat an einem Abend folgenden Verzehr an Speisen und Getränken:

12 Menüs	zu je 16,50 DM
4 Hawaii-Toast	zu je 7,50 DM
32 Gläser Bier 0,3 l	zu je 3,40 DM
6 Gläser Cola	zu je 2,00 DM
5 Flaschen Mineralwasser	zu je 3,50 DM
7 Tassen Kaffee	zu je 2,20 DM
8 Gläser Weinbrand 2 cl	zu je 3,50 DM

a) Wie hoch ist der Gesamtbetrag für den Verzehr?

▶ □□□,□□ DM

b) Wie viel DM beträgt der Rabatt, wenn nur ein Betrag von 380,00 DM kassiert wird?

▶ □□,□□ DM

c) Wie viel Prozent beträgt der Rabatt?

▶ □,□□ %

Lösungen der Aufgaben auf Seite 499

2

Tragen Sie das richtige Ergebnis in die Kästchen ein.

93. Aufgabe

Für eine Warenlieferung überweist ein Restaurant nach Abzug von 12,5 % Rabatt und 3 % Skonto noch einen Betrag von 1.265,25 DM.

Wie hoch war der ursprüngliche Rechnungsbetrag?

► ☐.☐☐☐,☐☐ DM

94. Aufgabe

Der Rezeptionist eines Hotels bezieht ein Bruttogehalt in Höhe von 3.600,00 DM (ledig, ohne Kind, Lohnsteuerklasse I). Nach Abzug der Lohnsteuer, des Solidaritätszuschlages (5,5 % der Lohnsteuer) und der gesetzlichen Sozialversicherungsbeiträge beläuft sich sein Nettoeinkommen noch auf 2.205,94 DM. Die Gesamtbeitragssätze zur Sozialversicherung betragen:

Krankenversicherung	13,5 %,
Arbeitslosenversicherung	6,5 %,
Rentenversicherung	20,3 %,
Pflegeversicherung	1,7 %.

a) Wie viel DM betragen die Lohnsteuer und der Solidaritätszuschlag des Rezeptionisten, der konfessionslos ist?

► ☐☐☐,☐☐ DM
☐☐,☐☐ DM

b) Wie viel Prozent vom Bruttogehalt beträgt die Lohnsteuer?

► ☐☐,☐ %

c) Wie viel Prozent vom Bruttogehalt betragen die Gesamtabzüge?

► ☐☐,☐ %

95. Aufgabe

In einem Hotel ist ein Tronc in Höhe von 16.566,00 DM nach dem Punktesystem auf folgende Mitarbeiter zu verteilen:

1 Maître d'hôtel	19 Punkte
1 Chef de cuisine	15 Punkte
3 Chefs der rang	je 13 Punkte
5 Restaurantfachleute	je 11 Punkte
4 Commis de rang	je 8 Punkte

→

Lösungen der Aufgaben auf Seite 499

Tragen Sie das richtige Ergebnis in die Kästchen ein.

▷ *Fortsetzung der 95. Aufgabe* ▷

Welchen Betrag erhält jeder der Mitarbeiter, wenn der verbleibende Rest aus der Troncverteilung gleichmäßig auf die Commis verteilt wird?

☐.☐☐☐,☐☐ DM
☐.☐☐☐,☐☐ DM
▶ ☐.☐☐☐,☐☐ DM
☐.☐☐☐,☐☐ DM
☐☐☐,☐☐ DM

96. Aufgabe

Ein Stück Fleisch hat einen Verlust an Knochen und Parüren von 20 % und einen Bratverlust von 10 %. Es wiegt nach der Zubereitung noch 3,168 kg.

Wie viel hat das Fleisch vor der Zubereitung gewogen?

▶ ☐,☐☐☐ kg

97. Aufgabe

Wie viel 0,75-l-Flaschen 80%igen Alkohols müssen zu 3 l 38%igem Himbeergeist hinzugefügt werden, um einen 52%igen Verschnitt zum Flambieren zu erhalten?

▶ ☐ Flaschen

98. Aufgabe

Aus einem Stück Schweinefleisch von 3,750 kg werden 17 Portionen zu je 150 g erzielt.

Wie viel Prozent beträgt der Bratverlust?

▶ ☐☐,☐ %

99. Aufgabe

Der Anteil von Protein (Eiweiß) eines 500-g-Stückes Fleischwurst liefert 1.122 kJ.

Wie viel Prozent Protein enthält die Fleischwurst, wenn 1 g Protein 17 kJ enthält?

▶ ☐☐,☐ %

Lösungen der Aufgaben auf Seite 499

Tragen Sie das richtige Ergebnis in die Kästchen ein.

100. Aufgabe

Der Bierabsatz eines Restaurants betrug in einem Monat insgesamt 32 hl. Es wurden 4.320 Gläser mit 0,2 l und 4.160 Gläser mit 0,3 l der Sorte Pils verkauft. Der Rest wurde von der Sorte Export verkauft.

a) Wie hoch ist der Gesamtanteil am Absatz in Liter und Prozenten von der Sorte Export?

▶ ☐☐☐☐ l
☐☐,☐ %

b) Wie hoch sind die Gesamteinnahmen der Sorte Pils, wenn ein 0,2-l-Glas 2,30 DM und ein 0,3-l-Glas 3,20 DM kostet?

▶ ☐☐.☐☐☐,☐☐ DM

101. Aufgabe

In einem Abrechnungsmonat eines Restaurants betragen die Aufwendungen 86.900,00 DM, die Erträge 125.400,00 DM. Im nächsten Monat betragen die Aufwendungen nur noch 86.010,00 DM, die Erträge steigen auf 126.897,00 DM.

a) Um wie viel Prozent sind die Erträge gestiegen?

▶ +☐,☐ %

b) Um wie viel Prozent sind die Aufwendungen gesunken?

▶ –☐,☐ %

c) Um wie viel Prozent ist der Gewinn gestiegen?

▶ +☐,☐ %

102. Aufgabe

Eine Flasche Sekt wird auf der Getränkekarte mit 31,50 DM angeboten.

Wie hoch darf der Einkaufspreis der Flasche höchstens sein, wenn mit einem Gesamtaufschlag von 275 % kalkuliert wird?

▶ ☐,☐☐ DM

Lösungen der Aufgaben auf Seite 499

Tragen Sie das richtige Ergebnis in die Kästchen ein.

103. Aufgabe

Eine Gesellschaft aus den Niederlanden hat in einem Restaurant eine Rechnung von 389,50 DM zu begleichen.
Kursangaben der Bank:
Ankauf 89,00 Verkauf 91,50

a) Wie viel Gulden/Cents sind bei genauer Umrechnung zu zahlen?

► □□□,□□ Gulden

b) Wie viel 50-Gulden-Scheine müssen gegeben werden, wenn der Gastgeber auf die Rückgabe des Restbetrages verzichtet?

► □ Scheine

c) Wie viel DM beträgt das Trinkgeld?

► □□,□□ DM

104. Aufgabe

Es wird eine Kiste spanische Orangen mit einem Bruttogewicht von 20 kg geliefert. Die Tara beträgt 1,5 kg.

Wie viel 0,2-l-Gläser Orangensaft können verkauft werden, wenn die Saftausbeute 45 % beträgt?

► □□ Gläser

105. Aufgabe

Das Restaurant „Le Gourmet" bezieht 26 kg Kohlrabi zu einem Preis von 7,50 DM je kg.

Wie hoch sind die Materialkosten für eine Portion von 175 g, wenn der Schälverlust 30 % beträgt?

► □,□□ DM

106. Aufgabe

Im Hotel „Goldene Krone" werden die Materialkosten eines Gerichtes mit 11,70 DM ermittelt. Es wird mit 180 % Gemeinkosten, 16 % Gewinn, 10,5 % Umsatzbeteiligung für Service sowie mit 16 % Umsatzsteuer kalkuliert.

Mit welchem Preis wird das Gericht auf der Speisenkarte ausgezeichnet (auf volle 0,50 DM aufrunden)?

► □□,□□ DM

Lösungen der Aufgaben auf Seite 499

2

Tragen Sie das richtige Ergebnis in die Kästchen ein.

107. Aufgabe

Ein Hühnerei, Gewichtsklasse M (58 g), hat einen Schalenanteil von 6 g.

Wie viel kJ enthält das Ei, wenn darin 6,7 g Eiweiß, 6,1 g Fett und 0,3 g Kohlenhydrate enthalten sind?

(1 g Eiweiß enthält 17 kJ, 1 g Fett 37 kJ und 1 g Kohlenhydrate 17 kJ.)

► □□□,□ kJ

108. Aufgabe

Für einen Sportverein sollen 28 Portionen Pute zu je 300 g serviert werden.

a) Wie viel Kilogramm Pute sind einzukaufen, wenn mit 21 % Küchenabfall und 33 % Garverlust zu rechnen ist?

► □□,□□□ kg

b) Wie hoch ist der Materialpreis pro Portion, wenn 1 kg Pute 7,50 DM im Fleischhandel kostet?

► □,□□ DM

109. Aufgabe

Das Konto 0435 Kaffeemaschinen wird am Ende des 2. Nutzungsjahres mit einem Betrag von 2.688,00 DM über 8900 SBK abgeschlossen.

Die Kaffeemaschinen wurden jährlich linear mit 20 % abgeschrieben.

Wie hoch war der Anschaffungswert?

► □.□□□,□□ DM

Lösungen der Aufgaben auf Seite 499

Tragen Sie das richtige Ergebnis in die Kästchen ein.

110. Aufgabe

In der Buchhaltung des Hotels „Zum Grünen Jäger“ liegt folgender Beleg vor:

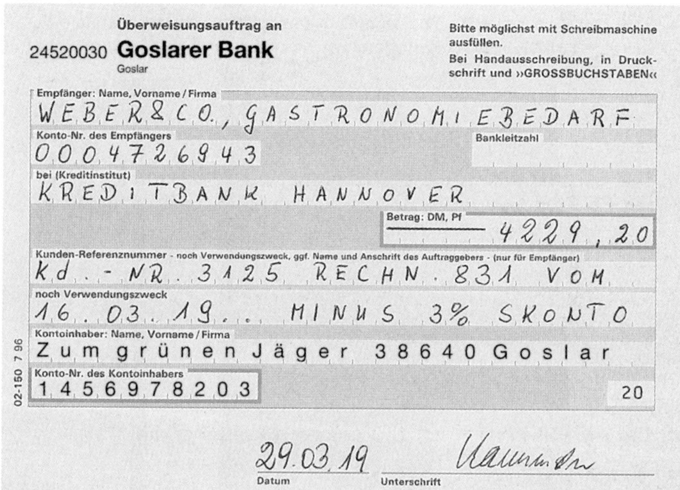
Überweisungsauftrag an
24520030 Goslarer Bank
Goslar

Bitte möglichst mit Schreibmaschine ausfüllen.
Bei Handausschreibung, in Druckschrift und »GROSSBUCHSTABEN«

Empfänger: Name, Vorname / Firma
WEBER & CO., GASTRONOMIEBEDARF

Konto-Nr. des Empfängers
0004726943

Bankleitzahl

bei (Kreditinstitut)
KREDITBANK HANNOVER

Betrag: DM, Pf
4229,20

Kunden-Referenznummer - noch Verwendungszweck, ggf. Name und Anschrift des Auftraggebers - (nur für Empfänger)
Kd.-NR. 3125 RECHN. 831 VOM

noch Verwendungszweck
16.03.19.. MINUS 3% SKONTO

Kontoinhaber: Name, Vorname / Firma
Zum grünen Jäger 38640 Goslar

Konto-Nr. des Kontoinhabers
1456978203

20

02-150 7 96

29.03.19
Datum

Unterschrift

Über welchen Betrag lautete der ursprüngliche Rechnungsbetrag?

▶ □.□□□,□□ DM

111. Aufgabe

Die aufbereitete Bilanz des „Park-Hotels“ zeigt im Jahresvergleich folgende Werte:

Aktiva — Aufbereitete Bilanz zum 31. 12. — Passiva

	Vorjahr TDM	Berichtsjahr TDM		Vorjahr TDM	Berichtsjahr TDM
Anlagevermögen	13.826,9	17.015,4	Eigenkapital	10.692,8	13.825,0
Umlaufvermögen	4.609,0	4.253,9	Fremdkapital	7.743,1	7.444,3
	18.435,9	21.269,3		18.435,9	21.269,3

→

Lösungen der Aufgaben auf Seite 499

Tragen Sie das richtige Ergebnis in die Kästchen ein.

▷ *Fortsetzung der 111. Aufgabe* ▷

Der Jahresüberschuss (Gewinn) betrug
– im Vorjahr 566.718,00 DM
– im Geschäftsjahr 884.800,00 DM.

a) Wie hoch ist jeweils die Anlagenquote (prozentualer Anteil des AV vom Gesamtvermögen) im Vorjahr und im Berichtsjahr?

Vorjahr ► ☐☐ %
Berichtsjahr ► ☐☐ %

b) Wie hoch ist jeweils die Eigenkapitalquote (prozentualer Anteil des EK vom Gesamtkapital) im Vorjahr und im Berichtsjahr?

Vorjahr ► ☐☐ %
Berichtsjahr ► ☐☐ %

c) Um wie viel Prozent ist das Anlagevermögen gestiegen?

► ☐☐,☐ %

d) Um wie viel Prozent hat sich das Eigenkapital erhöht?

► ☐☐,☐ %

e) Um wie viel Prozent hat sich der Jahresüberschuss erhöht?

► ☐☐,☐ %

f) Berechnen Sie jeweils die Eigenkapitalrentabilität (prozentualer Anteil des Jahresüberschusses vom EK; EK-Verzinszung) für das Vorjahr und das Berichtsjahr.

Vorjahr ► ☐☐,☐ %
Berichtsjahr ► ☐☐,☐ %

Lösungen der Aufgaben auf Seite 499

Tragen Sie das richtige Ergebnis in die Kästchen ein.

112. Aufgabe

Das Magazin des Hotels „Zur Krone“ stellt einen Bedarf von 450 Joghurts fest. Prüfen Sie folgendes Angebot:

UNSER ANGEBOT FÜR SIE!
Joghurt für den Großabnehmer

- bisher 75er Karton für **36,75 DM**
- **Heute im Angebot!** 90er Karton für nur **47,70 DM**

Greifen Sie zu, so lange der Vorrat reicht!

Wie viel DM und Prozent können Sie beim günstigeren Angebot gegenüber dem teureren sparen?

► □□,□□ DM
► □,□ %

113. Aufgabe

Im Hotel „Zum Bären“ sind 120 Glühbirnen mit einer Leistung von 60 W installiert, die täglich 20 Stunden eingeschaltet sind. Der Strompreis beträgt 0,46 DM/kWh. Aus wirtschaftlichen und ökologischen Gründen werden die vorhandenen Glühbirnen durch Energiesparlampen ersetzt, die eine Leistungsaufnahme von nur noch 12 W haben. Sie kosten 24,95 DM/Stück und sind 24 Stunden täglich in Betrieb.

a) **Welcher Betrag kann bei unverändertem Strompreis aufgrund der Energiesparmaßnahme täglich eingespart werden?**

► □□,□□ DM

b) **Nach wie viel Tagen (auf volle Tage aufrunden) hat sich die Energiesparinvestition amortisiert (bezahlt gemacht)?**

► □□ Tage

Lösungen der Aufgaben auf Seite 499

2

Tragen Sie das richtige Ergebnis in die Kästchen ein.

114. Aufgabe

Eine Geburtstagsgesellschaft hat im Restaurant „Roxani“ folgenden Verzehr:

ROXANI

»Griechische Spezialitäten«

Spitalstraße 1 – 22331 Hamburg
Telefon 0 40 / 15 88

Rechnung

Inh. G. Zgeras

SEITE -1-

29.03. 02 TISCH-NR 20

4	OUZO	2,50	10,00
2	SHERRY	3,00	6,00
1	BAILEYS		3,50
1	WASSER		2,50
2	45-GIROS	13,00	26,00
1	51-BIFT/KÄSE		16,50
1	56-RHODOS-TE		17,50
1	2-ZAZIKI		5,00
1	44-PUTE ÜBAK		18,00
6	PILS 0,4	4,20	25,20
2	ALSTER 0,4	4,20	8,40
2	GEM. EIS	3,50	7,00
2	PORT. SAHNE	0,50	1,00

ZW-SUMME 146,60

MWST [illegible] [illegible] [illegible] [illegible]

TOTAL BAR-ZAHL 146,60

ES BEDIENTE SIE BED. 1

SIRTAKI

RETSINA AUS ATTIKA

Nr. 1 auf der Welt !

Wir danken für Ihren Besuch

→

Lösungen der Aufgaben auf Seite 499

Tragen Sie das richtige Ergebnis in die Kästchen ein.

▷ *Fortsetzung der 114. Aufgabe* ▷

Durch einen Druckfehler sind der Nettobetrag und die anteilige Umsatzsteuer (16 %) nicht erkennbar.

Berechnen Sie die beiden Beträge anhand des Belegs.

Nettobetrag ▶ □□□,□□ DM

Umsatzsteuer ▶ □□,□□ DM

115. Aufgabe

Die Rezeption des Hotels „Brauner Hirsch" soll neu gestaltet werden. Hierfür soll ein Kredit aufgenommen werden. Dem Hoteldirektor liegen folgende Angebote vor:

Allgemeine Kreditbank AG	
Kreditsumme	25.000,00 DM
Laufzeit	7 Monate
Zinssatz	8,75 % p. a.
Gebühren	keine

Hausbank AG	
Kreditsumme	23.000,00 DM
Laufzeit	9 Monate
Zinssatz	9,5 % p. a.
Gebühren	1/2 % der Kreditsumme

Um welchen Gesamtbetrag ist das niedrigere Angebot geringer als das höhere?

▶ □.□□□,□□ DM

Lösungen der Aufgaben auf Seite 499

2

Fachmathematik – Fallbeispiele

Tragen Sie das richtige Ergebnis in die Kästchen ein.

116. Aufgabe

Fallbeispiel:
Sie sind im Hotel „Wilder Mann“ als Geschäftsführer angestellt. Zu Ihrem Aufgabenbereich gehört u. a. die Überwachung der Zahlungsein- und -ausgänge und die Betreuung der Auszubildenden. Der Betrieb ist als „Wilder Mann GmbH“ im Handelsregister eingetragen. In der Eingangspost vom 4. Januar befindet sich u. a. diese Rechnung:

HOOG KÜHLMÖBELBAU GMBH
Gaststätteneinrichtungen

Hotel
Wilder Mann
Fischergasse1

63739 Aschaffenburg

Eingang
19..-01-04

63768 Hösbach
Siemensstraße 15

Bitte bei Zahlung angeben:
Kunden-Nr. 630 994
Rechn. Nr. 4967
vom 19..-01-02

RECHNUNG

1	Frühstücksbuffet mit Arbeitsplatte und Regalschrank mit 5 Schrankabteilen, Türen glatt furniert		6.800,00 DM
	Zusatz:		
	Züge, Edelstahlwinkel, Spiegelbord		770,00 DM
	Türen geändert, Drehstangenschloss ausgewechselt		280,00 DM
	Rechungsbetrag netto		7.850,00 DM
	+ Mehrwertsteuer	16 %	1.256,00 DM
	Endbetrag		9.106,00 DM

Vielen Dank für Ihren Auftrag!
Zahlbar ab Rechnungsdatum innerhalb 8 Tage mit 2 % Skonto oder 30 Tage rein netto.

Die gelieferte Ware bleibt bis zur restlosen Bezahlung unser Eigentum.
Bankverbindung: Sparbank Aschaffenburg, BLZ 795 500 00, Kto. 405 901

→

Lösungen der Aufgaben auf Seite 511

Tragen Sie das richtige Ergebnis in die Kästchen ein.

116.1

Bringen Sie die folgenden Schritte bei der Bezahlung obiger Rechnung in die richtige Reihenfolge, indem Sie die Ziffern 1 bis 7 in die Kästchen eintragen. Beginnen Sie mit „Eingang 4. Januar".

Die Rechnung befindet sich in der Eingangspost: „Eingang 4. Januar". ▶ ☐

Der beigefügte Überweisungsvordruck wird ausgefüllt. ▶ ☐

Das Bankkonto des Hotels „Wilder Mann" wird belastet. ▶ ☐

Der Überweisungsbetrag wird dem Konto der Firma HOOG gutgeschrieben. ▶ ☐

Die Bank des Hotels „Wilder Mann" übersendet den Gutschriftsbeleg/die Gutschriftanzeige an die Bank des Lieferers. ▶ ☐

Das Hotel „Wilder Mann" reicht den ausgefüllten Überweisungsbeleg bei der Bank ein. ▶ ☐

Die Rechnung wird geprüft. Die Buchhaltung erhält die Anweisung zur Bezahlung der Rechnung. ▶ ☐

116.2

Welche Angabe bezieht sich auf eine Zahlungsbedingung?

1 Bankverbindung: Spardabank Aschaffenburg
2 Die gelieferte Ware bleibt bis zur restlosen Bezahlung unser Eigentum
3 Zahlbar ab Rechnungsdatum innerhalb 8 Tagen mit 2 % Skonto
4 Mehrwertsteuer 16 %
5 Bitte bei Zahlung angeben: Kundennummer ▶ ☐

116.3

Bis zu welchem Datum kann die Rechnung skontiert bezahlt werden?

1 02-02
2 01-12
3 02-04
4 01-04
5 01-10 ▶ ☐

Lösungen der Aufgaben auf Seite 511

Tragen Sie das richtige Ergebnis in die Kästchen ein.

116.4

Die Rechnung wird innerhalb einer Skontofrist bezahlt.

Berechnen Sie den Überweisungsbetrag (Banklastschrift).

▶ ☐.☐☐☐,☐☐ DM

Wie hoch war der Skontoabzug (Bruttoskonto)?

▶ ☐☐☐,☐☐ DM

Wie hoch ist der im Bruttoskonto enthaltene Mehrwertsteueranteil?

▶ ☐☐,☐☐ DM

116.5

Das Buffet erlitt beim Transport geringfügige Schäden. Aufgrund unserer Reklamation gewährt die Firma HOOG nachträglich 5 % Rabatt auf den Rechnungsbetrag netto.

Berechnen Sie die Beträge der Gutschriftsanzeige vom 25. Januar 19..:

Rabatt, 5 % vom Rechnungsbetrag ▶ ☐☐☐,☐☐ DM

Mehrwertsteuer ▶ ☐☐,☐☐ DM

Gutschrift gesamt ▶ ☐☐☐,☐☐ DM

116.6

Zur Begleichung obiger Rechnung musste das Hotel „Wilder Mann" einen Kontokorrentkredit in Höhe von 8.000,00 DM für 20 Tage zu einem Zinssatz von 12 % in Anspruch nehmen.

Berechnen Sie die Zinsen.

▶ ☐☐,☐☐ DM

116.7

Das Frühstücksbuffet wird jährlich mit 20 % der Anschaffungskosten abgeschrieben (= Prozentanteil des Werteverlustes). Die Abschreibung beträgt 1.460,10 DM.

Von welchem Wert wurde die Abschreibung berechnet?

▶ ☐.☐☐☐,☐☐ DM

Lösungen der Aufgaben auf Seite 511/512

Tragen Sie das richtige Ergebnis in die Kästchen ein.

117. Aufgabe

Zu Ihrem Aufgabenbereich gehört auch die Vorbereitung der Auszubildenden auf die Gehilfenprüfung. Im Rahmen Ihrer regelmäßigen betriebsinternen Schulung verwenden Sie folgenden Beleg zur praktischen Unterweisung. Ihre Auszubildenden sollen zunächst folgende Aufgaben lösen:

FFFD Großverbraucher-Service GmbH
27512 Bremerhaven

Fritzes-Fisch-Frisch-Dienst
FFFD

Hotel
Wilder Mann
Fischergasse 1

63739 Aschaffenburg

Eingang
19..-01-04

Rechnung

Bei der Überweisung bitte angeben:
Beleg-Nummer: 82025432
Rechnungsdatum: 19..-01-02

Menge	Einheit	Bezeichnung	Einzelpreis	Gesamtpreis
9,100	kg	Nordseelachs frisch	13,50 DM	122,85 DM
5,000	kg	am. Catfischfilet frisch	19,95 DM	99,75 DM
8,600	kg	Kabeljau frisch	10,50 DM	90,30 DM
12,500	kg	Seeteufelfilet TK	21,90 DM	273,75 DM
7,500	kg	30 lebende Forellen	9,80 DM	73,50 DM
		Warenwert		660,15 DM
		MwSt.	%	52,81 DM
		Zahlbar sofort, rein netto		712,96 DM

Die Lieferung erfolgte frei Haus einschließlich Verpackung.
Erfüllungsort und Gerichtsstand ist für beide Teile Bremerhaven.

Konto: 020 800 00
Bremer Bank
BLZ 292 800 11

Alle Waren werden unter Eigentumsvorbehalt geliefert und bleiben bis zur vollständigen Bezahlung sämtlicher, auch der künftig entstehenden Forderungen aus der Geschäftsverbindung mit dem Käufer Eigentum des Verkäufers.

Lösungen der Aufgaben auf Seite 512

2

Tragen Sie das richtige Ergebnis in die Kästchen ein.
117.1 **Welche Angabe bezieht sich auf Lieferungsbedingungen?** 1 Alle Waren werden unter Eigentumsvorbehalt geliefert ... 2 Zahlbar sofort, rein netto 3 Erfüllungsort und Gerichtsstand ist für beide Teile Bremerhaven 4 Bei der Überweisung bitte angeben ... 5 Die Lieferung erfolgte frei Haus einschließlich Verpackung ▶ ☐
117.2 **Welches Gericht wäre entsprechend den Rechnungsangaben im Falle eines Rechtsstreites örtlich und sachlich zuständig?** 1 Das Amtsgericht Aschaffenburg 2 Das Amtsgericht Bremerhaven 3 Das Landgericht Aschaffenburg 4 Das Landgericht Bremerhaven 5 Das Bundesverfassungsgericht ▶ ☐
117.3 **Bei welchem der in obiger Rechnung aufgeführten Fischen muss mit einem Auftauverlust gerechnet werden?** 1 Nordseelachs 2 bei allen Sorten 3 Kabeljau 4 Seeteufelfilet 5 Forellen ▶ ☐
117.4 **Welche Kontrolle muss unverzüglich bei Lieferung erfolgen?** 1 Rechnungskontrolle 2 Wareneingangskontrolle 3 Preiskontrolle 4 Lagerkontrolle 5 Warenausgabekontrolle ▶ ☐
117.5 **Wann wird der Rechnungsbetrag ordnungsgemäß überwiesen?** 1 Inerhalb einer Woche nach Eingang der Rechnung 2 Am Tag des Eingangs der Rechnung 3 Am Tag der Rechnungsstellung 4 Bei Lieferung 5 Nach der ersten Mahnung ▶ ☐

Lösungen der Aufgaben auf Seite 512

Tragen Sie das richtige Ergebnis in die Kästchen ein.

117.6

Versehentlich wurde in der Rechnung der Mehrwertsteuersatz nicht ausgedruckt. Die Mehrwertsteuer beträgt?

1 15 %
2 8 %
3 7 %
4 16 %
5 7,5 %

▶ ☐

Die gelieferten Seefische werden in der Küche tafelfertig zubereitet. Jetzt sind folgende Aufgaben – unter Berücksichtigung der Daten der Rechnung – zu lösen:

117.7

Beim Filetieren von Lachs entsteht ein Verlust von 35 %.

Wie viel DM kostet 1 kg filetierter Lachs?

▶ ☐☐,☐☐ DM

117.8

Aus dem filetierten Catfisch erhält der Küchenchef 15 Portionen zu je 220 g.

Wie viel Prozent beträgt der Verlust beim Filetieren?

▶ ☐☐,☐ %

117.9

Die Forellen werden als „Forelle blau“ serviert. Für eine Portion wird mit folgenden Kosten gerechnet:

– 1 Forelle zu 250 g,	siehe Rechnung FFFD	
– 50 g Butter	je kg	9,80 DM
– 200 g Kartoffeln	je kg	0,80 DM
– 1/4 Kopf Salat	je Kopf	0,60 DM
– Zitrone, Gewürz	Pauschale	0,60 DM

Wie viel DM betragen die Materialkosten für 30 Portionen?

▶ ☐☐☐,☐☐ DM

Lösungen der Aufgaben auf Seite 512/513

2

Tragen Sie das richtige Ergebnis in die Kästchen ein.

117.10

Ein anderer Lieferer gewährt uns für Tiefkühlware 10 % Rabatt. Seeteufel kostet laut Preisliste bei diesem Lieferer 25,50 DM.

Wie viel DM wurden insgesamt gespart?

▶ □□,□□ DM

117.11

Bei Kabeljau rechnet man mit einem Zubereitungsverlust von 30 %. Eine tafelfertige Portion soll 180 Gramm wiegen.

Wie viele Portionen erhält man?

▶ □□

Wie viel DM beträgt der Materialwert einer Portion?

▶ □,□□ DM

Lösungen der Aufgaben auf Seite 513/514

Tragen Sie das richtige Ergebnis in die Kästchen ein.

118. Aufgabe

Fallbeispiel:
Marina, Auszubildende im 2. Lehrjahr, schreibt folgende Ausgangsrechnung:

HOTEL
WilderMann GmbH
RINGHOTEL ASCHAFFENBURG
Fischergasse 1 63739 Aschaffenburg

Firma
Bayerische Kraftwerke AG
z. Hd. Frau Wörösch
Am Hart 1

84518 Garching

Aschaffenburg, 19..-01-06

Rechnung: 47662

Wir bedanken uns für die freundliche Berücksichtigung unseres Hauses anlässlich des Aufenthaltes Ihrer Herren und erlauben uns, Ihnen hierfür zu berechnen:

Herr Prof. Dr. Koll	01-02-01-04:	2 Übernachtungen à	95,00	190,00 DM
Herr Dr. Schad	01-02-01-04:	2 Übernachtungen à	95,00	190,00 DM
		4 Business-Menü à	38,80	155,20 DM
		2 Fl. Bordeaux 0,7 l à	34,50	69,00 DM
		zahlbarer Betrag		604,20 DM

16 % MwSt. im Bruttobetrag enthalten.

Bitte überweisen Sie 604,20 DM auf unser Konto Sparbank Aschaffenburg
Kto. Nr. 404 900 BLZ 795 500

… Ihre Adresse in Aschaffenburg

2

Tragen Sie das richtige Ergebnis in die Kästchen ein.

118.1

Sie kontrollieren die Rechnung und stellen dabei einen Fehler fest.

Warum muss Marina die Rechnung noch einmal schreiben?

1 Die Adressierung ist falsch
2 Die Unterschrift des Geschäftsführers fehlt
3 Der Rechnungsbetrag ist falsch
4 Der Mehrwertsteuerbetrag muss gesondert ausgewiesen werden
5 Anzahl der Übernachtungen stimmt nicht

► ☐

118.2

Der Einstandspreis für den in der Rechnung aufgeführten Bordeaux betrug 10,00 DM.

Berechnen Sie den Kalkulationsfaktor.

► ☐,☐☐

118.3

Der Bordeaux wird vom Hotel „Wilder Mann" direkt aus Frankreich eingeführt. Für die letzte Sendung wurden dem Bankkonto des Hotels für 800 Fl. insgesamt 8.000,00 DM belastet.

Über wie viele französische Franc (FF) belief sich die Rechnung des franz. Weinhändlers, wenn in Deutschland folgende Kurse gelten: Ankauf 28,50 DM, Verkauf 30,75 DM (Gebühren sind nicht zu berücksichtigen)?

► ☐☐.☐☐☐,☐☐ FF

118.4

Für die Menükalkulation gelten im „Wilden Mann" folgende Zuschlagssätze:

140 % Gemeinkosten
20 % Gewinn
15 % Umsatzbeteiligung für Service
16 % Mehrwertsteuer

Wie hoch dürfen die Materialkosten für das Business-Menü höchstens sein?

► ☐☐,☐☐ DM

Lösungen der Aufgaben auf Seite 514

Tragen Sie das richtige Ergebnis in die Kästchen ein.

118.5

Kalkulationsgrundlage für die Preisberechnung der Zimmer ist ein Gesamtaufschlag von 90 % auf den Selbstkostenpreis je Übernachtung.

Wie hoch ist der Selbstkostenpreis?

► □□,□□ DM

118.6

Das Hotel „Wilder Mann" hat 80 Betten und war 1996 an 366 Tagen geöffnet. Die Anzahl der Übernachtungen betrug 23 424.

Wie viel Prozent war das Hotel ausgelastet?

► □□,□□ %

118.7

Die Buchhaltung stellt am 6. Februar fest, dass die Rechnung noch nicht bezahlt wurde.

Welche Maßnahme ist angebracht?

1 Androhung des Einzugs durch ein Inkassoinstitut
2 Zusendung einer Mahnung mit Angabe einer Zahlungsfrist
3 Verzugszinsen verlangen und letzten Zahlungstermin festlegen
4 Freundliches Erinnerungsschreiben, evtl. Zusendung einer Rechnungskopie
5 Mahnbescheid beantragen ► □

Lösungen der Aufgaben auf Seite 514/515

2

Tragen Sie das richtige Ergebnis in die Kästchen ein.

119. Aufgabe

Fallbeispiel:
Berta Löffel machte nach einem Vorbereitungslehrgang an einer Hotelfachschule im Herbst „ihren“ Küchenmeister. Seit 1. Januar ist sie im Hotel „Wilder Mann“ als Souschef angestellt. Mit ihrem Freund Werner, der BWL studiert und kurz vor dem Examen steht, bespricht sie Einzelheiten der Gehaltsabrechnung.

Lohn-/Gehaltsabrechnung
Wilder Mann GmbH

Küchenmeisterin Berta Löffel Löherstraße 42 63739 Aschaffenburg		Personal-Nr. 2/305	Eintritt 19..-12-01	Kostenstelle	Vergütung
		St. Kl. I/0	Freibetr./Jahr 0,00	Freibetr./Mon. 0,00	Konfession rk
		Arbeitstage 23	Steuer-Tage 31	SV Tage 31	Betr. Gr. 121
		Krankenkasse AOK Aschaffenburg		Vers.-Nr. 2345/133	
		Ist-Std. 0,00	Überstd. 0,00	Ausfallstd. 0,00	Teil-/Vollzeit 0,00
Bezüge für		Januar 1997			
Bezeichnung Gehalt Sachbezüge (Kost) VermBG-AG. Anteil Vermögenswirksame Anlage		Stunden	Satz		 3.682,00 240,00 52,00 –78,00
				Brutto	4.052,00
Steuer	Steuerbrutto 4.052,00	Lohnsteuer 727,08	Sol.zuschlag 39,99	Kirchensteuer 58,17	Abzüge Steuer 825,24
Sozialv.	SV-Brutto 4.052,00	KV-Beitrag 273,51	PV-Beitrag 34,44		Abzüge SV 850,92
		RV-Beitrag 411,28	AV-Beitrag 131,69		Netto 2.375,84
Urlaub	Lfd. Monat	Tarif U. Tg.	Geno. ges. U.	Rest. U. Tg.	Persönliche Abzüge –78,00
Bank	Bezeichnung (BLZ) Sparbank	795 500	Konto-Nr. 804 202		**Auszahlung** **2.297,84**

Tragen Sie das richtige Ergebnis in die Kästchen ein.

119.1

Berta und Werner stellen sich folgende Fragen:

Welchen Betrag legt Berta vermögenswirksam an?

▶ ☐☐,☐☐ DM

Welchen Betrag muss sie selbst aufbringen?

▶ ☐☐,☐☐ DM

119.2

Wovon wird die Lohnsteuer berechnet?

1 Vom Gehalt
2 Von der Beitragsbemessungsgrenze
3 Vom Reallohn
4 Vom Bruttolohn
5 Vom Nettolohn ▶ ☐

119.3

Berta und Werner wollen im März 1997 heiraten.

In welche Steuerklasse kommt Berta, wenn Werner frühestens im August berufstätig wird und auch Nachwuchs noch nicht in Sicht ist?

1 Steuerklasse I/2
2 Steuerklasse II/0
3 Steuerklasse III/0
4 Steuerklasse III/2
5 Steuerklasse IV/0 ▶ ☐

119.4

Werner will wissen, an wen er sich wenden muss, wenn er eine Lohnsteuerkarte benötigt.

1 Das Finanzamt am Ort des Arbeitgebers
2 Die Personalabteilung des Arbeitgebers
3 Das Finanzamt am Wohnsitz des Arbeitnehmers
4 Die Gemeindebehörde am Ort des Arbeitsplatzes
5 Die Gemeindebehörde am Wohnsitz des Arbeitnehmers ▶ ☐

119.5

Wie viel Prozent des Bruttogehaltes bekommt Berta ausbezahlt?

▶ ☐☐,☐☐ %

Lösungen der Aufgaben auf Seite 515

2

Tragen Sie das richtige Ergebnis in die Kästchen ein.

119.6

Wie hoch ist der Beitragssatz zur Krankenversicherung?

▶ ☐,☐☐ %

119.7

Bei ihrer vorherigen Stelle in einem anderen Restaurant verdiente Berta als Partiechef brutto 3.521,95 DM.

Wie viel Prozent verdient sie jetzt mehr?

▶ ☐☐,☐☐ %

Berta nimmt sich auch Zeit für die Auszubildenden, die sich auf die Zwischen- und Gehilfenprüfung vorbereiten. Sie soll bei folgenden Aufgaben helfen:

119.8

Zeitungsüberschrift: „Die Realeinkommen der Arbeitnehmer sind in diesem Jahr niedriger als im Vorjahr."

Welche Ursache kann vorliegen?

1 Kaufkraftverluste und Lohnerhöhung sind gleich
2 Die Inflationsrate ist höher als die Lohnerhöhungen
3 Die Preissteigerungen sind niedriger als die Lohnerhöhungen
4 Die Lohnerhöhungen sind höher als die Preiserhöhungen für Dienstleistungen
5 Kaufkraftverluste sind niedriger als die Lohnerhöhungen

▶ ☐

119.9

Warum erscheint die Unfallversicherung nicht auf der Lohnabrechnung?

1 Sie gehört nicht zur Sozialversicherung
2 Sie wird ausschließlich vom Arbeitgeber getragen
3 Sie wird ausschließlich vom Arbeitnehmer getragen
4 Dieser Arbeitnehmer ist nicht unfallversichert
5 Der Arbeitnehmer ist privat unfallversichert

▶ ☐

Lösungen der Aufgaben auf Seite 515/516

Tragen Sie das richtige Ergebnis in die Kästchen ein.

119.10

Ordnen Sie zu, indem Sie die eingerahmten Kennziffern von 3 der insgesamt 6 Institutionen in die Kästchen bei den Sozialversicherungszweigen eintragen.

1 Bundesanstalt für Arbeit
2 Berufsgenossenschaft
3 Bundesversicherungsanstalt
4 Allgemeine Ortskrankenkasse
5 Hauptfürsorgestelle
6 Landesversicherungsanstalt

Sozialversicherungszweige:

Arbeitslosenversicherung ▶ ☐

Rentenversicherung für Angestellte ▶ ☐

Gesetzliche Unfallversicherung ▶ ☐

119.11

Ordnen Sie zu, indem Sie die eingerahmten Kennziffern von 3 der insgesamt 6 Versicherungsleistungen in die Kästchen bei den Versicherungsträgern eintragen.

1 Kostenerstattung bei Arbeitsgerichtsverfahren
2 Hilfe nach einem Berufsunfall
3 Pflegegeld
4 Altersruhegeld
5 Kurzarbeitergeld
6 Mutterschaftshilfe

Versicherungsträger:

Bundesversicherungsanstalt für Angestellte bzw. Landesversicherungsanstalt für Arbeiter ▶ ☐

Berufsgenossenschaft ▶ ☐

Bundesanstalt für Arbeit ▶ ☐

2

Lösungen der Aufgaben auf Seite 516

Tragen Sie das richtige Ergebnis in die Kästchen ein.

Sie selbst haben in der Zeitung folgende Abbildung gesehen:

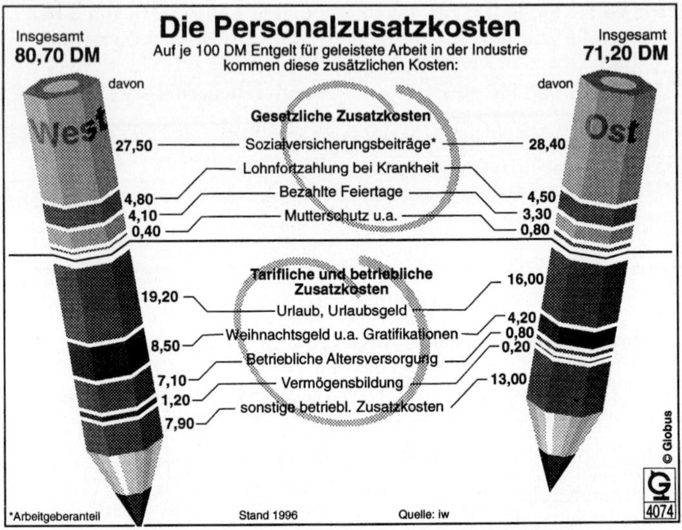

Ebenfalls zur Übung für die Gehilfenprüfung stellen Sie dazu folgende Aufgaben, wobei der durchschnittliche Bruttoarbeitslohn eines westdeutschen Industriearbeiters 5.000,00 DM betrug.

119.12

Berechnen Sie die tatsächlichen monatlichen Lohnkosten des Betriebes (Direktlohn + Personalzusatzkosten) für diesen Arbeitnehmer.

► ☐.☐☐☐,☐☐ DM

119.13

Wie hoch sind die monatlichen Personalzusatzkosten (= Lohnzusatzkosten) für diesen Arbeitnehmer?

► ☐.☐☐☐,☐☐ DM

119.14

Wie viel Prozent der Personalzusatzkosten entfielen auf den Arbeitgeberanteil zur Sozialversicherung?

► ☐☐,☐☐ %

Lösungen der Aufgaben auf Seite 516

Tragen Sie das richtige Ergebnis in die Kästchen ein.

119.15

Welchen Bruttolohn erhält der Arbeitnehmer nach einer 4 %igen Lohnerhöhung?

▶ □.□□□,□□ DM

119.16

Um wie viel Prozent sind die Personalnebenkosten in Westdeutschland von 1972 bis 1996 gestiegen?

▶ □□,□□ %

2

Lösungen der Aufgaben auf Seite 516/517

Wirtschafts- und Sozialkunde

Tragen Sie die eingerahmten Kennziffern der richtigen Antworten in die Kästchen ein.

1. Aufgabe

Erläutern Sie anderen Auszubildenden die Folge eines nicht bestandenen Abschlusses.

1 Der Ausbilder kann den Ausbildungsvertrag fristlos kündigen.
2 Der Auszubildende muss die Ausbildung von neuem beginnen.
3 Der Ausbilder muss die Ausbildung mit einer vierzehntägigen Kündigungsfrist kündigen.
4 Die Berufsschule kann den weiteren Berufsschulbesuch verbieten.
5 Das Ausbildungsverhältnis verlängert sich auf Wunsch des Azubis höchstens um ein Jahr.

▶ ☐

2. Aufgabe

Wer führt das Verzeichnis über die Ausbildungsverhältnisse im Bereich der Gastronomie?

1 Die Handwerkskammern
2 das Gewerbeaufsichtsamt
3 die Industrie- und Handelskammern
4 die Berufsschule
5 der zuständige Verband der Gastronomen

▶ ☐

3. Aufgabe

Prüfen Sie, in welchem Fall es sich um eine Maßnahme zur beruflichen Weiterbildung handelt.

1 In einem Hotel werden nichtausgebildete Mitarbeiter angelernt.
2 Eine Restaurantkette führt für ihre Auszubildenden einen Vorbereitungskurs auf die Abschlussprüfung durch.
3 Ein Hotel finanziert für seine ausgebildeten Hotelfachleute einen Kurs um den Umgang mit der neuen EDV-Anlage zu lernen.
4 Ein Schüler, der demnächst den Hauptschulabschluss erwerben wird, sucht die Berufsberatung des Arbeitsamtes auf.
5 Ein Konditor, der unter einer Marzipanallergie leidet, macht eine zweite Berufsausbildung zum Restaurantfachmann.

▶ ☐

Lösungen der Aufgaben auf Seite 518

Tragen Sie die eingerahmten Kennziffern der richtigen Antworten in die Kästchen ein.

4. Aufgabe

Ein Restaurant wird in der Rechtsform der Einzelunternehmung geführt. Beurteilen Sie diese Rechtsform.

1 Der Wirt des Restaurants darf nicht ausbilden
2 Es handelt sich um eine Rechtsform, die für Restaurationsbetriebe mit hohem Kapitalbedarf typisch ist
3 Der Eigentümer des Restaurants benötigt kein Kapital und ist als Restaurantleiter angestellt
4 Der Inhaber des Restaurants haftet mit seinem Geschäftsvermögen sowie seinem Privatvermögen
5 Der Restaurantinhaber muss Restaurantmeister sein

▶ ☐

2

5. Aufgabe

Die Auszubildenden Olaf und Jens haben von ihrem Ausbilder den Auftrag erhalten, zur nächsten Betriebsschulung die verschiedenen Merkmale von Unternehmensformen zusammenzustellen. Ordnen Sie drei von den sechs angegebenen Merkmalen den jeweils richtigen Unternehmensformen zu:

Merkmale:

1 Hotel Kapitalgesellschaft mit unbeschränkter Haftung sowie Vorstand und Arbeitsdirektor
2 Zusammenschluss von selbständigen Kaufleuten zu einer Gesellschaft als Selbsthilfeeinrichtung
3 Ein Hotel mit einem Inhaber bei dem die alleinige Verantwortung, aber auch Haftung und Gewinnausschüttung liegt
4 Hotelgesellschaft mit zwei Gesellschaftern, wobei einer mit seinem gesamten Vermögen, der andere nur mit seinem Geschäftsvermögen haftet
5 Gesellschaft von mindestens zwei Gesellschaftern, die zu gleichen Teilen haften, Geschäfte betreiben und den Gewinn aufteilen
6 Kapitalgesellschaft mit beschränkter Haftung, deren Organe ein Vorstand, ein Aufsichtsrat und die Hauptversammlung sind

Einzelunternehmung ▶ ☐
KG ▶ ☐
OHG ▶ ☐

Lösungen der Aufgaben auf Seite 518

Tragen Sie die eingerahmten Kennziffern der richtigen Antworten in die Kästchen ein.

6. Aufgabe

Ordnen Sie zu, indem Sie die Kennziffern von drei der insgesamt sechs Erklärungen von Begriffen aus dem Arbeitsrecht in die Kästchen bei den Vereinbarungen im Arbeitsrecht eintragen:

1 Kommt durch Vereinbarung zwischen Arbeitgeberverbänden und Gewerkschaften zustande
2 kommt durch Verordung eines Ministers aufgrund eines bestehenden Gesetzes zustande
3 kommt durch Erklärung des Bundesministers für Arbeit und Soziales auf Antrag einer Tarifpartei zustande
4 gilt für Arbeitnehmer eines Betriebes und wird zwischen Betriebsrat und Arbeitgeber abgeschlossen
5 kommt durch Einigung zwischen einem Arbeitgeber und einem Arbeitnehmer zustande
6 kommt durch Einigung zwischen Jugend- und Auszubildendenvertretung und dem Betriebsrat zustande

– Einzelarbeitsvertrag ▶ ☐
– Tarifvertrag ▶ ☐
– Betriebsvereinbarung ▶ ☐

7. Aufgabe

Ein Restaurantfachmann erleidet am 19. September einen komplizierten Beinbruch. Der behandelnde Arzt schreibt ihn noch am gleichen Tag für ein Vierteljahr krank. Bis zu welchem Tag hat er gesetzlichen Anspruch auf Lohnfortzahlung?

1 Bis zum 19. Dezember
2 bis zum 1. November
3 bis zum 30. Oktober
4 bis zum 15. Oktober
5 bis zum 1. Oktober ▶ ☐

8. Aufgabe

Wie viel Tage Urlaub stehen den Auszubildenden, die zu Jahresbeginn 17 Jahre alt sind, nach dem *Jugendarbeitsschutzgesetz* zu?

1 18 Werktage
2 21 Werktage
3 25 Werktage
4 28 Werktage
5 30 Werktage ▶ ☐

Lösungen der Aufgaben auf Seite 518

Tragen Sie die eingerahmten Kennziffern der richtigen Antworten in die Kästchen ein.

9. Aufgabe

Ihr Ausbilder möchte wissen, welche Gruppe von Merkmalen nur für leitende Angestellte eines Betriebes gilt.

1 Gleitende Arbeitszeit, Befreiung von der Sozialversicherung
2 Tarifentlohnung, Pflicht zur Leistung von Mehrarbeitsstunden
3 Befreiung von der Unfallversicherungspflicht, Weisungsrecht
4 kein Streikrecht, generelle Befreiung von der Sozialversicherungspflicht
5 Recht auf Einstellung und Entlassung von Arbeitnehmern, außertarifliche Bezahlung ▶ ☐

10. Aufgabe

Ein pflichtversicherter Hotelkaufmann möchte Rentenansprüche gegen die Berufsgenossenschaft durchsetzen. Vor welchem zuständigen Gericht muss er im Falle eines Rechtsstreites Klage erheben?

1 Vor dem Sozialgericht
2 vor dem Amtsgericht
3 vor dem Arbeitsgericht
4 vor dem Landgericht
5 vor dem Verwaltungsgericht ▶ ☐

11. Aufgabe

Bis zu welchem Termin ist die Ausbildungsvergütung spätestens zu zahlen?

1 Bis zum 20. des laufenden Kalendermonats
2 innerh. von 14 Tagen n. Ablauf des betreffenden Kalendermonats
3 am ersten Arbeitstag des betreffenden Kalendermonats
4 am letzten Arbeitstag des laufenden Kalendermonats
5 bis zum 15. des laufenden Monats ▶ ☐

12. Aufgabe

Ein Hotelfachmann hat seine erste Stellung in einem Großhotel aufgenommen. Welche Unterlagen muss er bei der Arbeitsaufnahme unbedingt dem Arbeitgeber aushändigen?

1 Polizeiliches Führungszeugnis
2 Versicherungsnachweisheft
3 Lohnsteuerkarte ▶ ☐
4 Geburtsurkunde ▶ ☐
5 Zeugnisse

2

Lösungen der Aufgaben auf Seite 518

Tragen Sie die eingerahmten Kennziffern der richtigen Antworten in die Kästchen ein.

13. Aufgabe

Wo ist die Mindestentlohnung der Arbeitnehmer im Hotel- und Gaststättengewerbe geregelt?

1 In der Arbeitszeitordnung
2 im Lohnfortzahlungsgesetz
3 im Arbeitsförderungsgesetz
4 im Lohn- und Gehaltstarifvertrag
5 im Manteltarifvertrag ▶ ☐

14. Aufgabe

Die Restaurantfachfrau Anja ist aufgrund einer Magenerkrankung von ihrem Arzt zwei Monate krankgeschrieben worden. Wer zahlt ihr nach sechs Wochen den Lohnausgleich?

1 Die zuständige Gewerkschaft
2 die Berufsgenossenschaft
3 die Handwerkskammer
4 der Arbeitgeber
5 die Krankenkasse ▶ ☐

15. Aufgabe

Die Hotelfachfrau Isabel hat das erste Arbeitsverhältnis nach der Ausbildung aufgenommen. Nach welcher Zeit der Betriebszugehörigkeit hat sie einen Anspruch auf den vollen Jahresurlaub?

1 Nach einem Monat
2 nach zwei Monaten
3 nach drei Monaten
4 nach sechs Monaten
5 nach zwölf Monaten ▶ ☐

16. Aufgabe

Wer überwacht die Einhaltung der Bestimmungen über die Arbeitszeit der Jugendlichen?

1 Die Industrie- und Handelskammer
2 die Berufsgenossenschaft
3 das Ordnungsamt
4 das Gewerbeaufsichtsamt
5 die Polizei ▶ ☐

17. Aufgabe

Im Berufsschulunterricht stellt man Ihnen die Frage, welche Personenkreise einen besonderen gesetzlichen Kündigungsschutz haben.

1 Betriebsratsmitglieder, Schwangere
2 langjährige Betriebsangehörige, jugendliche Arbeitnehmer
3 langjährige Betriebsangehörige, leitende Angestellte
4 Teilzeitbeschäftigte, Schwangere
5 leitende Angestellte, Schwerbehinderte ▶ ☐

Lösungen der Aufgaben auf Seite 518

Tragen Sie die eingerahmten Kennziffern der richtigen Antworten in die Kästchen ein.

18. Aufgabe

Sabrina, 19 Jahre und Isabel, 16 Jahre, diskutieren darüber, ob sie nach dem Berufsschulunterricht nochmals zur Arbeitsstätte gehen müssen. Wie viel Schulstunden zu je 45 Minuten plus Pausen muss der Berufsschulunterricht mindestens dauern, damit er als voller Arbeitstag gerechnet wird?

1 Vier Stunden
2 fünf Stunden
3 sechs Stunden
4 sieben Stunden
5 acht Stunden
6 gilt nicht für volljährige Auszubildende

19. Aufgabe

Das *Betriebsverfassungsgesetz* regelt die Beziehungen zwischen Arbeitgebern und Arbeitnehmern im Betrieb.

Wer ist bei der Wahl des Betriebsrates ausschließlich wahlberechtigt?

1 Arbeitnehmer, die dem Betrieb mindestens ein Jahr angehören
2 die Mitglieder einer Gewerkschaft
3 die Mitglieder des bisherigen Betriebsrates
4 alle Arbeitnehmer des Betriebes
5 alle Arbeitnehmer über 18 Jahre

Lösungen der Aufgaben auf Seite 518

Tragen Sie die eingerahmten Kennziffern der richtigen Antworten in die Kästchen ein.

20. Aufgabe

Welche Aussagen zum Betriebsrat sind richtig?

1 Arbeitgeber, Arbeiter und Angestellte wählen gemeinsam einen Betriebsrat.
2 Der Betriebsrat wird bei den regelmäßigen Betriebsratswahlen für fünf Jahre gewählt.
3 Auszubildende sind grundsätzlich von den Betriebsratswahlen ausgeschlossen.
4 Betriebsräte müssen in allen Betrieben eingerichtet werden.
5 Der Betriebsrat hat einmal im Kalendervierteljahr eine Betriebsversammlung einzuberufen und in dieser einen Tätigkeitsbericht zu erstatten.
6 Der Betriebsrat wählt die Arbeitnehmervertreter/innen für die Aufsichtsräte von Aktiengesellschaften. ▶ ☐
7 Wählbar sind Arbeitnehmer, die dem Betrieb mindestens sechs Monate angehören. ▶ ☐

21. Aufgabe

Welche Aufgabe hat die Jugend- und Auszubildendenvertretung nach dem *Betriebsverfassungsgesetz*?

1 Sie entscheidet in allen Fragen des Betriebes mit.
2 Sie nimmt Beschwerden einzelner Jugendlicher und Auszubildender entgegen und leitet sie an den Betriebsrat weiter.
3 Sie führt Betriebsversammlungen für alle Arbeitnehmer eines Betriebes durch.
4 Sie entscheidet bei der Festlegung des Urlaubs für die Auszubildenden.
5 Sie korrigiert die Dienstpläne aller jugendlichen Mitarbeiter und Auszubildenden. ▶ ☐

22. Aufgabe

Einem Hotelier gelingt es nicht, den Betriebsrat von der Notwendigkeit von Überstunden zu überzeugen. Welche der nachfolgenden Aussagen ist zutreffend?

1 Der Hotelier ruft eine Einigungsstelle an, die dann entscheidet.
2 Der Hotelier verhandelt direkt mit der Belegschaft.
3 Der Hotelier versucht, vom Arbeitsgericht die fehlende Zustimmung des Betriebsrates zu erhalten.
4 Der Hotelier ist seiner Informationspflicht nachgekommen und ordnet Mehrarbeit an.
5 Der Hotelier hat keine Möglichkeit mehr, sie durchzusetzen. ▶ ☐

Lösungen der Aufgaben auf Seite 518

Tragen Sie die eingerahmten Kennziffern der richtigen Antworten in die Kästchen ein.

23. Aufgabe

Was legt das *Betriebsverfassungsgesetz* unter anderem fest?

1 Die Mitwirkung der Arbeitnehmer im Betrieb
2 die Aufstiegs- und Beförderungsmöglichkeiten innerhalb des Betriebs
3 die Verteilung der Aufgaben auf die Mitarbeiter
4 die Pflichten der Arbeitnehmer
5 die Sozialleistungen des Betriebes

24. Aufgabe

Welches Recht zählt laut *Betriebsverfassungsgesetz* zum Individualrecht der Arbeitnehmer?

1 Das Recht auf Bestimmung von Arbeitszeitbeginn und -ende
2 das Recht auf Einsicht in die eigenen Personalakten
3 das Recht auf Planung der Betriebsferien
4 das Recht auf Ableisten von Mehrarbeit
5 das Recht auf freie Gestaltung des Arbeitsplatzes

25. Aufgabe

Die acht jugendlichen Arbeitnehmer eines Hotels wollen eine Jugend- und Auszubildendenvertretung wählen. Eine Kandidatin ist die 23-jährige Bettina Finck. Kann sie für 2 Jahre zur Jugend- und Auszubildendenvertreterin gewählt werden?

1 Ja, wenn sie das Amt vorher schon innehatte, da in diesem Fall das Lebensalter keine Rolle spielt.
2 Ja, denn sie hat das 25. Lebensjahr noch nicht vollendet.
3 Ja, wenn sie das Vertrauen der Jugendlichen genießt und gleichzeitig in den Betriebsrat gewählt wird.
4 Nein, denn sie ist bereits volljährig.
5 Nein, denn sie würde während ihrer Amtszeit das 25. Lebensjahr überschreiten.

26. Aufgabe

Welches Gesetz regelt die Aufgaben und Zuständigkeiten des Betriebsrates?

1 Berufsbildungsgesetz
2 Handelsgesetzbuch
3 Bürgerliches Gesetzbuch
4 Betriebsverfassungsgesetz
5 Tarifvertragsgesetz

Lösungen der Aufgaben auf Seite 518

2

Tragen Sie die eingerahmten Kennziffern der richtigen Antworten in die Kästchen ein.

27. Aufgabe

Einer Restaurantfachfrau wurde ohne Anhörung des Betriebsrates gekündigt. Wie ist nach dem *Betriebsverfassungsgesetz* die Rechtslage?

1 Die Kündigung ist wirksam, weil weder eine Anhörung noch eine Zustimmung des Betriebsrates vorgeschrieben ist.
2 Die Kündigung ist wirksam, weil eine Anhörung des Betriebsrates nicht vorgeschrieben ist.
3 Die Kündigung wird durch nachträgliche Anhörung des Betriebsrates wirksam.
4 Die Kündigung ist unwirksam, weil jede Kündigung der Zustimmung des Betriebsrates bedarf.
5 Die Kündigung ist unwirksam, weil eine Anhörung des Betriebsrates zwingend vorgeschrieben ist. ▶ ☐

28. Aufgabe

Welcher Plan enthält die sachliche und zeitliche Gliederung der in der Ausbildung zu vermittelnden Fertigkeiten und Kenntnisse?

1 Rahmenlehrplan
2 Dienstplan
3 Urlaubsplan
4 Restaurantablaufplan
5 Ausbildungsrahmenplan ▶ ☐

29. Aufgabe

Von welcher Stelle wird die fachliche Eignung eines Ausbildungsbetriebes überprüft?

1 Gewerbeaufsichtsamt
2 Berufsschule
3 Industrie- und Handelskammer
4 Berufsgenossenschaft
5 Landkreis ▶ ☐

30. Aufgabe

Anja, 17 Jahre, beginnt eine Ausbildung zur Restaurantfachfrau. Welche Partner sind für den Abschluss des Ausbildungsvertrages zuständig?

1 Jugendvertretung, gesetzlicher Vertreter, Ausbilder
2 Auszubildender, gesetzlicher Vertreter, Ausbildungsbetrieb
3 Gewerkschaft, gesetzlicher Vertreter, Auszubildender
4 Berufsgenossenschaft, gesetzlicher Vertreter, Auszubildender
5 Arbeitsamt, gesetzlicher Vertreter, Auszubildender ▶ ☐

Lösungen der Aufgaben auf Seite 518

Tragen Sie die eingerahmten Kennziffern der richtigen Antworten in die Kästchen ein.

31. Aufgabe

Nachdem Anja die Lehre angetreten hat, fragt sie Elke, wie lange die Probezeit eines Ausbildungsverhältnisses höchstens dauern darf?

1 Zwei Wochen
2 einen Monat
3 sechs Wochen
4 drei Monate
5 sechs Monate

32. Aufgabe

Prüfen Sie, welche Aussage über die Zeugnispflicht des Ausbildenden zutrifft?

1 Der Ausbildende muss dem Auszubildenden bei Beendigung des Ausbildungsverhältnisses ein Zeugnis ausstellen.
2 Der Ausbilder kann dem Auszubildenden ein Zeugnis unter bestimmten Voraussetzungen ausstellen.
3 Das Zeugnis darf keine Angaben über die Führung des Auszubildenden enthalten.
4 Die Zeugnispflicht bedeutet, dass der Ausbildungsbetrieb das Abschlusszeugnis der Berufsschule gegenzeichnen muss.
5 Mit der Aushändigung des Gehilfenbriefes ist die Zeugnispflicht der Ausbildungsbetriebe erfüllt.

33. Aufgabe

Bei welcher Betriebsart steht die Deckung von Kosten im Vordergrund und nicht die Gewinnerzielung?

1 Bei landwirtschaftlichen Betrieben von Bauern
2 bei handwerklichen Betrieben von Handwerksmeistern
3 bei Handelsbetrieben von Lebensmittelkaufleuten
4 bei der Jugendherberge einer Gemeinde

Lösungen der Aufgaben auf Seite 518

Tragen Sie die eingerahmten Kennziffern der richtigen Antworten in die Kästchen ein.

34. Aufgabe

Im Rahmen der Betriebsschulung taucht die Frage auf, für welche Pflichtversicherung der Arbeitnehmer keine Beiträge zahlt?

1 Für seine Haftpflichtversicherung
2 für die Rentenversicherung
3 für die betriebliche Unfallversicherung
4 für die Krankenversicherung
5 für die Arbeitslosenversicherung
6 für die Pflegeversicherung ▶ ☐

35. Aufgabe

Wo ist der Mindesturlaub für alle Arbeitnehmer über 18 Jahre gesetzlich geregelt?

1 In der *Arbeitszeitordnung*
2 im *Bundesurlaubsgesetz*
3 im *Betriebsverfassungsgesetz*
4 im *Arbeitssicherheitsgesetz*
5 im *Jugendschutzgesetz* ▶ ☐

36. Aufgabe

Till weiß, dass zu den Arbeitsschutzvorschriften auch der Betriebs- und Gefahrenschutz zählt. Was umfasst dieser?

1 Schutz des Lebens durch Unfallverhütungsvorschriften
2 Schutz der Gesundheit durch Maßnahmen gegen Berufskrankheiten
3 Schutz des Lebens durch Abschließen von Versicherungen ▶ ☐
4 Schutz von Sitte und Anstand ▶ ☐
5 Schutz der Gesundheit durch Maßnahmen gegen Berufsanforderungen ▶ ☐

37. Aufgabe

In Ihrem Ausbildungsbetrieb ist auch ein schwerbehinderter Arbeitnehmer eingestellt. Welche Rechtsansprüche kann dieser im Betrieb geltend machen?

1 Es sind besondere Arbeitsplätze einzurichten.
2 Es besteht Anspruch auf jährlichen Zusatzurlaub.
3 Es gelten zehn zusätzliche Urlaubstage. ▶ ☐
4 Kündigung ist nur mit Zustimmung der Hauptfürsorgestelle möglich. ▶ ☐
5 Es gilt eine grundsätzlich kürzere Arbeitszeit. ▶ ☐

Lösungen der Aufgaben auf Seite 518

Tragen Sie die eingerahmten Kennziffern der richtigen Antworten in die Kästchen ein.

38. Aufgabe

Wer ist für die Kontrolle des technischen Arbeitsschutzes zuständig?

1 Das Technische Hilfswerk
2 der Technische Überwachungsverein
3 das Gewerbeaufsichtsamt
4 die Industrie- und Handelskammer
5 die Berufsgenossenschaft

39. Aufgabe

Was bedeutet die im Grundgesetz verankerte „Tarifautonomie"?

1 Die Arbeitgeber sind verpflichtet, die Löhne zu zahlen.
2 Der Staat ist berechtigt, die Lohnbedingungen aller Arbeitnehmer durch Gesetz zu regeln.
3 Die Gewerkschaften und die Arbeitgeberverbände können miteinander Tarife verbindlich abschließen.
4 Die Arbeitnehmer haben Anspruch auf Lohnzuschläge in Höhe der ermittelten Preissteigerungsrate.
5 Die Arbeitgeber sind verpflichtet, die Löhne je nach der Wirtschaftslage zu erhöhen bzw. zu senken.

40. Aufgabe

Welches legale Mittel zur Durchsetzung von Forderungen hat eine Gewerkschaft bei Tarifauseinandersetzungen?

1 Betriebsbesetzungen
2 Aussperrung
3 Boykott
4 Streik
5 Ausweisung

41. Aufgabe

Welche Institutionen sind am Abschluss eines Tarifvertrages beteiligt?

1 Die Industrie- und Handelskammer
2 das Wirtschaftsministerium
3 die zuständige Gewerkschaft
4 das Arbeitsgericht
5 der zuständige Arbeitgeberverband

Lösungen der Aufgaben auf Seite 518

Tragen Sie die eingerahmten Kennziffern der richtigen Antworten in die Kästchen ein.

42. Aufgabe

Welche Aussage über Manteltarifverträge ist richtig?

1 Der Bundesminister für Arbeit kann einen Manteltarifvertrag für allgemein verbindlich erklären.
2 Die Gewerkschaften können einen Manteltarifvertrag für allgemein verbindlich erklären.
3 Manteltarifverträge regeln z. B. Ausbildungsvergütungen und -zeiten und werden zwischen Betriebsräten und Gewerkschaften abgeschlossen.
4 Manteltarifverträge regeln z. B. die Arbeitszeit, Schichtzuschläge, Überstundenzuschläge.
5 Die in Manteltarifverträgen vereinbarten Bedingungen können vom Arbeitgeber bei Vorliegen wichtiger Gründe vorübergehend aufgehoben werden. ▶ ☐ ▶ ☐

43. Aufgabe

Die Satzung der Gewerkschaft Nahrung, Genuss, Gaststätten sieht vor Arbeitskampfmaßnahmen eine Urabstimmung vor. Was bedeutet das?

1 Die Gewerkschaft stimmt mit den Arbeitgebern die Maßnahmen ab.
2 Alle Arbeitnehmer des betroffenen Tarifgebietes müssen über die Zulässigkeit der Maßnahmen abstimmen.
3 Die gewerkschaftlich organisierten Arbeitnehmer des betroffenen Tarifgebietes stimmen über die Maßnahmen ab.
4 Das für den örtlichen Tarifbereich zuständige Wirtschaftsministerium muss die Maßnahmen genehmigen.
5 Die drittelparitätisch besetzte Schlichtungsstelle stimmt über die Maßnahmen ab. ▶ ☐

Lösungen der Aufgaben auf Seite 518

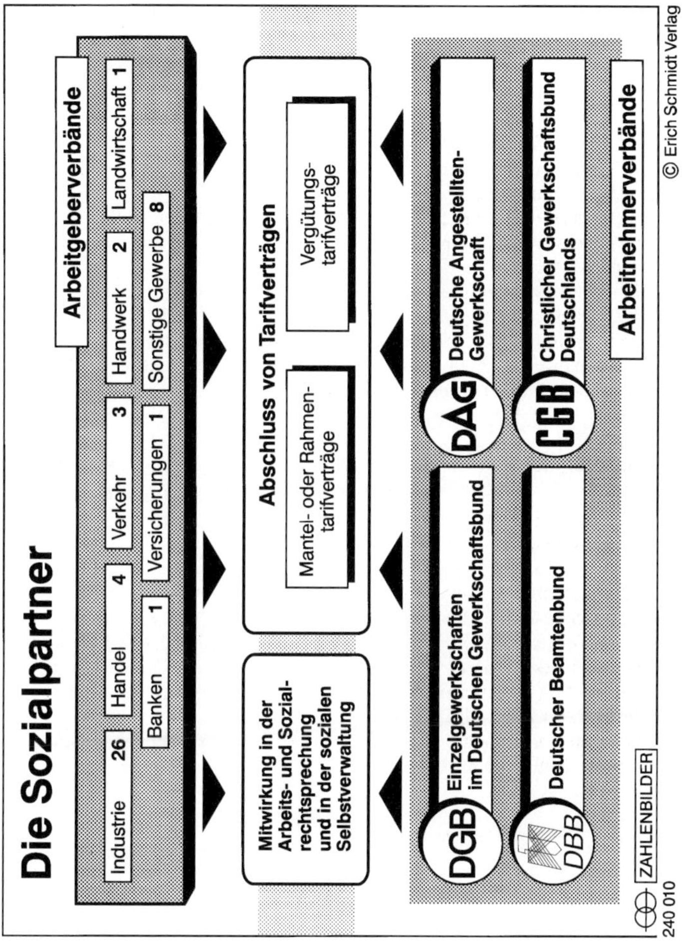

Lösungen der Aufgaben auf Seite 518

2

Tragen Sie die eingerahmten Kennziffern der richtigen Antworten in die Kästchen ein.

44. Aufgabe

Im Fernsehen läuft ein Bericht über die Berufsausbildung, die in den Betrieben und in der Berufsschule erfolgt. Wie wird diese Art der Ausbildung bezeichnet?

1 Als überbetriebliche Ausbildung
2 als Rahmenausbildung
3 als Berufsfortbildung
4 als Berufsgrundbildung
5 als duales System ▶ ☐

45. Aufgabe

Eine Auszubildende wünscht am Ende ihrer Erstausbildung die Berufsabschlussprüfung abzulegen. In welchem Fall kann ihr die Zulassung verweigert werden?

1 Bei ungenügenden Leistungen in Betrieb und Berufsschule
2 wenn die Leistungen in der Berufsschule ungenügend sind
3 wenn abzusehen ist, dass sie die Prüfung nicht bestehen wird
4 wenn die Zwischenprüfung nicht abgelegt wurde
5 wenn die Ausbildungszeit erst einen Monat nach dem Prüfungstermin endet ▶ ☐

46. Aufgabe

Ein Mitarbeiter der Hausbank der Hotel GmbH hat Einblick in die Vermögensverhältnisse seines künftigen Schwagers. Dabei stellt er fest, dass dieser hoch verschuldet ist. Am Abend erzählt er dies in seinem Bekanntenkreis weiter. Der Schwager erfährt dies und beschwert sich bei der Bank. Eine Woche nach der Beschwerde kündigt die Bank nach Anhörung des Betriebsrates das Angestelltenverhältnis schriftlich und fristlos. Welche Aussage ist richtig?

1 Die Kündigung ist unwirksam, weil die Zustimmung des Betriebsrates nicht vorliegt.
2 Die Kündigung ist unwirksam, weil sie nicht fristgerecht erfolgte.
3 Die Kündigung ist wirksam, weil gegen die Schweigepflicht verstoßen wurde und alle rechtlichen Voraussetzungen beachtet wurden.
4 Die Kündigung ist wirksam, weil ein Angestelltenverhältnis innerhalb einer Woche gekündigt werden kann.
5 Die Kündigung ist unwirksam, weil die Schweigepflicht nicht verletzt wurde, da außerhalb der Arbeitszeit Informationen weitergegeben wurden. ▶ ☐

Lösungen der Aufgaben auf Seite 518

Tragen Sie die eingerahmten Kennziffern der richtigen Antworten in die Kästchen ein.

47. Aufgabe

Welche Aussage über die Dauer der Freizeit nach der täglichen Arbeitszeit trifft auf Jugendliche zu?

1 Mindestens 8 Stunden ununterbrochene Freizeit sind verbindlich.
2 Die Freizeit muss gleich der Arbeitszeit sein.
3 Die Freizeit richtet sich nach dem Alter des Jugendlichen.
4 Mindestens 12 Stunden ununterbrochene Freizeit sind verbindlich.
5 Die Freizeit kann zwischen der Jugend- und Auszubildendenvertretung und dem Arbeitgeber frei vereinbart werden. ▶ ☐

48. Aufgabe

Man unterscheidet zwischen leitender und ausführender Arbeit. Welche Tätigkeiten gehören zur leitenden Arbeit?

1 Mitarbeit im Betriebsrat
2 Heraussuchen von Lagerfachkarten ▶ ☐
3 Entscheidung über den Personalbedarf ▶ ☐
4 Erteilung einer Prokura
5 Entscheidung über die Entlassung eines Angestellten ▶ ☐

49. Aufgabe

Dem Hotel „Vier Jahreszeiten" werden vom Nachbarhaus Räume zur gewerblichen Nutzung gegen Entgelt überlassen. Um welche Vertragsart handelt es sich?

1 Um einen Pachtvertrag
2 um einen Werklieferungsvertrag
3 um einen Mietvertrag
4 um einen Kaufvertrag ▶ ☐

50. Aufgabe

Welche Voraussetzungen werden durch die zuständige Stelle geprüft, wenn eine Person die Zulassung als Ausbilder beantragt?

1 Nur die fachliche Eignung
2 nur das Ergebnis der Berufs- und Schulabschlussprüfung
3 nur die fachliche und persönliche Eignung
4 nur die Dauer der Berufsausbildung
5 nur die Dauer der Weiterbildungsmaßnahmen ▶ ☐

Lösungen der Aufgaben auf Seite 518

2

Tragen Sie die eingerahmten Kennziffern der richtigen Antworten in die Kästchen ein.

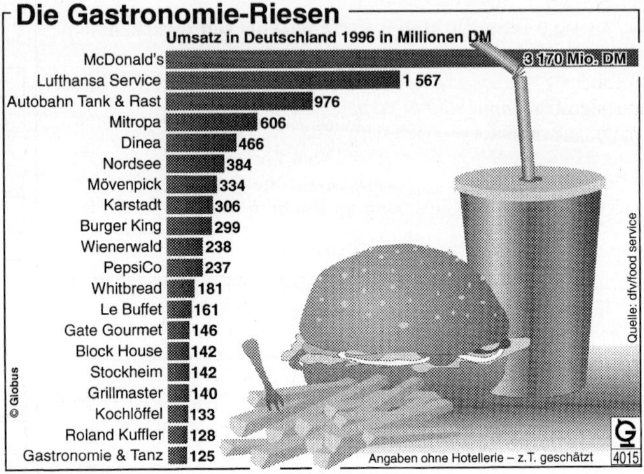

51. Aufgabe

Der obigen Abbildung können Sie entnehmen, dass Unternehmen der Systemgastronomie im Gastgewerbe ständig an Bedeutung gewinnen. Was ist darunter zu verstehen?

1 Eine systematisierte gastronomische Einrichtung, die ihre Leistung im Auftrag eines anderen erbringt

2 eine systematisierte Konzeption, um neue Gästegruppen am Markt anzusprechen

3 eine maßgeschneiderte Konzeption für klar umrissene Gästegruppen am Markt, die über ein bestimmtes Serviceangebot verfügt

4 eine logisch systematisierte Einrichtung der Außer-Haus- und Individualverpflegung ▶ ☐

Lösungen der Aufgaben auf Seite 518

Tragen Sie die eingerahmten Kennziffern der richtigen Antworten in die Kästchen ein.

52. Aufgabe

Die Systemgastronomie umfasst verschiedene Teilbranchen. Ordnen Sie entsprechend zu:

1 Fast food
2 Handeslgastronomie
3 Verkehrsgastronomie

On-line-Systeme ▶ ☐
Mitropa/DSG ▶ ☐
McDonald's ▶ ☐
Free-flow-Systeme, z. B. Karstadt ▶ ☐
Kochlöffel ▶ ☐

53. Aufgabe

Sie wissen, dass es neben der Systemgastronomie auch eine Systemhotellerie gibt. Welche der nachstehenden Aussagen treffen darauf zu?

1 klar umrissene Gästegruppen
2 individuelle Konzeptionen der geschlossenen Hotels
3 maßgeschneiderte Konzeptionen
4 unterschiedliche Serviceangebote
5 bestimmte – auch eingeschränkte – Serviceangebote

▶ ☐ ▶ ☐ ▶ ☐ ▶ ☐

54. Aufgabe

Von welchem Lohn werden die Abzüge für die Sozialversicherungsbeiträge berechnet?

1 Vom Bruttolohn
2 vom Bruttolohn nach Abzug der Lohnsteuer
3 vom Bruttolohn nach Abzug der Lohn- und Kirchensteuer
4 vom Bruttolohn nach Abzug der Sonderausgaben
5 vom Nettolohn

▶ ☐

55. Aufgabe

Immer wieder kommt es vor, dass Gastronomiebetriebe in finanzielle Schwierigkeiten geraten. Wodurch lassen sich derartige Krisen überwinden und das Unternehmen weiterführen?

1 Akkord
2 Sanierung
3 Konkurs
4 Liquidation
5 Erlassvergleich

▶ ☐ ▶ ☐ ▶ ☐

Lösungen der Aufgaben auf Seite 518

Tragen Sie die eingerahmten Kennziffern der richtigen Antworten in die Kästchen ein.

56. Aufgabe

Zu welcher Versicherung zahlt ein Auszubildender in der Regel Pflichtbeiträge?

1 Zur Ausbildungsversicherung
2 zur gesetzlichen Unfallversicherung
3 zur Rechtsschutzversicherung
4 zur gesetzlichen Rentenversicherung
5 zur Haftpflichtversicherung ▶ ☐

57. Aufgabe

Ordnen Sie zu, indem Sie die Kennziffern von drei der insgesamt sechs Leistungen der gesetzlichen Sozialversicherung bei den Versicherungsträgern eintragen.

Leistungen der gesetzlichen Sozialversicherung

1 Kurzarbeitergeld
2 Übernahme der Krankheitskosten bei Freizeitunfall
3 Altersruhegeld
4 Vorsorgeuntersuchungen von Kindern
5 Aufwendungen zur Unfallverhütung
6 Mutterschaftshilfe

Versicherungsträger

– Berufsgenossenschaft ▶ ☐
– Bundesversicherungsanstalt für Angestellte ▶ ☐
– Bundesanstalt für Arbeit ▶ ☐

Lösungen der Aufgaben auf Seite 518

Tragen Sie die eingerahmten Kennziffern der richtigen Antworten in die Kästchen ein.

58. Aufgabe

Entscheiden Sie, für welche Rechtsstreitigkeiten das Arbeitsgericht zuständig ist.

1 Für Streitigkeiten zwischen Arbeitnehmer und der für Schwerbehinderte zuständigen staatlichen Fürsorgestelle über die Höhe des Schwerbehindertenstatus
2 für Streitigkeiten zwischen Arbeitnehmer und dem Arbeitsamt über dessen Zuständigkeit für eine Umschulung aufgrund einer aus der ausgeübten Tätigkeit resultierenden Berufskrankheit
3 für Streitigkeiten zwischen Arbeitnehmer und Arbeitgeber wegen einer fristlosen Kündigung durch den Arbeitgeber
4 für Streitigkeiten zwischen Arbeitnehmer und Rentenversicherungsanstalt über verweigerte Erwerbsunfähigkeitsrente, wenn diese in Bezug mit der ausgeübten Tätigkeit steht
5 für private Streitigkeiten zwischen Arbeitnehmern, sofern diese am oder in unmittelbarer Nähe des Arbeitsplatzes erfolgen ▶ ☐

59. Aufgabe

Als Mitarbeiterin einer bundesweiten Hotelkette (AG mit insgesamt 2 150 Mitarbeiter/innen) stellen Sie sich die Frage, ob Ihr Unternehmen unterliegt dem *Mitbestimmungsgesetz* unterliegt. Es gilt für:

1 Eine Aktiengesellschaft mit 2 100 Beschäftigten
2 eine Aktiengesellschaft mit einem Jahresumsatz von 800 Mill. DM und 1800 Beschäftigten
3 eine Genossenschaft mit 600 Beschäftigten
4 eine Kommanditgesellschaft mit 2 300 Beschäftigten
5 eine GmbH mit 1700 Beschäftigten ▶ ☐

60. Aufgabe

Welche Versicherungsarten zählen ausschließlich zur Sozialversicherung?

1 Arbeitslosen-, Rechtsschutz-, Unfallversicherung
2 Renten-, Kranken-, Arbeitslosen-, Pflegeversicherung
3 Kranken-, Haftpflicht-, Ausbildungsversicherung
4 Lebens-, Kranken-, Haftpflichtversicherung
5 Unfall-, Lebens-, Kranken-, Pflegeversicherung ▶ ☐

Lösungen der Aufgaben auf Seite 518

Tragen Sie die eingerahmten Kennziffern der richtigen Antworten in die Kästchen ein.

61. Aufgabe

Welche gesetzlichen Versicherungsbeiträge zahlt der Arbeitgeber allein?

1 Beiträge zur Unfallversicherung
2 Beiträge zur Krankenversicherung
3 Beiträge zur Arbeitslosenversicherung
4 Beiträge zur Haftpflichtversicherung
5 Beiträge zur Rentenversicherung
6 Beiträge zur Pflegeversicherung ▶ ☐

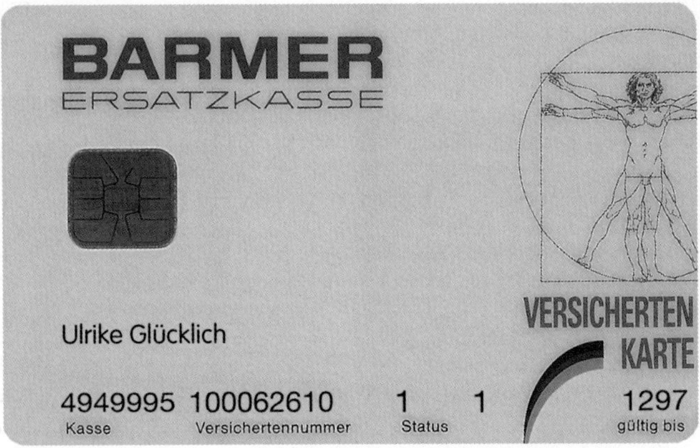

Lösungen der Aufgaben auf Seite 518

Tragen Sie die eingerahmten Kennziffern der richtigen Antworten in die Kästchen ein.

62. Aufgabe

Entscheiden Sie, welche Möglichkeiten die abgebildete Versichertenkarte offeriert.

1 Die Versichertenkarte erhalten alle Personen, die in einer privaten Krankenkasse versichert sind.
2 Die Versichertenkarte ermöglicht eine computergerechte Abrechnung zwischen Ärzten und Krankenkassen.
3 Die Versichertenkarte ist bei Arbeitsantritt dem Arbeitgeber vorzulegen.
4 Nicht privat versicherte Personen haben die Versichertenkarte bei Arztbesuchen vorzulegen.
5 Mit der Versichertenkarte können die Versicherten Arztrechnungen sofort bezahlen.

63. Aufgabe

Nachdem der Arbeitgeber Ulrike Glücklich zur Sozialversicherung angemeldet hat, erhält sie die abgebildete Versichertenkarte ausgehändigt; inwieweit ist die Karte für Ulrike von Bedeutung?

1 Die Versichertenkarte bildet den Nachweis für eine ordnungsgemäße Begleichung der Rentenversicherungsbeiträge.
2 Die Versichertenkarte umfasst den Schutz gegen Betriebsunfälle.
3 Die Versichertenkarte ermöglicht eine computergerechte Abrechnung zwischen Ärzten und Krankenkassen.
4 die Versichertenkarte ist bei Arztbesuchen vorzulegen.
5 Die Versichertenkarte schützt in Fällen von Krankheit und Arbeitslosigkeit.

64. Aufgabe

Ein pflichtversicherter Hotelfachmann will Ansprüche auf Arbeitslosengeld gegen die Bundesanstalt für Arbeit durchsetzen. Vor welchem zuständigen Gericht muss er bei einem Rechtsstreit Klage erheben?

1 Vor dem Amtsgericht
2 vor dem Sozialgericht
3 vor dem Arbeitsgericht
4 vor dem Landgericht
5 vor dem Schöffengericht

2

Lösungen der Aufgaben auf Seite 518

Tragen Sie die eingerahmten Kennziffern der richtigen Antworten in die Kästchen ein.

65. Aufgabe

Katjas Probezeit ist inzwischen abgelaufen; unter welchen Umständen kann auch nach der Probezeit ihr Berufsausbildungsverhältnis gekündigt werden?

1 Vom Auszubildenden jederzeit ohne Grund
2 vom Auszubildenden bei Aufgabe der Berufsausbildung, mit einer Kündigungsfrist von vier Wochen
3 vom Ausbildenden jederzeit ohne Grund, mit einer Kündigungsfrist von vier Wochen
4 vom Ausbildenden, wenn er feststellt, dass das Ausbildungsziel nicht erreicht wird
5 vom Ausbildenden bei Auftragsschwankungen, mit einer Kündigungsfrist von drei Monaten ▶ ☐

66. Aufgabe

Die Berufsausbildung beginnt gemäß dem Berufsausbildungsvertrag am 1. August 1998. An welchem Tag endet die Probezeit frühestens?

1 Am 15. August 1998
2 am 31. August 1998
3 am 15. September 1998
4 am 31. Oktober 1998
5 am 15. November 1998 ▶ ☐

67. Aufgabe

Hans (26 Jahre) überlegt, ob für ihn ein Fachschulbesuch geeignet ist. Welche der folgenden Aussagen über die berufliche Fortbildung sind zutreffend?

1 Sie soll zu einer anderen beruflichen Tätigkeit befähigen.
2 Sie soll einen beruflichen Aufstieg ermöglichen.
3 Sie soll bis zum 30. Lebensjahr beendet sein.
4 Sie soll berufliche Kenntnisse und Fertigkeiten nachholen. ▶ ☐
5 Sie soll als besondere Förderungsmaßnahme Spezialfertigkeiten im erlernten Beruf vermitteln. ▶ ☐

68. Aufgabe

Frau Müller ist in einem Hotel beschäftigt. In fünf Monaten erwartet sie Nachwuchs. Worauf hat der Arbeitgeber gemäß dem *Mutterschutzgesetz* zu achten?

1 Frau Müller kann auf eigenen Wunsch sofort nach der Entbindung ihre Arbeit im Betrieb wieder aufnehmen. →

Lösungen der Aufgaben auf Seite 518

Tragen Sie die eingerahmten Kennziffern der richtigen Antworten in die Kästchen ein.

▷ *Fortsetzung der 68. Aufgabe* ▷

2 Bis sechs Wochen vor der Entbindung darf Frau Müller nur sitzende Arbeiten verrichten.
3 Auf eigenen Wunsch darf Frau Müller bis sechs Wochen vor der Entbindung Akkordarbeit verrichten.
4 Frau Müller darf während der Schwangerschaft keine stehende Tätigkeit ausüben.
5 In den letzten sechs Wochen vor der Entbindung darf Frau Müller normalerweise nicht beschäftigt werden. ▶ ☐

69. Aufgabe

Im Rahmen einer Betriebsschulung erteilt Ihnen der Ausbilder die Aufgabe, die Kennziffern von vier der insgesamt sieben Beschreibungen einzelner Rechte und Pflichten von Arbeitgeber und Arbeitnehmer zuzuordnen.

1 Arbeitnehmer haben die volle Arbeitskraft einzubringen
2 Recht auf Zeugniserhalt
3 Recht auf Zuteilung von Überstunden
4 Pflicht der Beitragszahlung zur betrieblichen Unfallversicherung
5 Pflicht zur Bezahlung von Erziehungsgeld
6 Pflicht zur Leistung von Krankenhilfe
7 Wettbewerbsverbot

Rechte und Pflichten von Arbeitgeber und Arbeitnehmer

Pflicht des Arbeitnehmers ▶ ☐
Pflicht des Arbeitgebers ▶ ☐
Recht des Arbeitnehmers ▶ ☐
Recht des Arbeitgebers ▶ ☐

70. Aufgabe

Demgegenüber hat Ihre Kollegin festzustellen, welche Aussage über die Bestimmung der wöchentlichen Arbeitszeit richtig ist.

1 Die wöchentliche Arbeitszeit regelt der Staat durch Gesetze.
2 Die wöchentliche Arbeitszeit wird in den meisten Fällen durch Tarifverträge geregelt, wobei jedoch die vom Gesetzgeber vorgeschriebenen Höchstgrenzen zu beachten sind.
3 Die wöchentliche Arbeitszeit wird ausschließlich durch tarifvertragliche Vereinbarungen geregelt und muss vom zuständigen Bundesministerium bestätigt werden. →

Lösungen der Aufgaben auf Seite 518

Tragen Sie die eingerahmten Kennziffern der richtigen Antworten in die Kästchen ein.

▷ *Fortsetzung der 70. Aufgabe* ▷

4 Die wöchentliche Arbeitszeit wird durch den Betriebsrat und die Gewerkschaft vereinbart.
5 Die wöchentliche Arbeitszeit wird grundsätzlich durch Betriebsvereinbarungen zwischen Gewerkschaften und Arbeitgebern geregelt. ▶ ☐

71. Aufgabe

Welches Bedürfnis wird in der Volkswirtschaft als immaterielles Bedürfnis betrachtet?

1 Bedürfnis nach Werkzeugen zur Berufsausübung
2 Bedürfnis nach einer wertvollen Uhr
3 Bedürfnis nach Grundnahrungsmitteln
4 Bedürfnis nach Unterhaltung
5 Bedürfnis nach einer Wohnung ▶ ☐

72. Aufgabe

Wie wird das Bedürfnis des Menschen nach Kleidung bezeichnet?

1 Kollektivbedürfnis und Kulturbedürfnis
2 Individualbedürfnis und immaterielles Bedürfnis
3 Individualbedürfnis und materielles Bedürfnis
4 Kollektivbedürfnis und materielles Bedürfnis
5 immaterielles Bedürfnis und Kollektivbedürfnis ▶ ☐

73. Aufgabe

Welche Aussage trifft für Bedarf zu?

1 Bedarf ist die nachgefragte Menge.
2 Bedarf sind die lebensnotwendigen Bedürfnisse der Menschen.
3 Bedarf ist der Teil der Bedürfnisse, der durch kaufkräftige Nachfrage befriedigt wird.
4 Bedarf ist gegeben, wenn Güter von zahlungswilligen Käufern verlangt werden.
5 Bedarf sind alle Wünsche, die in Erfüllung gehen. ▶ ☐

74. Aufgabe

Welche Gruppe von Gütern beinhaltet Konsumgüter?

1 Maschinen und Rohstoffe
2 Hilfs- und Betriebsstoffe
3 Anlagen und Werkstoffe
4 Nahrungsmittel und Zeitschriften
5 Werkzeuge und Maschinen ▶ ☐

Lösungen der Aufgaben auf Seite 518

Tragen Sie die eingerahmten Kennziffern der richtigen Antworten in die Kästchen ein.

75. Aufgabe

Welche Aussage trifft auf die Preisbildung in der sozialen Marktwirtschaft zu?

1 Die Preise werden von einer Tarifkommission festgesetzt.
2 Es besteht völlige Freigabe der Preise.
3 Die Preise werden vom Staat kontrolliert.
4 Es besteht freie Preisgestaltung am Markt mit begrenzten Subventionen.
5 Die freie Preisbildung am Markt wird von einer Tarifkommission überwacht. ► ☐

76. Aufgabe

In der sozialen Marktwirtschaft werden wirtschaftspolitische und sozialpolitische Ziele unterschieden.

Welche beiden Ziele sind sozialpolitische Ziele?

1 Chancengleichheit, außenwirtschaftliches Gleichgewicht
2 Preisstabilität, außenwirtschaftliches Gleichgewicht
3 gerechte Einkommensverteilung, Mitbestimmung im Betrieb
4 Wirtschaftswachstum, Preisstabilität
5 Mitbestimmung im Betrieb, hoher Beschäftigungsgrad ► ☐

77. Aufgabe

Welches der folgenden Beispiele ist volkswirtschaftlich dem derivativen (= abgeleiteten) Produktionsfaktor Kapital und betriebswirtschaftlich den Betriebsmitteln zuzuordnen?

1 Assistent der Geschäftsleitung
2 Fleisch und andere Zutaten für die Speisenzubereitung
3 Sonnenterrasse mit Liegestühlen
4 Fachwissen des Hoteldirektors
5 verkehrstechnisch günstige Lage eines Fast-food-Restaurants ► ☐

Lösungen der Aufgaben auf Seite 518

2

Tragen Sie die eingerahmten Kennziffern der richtigen Antworten in die Kästchen ein.

78. Aufgabe

Welcher Vorgang führt zu einer Steigerung der Produktivität eines Betriebes?

1 Steigerung der Übernachtungszahlen bei gleichbleibender Personalstärke
2 Verbesserung der Wareneinsatzquote zu Lasten der Qualität
3 Kürzung der Arbeitszeit bei rückläufiger Auslastung
4 Erhöhung des Bekanntheitsgrades durch Intensivierung der Öffentlichkeitsarbeit
5 Vermehrung der Überstunden durch erhöhte Auslastung ▶ ☐

79. Aufgabe

Unternehmen müssen für den Erhalt des Betriebes investieren. Was sind Investitionen?

1 Die Anlage von Geldmitteln in Aktien
2 die Anlage von Geldmitteln in öffentlichen Staatsanleihen
3 die Anlage von Geldmitteln auf einem Festgeldkonto
4 die Anlage von Geldmitteln in Produktionsanlagen
5 die Anlage von Geldmitteln in Warenterminmärkten ▶ ☐

80. Aufgabe

Welches der genannten Elemente ist ein Kennzeichen der Zentralverwaltungswirtschaft?

1 Gewerbefreiheit
2 Leistungswettbewerb am Markt
3 Vertragsfreiheit
4 Gewinnstreben
5 Bedarfsdeckungsprinzip ▶ ☐

81. Aufgabe

Welche Aussage trifft auf den Gleichgewichtspreis zu?

1 In der Zentralverwaltungswirtschaft wird der Gleichgewichtspreis auf dem Schwarzmarkt bestimmt.
2 Der Gleichgewichtspreis wird von den Tarifpartnern frei ausgehandelt.
3 Zum Gleichgewichtspreis kommen an der Wertpapierbörse die meisten Abschlüsse zustande.
4 Der Gleichgewichtspreis ist eine „unverbindliche Preisempfehlung“ des Herstellers.
5 Sinkt die Nachfrage, erhöht sich der Gleichgewichtspreis. ▶ ☐

Lösungen der Aufgaben auf Seite 518

Tragen Sie die eingerahmten Kennziffern der richtigen Antworten in die Kästchen ein.

82. Aufgabe

Ordnen Sie die Ziffern in der Grafik den nebenstehenden Begriffen zu:

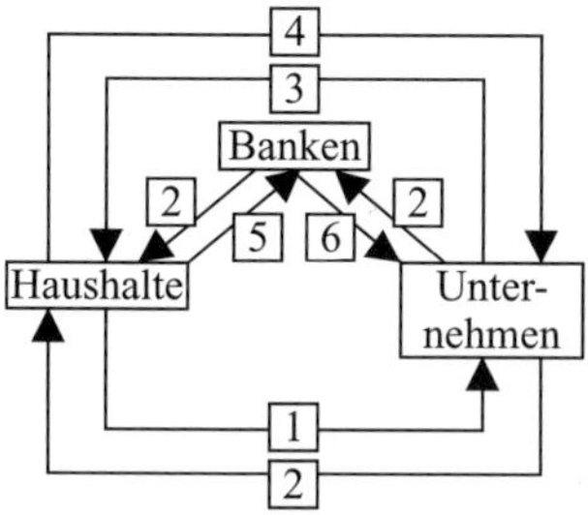

Kredite ▶ ☐
Konsumgüter ▶ ☐
Produktionsfaktoren ▶ ☐
Entgelt für Faktorleistungen ▶ ☐
Ersparnisse ▶ ☐
Verkaufserlöse ▶ ☐

83. Aufgabe

Ordnen Sie die Güter den entsprechenden Märkten zu.

1 Küchenmaschinen
2 kurzfristiger Bankkredit
3 Arbeitsleistung der Hausdame
4 Unternehmensberatung
5 CD-Player
6 Hypothekendarlehen

Dienstleistungsmarkt ▶ ☐
Investitionsgütermarkt ▶ ☐
Geldmarkt ▶ ☐
Kapitalmarkt ▶ ☐
Arbeitsmarkt ▶ ☐
Konsumgütermarkt ▶ ☐

84. Aufgabe

Mit welchem Begriff wird das optimale Verhältnis von Ertrag zu Aufwand bezeichnet?

1 Mit Kosten
2 mit Konjunktur
3 mit Bruttoinlandsprodukt
4 mit Beschaffung
5 mit Wirtschaftlichkeit ▶ ☐

Lösungen der Aufgaben auf Seite 518

2

Tragen Sie die eingerahmten Kennziffern der richtigen Antworten in die Kästchen ein.

85. Aufgabe

Ordnen Sie zu, indem Sie drei der insgesamt fünf Begriffe aus dem Wirtschaftsleben in die Kästchen bei den Umschreibungen eintragen:

Begriffe aus dem Wirtschaftsleben

1 Lebensstandard
2 Nachfrage
3 Individualbedürfnis
4 Wirtschaftstätigkeit (Wirtschaften)
5 Verkaufsförderung

Umschreibungen

– Summe der am Markt auftretenden Bedürfnisse ▶ ☐
– Versorgung der Menschen mit Gütern und Dienstleistungen ▶ ☐
– gezieltes Wecken von Bedürfnissen ▶ ☐

86. Aufgabe

Welche Aussage trifft auf die soziale Marktwirtschaft zu?

1 Das Angebot ist immer größer als die Nachfrage.
2 Die Nachfrage ist immer größer als das Angebot.
3 Zwischen Angebot und Nachfrage besteht ein freies Spiel der Kräfte.
4 Die Wunschvorstellungen des Konsumenten haben keinen Einfluss auf Angebot und Nachfrage.
5 Das Angebot wird entsprechend der politischen Zielsetzung behördlich festgelegt.
6 Der Staat steuert den Ablauf der Wirtschaft unter Beachtung des Gemeinwohls der Bürger. ▶ ☐

87. Aufgabe

Was versteht man unter Rechtsfähigkeit?

1 Die Fähigkeit, rechtsgültige Verträge abzuschließen
2 die Fähigkeit, Rechte und Pflichten zu haben
3 das Recht, als Anwalt tätig zu sein
4 die Fähigkeit, als Zeuge vor Gericht auszusagen
5 die Fähigkeit, vor Gericht als Sachverständiger aufzutreten ▶ ☐

Lösungen der Aufgaben auf Seite 518

Tragen Sie die eingerahmten Kennziffern der richtigen Antworten in die Kästchen ein.

88. Aufgabe

Welches ist ein zweiseitiges Rechtsgeschäft?

1 Kündigung
2 Testament
3 Werkvertrag
4 Anfechtung
5 Auslobung
6 Beherbergungsvertrag

89. Aufgabe Auszug aus dem *Handelsgesetzbuch* (HGB):

§ 54 (Handlungsvollmacht)

(1) Ist jemand ohne Erteilung der Prokura zum Betrieb eines Handelsgewerbes oder zur Vornahme einer bestimmten zu einem Handelsgewerbe gehörigen Art von Geschäften oder zur Vornahme einzelner zu einem Handelsgewerbe gehöriger Geschäfte ermächtigt, so erstreckt sich die Vollmacht (Handlungsvollmacht) auf alle Geschäfte und Rechtshandlungen, die der Betrieb eines derartigen Handelsgewerbes oder die Vornahme derartiger Geschäfte gewöhnlich mit sich bringt.

(2) Zur Veräußerung oder Belastung von Grundstücken, zur Eingehung von Wechselverbindlichkeiten, zur Aufnahme von Darlehen und zur Prozessführung ist der Handlungsbevollmächtigte nur ermächtigt, wenn ihm eine solche Befugnis besonders erteilt ist.

(3) Sonstige Beschränkungen der Handlungsvollmacht braucht ein Dritter nur dann gegen sich gelten zu lassen, wenn er sie kannte oder kennen musste.

Welche Aussage über die vorstehende Rechtsnorm (§ 54 HGB) ist richtig?

1 Sie kann nur schriftlich erteilt werden.
2 Sie muss immer in das Handelsregister eingetragen werden.
3 Sie kann auch stillschweigend – durch Duldung bestimmter Handlungen – erteilt werden.
4 Sie kann nur von einem Vollkaufmann erteilt werden.
5 Sie ist umfassender als die Prokura.

90. Aufgabe

Welchen Lebenszeitraum umfasst die beschränkte Geschäftsfähigkeit?

1 Von der Geburt bis zum vollendeten 6. Lebensjahr
2 von der Geburt bis zum vollendeten 14. Lebensjahr
3 vom vollendeten 6. Lebensjahr bis zum vollendeten 14. Lebensjahr
4 vom vollendeten 7. Lebensjahr bis zum vollendeten 18. Lebensjahr
5 vom vollendeten 14. Lebensjahr bis zum vollendeten 18. Lebensjahr

Lösungen der Aufgaben auf Seite 518

2

Tragen Sie die eingerahmten Kennziffern der richtigen Antworten in die Kästchen ein.

91. Aufgabe

Ein fünfjähriges Mädchen, das sich ohne Begleitung in einem Kaufhaus aufhält, möchte zwei Computerspiele für 28,80 DM erwerben. Aus welchem Grunde kann das Mädchen einen rechtswirksamen Kaufvertrag nicht abschließen?

1 Weil sie nur beschränkt rechtsfähig ist.
2 Weil sie nur beschränkt geschäftsfähig ist.
3 Weil sie geschäftsunfähig ist.
4 Weil sie noch nicht rechtsfähig ist.
5 Weil der „Taschengeldparagraph" dieses nicht zulässt. ▶ ☐

92. Aufgabe

Welche Rechtsgeschäfte kann der 17-jährige Dirk (50,00 DM Taschengeld im Monat) ohne Zustimmung des gesetzlichen Vertreters wirksam abschließen?

1 Die Eröffnung eines Postbankkontos
2 das Mieten einer günstigen Wohnung
3 den Ratenkauf eines Mofas für den Schulweg
4 den Neukauf einer CD (Compact Disc) ▶ ☐

93. Aufgabe

Die 16-jährige Anika ist minderjährig und damit beschränkt geschäftsfähig. Welchen Zweck verfolgt der Gesetzgeber mit dieser Beschränkung?

1 Der Minderjährige soll im rechtsgeschäftlichen Verkehr vor Übervorteilung geschützt werden.
2 Die Eltern des Minderjährigen sollen Erziehungsmaßnahmen unbeschränkt ausüben dürfen.
3 Die volljährigen Vertragspartner sollen rechtliche Vorteile erwerben und vor Minderjährigen geschützt werden.
4 Die Autorität der Eltern des Minderjährigen soll aus Gründen des Familienschutzes gesichert sein.
5 Der Minderjährige soll Kaufverträge im Rahmen seines Taschengeldes nicht selbständig abschließen dürfen. ▶ ☐

Lösungen der Aufgaben auf Seite 518

2,4,1,7,6,3,5,8

Tragen Sie die eingerahmten Kennziffern der richtigen Antworten in die Kästchen ein.	
94. Aufgabe **Welche Vertragsart verschafft an einer Sache Besitz und Eigentum?** 1 Der Kaufvertrag 2 der Leasingvertrag 3 der Werkvertrag 4 der Mietvertrag 5 der Leihvertrag ▶	☐
95. Aufgabe **Anja arbeitet in der Zentralbeschaffungsabteilung einer großen Hotelkette. Sie weiß, dass für das Zustandekommen eines Kaufvertrages die Anfrage und das Angebot von Bedeutung sind. Welche der nachstehenden Aussagen ist dementsprechend korrekt?** 1 Ein Angebot muss unbefristet sein, damit sich der Käufer in Ruhe entscheiden kann. 2 Ein fernmündlich abgegebenes Angebot ist in jedem Fall schriftlich zu bestätigen. 3 Die Anfrage eines Kunden ist immer verbindlich, dagegen das Angebot grundsätzlich unverbindlich. 4 Bittet ein möglicher Gast darum, ihm einen Katalog zu übersenden, so unterbreitet das Hotel bei Zusendung ein verbindliches Angebot zum Abschluss eines Kaufvertrages. 5 Wenn ein Kunde das Hotel darum bittet, ihm mitzuteilen, ob es ein Buffet zu einem bestimmten Preis liefern kann, so kommt damit noch kein Kaufvertrag zustande. ▶	☐
96. Aufgabe **Wer ist Kaufmann kraft Rechtsform (Formkaufmann)?** 1 Eine KG 2 der Vorstand einer AG ▶ 3 der Geschäftsführer einer GmbH 4 eine Genossenschaft oder 5 ein Kommanditist ▶	☐ oder ☐
97. Aufgabe **Wo wird das Handelsregister geführt?** 1 Beim Verwaltungsgericht 2 beim Amtsgericht 3 beim Gewerbeaufsichtsamt 4 bei der Industrie- und Handelskammer 5 bei der Landesregierung ▶	☐

Lösungen der Aufgaben auf Seite 518/519

2

Tragen Sie die eingerahmten Kennziffern der richtigen Antworten in die Kästchen ein.

98. Aufgabe

Ordnen Sie zu, indem Sie die entsprechenden Kennziffern von Vertragsarten in die Kästchen bei den Beispielen für Verträge eintragen:

1 Kaufvertrag
2 Werkvertrag
3 Darlehensvertrag
4 Pachtvertrag
5 Leihvertrag
6 Werklieferungsvertrag

Eine Brauerei übergibt einem Gastwirt einen Holztisch mit Stühlen. Der Gastwirt verpflichtet sich, den vereinbarten Preis zu bezahlen. ► ☐

Ein Gastwirt beauftragt einen Schreiner, eine Theke anzufertigen, und stellt dafür das Holz zur Verfügung. Er verpflichtet sich, den vereinbarten Preis zu bezahlen. ► ☐

Eine Brauerei überlässt einem Gastwirt eine eingerichtete Gaststätte zur gewerblichen Nutzung. Der Gastwirt verpflichtet sich, dafür monatlich 2.500,00 DM zu bezahlen. ► ☐

Ein Gastwirt borgt sich von einem Nachbarn Eier aus, weil ein Kegelklub überraschend eingekehrt ist, der entsprechende Speisen verlangt. ► ☐

99. Aufgabe

Das Hotel „Klabautermann" erhält von der sie beliefernden Brauerei die Quartalsabrechnung. Die Brauerei bittet darum, den noch offenen Rechnungsbetrag per Überweisung zu bezahlen. Bringen Sie die damit zusammenhängenden Arbeitsgänge, die nachstehend aufgeführt sind, in die richtige Reihenfolge.

1 Das Hotel „Klabautermann" erhält die Rechnung der Brauerei ► ☐

2 Das Hotel reicht den ausgefüllten Überweisungsvordruck bei der Postbank ein. ► ☐

3 Die Brauereirechnung wird in der Buchhaltungsabteilung des Hotels geprüft und anschließend zur Bezahlung freigegeben ► ☐

4 Das Postbankkonto des Hotels wird belastet. ► ☐

5 Eine Mitarbeiterin des Hotels füllt den Überweisungsvordruck aus. ► ☐

→

Lösungen der Aufgaben auf Seite 519

Tragen Sie die eingerahmten Kennziffern der richtigen Antworten in die Kästchen ein.

▷ *Fortsetzung der 99. Aufgabe* ▷

6 Der Überweisungsbetrag wird dem Konto der Brauerei bei der Postbank gutgeschrieben ▶ ☐

7 Die Postbank übersendet dem Hotel einen Kontoauszug, auf dem die Belastung der Überweisung an die Brauerei ersichtlich ist. ▶ ☐

100. Aufgabe

Welche Aussagen zur Rechtsfähigkeit sind richtig?

1 Die Rechtsfähigkeit einer Kapitalgesellschaft beginnt mit der Eintragung im Handelsregister.

2 Die Rechtsfähigkeit einer juristischen Person beginnt mit der Geschäftsfähigkeit.

3 Die Rechtsfähigkeit einer GmbH endet mit der Löschung im Register.

4 Die Rechtsfähigkeit einer natürlichen Person kann durch Gerichtsurteil eingeschränkt werden. ▶ ☐

5 Die Rechtsfähigkeit einer natürlichen Person beginnt mit der Volljährigkeit. ▶ ☐

101. Aufgabe

Welche Aussage über den Widerruf bei Abzahlungsgeschäften ist richtig?

1 Für den Widerruf ist im Gesetz keine Frist genannt, eine Begründung ist jedoch erforderlich.

2 Das Geschäft kann nur schriftlich innerhalb von einer Woche widerrufen werden.

3 Ein Abzahlungsgeschäft kann grundsätzlich nicht widerrufen werden.

4 Der Widerruf kann nur sofort nach Vertragsabschluss vorgenommen werden.

5 Der Widerruf kann nur mündlich innerhalb einer Woche erfolgen. ▶ ☐

Lösungen der Aufgaben auf Seite 519

Tragen Sie die eingerahmten Kennziffern der richtigen Antworten in die Kästchen ein.

102. Aufgabe

Welche Aussagen über Rechtsgeschäfte sind richtig?

1 Die Kündigung eines Arbeitsvertrages ist eine einseitige empfangsbedürftige Willenserklärung.
2 Die Eigentumsübertragung beweglicher Sachen ist ein einseitiges Rechtsgeschäft.
3 Die Errichtung eines Testaments ist eine einseitige, nicht empfangsbedürftige Willenserklärung.
4 Die Eigentumsübertragung von Grundstücken (Auflassung und Eintragung im Grundbuch) ist ein einseitiges Rechtsgeschäft. ▶ ☐
5 Die Schenkung ist ein einseitiges Rechtsgeschäft. ▶ ☐

103. Aufgabe

Ordnen Sie zu, indem Sie die Kennziffern von drei der insgesamt sechs Erklärungen in die Kästchen bei den Steuerarten eintragen:

1 Mit dieser Steuerart ist grundsätzlich jede Ware belastet, die im Inland verkauft wird.
2 Zu dieser Steuer werden Personen herangezogen, wenn sie z. B. Gewinne aus einem Geschäft oder Einnahmen aus freiberuflicher Tätigkeit haben.
3 Diese Steuer fällt nur bei juristischen Personen an.
4 Diese Steuer wird vom Arbeitsentgelt einbehalten und vom Arbeitgeber an das Finanzamt abgeführt.
5 Bemessungsgrundlage dafür ist z. B. der Gewinn einer AG.
6 Bei dieser Steuer handelt es sich um eine zweckgebundene Einnahme des Staates.

– Umsatzsteuer ▶ ☐
– Einkommensteuer ▶ ☐
– Lohnsteuer ▶ ☐

104. Aufgabe

Auf der Lohnsteuerkarte eines Angestellten, dessen monatliches Bruttogehalt 2.540,00 DM beträgt, ist ein Freibetrag von 250,00 DM je Monat eingetragen. Was bedeutet das?

1 Die lohnsteuerpflichtigen Einkünfte vermindern sich um 250,00 DM je Monat.
2 Zum Jahresende werden ohne Antrag 3.000,00 DM vom Finanzamt zurückerstattet. →

Lösungen der Aufgaben auf Seite 519

Tragen Sie die eingerahmten Kennziffern der richtigen Antworten in die Kästchen ein.

▷ *Fortsetzung der 104. Aufgabe* ▷

3 Das Bruttogehalt erhöht sich um 250,00 DM je Monat.
4 Die Lohnsteuer ermäßigt sich um 250,00 DM je Monat.
5 Das Nettogehalt erhöht sich um 250,00 DM je Monat. ▶ ☐

105. Aufgabe

Welche Steuer fließt ausschließlich den Gemeinden zu?

1 Kraftfahrzeugsteuer
2 Mineralölsteuer
3 Umsatzsteuer
4 Vermögensteuer
5 Grundsteuer
6 Hundesteuer ▶ ☐

106. Aufgabe

Welche Aussage über den Scheck ist richtig?

1 Schecks dürfen unabhängig vom jeweiligen Kontostand in unbegrenzter Höhe ausgestellt werden.
2 Schecks dürfen nur ausgestellt werden, wenn der Aussteller auf seinem Konto über ein ausreichendes Guthaben oder ein entsprechendes Kreditlimit verfügt.
3 Schecks können grundsätzlich nur bis zu einer Höhe von 400,00 DM ausgestellt werden.
4 Die Einlösung jedes Schecks wird von der bezogenen Bank in unbegrenzter Höhe jederzeit garantiert.
5 Schecks über 1.000,00 DM können nur nach Rücksprache mit dem bezogenen Kreditinstitut in Umlauf gebracht werden. ▶ ☐

107. Aufgabe

Welche Aufzählung enthält ausschließlich Besitzsteuern?

1 Lohnsteuer – Grundsteuer – Getränkesteuer
2 Einkommensteuer – Kirchensteuer – Branntweinsteuer
3 Kraftfahrzeugsteuer – Lohnsteuer – Getränkesteuer
4 Körperschaftsteuer – Gewerbesteuer – Einkommensteuer
5 Mineralölsteuer – Vermögensteuer – Umsatzsteuer ▶ ☐

108. Aufgabe

Welches Angebot verstößt gegen die gesetzlichen Bestimmungen des unlauteren Wettbewerbs?

1 Die Zimmervermietung durch eine Hotelkette mit einem Großabnehmernachlass
2 das Anbieten eines Mitarbeiternachlasses für den Eigenbedarf →

Lösungen der Aufgaben auf Seite 519

2

Tragen Sie die eingerahmten Kennziffern der richtigen Antworten in die Kästchen ein.

▷ *Fortsetzung der 108. Aufgabe* ▷

3 das Angebot von Kugelschreibern und Duschlotion in Portionspackungen mit dem Aufdruck des Hotelnamens
4 die Abgabe von Hotelzimmern zum 50-jährigen Geschäftsjubiläum zu einem besonders günstigen Preis
5 das Angebot an Hotelgäste, bei sofortigem Rechnungsausgleich 12% Nachlass zu gewähren ▶ ☐

109. Aufgabe

Ordnen Sie zu, indem Sie die Kennziffern von drei der insgesamt sechs Ausgabenbelege in die Kästchen bei den steuerlich abzugsfähigen Ausgaben beim Lohnsteuerjahresausgleich eintragen:

Ausgabenbelege

1 Spendenquittung für kirchliche Hilfswerke
2 Quittung für Zeitschriften
3 Bescheinigung des Arbeitgebers über die einbehaltenen Sozialversicherungsbeiträge
4 Quittung für Fachliteratur
5 Nachweise für die auswärtige Unterbringung der Tochter zur Berufsausbildung
6 Zinslastschrift für in Anspruch genommenen Dispositionskredit

Steuerlich abzugsfähige Ausgaben beim Lohnsteuerjahresausgleich

– Vorsorgeaufwendungen ▶ ☐
– außergewöhnliche Belastungen ▶ ☐
– Werbungskosten ▶ ☐

110. Aufgabe

Welche Punkte sind beim Vorlegen eines Euroschecks mit dazugehöriger Scheckkarte zu überprüfen?

1 Kontonummer, Kartennummer, Unterschrift, Name der Bank, Name des Kontoinhabers
2 Kontonummer, Kartennummer, Unterschrift, Name der Bank, Reisepassnummer
3 Kontonummer, Kartennummer, Gültigkeitsdauer, Unterschrift, Name der Bank
4 Kontonummer, Gültigkeitsdauer, Unterschrift, Name der Bank, Nummer des Kontoauszugs
5 Kontonummer, Kartennummer, Unterschrift, Gültigkeitsdauer, Personalausweisnummer ▶ ☐

Lösungen der Aufgaben auf Seite 519

Tragen Sie die eingerahmten Kennziffern der richtigen Antworten in die Kästchen ein.

111. Aufgabe

Wann benötigt man einen Zahlschein?

1 Schuldner und Gläubiger haben beide ein Konto.
2 Schuldner und Gläubiger haben kein Konto.
3 Schuldner und Gläubiger haben ein Postbankkonto.
4 Schuldner hat kein Konto, Gläubiger hat ein Bankkonto.
5 Schuldner hat ein Bankkonto, Gläubiger hat kein Konto. ▶ ☐

112. Aufgabe

Welche Zahlungsweise ist bargeldlos?

1 Verrechnungsscheck
2 Postanweisung
3 Barscheck
4 telegrafische Überweisung
5 Zahlkarte ▶ ☐

113. Aufgabe

Ordnen Sie zu, in welchen Fällen zweckmäßigerweise nebenstehende Zahlungsweisen vorgenommen werden:

1 Rechnung des Fleischlieferanten
2 Heizölrechnung
3 Zahlung der Umsatzsteuer (monatlich)
4 Pachtzahlung (monatlich)
5 Telefonrechnung
6 Kauf eines Fachbuches

Dauerauftrag ▶ ☐
Einzugsermächtigung ▶ ☐

114. Aufgabe

Wie nennt man den vom Bezogenen durch Unterschrift angenommenen Wechsel?

1 Indossament
2 Akzept
3 Rimesse
4 Tratte
5 Regress ▶ ☐

Lösungen der Aufgaben auf Seite 519

Tragen Sie die eingerahmten Kennziffern der richtigen Antworten in die Kästchen ein.

115. Aufgabe

Ordnen Sie die folgenden Sparformen den nebenstehenden Sparmöglichkeiten zu:

1 Kontensparen
2 Wertpapiersparen

Sparbriefe ▶ ☐
Termineinlage ▶ ☐
Bundesschatzbrief ▶ ☐
Bausparvertrag ▶ ☐
Investmentzertifikate ▶ ☐

116. Aufgabe

Welches der folgenden Wertpapiere zählt zu den Gläubigerpapieren?

1 Konnossement
2 Aktie
3 Pfandbrief
4 Investmentzertifikat
5 Wandelschuldverschreibung ▶ ☐

117. Aufgabe

Wer stellt die Lohnsteuerkarte für Arbeitnehmer aus?

1 Finanzamt
2 Gewerbeaufsichtsamt
3 Gemeinde- oder Stadtverwaltung
4 Landratsamt
5 Arbeitgeber ▶ ☐

118. Aufgabe

Wonach richtet sich die Höhe der Lohnsteuer?

1 Nach den in der Lohnsteuerkarte eingetragenen Freibeträgen
2 nach dem Status des Arbeitnehmers als Angestellter, Arbeiter oder Beamter
3 nach dem Vermögen des Arbeitnehmers
4 ausschließlich nach der Lohnhöhe des Arbeitnehmers
5 nach der Lohnhöhe und dem Familienstand des Arbeitnehmers ▶ ☐

Lösungen der Aufgaben auf Seite 519

Tragen Sie die eingerahmten Kennziffern der richtigen Antworten in die Kästchen ein.

119. Aufgabe

Wer gehört in die Steuerklasse III?

1 Eine ledige Arbeitnehmerin
2 ein verheirateter Arbeitnehmer, dessen Ehefrau nicht arbeitet
3 eine verheiratete Arbeitnehmerin, deren Ehemann arbeitet
4 eine Arbeitnehmerin, die im zweiten Arbeitsverhältnis Lohn bezieht
5 ein lediger Arbeitnehmer, der mit der nicht berufstätigen Mutter einer gemeinsamen Tochter zusammenlebt ▶ ☐

120. Aufgabe

Welche Einnahmen des Staates gehören nicht zu den öffentlichen Abgaben?

1 Einnahmen aus dem Branntweinmonopol
2 Beiträge zum Sportverein
3 Gebühren für Reisepass
4 Zölle ▶ ☐

121. Aufgabe

Ordnen Sie die Einteilung der Steuern entsprechend den nebenstehenden Steuerarten zu:

1 Personensteuer
2 Realsteuer
3 Verkehrsteuer
4 Verbrauchsteuer

Schaumweinsteuer ▶ ☐
Gewerbesteuer ▶ ☐
Grunderwerbsteuer ▶ ☐
Umsatzsteuer ▶ ☐
Grundsteuer ▶ ☐
Lohnsteuer ▶ ☐
Körperschaftsteuer ▶ ☐

122. Aufgabe

Was bedeutet die Kurtaxe für Wirt und Gäste?

1 Alle Gäste können, nach Zahlung einer Kurtaxe, kostenlos Kurveranstaltungen besuchen
2 Kurtaxe ist eine Abgabe an die Kurgemeinde
3 Kurtaxe mindert die Übernachtungspreise im Kurhotel
4 Sie ist ein Pauschalangebot für Kurgäste
5 Kurtaxe ist eine Sonderabgabe von Kurhotels ▶ ☐

Lösungen der Aufgaben auf Seite 519

Tragen Sie die eingerahmten Kennziffern der richtigen Antworten in die Kästchen ein.

123. Aufgabe

Welche der Umsätze eines gastgewerblichen Unternehmens unterliegen dem ermäßigten Steuersatz von derzeit 8 %?

1 Bankettlieferung (Speisen) in das benachbarte Ausland
2 Beherbergungsumsatz
3 Personalverpflegung
4 Speisenverkauf außer Haus
5 Speisenumsatz im Restaurant ► ☐
6 Verkauf von Zeitschriften an der Rezeption ► ☐

124. Aufgabe

Entscheiden Sie, welche der nachstehenden Arbeitnehmeraufwendungen als Werbungskosten oder Sonderausgaben geltend gemacht werden können, und ordnen Sie diese zu:

1 Werbungskosten
2 Sonderausgaben

Beiträge zur privaten Lebensversicherung ► ☐
Berufskleidung ► ☐
Fachliteratur ► ☐
Aufwendungen für Fahrten zur Arbeitsstätte ► ☐
Spende für das Rote Kreuz ► ☐

125. Aufgabe

Auf welche Steuer trifft folgende Aussage zu: Da sie vom Letztverbraucher (= Gast) alleine getragen wird, ist sie für den Unternehmer ein durchlaufender Posten.

1 Gewerbesteuer
2 Tabaksteuer
3 Umsatzsteuer
4 Getränkesteuer
5 Vergnügungssteuer ► ☐

126. Aufgabe

Wofür benötigt man ein Girokonto?

1 Zur Anlage kurzfristiger liquider Mittel
2 Zur Abwicklung des bargeldlosen Zahlungsverkehrs
3 Zur problemlosen Aufnahme zinsgünstiger Kredite
4 Zur Anlage von Festgeld
5 Um eine Kreditkarte zu erhalten ► ☐

Lösungen der Aufgaben auf Seite 519

Tragen Sie die eingerahmten Kennziffern der richtigen Antworten in die Kästchen ein.

127. Aufgabe

Welche Sendungsart empfiehlt sich, wenn der Absender Ein- und Auslieferung der Sendung gegebenenfalls beweisen muss?

1 Übergabe-Einschreiben
2 Eilzustellung
3 Wertbrief
4 Einwurf-Einschreiben ▶ ☐

128. Aufgabe

Welche Sendungsart ist für einen Hausprospekt mit einem Gewicht von 45 g am günstigsten, der in einem Briefformat 235 × 125 × 10 mm versandt wird?

1 Büchersendung Kompakt
2 Standardbrief
3 Büchersendung Standard
4 Maxibrief ▶ ☐

129. Aufgabe

Gastronomische Betriebe müssen zur Betriebserhaltung Investitionen vornehmen. Was zählt zu den Investitionsgütern?

1 Küchenmaschinen
2 kosmetische Leistungen ▶ ☐
3 Heizöl ▶ ☐
4 Investmentanteile
5 Hotelbetten ▶ ☐

130. Aufgabe

Welche Gruppe von Betrieben gehört zum Bereich Handel und Dienstleistungen, jedoch nicht zur Produktion?

1 Tankstelle, Konditorei
2 Metzgerei, Warenhaus
3 Restaurant, Möbelfabrik
4 Getränkemarkt, Kreditbank ▶ ☐
5 Modefachgeschäft, Hotel ▶ ☐

131. Aufgabe

Gasthaus „Seeblick“ wird von einem neuen Eigentümer erworben. Welche Aussage zum Arbeitsverhältnis der Beschäftigten ist richtig?

1 Die Arbeitsverhältnisse bestehen zunächst mit unveränderten Rechten und Pflichten fort.
2 Die Arbeitsverhältnisse sind gekündigt. Der neue Inhaber ist aber verpflichtet, nach bestem Wissen und Gewissen die Arbeitnehmer neu einzustellen.

→

Lösungen der Aufgaben auf Seite 519

Tragen Sie die eingerahmten Kennziffern der richtigen Antworten in die Kästchen ein.

▷ *Fortsetzung der 131. Aufgabe* ▷

3 Die Arbeitsverhältnisse bestehen fort. Der neue Inhaber kann aber sofort die Arbeitsbedingungen ändern.
4 Die Arbeitsverhältnisse bestehen fort. Der neue Inhaber kann aber sofort einen neuen Betriebsrat wählen lassen.
5 Die Arbeitsverhältnisse sind gekündigt. Die Arbeitnehmer können auf Wiedereinstellung klagen. ▶ ☐

132. Aufgabe

Welche Rechte hat ein Aktionär?

1 Das Recht auf laufende Überwachung der Geschäftstätigkeit des Vorstandes einer AG
2 das Recht auf Tantieme
3 das Stimmrecht bei der Wahl des Vorsitzenden des Aufsichtsrates einer AG
4 das Stimmrecht bei der Abberufung der Mitglieder des Vorstandes einer AG
5 das Stimmrecht bei der Entlastung der Mitglieder des Vorstandes und des Aufsichtsrats einer AG ▶ ☐

133. Aufgabe

Welche Betriebsart strebt keinen Gewinn, sondern Kostendeckung an?

1 Ein Hotelbetrieb
2 ein Einzelhandelsbetrieb
3 eine Jugendherberge
4 eine Bank ▶ ☐

134. Aufgabe

Welche Aussage über die Inhaberin einer Aktie trifft zu?

1 Sie ist stille Gesellschafterin einer Aktiengesellschaft.
2 Sie ist Vorstandsmitglied einer Aktiengesellschaft.
3 Sie ist Aufsichtsratsmitglied einer Aktiengesellschaft.
4 Sie ist Teilhaberin einer Aktiengesellschaft.
5 Sie ist Vollhafterin einer Aktiengesellschaft. ▶ ☐

Lösungen der Aufgaben auf Seite 519

Tragen Sie die eingerahmten Kennziffern der richtigen Antworten in die Kästchen ein.

135. Aufgabe

Nachstehend sind die in der Gastronomie vorkommenden Kostenarten aufgeführt. Ordnen Sie diese den anfallenden Kosten zu:

1 Personalkosten
2 Kapitalkosten
3 Stoffkosten
4 Fremdleistungskosten

Freiwillige Sozialkosten ▶ ☐
Versicherungen ▶ ☐
Betriebsstoffe ▶ ☐
Reparaturkosten ▶ ☐
Gehälter ▶ ☐
Zinsen ▶ ☐

136. Aufgabe

Worauf haben alle gastgewerblichen Betriebe, die sehr lohnintensiv arbeiten, bei der Standortwahl besonders zu achten?

1 Steuerklasse der Mitarbeiter
2 Höhe des Kindergeldes der Beschäftigten
3 Tariflöhne des Standortes
4 Familienstand der Mitarbeiter
5 Zahl der Fortbildungswilligen am Standort ▶ ☐

137. Aufgabe

Bei der Beurteilung des günstigsten Standortes eines Hotelbetriebes sind verschiedene Kriterien zu überprüfen. Bringen Sie diese in eine logische/richtige Reihenfolge.

1 Grundstücks- und Pachtsituation ▶ ☐
2 Gefährdungen des Standortes durch Grundwasser und Bergschäden ▶ ☐
3 Baubeschränkungen durch Ortsbehörden ▶ ☐
4 Anschluss an die nächste Autobahn und Eisenbahn ▶ ☐

138. Aufgabe

Was verstehen Sie unter „optimaler Betriebsgröße“?

1 Durchschnittliche Betriebsgröße
2 Betrieb mit ausgesprochen gutem Betriebsklima
3 Betrieb mit funktionsgerechter/m Küche und Restaurant
4 Betrieb mit günstigstem Verhältnis zwischen Ertrag und Aufwand bei voller Kapazitätsauslastung ▶ ☐

Lösungen der Aufgaben auf Seite 519

2

Tragen Sie die eingerahmten Kennziffern der richtigen Antworten in die Kästchen ein.

139. Aufgabe

Worin liegen die Vorteile der GmbH & Co. KG?

1 Seltene Firmenbezeichnung
2 im Wirtschaftsleben besonders beliebt
3 Verknüpfung der Haftungsbeschränkung mit Gewinnvorteilen
4 geringe Gründungskosten ▶ ☐

140. Aufgabe

Worauf hat der Pächter eines gastronomischen Betriebes zu achten?

1 Firma des Pachtbetriebes
2 Höhe des Pachtzinses
3 Wohnort des Verpächters ▶ ☐
4 Betriebsgewinn in den letzten fünf Jahren
5 notariell beurkundeter Vertrag ▶ ☐

141. Aufgabe

Welche Aussage trifft auf einen Pachtvertrag zu?

1 Überlassung von Ware gegen Geld
2 Überlassung von Geld gegen Zins
3 Gebrauchsüberlassung gegen Geld
4 Gebrauchsüberlassung und Nutzung gegen Geld
5 Gebrauchsüberlassung ohne Entgelt ▶ ☐

142. Aufgabe

Ein Gast betritt das Restaurant „Auerhahn", um zu speisen. In welchem der nachfolgenden Fälle ist der Bewirtungsvertrag zuerst zustande gekommen?

1 Beim Betreten des Restaurants
2 beim Aufnehmen der Bestellung des Gastes durch den Restaurantfachmann
3 beim Auswählen des Essens aus der Speisekarte durch den Gast
4 beim Servieren der bestellten Speisen durch den Restaurantfachmann
5 beim Verzehr der Speisen durch den Gast ▶ ☐

Lösungen der Aufgaben auf Seite 519

Tragen Sie die eingerahmten Kennziffern der richtigen Antworten in die Kästchen ein.

143. Aufgabe

Dem Gast des Hotels „Schwarzer Adler" kommt ein wertvoller Sakko abhanden. Bis zu welchem Betrag muss der Hotelier haften, wenn der Zimmerpreis 80,00 DM pro Übernachtung beträgt?

1 Bis zu 1.000,00 DM
2 bis zu 1.500,00 DM
3 bis zu 2.000,00 DM
4 bis zu 6.000,00 DM
5 bis zu 8.000,00 DM

144. Aufgabe

Vom Hotel „Frankenhof" wird einem bereits abgereisten Gast ein liegengelassener Gegenstand nachgesandt. Welchen gesetzlichen Anspruch hat der Hotelier?

1 Anspruch auf Finderlohn in Höhe von 3% bei einem Wert des Gegenstandes bis zu 1.000,00 DM
2 Anspruch auf Finderlohn in Höhe von 5% bei einem Wert des Gegenstandes über 5.000,00 DM
3 Anspruch auf 1% Finderlohn sowie auf Ersatz der entstandenen Telefonkosten
4 Anspruch auf Ersatz der angefallenen Telefon- und Portokosten
5 Anspruch auf 1% Finderlohn ohne Begrenzung des Wertes des liegengebliebenen Gegenstandes

145. Aufgabe

In welchem der nachstehenden Fälle steht dem Gastronomen ein Pfandrecht an den eingebrachten Sachen des Gastes zu?

1 Bei Forderungen aus dem Verkauf von Speisen an einen Gast
2 bei Forderungen aus dem Verkauf über die Straße
3 bei Forderungen aus der Übernachtung eines Gastes
4 bei Forderungen aus einem an einen Gast vergebenen Darlehen
5 bei Forderungen aufgrund von Sachbeschädigungen durch einen Spaziergänger

146. Aufgabe

Für welche Betriebsart besteht Meldepflicht nach dem *Melderechtsrahmengesetz*?

1 Jugendherbergen des Deutschen Jugendherbergswerkes
2 Hotel garni
3 Fortbildungsstätte für Mitglieder einer Gewerkschaft
4 Erholungsheime für Mitglieder einer Firma
5 Exerzitienhaus der katholischen Kirche

Lösungen der Aufgaben auf Seite 519

2

Tragen Sie die eingerahmten Kennziffern der richtigen Antworten in die Kästchen ein.

147. Aufgabe

Welche Aussage zum Verkauf von Zubehörwaren ist rechtlich einwandfrei?

1 Der Verkauf von Zubehörwaren zum baldigen Verbrauch an Gäste außerhalb der Sperrzeit ist auch an Sonn- und Feiertagen gestattet.
2 Der Verkauf von Zubehörwaren an Sonn- und Feiertagen an Gäste ist nach dem Ladenschlussgesetz nicht gestattet.
3 Da das Gastgewerbe nicht dem Ladenschlussgesetz unterliegt, können allen Personen auch außerhalb der Ladenschlusszeiten Zubehörwaren verkauft werden.
4 Der Verkauf von Zubehörwaren innerhalb der Sperrzeiten ist nur an Werktagen gestattet.
5 Der Verkauf von Zubehörwaren innerhalb der Sperrzeiten ist auch an Feiertagen gestattet. ► ☐

148. Aufgabe

Welcher der folgenden Automaten kann ohne Genehmigung bzw. Erlaubnis aufgestellt werden?

1 Zigarettenautomat an der Fassade
2 Getränkeautomat in einer Passage, die auch vom öffentlichen Verkehrsraum aus sichtbar ist
3 Glücksspielautomat im Gastraum
4 Automat mit Süßigkeiten auf dem Parkplatz
5 Tischbillard in einem Nebenzimmer des Gasthauses ► ☐

149. Aufgabe

Von welcher Organisation werden die entsprechenden Urheberrechte wahrgenommen? Ordnen Sie zu:

1 DEHOGA
2 GÜFA
3 NGG
4 GEMA
5 VG-Wort
6 GVL

Vergabe von Aufführungsrechten in Funk und Fernsehen ► ☐
Rechte der Komponisten, Textdichter, Musikverleger ► ☐
Vergabe von Filmvorführrechten ► ☐
Rechte der Autoren ► ☐

Lösungen der Aufgaben auf Seite 519

Tragen Sie die eingerahmten Kennziffern der richtigen Antworten in die Kästchen ein.

150. Aufgabe

Anlässlich einer „Bayerischen Woche" unterhält ein Zitherspieler die Gäste. Von welcher Stelle ist eine gebührenpflichtige Genehmigung einzuholen?

1 Landratsamt
2 Gesellschaft für musikalische Aufführungsrechte (GEMA)
3 Polizei
4 Gemeindeamt
5 Gewerkschaft der Musiker ▶ ☐

151. Aufgabe

In welchem Fall sind vom Gastwirt keine GEMA-Gebühren abzuführen?

1 Bei Tanzveranstaltungen nach der Musikbox in einer Gaststätte
2 beim Aufstellen eines Fernsehgerätes + Video im Rahmen einer Tagung im Hotel
3 beim Aufstellen eines Rundfunkgerätes durch den Hotelgast im Hotelzimmer
4 beim öffentlichen Auftritt einer Sängerin mit Kapelle im Gastraum ▶ ☐
5 beim öffentlichen Konzert einer Gruppe von Laienmusikern im Gastraum ▶ ☐

152. Aufgabe

Welche Spiele können in der Gaststätte genehmigungsfrei gespielt werden?

1 Würfelspiele, z. B. Pasch
2 alle Kartenglücksspiele, auch mit Geldeinsatz
3 Geschicklichkeitsspiele, z. B. Skat
4 sonstige Glücksspiele, z. B. Roulette
5 alle Würfelspiele, die vorher angekündigt wurden ▶ ☐

Lösungen der Aufgaben auf Seite 519

2

Tragen Sie die eingerahmten Kennziffern der richtigen Antworten in die Kästchen ein.

153. Aufgabe

Was ist nach dem *Gesetz zum Schutz der Jugend in der Öffentlichkeit* für Jugendliche im Alter von 14 und 15 Jahren verboten?

1 Der Aufenthalt in einer Gaststätte, wenn sich der Jugendliche auf einer Reise befindet.
2 Der Aufenthalt in einer Gaststätte zur Einnahme einer Mahlzeit während der Mittagspause der Schule.
3 Die Teilnahme an einer öffentlichen Tanzveranstaltung ohne Begleitung eines Erziehungsberechtigten bis 24.00 Uhr.
4 Die Teilnahme an einem Lehrgang des Sportvereins im Nebenzimmer eines Gasthauses.
5 Der Aufenthalt in einer Gaststätte während einer Klassenfahrt. ▶ ☐

154. Aufgabe

Ordnen Sie folgende Grundsätze einer Gesamtmarketingkonzeption nach der bei der Durchführung zu beachtenden Reihenfolge:

1 Konzeptionen und Strategien entwerfen ▶ ☐
2 Maßnahmen durchführen ▶ ☐
3 Ziele setzen ▶ ☐
4 Maßnahmen festlegen ▶ ☐
▶ ☐

155. Aufgabe

Ordnen Sie die Marketinginstrumente nebenstehenden Begriffen zu:

1 kreative (gestaltende) Marketinginstrumente
2 kommunikative Marketinginstrumente

Verkaufsförderung ▶ ☐
Absatzmethode ▶ ☐
Werbung ▶ ☐
Öffentlichkeitsarbeit ▶ ☐
Preispolitik ▶ ☐
persönlicher Verkauf ▶ ☐
Angebotspolitik ▶ ☐

Lösungen der Aufgaben auf Seite 519

Tragen Sie die eingerahmten Kennziffern der richtigen Antworten in die Kästchen ein.

156. Aufgabe

Ordnen Sie folgende Werbemaßnahmen den nebenstehenden Werbearten zu:

1 Rundfunkwerbung
2 Werbung eines Hotels für eigene Leistung
3 Werbung eines Restaurants zusammen mit einem Kreditkarteninstitut
4 Werbebrief (Mailing)
5 gemeinsame Werbung von Gasthäusern mit Biergarten

- Sammelwerbung ▶ ☐
- Gemeinschaftswerbung ▶ ☐
- Einzelwerbung ▶ ☐
- Massenumwerbung (indirekte Werbung) ▶ ☐
- Einzelumwerbung (direkte Werbung) ▶ ☐

157. Aufgabe

Ein Kurhotel möchte seine Stammgäste für eine exklusive Gesundheitswoche mit ärztlicher Beratung gewinnen. Welche Werbemaßnahmen sind zu empfehlen?

1 Großformatige Anzeigen in überregionalen Tageszeitungen
2 Spots im lokalen Rundfunk
3 Diawerbung in Premierekinos
4 Werbespots im Fernsehen
5 Persönlicher Werbebrief ▶ ☐

158. Aufgabe

Welche der folgenden Marketingmaßnahmen zählen zur Public Relations?

1 Ein Restaurant stiftet der Stadt zwei Parkbänke mit Werbeaufdruck.
2 Ein Hotel gibt jedes Jahr eine Party für Behinderte.
3 Ein Hotel in einer strukturschwachen Gegend stellt drei Auszubildende mehr ein, als es in ein festes Ausbildungsverhältnis übernehmen kann.
4 Ein Hotel bietet Mitarbeitern in der Küche einen Französischkurs.
5 Ein Restaurant gewährt jedem Beschäftigten an seinem Geburtstag einen Tag Sonderurlaub. ▶ ☐

Lösungen der Aufgaben auf Seite 519

Tragen Sie die eingerahmten Kennziffern der richtigen Antworten in die Kästchen ein.

159. Aufgabe

Welche der Maßnahmen ist vorrangig kein PR-Instrument?

1 Haus- und Gästezeitschrift
2 Tag der offenen Tür
3 Sponsoring örtlicher Vereine
4 Pressemitteilung
5 Glückwunschkarte
6 Aktionswoche ▶ ☐

160. Aufgabe

Was versteht man unter „Corporate identity“?

1 Die Gesamtwirkung des Marketingmix auf die Zielgruppe
2 das durch PR, Werbung, Verkauf und Verkaufsförderung geprägte firmenspezifische Erscheinungsbild
3 die Identität des Unternehmens
4 besondere Firmenraten als Preisnachlass für Großkunden
5 die Wirkung, die sich durch den aufeinander abgestimmten Einsatz mehrerer Marketinginstrumente ergibt ▶ ☐

161. Aufgabe

Ein Restaurant wirbt mit einer Anzeige in der Programmbroschüre eines Theaters. Geben Sie die zutreffenden Werbearten an:

1 Einzelwerbung
2 Gemeinschaftswerbung
3 Einzelumwerbung (direkte Werbung)
4 Massenumwerbung (indirekte Werbung) ▶ ☐
5 Innenwerbung ▶ ☐
6 Außenwerbung ▶ ☐
7 Massenwerbung

162. Aufgabe

Welche Marktforschungsmaßnahme ist der Primärforschung zuzuordnen?

1 Befragung mittels Gästefragebogen
2 Gästekartei
3 Verbraucheranalyse der Werbeträger
4 Branchenbuch
5 Reservierungsstatistik ▶ ☐

Lösungen der Aufgaben auf Seite 519

Tragen Sie die eingerahmten Kennziffern der richtigen Antworten in die Kästchen ein.

163. Aufgabe

Welche Werbemaßnahme gilt als unlauterer Wettbewerb?

1 Gäste über eine Aktionswoche mit Werbebriefen (Mailing) informieren
2 Malwettbewerb für Kinder durchführen
3 Gästen in Werbebriefen auf Preisvorteile gegenüber der Konkurrenz hinweisen
4 Kinder bis 14 Jahren können kostenlos im Zimmer der Eltern übernachten
5 Gäste in Prospekten auf günstige Angebote außerhalb der Saison hinweisen ▶ ☐

164. Aufgabe

Welche Aufgaben werden von NGG und DEHOGA gemeinsam wahrgenommen?

1 Interessenvertretung der Beschäftigten im Gastgewerbe
2 Interessenvertretung der gastgewerblichen Unternehmen
3 Aushandeln von Lohn- und Manteltarifverträgen
4 Eintreten für die Mitbestimmung im Unternehmen
5 Kandidatenaufstellung für Betriebsratswahlen ▶ ☐

165. Aufgabe

Man unterscheidet im *Stabilitätsgesetz* wirtschafts- und sozialpolitische Ziele. Welches sind wirtschaftspolitische Ziele im Sinne des *Stabilitätsgesetzes*?

1 Ein angemessenes Wirtschaftswachstum
2 die Chancengleichheit
3 die gerechte Einkommensverteilung zwischen Arbeitgeber und Arbeitnehmer
4 das außenwirtschaftliche Gleichgewicht (Zahlungsbilanzgleichgewicht) ▶ ☐
5 die gerechte Vermögensverteilung ▶ ☐

166. Aufgabe

Mit welcher Maßgröße wird „angemessenes Wirtschaftswachstum" gemessen?

1 Unternehmereinkommen (Mrd. DM)
2 Einnahmen der öffentlichen und privaten Haushalte (Mrd. DM)
3 Bruttosozialprodukt (%)
4 Preisanstieg (%)
5 reales Bruttoinlandsprodukt ▶ ☐

Lösungen der Aufgaben auf Seite 519

2

Tragen Sie die eingerahmten Kennziffern der richtigen Antworten in die Kästchen ein.

167. Aufgabe

Ein Koch gehört der Gewerkschaft Nahrung – Genuss – Gaststätten an. Der Arbeitgeber ist dem DEHOGA angeschlossen. Nach welchen Vorschriften ist das Gehalt zu zahlen?

1 Die Höhe des Gehaltes bestimmt sich nach dem Gesetz über Mindestentlohnung.
2 Die Höhe des Gehaltes wird grundsätzlich zwischen den Vertragsparteien frei ausgehandelt.
3 Die Höhe des Gehaltes richtet sich nach den Empfehlungen der Gewerkschaft.
4 Die Höhe des Gehaltes wird immer zwischen Arbeitgeber und Betriebsrat ausgehandelt.
5 Die Höhe des Gehaltes richtet sich nach dem gültigen Entgelttarifvertrag. ▶ ☐

168. Aufgabe

Was versteht man in der Volkswirtschaft unter dem „außenwirtschaftlichen Gleichgewicht"?

1 Arbeitnehmer- und Arbeitgebereinkommen halten sich die Waage.
2 Ausfuhren und Einfuhren sind mengenmäßig ausgeglichen.
3 Der Wechselkurs der DM auf internationalen Devisenmärkten befindet sich im Gleichgewicht.
4 Einnahmen und Ausgaben in der Handels- und Dienstleistungsbilanz eines Landes sind ausgeglichen.
5 Ausgaben der privaten Haushalte stimmen mit Einnahmen der öffentlichen Haushalte überein. ▶ ☐

169. Aufgabe

Die Konjunktur einer Volkswirtschaft verläuft in Phasen. Bei welchen Phasen kann es zum Anstieg der Arbeitslosigkeit und sinkender Kapazitätsauslastung kommen?

1 Bei Rezession und Depression
2 bei Aufschwung und Abschwung
3 bei Hochkonjunktur und Aufschwung
4 bei Expansion und Depression
5 bei Boom und Depression ▶ ☐

Lösungen der Aufgaben auf Seite 519

Tragen Sie die eingerahmten Kennziffern der richtigen Antworten in die Kästchen ein.

170. Aufgabe

Welche Aussage zum Begriff Sozialprodukt ist vollständig?

1 Unter Sozialprodukt versteht man das Erwerbseinkommen aller Arbeitnehmer.
2 Unter Sozialprodukt versteht man die Summe aller Staatseinnahmen.
3 Unter Sozialprodukt versteht man die Summe aller Einkommensarten.
4 Unter Sozialprodukt versteht man den Wert aller in einem Jahr erstellten Güter und Dienstleistungen.
5 Unter Sozialprodukt versteht man den Wert aller Güter und Dienstleistungen nach Abzug der Steuern. ▶ ☐

171. Aufgabe

Wie kann sich eine Steuererhöhung auf die Konjunktur auswirken?

1 Steuererhöhungen sind konjunkturbelebend, da der Staat mehr Mittel für Investitionen hat.
2 Steuererhöhungen sind konjunkturdämpfend, da Massenkaufkraft abgeschöpft wird.
3 Steuererhöhungen haben keine Auswirkung, da der Staat das Geld zur Schuldentilgung benötigt.
4 Steuererhöhungen sind konjunkturdämpfend, weil sich dadurch die Schulden des Staates verringern.
5 Steuererhöhungen sind wie Steuersenkungen konjunkturneutral.

▶ ☐

172. Aufgabe

Die Deutsche Bundesbank beschließt eine Erhöhung des Diskontsatzes und der Mindestreserven. Welchen Einfluss soll diese Maßnahme auf die Geld- und Güterströme haben?

1 Geringerer Geld-, höherer Güterstrom
2 Verminderung des Kreditspielraums der Banken, Drosselung des Geld- und Güterstromes
3 Verminderung der Geldmenge der Banken, Erhöhung des Geld- und Güterstromes
4 höherer Geld-, geringerer Güterstrom
5 Erhöhung der Geldmenge der Banken, höherer Geld- und Güterstrom ▶ ☐

Lösungen der Aufgaben auf Seite 519

2

Tragen Sie die eingerahmten Kennziffern der richtigen Antworten in die Kästchen ein.

173. Aufgabe

Welche Aufgabe hat die Deutsche Bundesbank?

1 Festsetzen der Leitzinsen im Kreditgeschäft
2 Kontrolle der Wirtschaftspolitik der Bundesregierung
3 Festsetzen der Planziele im Rahmen des Stabilitätsgesetzes
4 Überwachen der Ausgaben im Bundeshaushalt
5 Erzielung eines Gewinns aus dem Geschäft mit Bundesschatzbriefen ▶ ☐

174. Aufgabe

Welcher der folgenden Vorgänge wirkt sich nicht auf das Bruttosozialprodukt aus?

1 Beseitigung von Hochwasserschäden
2 Produktionsausfall wegen Streiks
3 Produktion von Genußmitteln
4 Millionenschaden nach Brand in einem Hotel
5 Hausfrauenarbeit ▶ ☐

175. Aufgabe

Welche Merkmale kennzeichnen den Begriff „Fremdenverkehr"?

1 Anzahl der Gästeübernachtungen in einem Kurort
2 Raum
3 Übernachtung im Privatzimmer oder Hotelzimmer ▶ ☐
4 Herkunft des Gastes ▶ ☐
5 Ortsfremder
6 Aufenthaltsdauer des Gastes ▶ ☐

176. Aufgabe

Bei welcher Adressierung darf der Brief nur von der genannten Person geöffnet werden?

1 Hotel „Achtermann"
z. H. Frau Nicole Beutner

2 Hotel „Achtermann"
Rezeption – Frau Beutner

3 Frau
Nicole Beutner
in: Hotel „Achtermann" ▶ ☐

Lösungen der Aufgaben auf Seite 519

Tragen Sie die eingerahmten Kennziffern der richtigen Antworten in die Kästchen ein.

177. Aufgabe

Minderkaufleute (kleinere gastgewerbliche Betriebe) genügen ihrer Buchführungspflicht, wenn sie Mindestanforderungen erfüllen. Welche Maßnahmen zählen dazu?

1 Führen von Grund-, Haupt- und Nebenbüchern
2 Aufzeichnen des Wareneingangs und Warenausgangs
3 tägliches Erfassen der Kasseneinnahmen und -ausgaben
4 Buchen der Geschäftsfälle in Konten
5 monatliche, kurzfristige Erfolgsrechnung
6 Inventarisierung und Bilanzierung von Vermögen und Schulden
7 Gewinnermittlung am Ende des Geschäftsjahres

▶ ☐
▶ ☐
▶ ☐
▶ ☐

178. Aufgabe

Ordnen Sie die Dokumente nach der gesetzlich vorgegebenen Aufbewahrungsdauer:

1 6 Jahre
2 10 Jahre

Bankbelege ▶ ☐
Inventurlisten/Inventare ▶ ☐
Wareneingangsbuch ▶ ☐
Bon ▶ ☐
Rechnungen ▶ ☐
Jahresabschluss (Bilanz, Erfolgsrechnung) ▶ ☐

179. Aufgabe

Bringen Sie den Rechenweg zur Ermittlung des Erfolgs in die richtige Reihenfolge:

1 = Erfolg (Gewinn bzw. Verlust) ▶ ☐
2 + Privatentnahmen ▶ ☐
3 Reinvermögen am Ende des Geschäftsjahres ▶ ☐
4 – Reinvermögen am Anfang des Geschäftsjahres ▶ ☐
5 = Mehrung/Minderung des Reinvermögens ▶ ☐

Lösungen der Aufgaben auf Seite 519

Tragen Sie die eingerahmten Kennziffern der richtigen Antworten in die Kästchen ein.

180. Aufgabe

Welche der folgenden Konten sind passive Bestandskonten?

1 Verbindlichkeiten aus Lieferungen und Leistungen
2 technische Anlagen
3 Vorräte Lebensmittel
4 Betriebs- und Geschäftsausstattung ▶ ☐
5 Forderungen aus Lieferungen und Leistungen
6 Eigenkapital ▶ ☐

181. Aufgabe

Welche Aussage zur ordnungsmäßigen Inventur entspricht den gesetzlichen Vorschriften?

1 Bei der permanenten Inventur werden die Vermögenswerte und Schulden aus fortlaufend geführten Karteien entnommen. Mindestens zweimal jährlich muss eine Kontrolle in Form einer körperlichen Bestandsaufnahme erfolgen.
2 Bei der Stichtagsinventur wird aus Durchschnittswerten von Stichproben auf den Wert des Gesamtbestandes geschlossen.
3 Großbetriebe müssen aufgrund handelsrechtlicher Vorschriften jeden Monat Inventur machen.
4 Es erfolgt eine körperliche Bestandsaufnahme aller Vermögenswerte.
5 Es erfolgt eine mengen- und wertmäßige Aufnahme aller Vermögenswerte und Schulden. ▶ ☐

182. Aufgabe

Buchen Sie die Geschäftsfälle, indem Sie die Kennziffern der richtigen Konten in die Kästchen eintragen:

Einkauf von Lebensmitteln	**– auf Ziel**	**2.000,00 DM**
	– gegen Bankscheck	**1.000,00 DM**

1 Warenkosten Lebensmittel
2 Verbindlichkeiten a. LL
3 Umsatzerlöse Speisen
4 Kasse
5 Forderungen a. LL
6 Bank
7 Vorräte Lebensmittel

Soll ▶ ☐

Haben ▶ ☐ ▶ ☐

Lösungen der Aufgaben auf Seite 519

Tragen Sie die eingerahmten Kennziffern der richtigen Antworten in die Kästchen ein.

183. Aufgabe

Mit Materialentnahmeschein werden Getränke entnommen 2.000,00 DM. Ordnen Sie die beiden richtigen Kennziffern zu:

1 Vorräte Getränke
2 Verbindlichkeiten a. LL
3 Umsatzerlöse Getränke
4 Kasse
5 Forderungen a. LL
6 Warenkosten Getränke

Soll ▶ ☐

Haben ▶ ☐

184. Aufgabe

Am Jahresende ergibt sich auf dem Gewinn- und Verlustkonto einer Einzelunternehmung ein Gewinn von 120.000,00 DM. Durch welchen Buchungssatz wird das Gewinn- und Verlustkonto abgeschlossen?

1	Gewinn- und Verlustkonto	an Privatentnahmen	120.000,00 DM
2	Schlussbilanzkonto	an Gewinn- und Verlustkonto	120.000,00 DM
3	Eigenkapital	an Gewinn- und Verlustkonto	120.000,00 DM
4	Gewinn- und Verlustkonto	an Eigenkapital	120.000,00 DM
5	Gewinn- und Verlustkonto	an Schlussbilanzkonto	120.000,00 DM

▶ ☐

185. Aufgabe

Wie lautet die Formel für die Berechnung des prozentualen Gemeinkostenzuschlags?

1 $\frac{\text{Gemeinkosten DM} \quad 100}{\text{Wareneinsatz DM}}$

2 $\frac{\text{Wareneinsatz DM} \quad 100}{\text{Gemeinkosten DM}}$

3 $\frac{\text{Gemeinkosten DM} \quad \text{Wareneinsatz DM}}{100}$

4 $\frac{\text{Gesamtkosten DM} \quad 100}{\text{Wareneinsatz DM}}$

▶ ☐

Lösungen der Aufgaben auf Seite 519

2

Tragen Sie die eingerahmten Kennziffern der richtigen Antworten in die Kästchen ein.

186. Aufgabe

In welcher Übersicht sind die Kostenarten eines Betriebes nach Kostenstellen gegliedert?

1 Hauptbuch
2 Betriebsübersicht
3 Gewinn- und Verlustrechnung
4 Inventarliste
5 Betriebsabrechnungsbogen

187. Aufgabe

Stellen Sie sich vor, Sie haben in einigen Jahren einen Auszubildenden zu betreuen. Antworten Sie auf die Frage, wie man Lohnkosten, Energiekosten, Pachtzinsen, Reparaturkosten und Werbekosten in einem Begriff zusammenfasst.

1 Der Oberbegriff dafür lautet fixe Kosten
2 der Oberbegriff dafür lautet variable Kosten
3 der Oberbegriff dafür lautet Kalkulationskosten
4 der Oberbegriff dafür lautet Gemeinkosten
5 der Oberbegriff dafür lautet Selbstkosten

188. Aufgabe

Herr Weingarten ist seit einer Woche Gast in einem Hotel, in dem er ein Einzelzimmer für zwei Wochen gebucht hat. Entscheiden Sie, wann Herr Weingarten seine Hotelrechnung bezahlen muss:

1 bei Vorlage
2 täglich
3 innerhalb von zwei Tagen
4 wöchentlich
5 innerhalb von 20 Tagen

189. Aufgabe

Im Folgenden sind jeweils drei ausländische Währungen, in unterschiedlichen Mengeneinheiten kombiniert, aufgelistet. Wählen Sie die Kombination aus, die in allen drei Fällen die übliche Kursangabe in DM darstellt:

1 ein Englisches Pfund – 100 italienische Lire – 100 US-Dollar
2 100 Englische Pfund – 100 Österreichische Schilling – 100 Schwedische Kronen
3 100 Belgische Francs – ein US-Dollar – 100 Yen
4 ein Englisches Pfund – ein US-Dollar – ein Yen
5 100 Französische Francs – 100 Holländische Gulden – 1 000 Yen

Lösungen der Aufgaben auf Seite 519

Tragen Sie die eingerahmten Kennziffern der richtigen Antworten in die Kästchen ein.

190. Aufgabe

Ein Gast, den Sie zum ersten Mal sehen, übergibt Ihnen zur Begleichung seiner Hotelrechnung eine beschädigte Banknote. Entscheiden Sie sich für die richtige Vorgehensweise:

1 Sie nehmen die Banknote nicht an, weil eine beschädigte Banknote nicht mehr als Zahlungsmittel eingesetzt werden kann.
2 Sie nehmen die Banknote nicht an, weil ein Hotel nicht verpflichtet ist, Bargeld in unbegrenzter Höhe anzunehmen.
3 Sie nehmen die Banknote an, obwohl weniger als die Hälfte davon vorhanden ist.
4 Sie nehmen die Banknote an, weil noch mehr als die Hälfte davon vorhanden ist.
5 Sie nehmen die Banknote an, wenn der Gast die Beschädigung mit Hinterlegung seiner Adresse schriftlich bestätigt. ► ☐

191. Aufgabe

Wählen Sie die richtige Erklärung der Provision aus:

1 Lastschrift eines Hotels an ein Reisebüro
2 Rabattgewährung eines Hotels an Reiseteilnehmer, die im Hotel gespeist haben
3 Skontoabzug eines Reisebüros bei Bezahlung der Rechnung
4 Umsatzvergütung eines Hotels, z. B. an ein Reisebüro
5 ein Hotel gewährt einem Reiseleiter freie Unterkunft ► ☐

Lösungen der Aufgaben auf Seite 519

Catering

Tragen Sie die eingerahmten Kennziffern der richtigen Antworten in die Kästchen ein.

192. Aufgabe

Fallbeispiel:
Die Dienste von Caterern werden gerne von Fluggesellschaften in Anspruch genommen. Aber auch mancher Gastgeber überlässt die Versorgung seiner Gäste einem Caterer. Aufgrund der gestiegenen Nachfrage bieten in Deutschland immer mehr Caterer ihre Leistungen an. In einer Kleinstadt gibt es z. B. fünf Caterer, die jeweils verschiedene Zielgruppen beliefern.

192.1

Aufgrund der unterschiedlichen Zielgruppen, die sie ansprechen, bezeichnen sich die fünf Caterer aus unserer Situation wie folgt:

1 Kleinhaushaltscaterer
2 Großhaushaltscaterer
3 Alternativhaushaltscaterer
4 Sozialcaterer
5 Systemcaterer

Ordnen Sie zu, wen Sie als Spezialisten ansprechen würden, wenn es um die folgenden Aufträge geht:

Belieferung eines Messerestaurants ► ☐
Ausstattung einer Party ► ☐
Versorgung eines privaten Pflegeheims ► ☐
Verpflegung einer Wohngemeinschaft ► ☐
Versorgung eines Krankenhauses ► ☐

192.2

Wie beschreibt man die Leistungen, z. B. unserer fünf Caterer, die den Begriff Catering bestimmen?

1 Herstellung halbfertiger Produkte
2 Lieferung von Rohstoffen für den gastgewerblichen Produktions- und Leistungsprozess
3 Auftragsgastronomie
4 Einbeziehung halbfertiger Produkte in die Speisenherstellung
5 Versorgung von Party-Gästen

► ☐

Lösungen der Aufgaben auf Seite 519

Tragen Sie die eingerahmten Kennziffern der richtigen Antworten in die Kästchen ein.

192.3

Ein Krankenhaus schließt mit einem Caterer aus unserer Kleinstadt einen Vertrag. Entscheiden Sie, welche der nachstehenden Aufgaben in einem Cateringvertrag geregelt sein sollten.

1 Art und Umfang der Lieferung
2 Qualität und Verpackung der Lieferung
3 Personal, das die Lieferung realisiert ▶ ☐
4 Preise der Lieferung inklusive Transportkosten ▶ ☐
5 Stufen, in denen die Produktion der Lieferung stattfindet ▶ ☐
6 Geschmack der Ware

192.4

In unserer Kleinstadt gibt es neben den fünf beschriebenen Caterern noch weitere Anbieter von Catering-Leistungen. Welche Betriebsarten im Gastgewerbe bieten in der Praxis häufig Catering-Leistungen an?

1 Industrie-Gastronomie
2 Pensionen ▶ ☐
3 Restaurants ▶ ☐
4 Ferienparks

2

Elektronischer Zahlungsverkehr

193. Aufgabe

Fallbeispiel:
Herr Maier, der vier Nächte im Hotel „Central" logiert hat, möchte die Hotel-Rechnung mit seiner Eurochequekarte bezahlen.

193.1

Welche Daten werden im Rahmen der Automatisierungsnachfrage des Hotels „Central" im electronic-cash-system an die Gesellschaft für Zahlungssysteme übermittelt?

1 Die persönliche Geheimzahl des Gastes
2 alle Daten der Karte ▶ ☐
3 die Warnmeldung des Kartenbesitzers ▶ ☐
4 der zu zahlende Geldbetrag ▶ ☐
5 der Sales-slip

Lösungen der Aufgaben auf Seite 519/520

Tragen Sie die eingerahmten Kennziffern der richtigen Antworten in die Kästchen ein.

193.2

Was prüft die Gesellschaft für Zahlungssysteme im Rahmen einer Automatisierungsnachfrage?

1 Die eingegebene PIN
2 die Angaben, die der Imprinter erhält
3 Echtheit, Gültigkeitsdauer der verwendeten Karte und eventuelle Sperrvermerke
4 die Provision des sendenden Hotels
5 den Verfügungsrahmen auf dem Konto des Kontoinhabers

▶ ☐
▶ ☐
▶ ☐

193.3

Welche Vorteile des electronic-cash sind für Herrn Maier, der die Hotelrechnung mit seiner Eurochequekarte bezahlt, gegeben?

1 Die Mitnahme von Schecks ist nicht erforderlich
2 die Kontoabbuchung erfolgt erst nach einigen Stunden
3 das Mitführen von hohen Bargeldbeträgen ist unnötig
4 der Lastschriftbeleg braucht erst später unterschrieben zu werden
5 höherer durchschnittlicher Girokontobetrag

▶ ☐
▶ ☐
▶ ☐

193.4

Wo liegen die Vorteile des electronic-cash für den Hotelier des Hotels „Central"?

1 Beitragseinzug erfolgt über Lastschrifteinzug
2 das Sicherheitsrisiko aufgrund großer Bargeldbestände in der Kasse nimmt ab
3 Spontanausgabe der Gäste werden forciert
4 offline-Betrieb der Kasse
5 gute Kontrollmöglichkeiten gegen Kartenmissbrauch

▶ ☐
▶ ☐
▶ ☐

Lösungen der Aufgaben auf Seite 520

Wirtschafts- und Sozialkunde – Fallbeispiele

Tragen Sie die eingerahmten Kennziffern der richtigen Antworten in die Kästchen ein.

194. Aufgabe

Fallbeispiel:
Dieter Fink tritt am 01. Dezember 1997 in ein neues Arbeitsverhältnis ein, und zwar als Receptionist im Hotel „Rote Forelle".

194.1

Dieter Fink verdient im Monat 2.840,00 DM brutto. Auf seiner Lohnsteuerkarte ist ein monatlicher Freibetrag von 210,00 DM eingetragen. Welche Bedeutung hat dieser Freibetrag?

1 Zum Jahresende werden ohne Antrag 2.520,00 DM vom Finanzamt erstattet.
2 Die lohnsteuerpflichtigen Einnahmen vermindern sich um 210,00 DM monatlich.
3 Das Bruttogehalt erhöht sich um 210,00 DM monatlich.
4 Die Lohnsteuer ermäßigt sich um 210,00 DM monatlich.
5 Das Nettogehalt erhöht sich um 210,00 DM monatlich. ▶ ☐

194.2

Der Arzt diagnostiziert bei Dieter Fink Gallensteine und schreibt ihn krank. Wie lange hat Herr Fink nach Eintritt einer unverschuldeten Arbeitsunfähigkeit über das Hotel längstens Anspruch auf gesetzliche Lohnfortzahlung?

1 Drei Werktage
2 Zwei Wochen
3 Einen Monat
4 Sechs Wochen
5 Ein Viertel Jahr ▶ ☐

194.3

Im September 1997 wird den Mitarbeitern des Hotels „Rote Forelle" mitgeteilt, dass das Hotel an die Management AG, einem Unternehmen mit bundesweit 1 800 Mitarbeitern, verkauft wird. Welche Auswirkung hat dieser Wechsel der Kapitaleigner auf die einzelnen Beschäftigungsverhältnisse im Hotel?

1 Beschäftigungsverhältnisse sind bei Übernahme automatisch beendet; die Entlassenen haben jedoch drei Monate ein Recht darauf, einen Arbeitsvertrag mit der Management AG abzuschließen. →

Lösungen der Aufgaben auf Seite 520

Tragen Sie die eingerahmten Kennziffern der richtigen Antworten in die Kästchen ein.

▷ *Fortsetzung der Aufgabe 194.3* ▷

2 Die Beschäftigungsverhältnisse bestehen zunächst fort.
3 Alle Mitarbeiter des Hotels „Rote Forelle“ sind fristlos entlassen und müssen sich einen neuen Arbeitsplatz suchen.
4 Die Management AG kann alle Arbeitsbedingungen von sich aus sofort zu Lasten der früheren Mitarbeiter des Hotels ändern.
5 Die Beschäftigungsverhältnisse sind beidseitig fristlos zu kündigen. ▶ ☐

195. Aufgabe

Fallbeispiel:
Die sechzehnjährige Isabelle Remmlein hat in Nürnberg einen Ausbildungsplatz zur Hotelfachfrau erhalten. Ihr Ausbildungsbetrieb ist das Hotel „Frankenwall“.

195.1

Welche Institution nach dem *Berufsbildungsgesetz* ist bei der Ausbildung von Isabelle zur Hotelfachfrau die für den betrieblichen Teil der Ausbildung zuständige Stelle?

1 Die berufsbildenden Schulen die Isabelle besucht.
2 Der Deutsche Hotel- und Gaststättenverband.
3 Die Gewerkschaft Nahrung und Genuss.
4 Die Industrie- und Handelskammer Nürnberg.
5 Der Sozialversicherungsträger. ▶ ☐

195.2

Isabelle hat die Ausbildungsvergütung für den Monat Mai erst Mitte des Folgemonats auf ihrem Konto. Dieses ist nach Meinung der Auszubildenden nicht gerechtfertigt. Schließen Sie sich der Meinung der Auszubildenden an?

1 Ja, weil die Ausbildungsvergütung für den Monat Mai zwei Wochen vor dem Monatsende auf ihrem Konto hätte sein müssen.
2 Ja, weil die Ausbildungsvergütung der Auszubildenden für Mai spätestens am letzten Arbeitstag im Mai hätte ausgezahlt werden müssen.
3 Ja, weil die Ausbildungsvergütung für Mai bereits am ersten Mai auf ihr Konto hätte überwiesen werden müssen.
4 Ja, weil die Ausbildungsvergütung für Mai spätestens eine Woche vor Monatsende auf das Konto von Isabelle hätte eingegangen sein müssen. →

Lösungen der Aufgaben auf Seite 520

Tragen Sie die eingerahmten Kennziffern der richtigen Antworten in die Kästchen ein.

▷ *Fortsetzung der Aufgabe 195.2* ▷

5 Nein, weil die Ausbildungsvergütung der Auszubildenden für Mai erst am letzten Arbeitstag des laufenden Quartals ihrem Konto hätte gutgeschrieben werden müssen. ▶ ☐

195.3

Im Laufe der drei Ausbildungsjahre wurde Isabelle bereits einige Male zur Urlaubsvertretung in der Patisserie eingesetzt. Einen Monat vor der Abschlussprüfung soll Isabelle erneut in der Patisserie arbeiten. Die Auszubildende weigert sich jedoch mit der Begründung, dass sie sonst einen Monat weniger an der Reception arbeiten könnte, was jedoch der Ausbildungsplan vorsieht. Wie beurteilen Sie die Situation rechtlich?

1 Die Ausbildungsordnungen überlassen es den Betrieben, sich an den Ausbildungsplan zu halten oder nicht. Die Auszubildende hat daher die Urlaubsvertretung zu übernehmen.

2 Die Auszubildende kann zur Urlaubsvertretung eingesetzt werden, sie hätte die Möglichkeit, sich die noch ausstehenden Kenntnisse an der Reception im Berufsschulunterricht theoretisch anzueignen.

3 Zum Erreichen des Ausbildungsziels ist es notwendig, dass die Auszubildende die notwendigen Kenntnisse an der Reception vermittelt erhält, so dass Isabelle darauf bestehen kann, an der Reception die letzten vier Wochen ihres Ausbildungsverhältnisses zu verbringen und nicht in der Patisserie.

4 Der Ausbildungsvertrag sowie das Berufsbildungsgesetz verpflichten die Auszubildende alle übertragenen Aufgaben auszuführen. Dementsprechend kann sie die Urlaubsvertretung nicht ablehnen.

5 Gemäß dem Jugendarbeitsschutzgesetz hat die Auszubildende das Recht, die Urlaubsvertretung abzulehnen. ▶ ☐

Lösungen der Aufgaben auf Seite 520

2

Tragen Sie die eingerahmten Kennziffern der richtigen Antworten in die Kästchen ein.

196. Aufgabe

Fallbeispiel:
Herr Brand, Einkaufsleiter eines Hotels in München, erhält vom Weingroßhandel am Ort einen Anruf, in dem ihm 1.000 Flaschen Federweißer zu einem Vorzugspreis angeboten werden. Herr Brand ist mit der Lieferung einverstanden.

196.1

Wann ist ein rechtsgültiger Vertrag zustande gekommen?

1 Hotelier Brand erhält ein schriftliches Angebot.
2 Ein Unternehmen sendet unverlangt eine Ware zur Ansicht.
3 Gastronom Brand bestellt aufgrund eines verbindlichen Angebotes.
4 Der Gaststättengroßhandel sendet ein unverbindliches Angebot.
5 Hotelier Brand versendet eine schriftliche Anfrage. ▶ ☐

196.2

Von welchem Vertrag kann Hotelier Brand innerhalb einer Woche nach Vertragsabschluss zurücktreten?

1 Von einem Mietvertrag
2 von einem Pachtvertrag
3 von einem Vertrag über Abzahlungsgeschäfte
4 von einem Darlehensvertrag
5 von einem Werkvertrag ▶ ☐

196.3

In welchem Fall kommt Hotelier Brand in Annahmeverzug?

1 Schuldhaft zu spät gelieferte Ware wird zurückgesandt.
2 Mangelhaft gelieferte und nicht bestellte Ware wird dem Spediteur nicht abgenommen.
3 Bei einer nicht bestellten Ware wird die Annahme verweigert.
4 Die bestellte und ordnungsgemäß gelieferte Ware wird nicht angenommen.
5 Eine bestellte, jedoch mangelhaft gelieferte Ware wird zurückgegeben. ▶ ☐

Lösungen der Aufgaben auf Seite 520

Tragen Sie die eingerahmten Kennziffern der richtigen Antworten in die Kästchen ein.

196.4

Bei welchem Rechtsgeschäft müssen die wesentlichen Inhalte schriftlich niedergelegt werden?

1 Beim Berufsausbildungsvertrag
2 beim Leasingvertrag
3 beim Franchisevertrag
4 beim Arbeitsvertrag zur Aushilfe
5 beim Mietvertrag mit einjähriger Laufzeit ▶ ☐

196.5

Unter welcher Voraussetzung wird der Verkäufer einer Ware Hotelier Brand Skonto gewähren?

1 Beim Verkauf großer Mengen
2 bei Zahlung in bar nach dem Zahlungsziel
3 beim Verkauf leicht beschädigter Ware
4 bei Zahlung bis zum Zahlungsziel
5 bei Zahlung innerhalb einer angegebenen Frist vor dem Zahlungsziel ▶ ☐

196.6

In welchem Fall kann Hotelier Brand von einem Mangel in der Beschaffenheit einer Ware sprechen?

1 Lieferung blauer statt weißer Jeans
2 Servieren eines grünen statt eines gemischten Salates
3 Lieferung eines nicht einwandfrei funktionierenden Staubsaugers
4 Lieferung von Konserven mit halben statt mit ganzen Früchten
5 Lieferung von Wein einer geringeren als der vereinbarten Qualität ▶ ☐

196.7

Welche Rechte kann Hotelier Brand bei Lieferung mangelhafter Ware, die Mängel in der Beschaffenheit aufweist, nach *BGB* geltend machen?

1 Der Gastronom hat die Wahl zwischen mangelfreier Ersatzlieferung und Preisnachlass; Rücktritt vom Kaufvertrag ist nicht möglich.
2 Der Gastronom hat die Wahl zwischen mangelfreier Ersatzlieferung, Preisminderung und Rücktritt vom Kaufvertrag.
3 Der Gastronom kann nur Wünsche äußern, der Verkäufer entscheidet zwischen mangelfreier Ersatzlieferung, Preisnachlass und Rücktritt vom Kaufvertrag. →

Lösungen der Aufgaben auf Seite 520

Tragen Sie die eingerahmten Kennziffern der richtigen Antworten in die Kästchen ein.

▷ *Fortsetzung der Aufgabe 196.7* ▷

4 Der Verkäufer muss nur eine mangelfreie Ersatzlieferung vornehmen, weitere Rechte kann der Gastronom nicht geltend machen.
5 Es kann nur Schadenersatz gewährt werden. ▶ ☐

196.8

In einem Angebot, das Hotelier Brand vorliegt, steht der Zusatz „ohne Obligo (o. O.)". Was bedeutet dieser Zusatz?

1 Der Lieferer kann sein Angebot noch in allen Punkten ändern.
2 Der Lieferer muss liefern, solange er noch Ware hat.
3 Der Käufer muss zurückfragen, wie groß der Vorrat ist.
4 Der Käufer kann nach der Bestellung den Liefertermin festlegen.
5 Der Lieferer muss auf jeden Fall liefern, wenn der Käufer das Angebot unverändert annimmt. ▶ ☐

196.9

In welchem Fall würde Hotelier Brand einen Fixkauf tätigen?

1 Die Ware wird im Ladenlokal bezahlt und sofort mitgenommen.
2 Der Liefertermin ist genau festgelegt.
3 Die Ware wird sofort nach Lieferung bezahlt.
4 Vom Kaufpreis werden keine Nachlässe mehr gewährt.
5 Die Ware wird besonders schnell geliefert. ▶ ☐

196.10

Hotelier Brand hat rechtmäßig einen Deckungskauf zu einem höheren Preis vorgenommen. Welche Rechte aus dem Lieferungsverzug ergeben sich daraus?

1 Erfüllung des Vertrages
2 Erfüllung des Vertrages und Schadenersatz ▶ ☐
3 Rücktritt vom Vertrag
oder
4 Schadenersatz wegen verspäteter Lieferung
5 Schadenersatz wegen Nichterfüllung ▶ ☐

Lösungen der Aufgaben auf Seite 520

Wirtschafts- und Sozialkunde – handlungsorientiert

Tragen Sie die eingerahmten Kennziffern der richtigen Antworten in die Kästchen ein.

197. Aufgabe

Fallbeispiel:
Ihr Hotel ist eines von ca. 20 Großhotels in einer größeren deutschen Stadt. Die Geschäftsleitung ist stets bemüht, den Gästestamm zu halten und neue Gäste zu gewinnen. Als Mitarbeiter in der Marketingabteilung wirken Sie an der Umsetzung neuer Konzepte mit.

197.1

Einige der von der Geschäftsleitung angeordneten Maßnahmen fallen in Ihren Verantwortungsbereich. Ordnen Sie zu, indem Sie die eingerahmten Kennziffern von 3 der insgesamt 7 betrieblichen Maßnahmen in die Kästchen bei den Marketing-Begriffen eintragen.

1 Durchführung einer Gästebefragung
2 Hausinterne Mitarbeiterfortbildung
3 Durchführung von „Kulinarischen Aktionen“
4 Pressemitteilung zu Sonderaktionen
5 Mitarbeitermotivation durch übertarifliche Bezahlung
6 Erweiterung der Hotelkapazität
7 Meldung der Belegungsziffern an das Fremdenverkehrsamt

Marketing-Begriffe:

Public Relations ► ☐
Marktforschung ► ☐
Verkaufsförderung ► ☐

197.2

Sie werden mit der Erstellung eines neuen Hotelprospektes beauftragt. Welche geplante Angabe ist im Hinblick auf das *Gesetz gegen unlauteren Wettbewerb* zu unterlassen?

1 Es soll darauf hingewiesen werden, dass die Küche des Restaurants in Restaurantführern ausgezeichnet wurde und damit zweifellos die beste und exklusivste der ganzen Stadt sei.
2 Als Beispiel für ein Hotelzimmer soll unter anderem die am besten ausgestattete Präsidentensuite mit Preisangabe abgebildet werden.
3 Es soll auf die Vorzüge des hoteleigenen Schwimmbades aufmerksam gemacht werden, ohne zu erwähnen, dass in der Gemeinde vor kurzem ein öffentliches Badezentrum eröffnet wurde.

→

Lösungen der Aufgaben auf Seite 520

Tragen Sie die eingerahmten Kennziffern der richtigen Antworten in die Kästchen ein.

▷ *Fortsetzung der Aufgabe 197.2* ▷

[4] Dem Hausprospekt soll ein Ortsprospekt des Fremdenverkehrsamtes beigefügt werden.

[5] Es sollen die Verkehrsverbindungen aufgeführt werden ohne zu erwähnen, dass die Buslinie von einem Privatunternehmen betrieben wird. ▶ ☐

Vorderseite

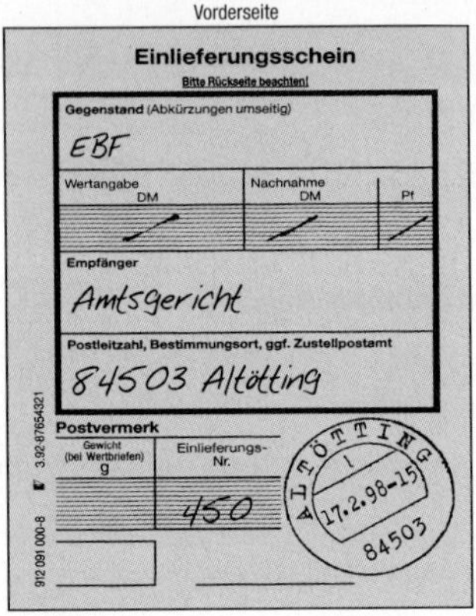

Einlieferungsschein

Bitte Rückseite beachten!

Gegenstand (Abkürzungen umseitig)

EBF

Wertangabe DM | Nachnahme DM | Pf

Empfänger

Amtsgericht

Postleitzahl, Bestimmungsort, ggf. Zustellpostamt

84503 Altötting

Postvermerk

Gewicht (bei Wertbriefen) g | Einlieferungs-Nr.

450

ALTÖTTING 1 17.2.98-15 84503

912 091 000-8 3.92-87654321

Rückseite

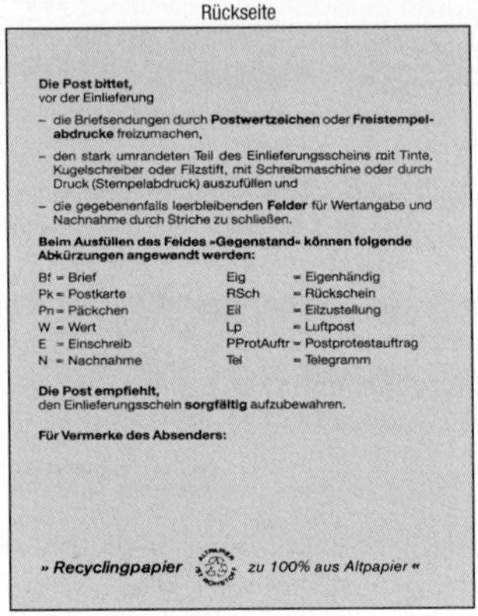

Die Post bittet,
vor der Einlieferung

- die Briefsendungen durch **Postwertzeichen** oder **Freistempelabdrucke** freizumachen,
- den stark umrandeten Teil des Einlieferungsscheins mit Tinte, Kugelschreiber oder Filzstift, mit Schreibmaschine oder durch Druck (Stempelabdruck) auszufüllen und
- die gegebenenfalls leerbleibenden **Felder** für Wertangabe und Nachnahme durch Striche zu schließen.

Beim Ausfüllen des Feldes »Gegenstand« können folgende Abkürzungen angewandt werden:

Bf	= Brief	Eig	= Eigenhändig
Pk	= Postkarte	RSch	= Rückschein
Pn	= Päckchen	Eil	= Eilzustellung
W	= Wert	Lp	= Luftpost
E	= Einschreib	PProtAuftr	= Postprotestauftrag
N	= Nachnahme	Tel	= Telegramm

Die Post empfiehlt,
den Einlieferungsschein **sorgfältig** aufzubewahren.

Für Vermerke des Absenders:

» Recyclingpapier zu 100% aus Altpapier «

S6 HO TE 9 R

197.3

Obigen Beleg erhielt der Absender eines bei der Deutschen Post AG aufgegebenen Briefes. Warum wurde diese Versandart gewählt?

[1] Um bei Verlust des Briefes Schadenersatzanspruch geltend machen zu können.

[2] Um einen Nachweis über den Absendetermin zu haben.

[3] Um den Brief schnell und trotzdem kostengünstig befördern zu lassen.

[4] Um sicherzustellen, dass der Brief nur dem Empfänger persönlich ausgehändigt wird.

[5] Um das Porto zu sparen, da der Brief unfrei zugestellt wurde. ▶ ☐

Lösungen der Aufgaben auf Seite 520

Tragen Sie die eingerahmten Kennziffern der richtigen Antworten in die Kästchen ein.

197.4

Ein Gast will per Telefax ein Angebot für ein Betriebsjubiläum. Welche Information sollten Sie auf dem Deckblatt des Telefaxes für den Empfänger unbedingt festhalten?

1 Die Telefax-Nummer des Empfängers.
2 Die Unterschrift des Absenders.
3 Die Anzahl der Seiten, die das Telefax umfasst.
4 Die Bankverbindung Ihres Betriebes.
5 Die Uhrzeit, zu der Sie das Telefax absenden.

197.5

Ein Hotelgast bittet um unfreie Nachsendung eines liegengebliebenen Kleidungsstückes im Inland. Welches Formular ist auszufüllen?

1 Eine Paketkarte
2 eine Postzustellungsurkunde
3 ein Postauftrag
4 eine Postanweisung
5 ein Zahlschein

Nachfolgende Abbildung kommentiert den Zusammenhang zwischen dem Außenwert der DM und dem Export.

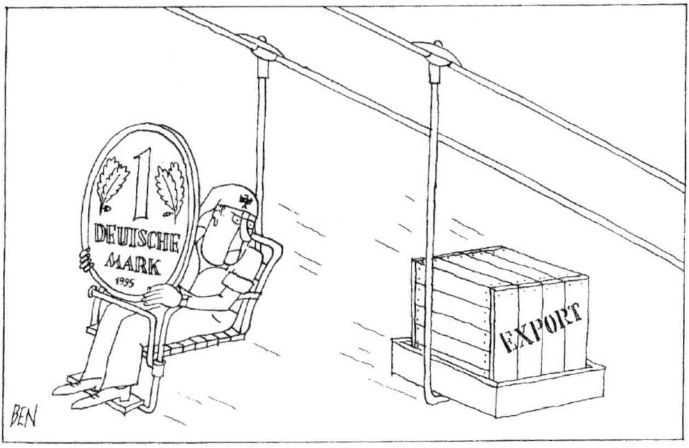

Gegenkurs SZ-Zeichnung: Gabor Benedek

Lösungen der Aufgaben auf Seite 520

Tragen Sie die eingerahmten Kennziffern der richtigen Antworten in die Kästchen ein.

197.6

Was versteht man unter dem Außenwert der DM?

1 Den Sortenkurs der DM in einem Urlaubsland
2 die Kaufkraft der DM im Außenhandel
3 den Unterschied zwischen Sorten- und Devisenkursen
4 den Devisenkurs der DM im Vergleich zu anderen Währungen
5 den Sortenkurs der DM im Vergleich zum Devisenkurs ▶ ☐

197.7

Welcher Zusammenhang besteht zwischen dem Außenwert der DM und dem Export?

1 Sinkender Außenwert = zunehmender Export
2 steigender Außenwert = rückläufiger Export
3 der Außenwert der DM hat keinen Einfluss auf den Export ▶ ☐
4 steigender Außenwert = zunehmender Export
5 sinkender Außenwert = rückläufiger Export ▶ ☐

197.8

Welche Auswirkung hat ein hoher Außenwert der DM auf den Auslandstourismus in Deutschland?

1 Keine Auswirkung, die Urlauber kommen wegen der Sehenswürdigkeiten.
2 Die Einnahmen aus dem Tourismus nehmen zu, da die Ausländer höhere Wechselkurse zahlen müssen.
3 Da die Urlaubsreisen für Ausländer in Deutschland teurer werden, ist mit einem Rückgang der ausländischen Besucher zu rechnen.
4 Da die Urlaubsreisen für Ausländer in Deutschland billiger werden, ist mit einem Anstieg ausländischer Besucher zu rechnen.
5 Die negativen Auswirkungen werden durch höhere Preise im Tourismusbereich wieder ausgeglichen. ▶ ☐

Lösungen der Aufgaben auf Seite 520

Tragen Sie die eingerahmten Kennziffern der richtigen Antworten in die Kästchen ein.

A	Kosten	Verteilungs-schlüssel	B		
			Küche	Keller	Beherberg.
Personalkosten	1.500.000	5 : 2 : 3	750.000	300.000	450.000
Steuern, Vers.	300.000	Umsatz	60.000	150.000	90.000
Instandhaltung	150.000	Umsatz	30.000	75.000	45.000
Energiekosten	200.000	7 : 1 : 2	140.000	20.000	40.000
Werbung	200.000	Umsatz	40.000	100.000	60.000
Summe GK	2.350.000	aufgeschlüsselt	1.020.000	645.000	685.000

197.9

In obigem Betriebsabrechnungsbogen (BAB) fehlen die Bezeichnungen für zwei Spalten. Ordnen Sie zu, indem Sie die eingerahmten Kennziffern von 2 der insgesamt 6 aufgeführten Begriffe in die Kästchen für die Spaltenkennzeichnungen A und B eintragen.

1 Fixkosten
2 Kostenstellen
3 Kostenträger
4 variable Kosten
5 Kostenarten
6 Unkosten

A = ▶ ☐

B = ▶ ☐

197.10

Welche Information kann dem BAB entnommen werden?

1 Die Umsätze in Küche, Keller und Beherbergung
2 die Produktivität der Mitarbeiter in Küche, Keller und Beherbergung
3 die Summe aller Kosten für Küche, Keller und Beherbergung
4 die gesamten Kosten im Food-Bereich eines Hotels
5 die Verteilung der Gemeinkosten auf Küche, Keller und Beherbergung

▶ ☐

Lösungen der Aufgaben auf Seite 520

2

Tragen Sie die eingerahmten Kennziffern der richtigen Antworten in die Kästchen ein.

197.11

Warum sind die Warenkosten in dem BAB nicht erfasst?

[1] Sie werden als Einzelkosten dem Kostenträger direkt zugerechnet.
[2] Sie werden normalerweise erfasst und gleichmäßig verteilt.
[3] Sie werden als Fixkosten auf Küche und Keller umgelegt.
[4] Die Warenkosten können nicht genau ermittelt werden.
[5] Sie werden im Zuge der Kostenumlage auf die Stellen der Hauptleistung umgelegt. ▶ ☐

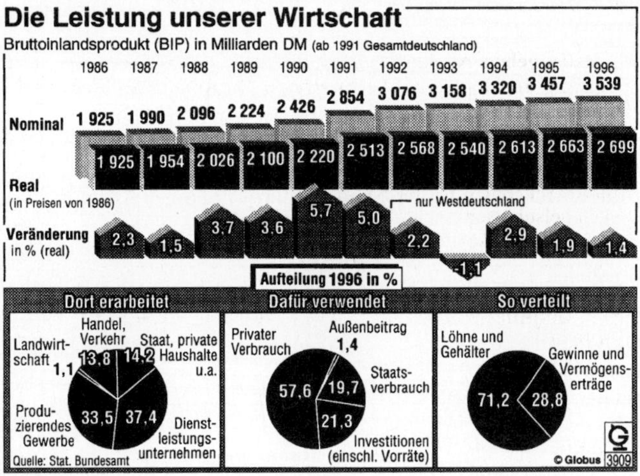

197.12

Womit wird das Wachstum einer Volkswirtschaft gemessen?

[1] Auftragseingänge
[2] Sozialprodukt
[3] Preisindex der Lebenshaltungskosten
[4] Zahlungsbilanz
[5] Inflationsrate ▶ ☐

Lösungen der Aufgaben auf Seite 520

Tragen Sie die eingerahmten Kennziffern der richtigen Antworten in die Kästchen ein.

197.13

Welcher Begriff trifft für folgende Aussage zu: „In ihm wird der Wert aller innerhalb eines Jahres produzierten Waren und geleisteten Dienste in Mark und Pfennig zusammengefasst."

1 Investitionen (einschließlich Vorräte)
2 Gewinne und Vermögenserträge
3 Bruttoinlandsprodukt (BIP)
4 Privater Verbrauch
5 Staatshaushalt ▶ ☐

197.14

Welche Zahlen geben Auskunft über die echte Leistung bzw. Wertschöpfung der deutschen Volkswirtschaft in den einzelnen Jahren?

1 Bruttoinlandsprodukt nominal
2 Staatsverbrauch
3 Veränderung in % (real)
4 Außenhandelsüberschuss
5 Bruttoinlandsprodukt real (in Preisen von 1986) ▶ ☐

197.15

In welcher Konjunkturphase befand sich die Volkswirtschaft im Jahr 1993?

1 Rezession
2 Depression
3 Inflation
4 Deflation
5 Expansion ▶ ☐

197.16

Welche Auswirkungen auf die Volkswirtschaft hat eine Konjunktur, wie sie im Jahr 1990 in Deutschland gegeben war?

1 Rückgang der Investitionstätigkeit, zunehmende Arbeitslosigkeit
2 Produktionshöchststand, sinkende Löhne
3 Produktionshöchststand bei gleichzeitig relativ hoher Arbeitslosigkeit
4 steigende Arbeitslosigkeit bei hoher Kapazitätsauslastung
5 relativ geringe Arbeitslosigkeit und hohe Kapazitätsauslastung ▶ ☐

Lösungen der Aufgaben auf Seite 520

2

Tragen Sie die eingerahmten Kennziffern der richtigen Antworten in die Kästchen ein.

197.17

Der Staat spielt im Wirtschaftsgeschehen eine wichtige Rolle als Anbieter und Nachfrager von Leistungen.
In welchem Posten sind die Ausgaben des Staates enthalten, zum Beispiel für öffentliche Sicherheit?

1 Staat, private Haushalte u. a.
2 Löhne und Gehälter
3 Staatsverbrauch
4 Außenbeitrag
5 Dienstleistungsunternehmen ▶ ☐

197.18

Das Schaubild „Die Leistung unserer Wirtschaft" (auf Seite 256) enthält auch Informationen über Entstehung, Verwendung und Verteilung des Bruttoinlandsproduktes. Ordnen Sie zu, indem Sie die eingerahmten Kennziffern bei den nebenstehenden Grafiken eintragen.

1 Einkommen aus Vermögen
2 Anteil der Landwirtschaft am BIP
3 Einkommen unselbständig Beschäftigter
4 Ausgaben privater Haushalte
5 Importüberschuss
6 Beitrag aller Wirtschaftssektoren zum BIP
7 Ausgaben der Unternehmen für Maschinen

Grafik:

So verteilt: ▶ ☐ ☐

Dafür verwendet: ▶ ☐ ☐ ☐

Dort erarbeitet: ▶ ☐ ☐

Lösungen der Aufgaben auf Seite 520

Tragen Sie die eingerahmten Kennziffern der richtigen Antworten in die Kästchen ein.

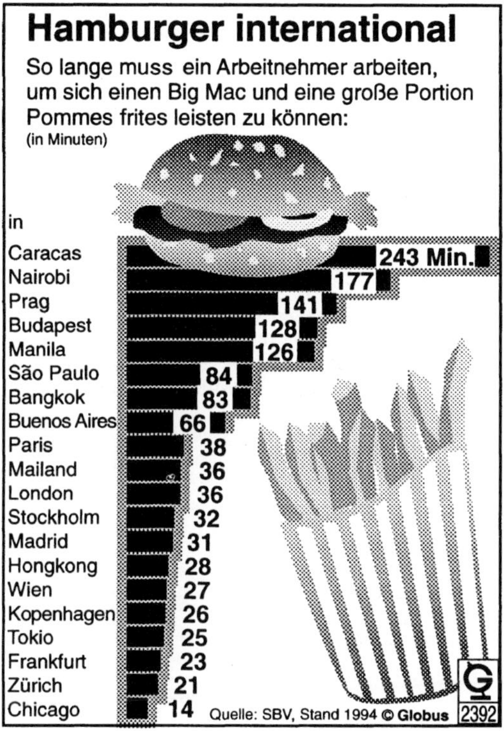

197.19

Zwar sind die Hamburger weltweit gleich groß und haben auch den gleichen Inhalt und trotzdem ist ihr Preis sehr unterschiedlich. Ursache ist die unterschiedliche Kaufkraft der Löhne. Wovon hängt die Kaufkraft einer Währung ab?

1 Die Kaufkraft ist abhängig von Gütermenge und Inflation.
2 Die Kaufkraft ist abhängig von der Konjunktur.
3 Die Kaufkraft ist abhängig vom Verhältnis Export zu Import.
4 Die Kaufkraft ist abhängig von Angebot und Nachfrage.
5 Die Kaufkraft ist abhängig von Geldmenge und Gütermenge.

☐

Lösungen der Aufgaben auf Seite 520

Tragen Sie die eingerahmten Kennziffern der richtigen Antworten in die Kästchen ein.

197.20

In Deutschland haben sich seit 1960 die Preise für Lebensmittel verdreifacht und die Löhne sind im Durchschnitt um das Achtfache gestiegen. Welche Schlüsse auf die Binnenkaufkraft der DM lassen sich daraus ableiten?

1 Die Binnenkaufkraft ist inflationsbedingt gesunken.
2 Die Binnenkaufkraft ist um das Achtfache gestiegen.
3 Die Binnenkaufkraft ist gestiegen, weil die Inflation ebenfalls anstieg.
4 Die Binnenkaufkraft ist gestiegen, weil der Anstieg der Löhne größer war als die Inflationsrate.
5 Die Binnenkaufkraft ist gesunken, weil der Anstieg der Löhne größer war als die Inflationsrate. ▶ ☐

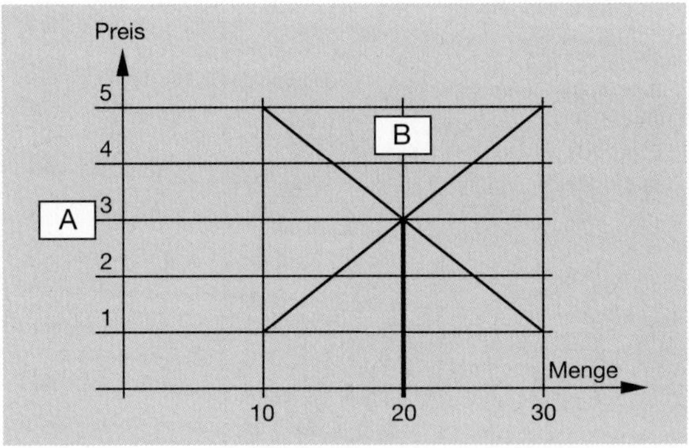

197.21

Obige Grafik stellt ein Modell für die Preisbildung am Gütermarkt dar. Sie zeigt für ein Wirtschaftsgut Angebot und Nachfrage in Abhängigkeit vom Preis. Ordnen Sie zu, indem Sie die eingerahmten Kennziffern bei den Buchstaben der Grafik eintragen:

1 Gleichgewichtspreis
2 Angebot
3 Gleichgewichtsmenge
4 Nachfrage
5 Angebot > Nachfrage
6 Angebot < Nachfrage

A = ▶ ☐

B = ▶ ☐

Lösungen der Aufgaben auf Seite 520

Tragen Sie die eingerahmten Kennziffern der richtigen Antworten in die Kästchen ein.

197.22

Welche Preiseinflussgröße seitens der Nachfrage kann beispielsweise bei der Auswahl eines Hotelzimmers wirksam werden?

1 Selbstkosten des Hoteliers
2 Prestigebedürfnis des Gastes
3 Saison
4 Wettbewerb
5 Gewinnerwartung des Hoteliers ▶ ☐

197.23

Nur bei einem vollkommenen Wettbewerb reagieren Angebot und Nachfrage so wie in obigem Modell dargestellt. Welche Marktform entspricht diesem Idealtyp?

1 Das Polypol
2 das Oligopol
3 das Angebotsmonopol
4 das Nachfragemonopol
5 das Angebotsoligopol ▶ ☐

Lösungen der Aufgaben auf Seite 520

Technologie

Arbeitssicherheit im Gastgewerbe

Tragen Sie die eingerahmten Kennziffern der richtigen Antworten in die Kästchen ein.

1. Aufgabe

Der Besuch eines Herrn vom GAA macht Peter (REFA-Auszubildender) stutzig. Er fragt sich: Welche Aufgaben hat die staatliche Gewerbeaufsicht (das Gewerbeaufsichtsamt)?

Überwachung der:

1 *Hygieneschutzverordnung*
2 *Jugendschutzgesetze*
3 *Preisabgabenverordnung* ▶ ☐
4 *Arbeitsschutzverordnung*
5 *Bewirtungsverträge* ▶ ☐

2. Aufgabe

Harald ist Sicherheitsbeauftragter laut *Unfallverhütungsgesetz*. Ab wie viel ständig Beschäftigten tritt diese Vorschrift in Kraft?

1 Ab 5 Mitarbeiter
2 ab 10 Mitarbeiter
3 ab 20 Mitarbeiter
4 ab 100 Mitarbeiter ▶ ☐

3. Aufgabe

Welche Aufgaben hat eine *Brandschutzordnung*?

1 Sie regelt den Ablauf der Hilfe im Notfall.
2 Sie schreibt vor, wer im Brandfall löschen darf und wer nicht.
3 Sie ist Vorsorge für den Brandfall.
4 Sie sagt aus, welche Versicherung im Schadensfall haftet. ▶ ☐

4. Aufgabe

Renate hat sich bei einem Sturz ein Bein gebrochen. Wann muss ein Arbeitsunfall der Berufsgenossenschaft gemeldet werden?

1 Meldung sofort
2 innerhalb 1 Tag
3 innerhalb 2 Tagen
4 innerhalb 3 Tagen

bei einer Arbeitsunfähigkeit von mehr als drei Tagen ▶ ☐

bei tödlichem Ausgang bzw. Schwerstverletzung ▶ ☐

Lösungen der Aufgaben auf Seite 520

Tragen Sie die eingerahmten Kennziffern der richtigen Antworten in die Kästchen ein.

5. Aufgabe

Peter wechselt eine Glühbirne aus. Vorsichtshalber macht er die Sicherung raus, denn elektrischer Strom kann für den Menschen lebensbedrohend sein, wenn er ein Teil des Stromkreises wird. Welche Materialien gelten als gute Stromleiter (1) und welche als schlechte (2)?
Kennzeichnen Sie die Begriffe entsprechend.

1 gute Stromleiter
2 schlechte Stromleiter

- Papier ▶ ☐
- Wasser ▶ ☐
- Gummi ▶ ☐
- Glas ▶ ☐
- Plastik ▶ ☐
- Holz ▶ ☐
- Metall ▶ ☐
- Textilien ▶ ☐

6. Aufgabe

Die am weitesten verbreitete Wasserlöschanlage ist die Sprinkleranlage. Was muss geschehen, damit sie aktiviert wird?

1 Die Düsen öffnen sich unter Einfluss von Wärme- oder Rauchgasentwicklung.
2 Die Anlage wird von einem Mitarbeiter in Gang gesetzt.
3 Die örtliche Feuerwehr ist dafür verantwortlich.
4 Wenn Wasserüberdruck entsteht. ▶ ☐

7. Aufgabe

Hans ist Ersthelfer. Wie viel ausgebildete Ersthelfer müssen in einem Hotel mit 86 Beschäftigten vorhanden sein?

1 5 %
2 10 %
3 20 %
der anwesenden Beschäftigten ▶ ☐

Lösungen der Aufgaben auf Seite 520

Tragen Sie die eingerahmten Kennziffern der richtigen Antworten in die Kästchen ein.

8. Aufgabe

Beim Bierfasswechsel fällt Peter ein Messgerät auf. Sein Vorgesetzter, Herr Stoll, sagt: „Das ist ein Manometer". Was ist damit gemeint?

1 Bierpegelmesser
2 Luftfeuchtigkeitsmesser
3 Temperaturmesser
4 Zeituhr
5 Druckmesser

▶ ☐

9. Aufgabe

Das *Arbeitsschutzrecht* gliedert sich in sozialen und technischen Arbeitsschutz. Ordnen Sie diesen je zwei erklärende Beispiele zu.

1 sozial
2 technisch

Arbeitssicherheit ▶ ☐
Jugendarbeitsschutz ▶ ☐
Arbeitszeit ▶ ☐
Erste Hilfe ▶ ☐

10. Aufgabe

Erika fragt Hans, da dieser Ersthelfer ist, was bei einer blutenden Wunde zu tun ist. Die zwei richtigen Antworten von Hans sind welche?

1 Zunächst spülen oder waschen
2 das Eindringen von Keimen verhüten
3 erst Salbe, dann Puder auftragen
4 Blutschorf und Fremdkörper entfernen
5 versuchen, die Blutung zu stillen

▶ ☐
▶ ☐

11. Aufgabe

Durch seine Mitarbeit bei der Freiwilligen Feuerwehr weiß Armin, was bei einem Brand zu tun ist. Welche Reihenfolge hält er im Notfall ein?

1 Alarmieren, retten, Brand bekämpfen
2 retten, Brand bekämpfen, alarmieren
3 Brand bekämpfen, alarmieren, retten

▶ ☐

Lösungen der Aufgaben auf Seite 520

Tragen Sie die eingerahmten Kennziffern der richtigen Antworten in die Kästchen ein.

12. Aufgabe

Was bedeutet nebenstehendes Sicherheitszeichen?

1 Warnung vor ätzenden Stoffen
2 Warnung vor schwebender Last
3 Warnung vor feuergefährlichen Stoffen
4 Warnung vor elektrischem Strom
5 Warnung vor einer Gefahrenquelle

13. Aufgabe

Frau Dürr ist Sicherheitsbeauftragte im Hotel Palace. Seit sie dieses Amt übernommen hat, sind die Unfälle um 50 % zurückgegangen. Welche Aussage über den Sicherheitsbeauftragten im Betrieb ist richtig?

1 Er hat beratende Funktion zur Abwendung von Unfallgefahren.
2 Er ist Stellvertreter des Chefs.
3 Er trägt rechtliche Verantwortung im Betrieb.
4 Er muß bei der Feuerwehr sein.
5 Er ist Vertrauensperson der Gewerkschaft.

14. Aufgabe

In der Personalkantine sieht Daniel dieses Zeichen. Was bedeutet das nebenstehend abgebildete Sicherheitszeichen?

1 Hinweis auf Erste-Hilfe-Kasten
2 Hinweis auf Feuerlöscher
3 Hinweis auf Standort eines Notruf-Telefons
4 Hinweis auf Gefahrenquelle
5 Hinweis auf Fluchtweg

15. Aufgabe

Emil findet eine verrostete Büroklammer. Er fragt sich, welches Material kann an beschädigten Stellen rosten?

1 Aluminium
2 Messing
3 emaillierter Stahl
4 Chromnickelstahl
5 Kupfer

Lösungen der Aufgaben auf Seite 520

Tragen Sie die eingerahmten Kennziffern der richtigen Antworten in die Kästchen ein.

16. Aufgabe

Bereits seit 1907 wird die Ausbildung der Bevölkerung in Erster Hilfe gefordert. Diese Forderung zur Ausbildung ist auf alle Bereiche gerichtet, in denen Erste Hilfe notwendig werden kann.

Den Ablauf der Maßnahmen nach einem Notfall kann man mit einer Kette vergleichen, die aus fünf Gliedern besteht. Die einzelnen Kettenglieder stehen stellvertretend für eine Reihe von Handlungen, die notwendig sind, um Menschenleben zu retten. Sie greifen ineinander, angefangen von lebensrettenden Maßnahmen bis zur ärztlichen Versorgung im Krankenhaus.

16.1

Dieter Winkler, Restaurantfachmann vom Hotel Ascona hat eine Erste-Hilfe-Ausbildung absolviert. Welche Reihenfolge hat Dieter Winkler bei einem Notfall einzuhalten?

1 Sofortmaßnahmen, Krankenhaus, Rettungsdienst, Notruf, Erste Hilfe
2 Erste Hilfe, Sofortmaßnahmen, Notruf, Rettungsdienst, Krankenhaus
3 Notruf, Sofortmaßnahmen, Rettungsdienst, Erste Hilfe, Krankenhaus
4 Rettungsdienst, Sofortmaßnahmen, Notruf, Krankenhaus, Erste Hilfe
5 Sofortmaßnahmen, Notruf, Erste Hilfe, Rettungsdienst, Krankenhaus ▶ ☐

16.2

Elke Klein, eine Kollegin von Dieter, hat sich bei Vorbereitungsarbeiten in den Finger geschnitten. Da sie beim Anblick von Blut einen Schock bekommt, muss Dieter sofort handeln. Zunächst bringt er Elke in die Schocklage. Welche Lage ist die Schocklage?

1 Die Verletzte zunächst auf die Seite legen und nach fünf Minuten in die Bauchlage.
2 Die Verletzte zunächst flach und bequem hinlegen, Beine für 1–2 Minuten senkrecht anheben, um sie danach erhöht zu lagern.
3 Die Verletzte in Seitenlage versetzen und nicht ansprechen.
4 Die Verletzte im Stehen festhalten, damit sie nicht umfällt.
5 Die Verletzte in Bauchlage bringen, nach 5 Minuten hinstellen. ▶ ☐

Lösungen der Aufgaben auf Seite 520

Tragen Sie die eingerahmten Kennziffern der richtigen Antworten in die Kästchen ein.

16.3

Nachdem Dieter Winkler Elke in die Schocklage gebracht hat, ruft er den Rettungsdienst (Rettungsleitstelle, Tel. 19 222) an. Er weiß, dass jetzt die *5 Ws* Bedeutung gewinnen. Welche ist die richtige Definition dafür?

1	2	3
Wasser drüber **W**ärme dran **W**ickel drum **W**unddreck drin **W**iederbelebung dringend	**W**o geschah es **W**as geschah **W**ie viele Verletzte **W**elche Art von Verletzung **W**arten auf Rückfragen	**W**arum geschah es **W**ieso geschah es **W**eshalb geschah es **W**er ist betroffen **W**omit geschah es

▶ ☐

16.4

Dieter hat sich vorbildlich verhalten. Er sagt, dass er nicht nur wegen Elke so reagiert hat, sondern weil Hilfe zu leisten eine gesetzliche Vorschrift ist. Hat Dieter recht?

1 Nein, denn nach § 323c des Strafgesetzbuches kann niemand zu etwas gezwungen werden.
2 Ja, denn der Verletzte muss den Ersthelfer dafür bezahlen.
3 Nein, denn meine eigenen Interessen haben Vorrang.
4 Ja, denn der § 323c des Strafgesetzbuches schreibt vor:
Wer bei Unglücksfällen oder gemeiner Gefahr oder Not nicht Hilfe leistet, obwohl dies erforderlich und ihm den Umständen nach zuzumuten, insbesondere ohne erhebliche eigene Gefahr und ohne Verletzung anderer wichtiger Pflichten möglich ist, wird mit Freiheitsstrafe bis zu einem Jahr oder zu Geldstrafe verurteilt.
5 Nein, denn Dieter und Elke haben derzeit Streit miteinander. ▶ ☐

Lösungen der Aufgaben auf Seite 520

2

Tragen Sie die eingerahmten Kennziffern der richtigen Antworten in die Kästchen ein.

17. Aufgabe

Unfallversicherung: Alle Arbeitsplätze in Deutschland müssen künftig systematisch auf ihre Gefahren hin geprüft werden. In Betrieben mit mehr als 10 Mitarbeitern muss eine „Gefährdungsbeurteilung“ schriftlich festgehalten werden.

Diese Aufgabe hat Herr Klober, Restaurantfachmann im Hotel König, von seiner Direktion übertragen bekommen.

17.1

Nachdem Herr Klober die Gefahrenquellen analysiert hat, wurden auf diese, um ein Höchstmaß an Sicherheit am Arbeitsplatz zu erreichen, durch Sicherheitszeichen hingewiesen. Sicherzeitszeichen werden unterteilt in:

1 Behelfs- und Neutralzeichen
2 Notfall-, Ernstfall- und Alarmfallzeichen
3 Ruf-, Schall- und Echozeichen
4 Verbots-, Gebots-, Rettungs- und Warnzeichen
5 Gefährdungs-, Halbgefährdungs- und Nichtgefährdungszeichen ▶ ☐

17.2

Durch eine abgetretene Stufenkante kommt Frau Mannina zu Fall und erleidet einen Armbruch. Zur Behebung dieser Gefahrenquelle leitet Herr Klober welche der folgenden Maßnahmen ein?

1 Fachmännische Ausbesserung der Stufenkante und optimale Ausleuchtung der Treppe
2 Treppe sperren und anderen Weg empfehlen
3 Stufenkante selbst ausbessern und empfehlen, demnächst aufzupassen
4 Treppe von der Polizei überprüfen lassen
5 Durch Anbringen einer Warntafel aufmerksam machen ▶ ☐

Lösungen der Aufgaben auf Seite 520

Tragen Sie die eingerahmten Kennziffern der richtigen Antworten in die Kästchen ein.

17.3

Im Hotel König, in dem Herr Klober arbeitet, ist eine Sprinkleranlage installiert. Diese ortsfeste Löschanlage wird automatisch ausgelöst. Welche zwei gängigen Auslöseelemente aktivieren die Sprinkleranlage?

1 Durch Drücken eines Aktivierungsschalters durch die Feuerwehr
2 Durch Geräusche, die ein Brand verursacht
3 Durch Wärmemelder (Temperaturdetektoren), die beim Überschreiten eines vorgegebenen Temperaturwertes ansprechen
4 Durch Lichtreflexe, wie sie nur bei Feuer entstehen
5 Durch Ionisations-Rauchmelder, die sowohl auf sichtbaren als auch auf unsichtbaren Rauch, Gase, Qualm oder Dämpfe ansprechen ▶ ☐ ▶ ☐

17.4

Zum Aufgabengebiet von Herrn Klober zählt im Zuge der Gefährdungsbeurteilung auch der vorbeugende Brandschutz (Brandschutzbeauftragter). Daher befragt er seine Kollegen nach den bisher erfolgten Maßnahmen. Von den nachfolgenden 12 Fragen zum vorbeugenden Brandschutz hat Herr Klober 4 falsch gestellt. Welche sind dies?

1 Sind ausreichend Feuerlöscher nach Art und Umfang der Brandgefährdung bereitgestellt?
2 Werden die Feuerlöscher in gebrauchsfähigem Zustand erhalten und mindestens alle zwei Jahre geprüft?
3 Sind die Mitarbeiter mit der Handhabung der Feuerlöscheinrichtungen in ausreichender Anzahl vertraut gemacht worden?
4 Ist für jeden Mitarbeiter eine Sauerstoffmaske vorhanden?
5 Sind die Feuerlöscheinrichtungen jederzeit schnell und leicht erreichbar?
6 Sind die Stellen, an denen sich die Feuerlöscheinrichtungen befinden, deutlich erkennbar und dauerhaft gekennzeichnet?
7 Weiß jeder Mitarbeiter welcher Fluchtweg für ihn im Brandfall der Richtige ist?
8 Haben die Mitarbeiter alle schon einmal die Feuerwehr bei einem Brand unterstützt?
9 Existiert ein Alarmplan für den Brandfall und ist dieser allen Mitarbeitern bekannt?
10 Werden Maßnahmen getroffen, um Entstehungsbrände zu verhindern?

→

Lösungen der Aufgaben auf Seite 520

2

Tragen Sie die eingerahmten Kennziffern der richtigen Antworten in die Kästchen ein.

Fortsetzung der Aufgabe 17.4

11 Werden Brandschutztüren stets geschlossen gehalten bzw. ist sichergestellt, dass sie im Gefahrenfall selbsttätig schließen?

12 Werden die hauseigenen Sprungtücher regelmäßig überprüft? ▶ ☐ ▶ ☐ ▶ ☐ ▶ ☐

Umweltschutz im Gastgewerbe

1. Aufgabe

Monika und Werner arbeiten im Hotel Gloria. Sie sind Umweltschutzbeauftragte durch die Anweisung der Direktion. Ihre erste Aufgabe ist es, den Wasserverbrauch in ihrem Hotel zu senken, denn sie haben festgestellt, dass der Verbrauch von kostbarem Trinkwasser viel zu hoch ist.
Täglich fließen Haushaltsabwässer in die Kanalisation. Wieviel Liter pro Kopf der Bevölkerung sind dies?

1 ca. 50 Liter
2 ca. 100 Liter
3 ca. 140 Liter
4 ca. 180 Liter
5 ca. 220 Liter ▶ ☐

2. Aufgabe

Helga sortiert recycelbaren Müll. Was bedeutet der Begriff Recycling?

1 Mehrwegbehälter
2 Sondermüll
3 Umverpackung
4 Abfallcontainer
5 Abfallwiederverwertung ▶ ☐

3. Aufgabe

Günther fällt seit einigen Jahren verstärkt ein Zeichen auf unterschiedlichen Verpackungen auf. Es ist der „Grüne Punkt", ein geschütztes Zeichen. Worauf soll er hinweisen?

1 Auf die umweltverträgliche Herstellung des Produktes
2 auf die garantierte Recyclingfähigkeit der Verpackung
3 auf ein besonders gut verträgliches Produkt
4 auf Verpackungen, die nur über die Mülltonne entsorgt werden dürfen ▶ ☐

Lösungen der Aufgaben auf Seite 521

Tragen Sie die eingerahmten Kennziffern der richtigen Antworten in die Kästchen ein.

4. Aufgabe

Monika und Werner kennen die staatlichen Vorgaben. Auf welche vier Hauptgebiete bezieht sich das geltende Umweltschutzrecht?

1 Wasserhaushalt
2 Luftreinhaltung
3 Unfallschutz
4 Straßenbau
5 Lärmbekämpfung
6 Abfallbeseitigung

5. Aufgabe

Mehrwegflaschen sind Einwegflaschen vorzuziehen, weil

1 kostbare Rohstoffe gespart werden
2 weniger Energie für die Flaschenherstellung aufgewendet wird
3 die Werbung auf den Flaschen nicht immer erneuert werden muss
4 jeder Bürger an seine Eigenverantwortlichkeit erinnert wird
5 der Inhalt günstiger angeboten werden kann

6. Aufgabe

Die Verordnung über die Vermeidung von Verpackungsabfällen (*Verpackungsverordnung*) ist eine gesetzliche Maßnahme. Ordnen Sie die richtigen Daten den jeweiligen Verordnungsstufen zu.

1 01. 01. 1994
2 01. 01. 1993
3 01. 01. 1990
4 01. 12. 1991
5 01. 04. 1992
6 01. 06. 1993

Handel und Hersteller müssen ein Rücknahmesystem aufbauen. – Seit wann?

Der Verbraucher hat das Recht, Umverpackungen im Laden zu entfernen und zurückzulassen. – Seit wann?

Der Handel muss gebrauchte Verbrauchspackungen im Laden oder in dessen unmittelbarer Nähe zurücknehmen. – Seit wann?

Lösungen der Aufgaben auf Seite 521

Tragen Sie die eingerahmten Kennziffern der richtigen Antworten in die Kästchen ein.

7. Aufgabe

Welche drei Grundsätze prägen die staatliche Umweltpolitik? Auch mit dieser Frage haben Monika und Werner, seit sie Umweltschutzbeauftragte ihres Betriebes sind, keine Probleme mehr.

1 Vorsorgeprinzip
2 Gleichgültigkeitsprinzip
3 Verursacherprinzip
4 Steuererhebungsprinzip
5 Kooperationsprinzip
6 Verdrängungsprinzip

▶ ☐
▶ ☐
▶ ☐

Naturwissenschaftliche Grundlagen

1. Aufgabe

Bei welchem pH-Wert besitzt Wasser weder saure noch basische Eigenschaften (Neutralpunkt)?

1 7
2 0
3 6,1
4 9,3
5 14

▶ ☐

2. Aufgabe

Verschiedene Lebensmittel liegen mit dem pH-Wert im schwach sauren Bereich zwischen 4 und 7. Um welche Lebensmittel handelt es sich?

1 Kartoffeln, Gemüse, Reis
2 Getreide, Milch, Hülsenfrüchte
3 Sauerkraut, Sauerrahm, Sauerteig
4 Geflügel, Fisch, Fleisch
5 Eier, Essigsäure, Kohlensäure

▶ ☐

Lösungen der Aufgaben auf Seite 521

Tragen Sie die eingerahmten Kennziffern der richtigen Antworten in die Kästchen ein.

3. Aufgabe

Öle und Fette lassen sich in der Regel nicht mit Wasser mischen. Was verstehen Sie in diesem Zusammenhang unter dem Begriff „Emulsion"?

1 Fettaugen, die auf einer Flüssigkeit schwimmen
2 Verbindung von Mehl und Fett
3 Verbindung von Stärke, Fett und Wasser
4 feinste Verteilung eines unlöslichen Stoffes in einer Flüssigkeit
5 Fett, welches durch Erhitzen zum Gerinnen gebracht wird ▶ ☐

4. Aufgabe

Um welchen chemischen Vorgang handelt es sich bei der Herstellung einer Mayonnaise?

1 Emulsion
2 Konzentration
3 Lösung
4 gasförmige Verbindung
5 Osmose ▶ ☐

5. Aufgabe

Welche Maßeinheit benutzt man für die Angabe der elektrischen Spannung?

1 Watt
2 Ampere
3 Joule
4 Volt
5 Elektronen ▶ ☐

6. Aufgabe

Aus welchen Gründen verwendet man bei der Herstellung von Elektrokabeln Kupfer und keine anderen Metalle?

1 Stahl ist wesentlich teurer.
2 Kupfer ist der beste Stromleiter.
3 Aus Kostengründen, Kupfer ist sehr billig.
4 Eisen ist nicht so biegsam.
5 Messing und Zink sind unwirtschaftlich. ▶ ☐

Lösungen der Aufgaben auf Seite 521

Tragen Sie die eingerahmten Kennziffern der richtigen Antworten in die Kästchen ein.

7. Aufgabe

Weshalb werden elektrische Kühlaggregate immer außerhalb des Kühlraums installiert?

1 Wegen Unterkühlung des Aggregates
2 Kondenswasserbildung
3 zu hohe Wärmeentwicklung
4 aus Sicherheitsgründen ▶ ☐

8. Aufgabe

Nennen Sie die drei Hauptbestandteile der menschlichen Zelle.

1 Zellstoff, Cellulose, Gewebe
2 Zellkern, Zellplasma, Zellwand
3 Organ, Zellplasma, Zellstoff
4 Zellwolle, Gewebe, Zellkern ▶ ☐

9. Aufgabe

Was verstehen Sie unter „Photosynthese"?

1 Abgabe von Kohlendioxid über die Pflanze
2 strahlende Gashülle der Sonne
3 Aufnahme von Sauerstoff durch die Pflanze
4 Aufbau chemischer Verbindung bei Pflanzen durch Einwirkung der Sonne
5 Abgabe von Sauerstoff durch die Pflanze ▶ ☐

10. Aufgabe

Welche Lebensm.-Veränderung entsteht durch Enzymwirkung?

1 Ranzigwerden von Fetten, Bräunung geschälter Lebensmittel
2 Bildung von Geruchs- und Geschmacksstoffen
3 Konservierungsverfahren
4 Veredelungsverfahren
5 Bildung von Eiweiß und Kohlenhydraten ▶ ☐

11. Aufgabe

Welche Gruppen von Mikroorganismen kennen Sie?

1 Sporen, Keime, Parasiten
2 Schmarotzer, Schimmelpilze
3 Bakterien, Hefen, Schimmelpilze
4 Keime, Hefen, Pilze
5 Bakterien, Parasiten, Bazillen ▶ ☐

Lösungen der Aufgaben auf Seite 521

Tragen Sie die eingerahmten Kennziffern der richtigen Antworten in die Kästchen ein.

12. Aufgabe

Salmonellen-Bakterien stammen ursprünglich von Tieren. In welchen tierischen Produkten kommen sie am häufigsten vor?

1 Milch, Butter, Käse
2 Gemüse, Obst, Salat
3 Hackfleisch, Brot, Käse
4 Geflügel, Milch, Butter
5 Geflügel, Hackfleisch, Enteneier ▶ ☐

13. Aufgabe

Bei der Speisenzubereitung spielen die sog. „Genußsäuren" eine große Rolle. Um welche Mikrobenart handelt es sich hier?

1 Kolibakterien, Milchsäurebakterien
2 Botulinus, Tetanus
3 Milchsäure, Essigsäure
4 Streptokokken, Salmonellen ▶ ☐

14. Aufgabe

Lebensmittel im basischen Bereich sind selten. Welche der nachstehenden Angaben beinhaltet ein anderes Wort für „basisch"?

1 Kochsalz
2 Benzoesäure
3 Lauge
4 alkalisch ▶ ☐

15. Aufgabe

Welcher Stoff, der in Silberputzmitteln enthalten ist, bringt schwarzes Silberoxid wieder auf Hochglanz?

1 Natronlauge
2 Reduktionsmittel
3 Salzsäure
4 Wasserstoff ▶ ☐

16. Aufgabe

Wenn chemische Stoffe sich verändern, spricht man von einer „chemischen Reaktion". Welche Antwort beschreibt eine solche Veränderung?

1 Oxidationen und Reduktionen
2 Reaktionen in Lebewesen
3 Moleküle mit vielen Atomen ▶ ☐
4 wenn Wasserstoffgas verbrennt ▶ ☐

Lösungen der Aufgaben auf Seite 521

2

Tragen Sie die eingerahmten Kennziffern der richtigen Antworten in die Kästchen ein.

17. Aufgabe

Nur grüne Pflanzen können aus dem Wasser des Bodens und dem Kohlenstoffdioxid der Luft Kohlenhydrate herstellen. Welcher Hilfsstoff wird außerdem zur Entstehung von Kohlenhydraten benötigt?

1 Cellulose
2 Wasserstoff
3 Chlorophyll
4 Glykogen ► ☐

18. Aufgabe

Öle und Fette lassen sich mit Wasser nicht mischen. Bei Emulsionen findet mit Hilfe eines Emulgators eine feinste Verteilung einer Flüssigkeit in einer anderen statt, mit der sie sich üblicherweise nicht mischt.

a) Bei welchen Lebensmitteln findet eine Wasser-in-Fett-Emulsion statt?

1 Butter, Margarine, Mayonnaise
2 Milch, Butter, Margarine
3 Butter, Mayonnaise, Rahm
4 Sauce hollandaise, Butter, Leberwurst ► ☐

b) Bei welchen Lebensmitteln findet eine Fett-in-Wasser-Emulsion statt?

5 Butter, Mayonnaise, Milch
5 Milch, Sauce hollandaise, Rahm
5 Leberwurst, Rahm, Mayonnaise
5 Butter, Margarine, Mayonnaise ► ☐

19. Aufgabe

In Wasser und Benzin können zahlreiche Stoffe gelöst werden. Ordnen Sie zu:

1 Wasser
2 Benzin

Zucker ► ☐
Kochsalz ► ☐
Öl ► ☐
Alkohol ► ☐
Fett ► ☐
fetthaltiger Schmutz ► ☐

Lösungen der Aufgaben auf Seite 521

Tragen Sie die eingerahmten Kennziffern der richtigen Antworten in die Kästchen ein.

20. Aufgabe

Bei Kochen unter Dampfdruck erhöht sich nicht nur die Innentemperatur, auch der Druck über dem Wasser steigt über den Normalluftdruck. Welche Vorteile werden mit dieser Garmethode erreicht?

1 Einsparung von Energie
2 geringe Temperatur erforderlich ▶ ☐
3 kurze Ankochzeit ▶ ☐
4 verkürzter Kochvorgang ▶ ☐
5 schonendes Garen

21. Aufgabe

In einem Restaurant findet man Gemische aus verschiedenen Stoffen. Sie enthalten u. a. gasförmige Elemente, gasförmige Verbindungen und feste Stoffe. Ordnen Sie zu:

1 Element
2 Verbindung
3 Feste Stoffe

Sauerstoff ▶ ☐
Staub ▶ ☐
Edelgas ▶ ☐
Kohlendioxid ▶ ☐
Rauchteilchen ▶ ☐
Wasserdampf ▶ ☐

22. Aufgabe

Um Lösungen miteinander vergleichen zu können, muss man ihre Konzentration kennen. Unter welcher Bezeichnung wird diese bei alkoholischen Getränken angegeben?

1 in ‰
2 in ml
3 in Vol.-%
4 in Gramm
5 in % ▶ ☐

23. Aufgabe

Verschiedene Arten von Mikroben müssen beim Umgang mit Lebensmitteln behandelt oder bekämpft werden. Welche Methoden würden Sie anwenden?

1 Bestrahlung
2 Hitzebehandlung ▶ ☐
3 Behandlung mit Konservierungsstoffen ▶ ☐
4 Behandlung mit Desinfektionsmitteln ▶ ☐
5 Temperatursenkung

Lösungen der Aufgaben auf Seite 521

Tragen Sie die eingerahmten Kennziffern der richtigen Antworten in die Kästchen ein.

24. Aufgabe

Bei der Überprüfung des Lagerbestandes entdecken Sie eine aufgeblähte Konservendose. Um welche Mikrobenart handelt es sich hier?

1 Colibakterien
2 Salmonellen
3 Botulinus
4 Streptokokken
5 Tetanus ▶ ☐

25. Aufgabe

Auch am menschlichen Körper gibt es zahlreiche Hebel. Bei vielen Tätigkeiten nutzen wir das Hebelgesetz, um Kraft zu sparen und den Verschleiß gering zu halten. Ordnen Sie folgende Hebelwirkungen dem jeweiligen Teil des Arms auf der Abbildung zu.

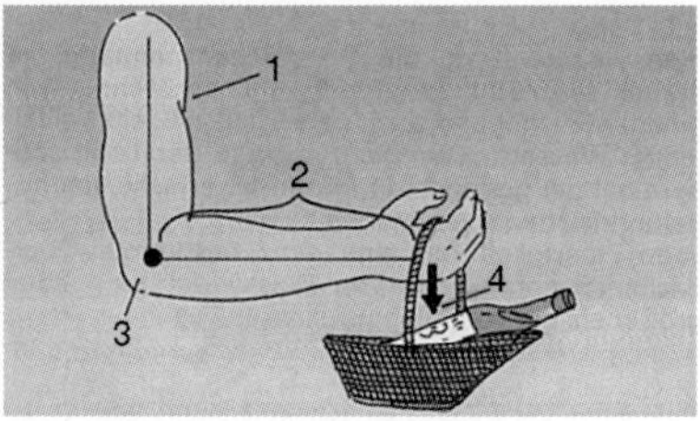

1 Kraft ▶ ☐
2 Drehachse ▶ ☐
3 Hebel ▶ ☐

Hygiene im Gastgewerbe

1. Aufgabe

Gisela wird Hotelfachfrau. Bei Reinigungsarbeiten muss sie die Toiletten desinfizieren. Was bedeutet das?

1 Erhitzen
2 anstecken
3 entkeimen
4 bestrahlen ▶ ☐

Lösungen der Aufgaben auf Seite 521

Tragen Sie die eingerahmten Kennziffern der richtigen Antworten in die Kästchen ein.

2. Aufgabe

In der Berufsschule lernt Michael, dass entsprechend den Merkmalen von Mikroben eine Dreiteilung vorgenommen wurde. Welche der Lebewesen zählen dazu?

1 Insekten
2 Bakterien
3 Kriechtiere ▶ ☐
4 Nager ▶ ☐
5 Schimmelpilze
6 Hefen ▶ ☐

3. Aufgabe

Peter soll Früchte vor dem Verderb bewahren. Welche Konservierungsmethoden, die eine lange Genießbarkeit der Früchte ermöglichen, stehen ihm zur Verfügung?

1 Durch Alkohol
2 durch Sterilisieren
3 durch Vakuumieren ▶ ☐
4 durch Salzen ▶ ☐
5 durch Gefrieren
6 durch Zuckern ▶ ☐

4. Aufgabe

Gisela fragt Peter: Welche fünf der insgesamt sieben vorgeschriebenen Angaben muss ein Etikett auf abgepackten Fertigpackungen enthalten?

1 Verkehrsbezeichnung ▶ ☐
2 Mindesthaltbarkeit ▶ ☐
3 Joule-/Kalorienangabe ▶ ☐
4 Name und Anschrift des Herstellers ▶ ☐
5 Mengenbezeichnung ▶ ☐
6 Garniturvorschlag
7 Zutatenliste

Lösungen der Aufgaben auf Seite 521

2

Tragen Sie die eingerahmten Kennziffern der richtigen Antworten in die Kästchen ein.

5. Aufgabe

Vakuumieren stellt eine Möglichkeit der Haltbarmachung von Lebensmitteln dar. Welche der aufgeführten Vorteile treffen auf dieses Verfahren zu?

1 Aromaschutz der Ware
2 Sichtbarkeit der Ware ▶ ☐
3 Diebstahlsicherheit der Ware ▶ ☐
4 hygienisch transportierbar ▶ ☐
5 Ware wird aromareicher ▶ ☐
6 Aufbewahrung von flüssigem Vakuumiergut ist problemlos ▶ ☐
7 Portionierung möglich ▶ ☐
8 sowohl für rohe als auch für gegarte Lebensmittel geeignet
9 Ware nur für Tage haltbar ▶ ☐

6. Aufgabe

Welche Aussage ist der *Hygieneverordnung* entnommen?

1 Köche müssen vor Beginn ihrer Tätigkeit ein Gesundheitszeugnis vorlegen.
2 Es ist verboten, nicht zugelassene Stoffe zu verwenden.
3 Der Gehalt an zugelassenen Stoffen ist kenntlich zu machen.
4 Lebensmittel, die von Gästen berührt oder zurückgelassen wurden, dürfen nicht wieder als Lebensmittel für andere verwendet werden.
5 Hackfleischerzeugnisse dürfen in Gaststätten nur zum Verzehr an Ort und Stelle verkauft werden. ▶ ☐

7. Aufgabe

Als Koch-Azubi lernte Marc in der Berufsschule, dass Lebensmittelvergiftungen chemische oder mikrobakterielle Ursachen haben können. In welchen Lebensmitteln sind sie zu suchen?

1 Pökelsalz
2 Milcherzeugnisse
3 Schädlingsbekämpfungsmittel
4 Pilze
5 Gerätschaften
6 Speiseeis
7 Fleischerzeugnisse
8 Eiprodukte

Ursachen chemisch:

Nitrit ▶ ☐

Parathion ▶ ☐

Ursachen mikrobakteriell:

▶ ☐

Salmonellen ▶ ☐

Bazillen ▶ ☐

▶ ☐

Staphylokokken ▶ ☐

Lösungen der Aufgaben auf Seite 521

Tragen Sie die eingerahmten Kennziffern der richtigen Antworten in die Kästchen ein.

8. Aufgabe

Ebenso lernte er, dass die Verfahren der Haltbarmachung von Lebensmitteln in chemische (1) und physikalische (2) zu unterscheiden sind. Kennzeichnen Sie mit der jeweiligen Zahl:

1 Chemisch
2 Physikalisch

- Räuchern ▶ ☐
- Kühlen ▶ ☐
- Sterilisieren ▶ ☐
- Einlegen in Alkohol ▶ ☐
- Pökeln ▶ ☐
- Vakuumieren ▶ ☐
- Gefrieren ▶ ☐

9. Aufgabe

Marc weiß auch, dass Mäuse in einer Küche fehl am Platz sind. Welche Lebensmittelschädigung wird unmittelbar durch Mäuse verursacht?

1 Eiablage
2 Bildung von Innengift
3 Bildung von Außengift
4 Fraßschaden
5 Schimmelbildung ▶ ☐

10. Aufgabe

Welche Aussagen über tiefgefrorene Waren treffen zu?

1 Die Tiefkühlkette darf nicht unterbrochen werden.
2 Tiefgefrorene Lebensmittel sind unterschiedlich haltbar.
3 Angetaute Lebensmittel dürfen nicht wieder eingefroren werden. ▶ ☐
4 Aufgetaute Lebensmittel müssen sofort verwendet werden. ▶ ☐
5 Tiefgefrorene Lebensmittel sind nicht steril. ▶ ☐

11. Aufgabe

Wobei ist die Tätigkeit der Bakterien unerwünscht?

1 Bei der Sauerteigherstellung
2 bei der Sauerkirschkonfitürenherstellung
3 bei der Joghurtherstellung
4 bei der Kefirherstellung
5 bei der Weinessigherstellung ▶ ☐

2

Lösungen der Aufgaben auf Seite 521

Tragen Sie die eingerahmten Kennziffern der richtigen Antworten in die Kästchen ein.

12. Aufgabe

Gisela macht in dieser Woche den Eisverkauf. Wie muss sie nach der *Speiseeisverordnung* das Speiseeisportioniergerät in Betriebsbereitschaft halten?

1 Im stehenden kalten Wasser
2 im fließenden warmen Wasser
3 im fließenden heißen Wasser
4 im stehenden warmen Wasser
5 im fließenden kalten Wasser ▶ ☐

13. Aufgabe

Ordnen Sie zu, indem Sie die eingerahmten Kennziffern von drei der insgesamt sechs Mikroben bzw. Lebensmittelschädlinge in die Kästchen bei den unmittelbaren Lebensmittelschädigungen eintragen.

Mikroben bzw. Lebensmittelschädlinge:

1 Fliegen
2 Kahmhefe
3 Bodenbakterien
4 Edelschimmelpilze
5 Milchsäurebakterien
6 Schnecken

Unmittelbare Lebensmittelschädigungen:

Vergiftung ▶ ☐
Mikrobenübertragung ▶ ☐
Fraßschäden ▶ ☐

14. Aufgabe

Welche Mindesttemperatur muss im Tiefkühlraum herrschen?

1 – 5 °C
2 – 8 °C
3 –18 °C
4 –25 °C
5 –30 °C ▶ ☐

Lösungen der Aufgaben auf Seite 521

Lebensmittelrecht im Gastgewerbe

Tragen Sie die eingerahmten Kennziffern der richtigen Antworten in die Kästchen ein.

1. Aufgabe

Welches der nachstehenden Organe ist nicht zuständig für die Lebensmittelüberwachung?

1 Gewerbeaufsichtsamt
2 Lebensmittelpolizei
3 Gesundheitsamt
4 zuständiges Ministerium des Bundeslandes
5 Berufsgenossenschaft ► ☐

2. Aufgabe

Der Patissier beauftragt Sie, Rahmeis herzustellen, wobei die Vorschriften der *Speiseeisverordnung* einzuhalten sind. Wie hoch muss der Sahne- und Fettanteil nach dieser Verordnung sein?

1 70% Sahne mit 30% Fettanteil
2 50% Sahne mit 28% Fettanteil
3 60% Sahne mit 30% Fettanteil
4 80% Sahne mit 35% Fettanteil
5 77% Sahne mit 60% Fettanteil ► ☐

3. Aufgabe

Welche der nachstehenden Angaben einer Getränkekarte entspricht den Bestimmungen der *Lebensmittelkennzeichnungs-VO*?

1 Münchener, hell
2 Hausbier, hell
3 Frühlingsbier
4 Pils-Vollbier
5 Korkbräu-Bier ► ☐

4. Aufgabe

Käse wird in verschiedene Fettgehaltsstufen eingeteilt. Ordnen Sie diese dem Fettgehalt i. Tr. (in der Trockenmasse) in % zu.

1 Magerstufe	mindestens 40%	► ☐
2 Halbfettstufe	mindestens 50%	► ☐
3 Fettstufe	weniger als 10%	► ☐
4 Rahmstufe	mindestens 20%	► ☐

Lösungen der Aufgaben auf Seite 521

Tragen Sie die eingerahmten Kennziffern der richtigen Antworten in die Kästchen ein.

5. Aufgabe

Nach der Schlachtung und amtstierärztlichen Untersuchung wird das Schlachtfleisch mit unterschiedlichen Stempeln versehen. Was sagen die nachstehenden Stempel aus?

1

2

3

4

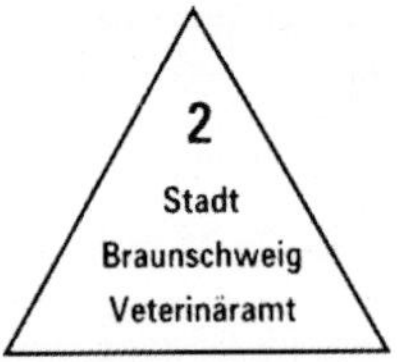

5

- bedingt tauglich ▶ ☐
- minderwertig ▶ ☐
- untauglich ▶ ☐
- tauglich Inland ▶ ☐
- tauglich EU ▶ ☐

6. Aufgabe

Wer Letztverbrauchern gewerbsmäßig Waren oder Leistungen anbietet, hat die Preise laut der *VO über Preisangaben* als Endpreise anzugeben. Um welche Angaben handelt es sich?

1 Mehrwertsteuer und Bedienungsgeld
2 Bedienungsgeld
3 Mehrwertsteuer
4 Bedienungsgeld und Gewerbesteuer
5 Mehrwertsteuer und Gewerbesteuer ▶ ☐

Lösungen der Aufgaben auf Seite 521

Tragen Sie die eingerahmten Kennziffern der richtigen Antworten in die Kästchen ein.

7. Aufgabe

Welche Erzeugnisse dürfen laut den Bestimmungen des *Lebensmittel- und Bedarfsgegenständegesetzes (LMBG)* in Gaststätten nur zum Verzehr an Ort und Stelle am Tag ihrer Herstellung abgegeben werden?

1 Rehkeule, Hasenrücken, Hirschragout
2 Brathähnchen, Entenkeule, Putenbrust
3 Schabefleisch, Hackfleisch, gehackte Rinderleber
4 Schweineschulter, Schweinemett, Schweinshaxe
5 Kalbsgeschnetzeltes, Kalbsragout, Kalbsleber ▶ ☐

8. Aufgabe

In welcher Verordnung bzw. welchem Gesetz ist die Grundlage für die Kennzeichnungspflicht von verpackten Lebensmitteln enthalten?

1 Preisauszeichnungs-VO, Bundesseuchengesetz
2 Lebensmittelkennzeichnungs-VO, Bedarfsgegenständegesetz
3 Lebensmittelkennzeichnungs-VO, Fleischbeschaugesetz
4 Zusatzstoff-Zulassungs-VO, Bedarfsgegenständegesetz ▶ ☐

9. Aufgabe

Welche der nachstehenden Angaben ist laut *Lebensmittelkennzeichnungsverordnung (LMKV)* nicht erforderlich?

1 Hersteller
2 handelsübliche Bezeichnung und Menge des Inhalts
3 Preisangabe
4 Herstellungs-/Verpackungs- und ggf. Verfallsdatum
5 Verwendung von Zusatz-, Farb- und Konservierungsstoffen ▶ ☐

10. Aufgabe

Das *Bundesseuchengesetz* schreibt in § 17 vor, welche Personen in der Küche nicht beschäftigt werden dürfen. Um welche Personen handelt es sich hier?

1 Körperbehinderte
2 ältere Menschen
3 Jugendliche unter 16 Jahren
4 Dauerausscheider von Mikrobendauerformen ▶ ☐

Lösungen der Aufgaben auf Seite 521

2

Tragen Sie die eingerahmten Kennziffern der richtigen Antworten in die Kästchen ein.

11. Aufgabe

Was kann bei einer Betriebsbesichtigung eines Lebensmittelbetriebs durch die Lebensmittelüberwachungsbehörde alles kontrolliert werden?

1 Küchengeräte, Berufskleidung, Ölheizung, Lagerkartei
2 Wareneingangsbuch, Schwimmbecken, Toiletten, Lüftung
3 Magazin, Schankanlage, Speisenkarten, Gästezimmer
4 Gastankanlage, Handtücher, Rezeptbücher, Berufskleidung ▶ ☐

12. Aufgabe

Ordnen Sie die Lebensmittel oder Bedarfsgegenstände den nebenstehenden Angaben zu:

1 Lebensmittel
2 Bedarfsgegenstand

Fritierfett ▶ ☐
Kochmütze ▶ ☐
Kochsalz ▶ ☐
Mineralwasser ▶ ☐
Streichholz ▶ ☐
Eiswürfel ▶ ☐
Zahnstocher ▶ ☐
Zucker ▶ ☐
Seife ▶ ☐
Alufolie ▶ ☐

Inhaltsstoffe von Lebensmitteln

1. Aufgabe

Außer Vitaminen, Mineralstoffen und Fetten sind auch Kohlenhydrate ein wesentlicher Bestandteil unserer täglichen Ernährung. Welche Bedeutung haben Kohlenhydrate für den menschlichen Körper?

1 Sie gleichen den Wasserhaushalt aus.
2 Sie dienen den Körperzellen zur Energiegewinnung.
3 Sie fördern die Durchblutung im menschlichen Körper.
4 Sie stärken die Sauerstoffzufuhr. ▶ ☐

Lösungen der Aufgaben auf Seite 521/522

Tragen Sie die eingerahmten Kennziffern der richtigen Antworten in die Kästchen ein.

2. Aufgabe

Bei der Zubereitung unserer Speisen sollten wir vorwiegend Öle mit ungesättigten Fettsäuren verwenden. Ordnen Sie folgende Angaben den entsprechenden Fettsäuren zu:

1 Gesättigte Fettsäuren
2 ungesättigte Fettsäuren

Palmitoleinsäure ▶ ☐
Ölsäure ▶ ☐
Buttersäure ▶ ☐
Linolsäure ▶ ☐
Palmitinsäure ▶ ☐
Caprylsäure ▶ ☐

3. Aufgabe

In welchem Fall handelt es sich bei den nachstehenden Emulsionen nicht um eine natürlich emulgierte Form?

1 Milch
2 Sahne
3 Butter
4 Mayonnaise
5 Margarine ▶ ☐

4. Aufgabe

Welche drei Kombinationen von Lebensmitteln haben einen hohen Eiweißgehalt, der für unsere tägliche Ernährung von Bedeutung ist?

1 Kartoffeln – Ei
2 Fleisch – Fisch
3 Weizenmehl – Fett ▶ ☐
4 Vollkorngetreide – Milch ▶ ☐
5 Fleisch – Teigwaren ▶ ☐
6 Hülsenfrüchte – Ei ▶ ☐

Lösungen der Aufgaben auf Seite 522

2

Tragen Sie die eingerahmten Kennziffern der richtigen Antworten in die Kästchen ein.

5. Aufgabe

In der Gruppe der natürlichen Aminosäuren gibt es acht sogenannte essentielle Aminosäuren, die der menschliche Körper nicht selbst herstellen kann, aber für sein körpereigenes Eiweiß dringend braucht. Ordnen Sie die folgenden Aminosäuren zu:

1 Natürliche Aminosäuren
2 natürliche essentielle Aminosäuren

Isoleucin ▶ ☐
Glutamin ▶ ☐
Alanin ▶ ☐
Leucin ▶ ☐
Asparaginsäure ▶ ☐
Methionin ▶ ☐
Glycin ▶ ☐
Lysin ▶ ☐

6. Aufgabe

Der tägliche Mineralstoffbedarf des menschlichen Körpers ist von vielen Faktoren abhängig. Entscheiden Sie, welche der nachstehenden Angaben <u>nicht</u> zutrifft.

1 Der Bedarf ist abhängig vom Geschlecht.
2 Es besteht ein erhöhter Bedarf nach Kaffee-, Tee- und Alkoholgenuss.
3 Der Bedarf ist abhängig vom Körpergewicht.
4 Der Bedarf ist abhängig von der Art der Tätigkeit.
5 Im Wachstum besteht kein erhöhter Bedarf. ▶ ☐

7. Aufgabe

Ballaststoffe sind für die Verdauung des menschlichen Körpers unerlässlich. In welchen Lebensmitteln kommen sie in ausreichendem Maße vor?

1 Teigwaren
2 rohes Obst und Gemüse
3 Vollkornprodukte
4 Süßwaren ▶ ☐
5 Fleisch
6 Milch- und Käseprodukte ▶ ☐

Lösungen der Aufgaben auf Seite 522

Tragen Sie die eingerahmten Kennziffern der richtigen Antworten in die Kästchen ein.

8. Aufgabe

Folgende Lebensmittel enthalten Vitamin A, C, D oder B_1. Ordnen Sie diesen das jeweilig richtige Vitamin zu.

1 Zitrusfrüchte, Johannisbeeren, Sanddorn
2 Leber, Fisch, Ei, Milch, Butter
3 Getreidekorn, Hülsenfrüchte, Hefe, Vollkornprodukte
4 Käse, Eidotter, Spinat, Karotten

Vitamin B_1 ▶ ☐
Vitamin C ▶ ☐
Vitamin D ▶ ☐
Vitamin A ▶ ☐

9. Aufgabe

Der Wasserbedarf in gastronomischen Betrieben ist hoch. Welche Auswirkung hat eine erhöhte Wasserhärte?

1 Höhere Lebensdauer der Spül- und Waschgeräte
2 erhöhter Verbrauch an Spül- und Waschmitteln
3 geringer Wasserverbrauch
4 Aufgussgetränke schmecken aromatischer ▶ ☐

10. Aufgabe

Viele Lebensmittel enthalten Zusatzstoffe, die nicht alle gesundheitlich unbedenklich sind. Welche Zusatzstoffe können die menschliche Gesundheit beeinträchtigen?

1 Saccharin
2 E 421 – Mannit
3 E 210 – Benzoesäure
4 E 322 – Lecithin
5 Gelatine ▶ ☐

11. Aufgabe

Lebensmittel enthalten sichtbare und unsichtbare Fette. Welche Lebensmittel enthalten Fett in emulgierter Form?

1 Fleisch, Fisch, Geflügel
2 Obst, Gemüse, Zitrusfrüchte
3 Milch, Butter, Käse
4 Früchte, Gemüse, Kartoffeln
5 Reis, Kartoffeln, Teigwaren ▶ ☐

12. Aufgabe

Natürliche Farbstoffe sind meist ein Gemisch aus verschiedenen Stoffen. Was bedeutet der Begriff „Carotinoide“?

1 Rote Farbstoffe im Fleisch
2 ein Wurzelgemüse
3 Fischarten
4 rote und gelbe Farbstoffe in Karotten, Tomaten, Mais, Butter, Orangen, Paprika
5 Fettstoff in Fisch und Krustentieren ▶ ☐

Lösungen der Aufgaben auf Seite 522

2

Tragen Sie die eingerahmten Kennziffern der richtigen Antworten in die Kästchen ein.

13. Aufgabe

Lipoide spielen im menschlichen Körper eine wichtige Rolle. Welche der nachstehenden Antworten trifft nicht zu?

1 Wichtig bei der Verdauung und im Stoffwechsel
2 wichtig beim Transport der Speisen
3 typische Aromastoffe bestehen oft aus Lipoiden
4 Lipoide sind natürliche Farbstoffe in Lebensmitteln
5 Lipoide schützen Fette vor Verderb ▶ ☐

14. Aufgabe

Jede Aminosäure ist im Prinzip gleich aufgebaut. Aus welchen drei Bestandteilen besteht sie?

1 Schwefel, Sauerstoff, Wasserstoff
2 Glycin, Schwefel, Kohlenstoff
3 Aminogruppe, Säuregruppe, „Rest"
4 Kohlenstoffatom, Wasserstoff, Stickstoff ▶ ☐

15. Aufgabe

Man unterscheidet zwei verschiedene Strukturen von Eiweiß. Ordnen Sie die beiden Eiweißstrukturen den Eiweißarten zu:

1 Knäuelförmiges Eiweiß
2 faserförmiges Eiweiß

Globuline ▶ ☐
Elastine ▶ ☐
Kollagene ▶ ☐
Albumine ▶ ☐

16. Aufgabe

Proteine liefern dem menschlichen Körper ebensoviel Energie wie Kohlenhydrate. Wie viel kJ bzw. kcal hat 1 g Eiweiß?

1 kJ = 17 – kcal = 4
2 kJ = 30,3 – kcal = 8,9
3 kJ = 2,3 – kcal = 12,8
4 kJ = 15,2 – kcal = 6,2 ▶ ☐

17. Aufgabe

Diabetiker müssen Kohlenhydrate weitgehend meiden. Welchen der Stoffe dürfen sie bedenkenlos zu sich nehmen?

1 Fructose
2 Dextrin
3 Maltose
4 Saccharose ▶ ☐

Lösungen der Aufgaben auf Seite 522

Tragen Sie die eingerahmten Kennziffern der richtigen Antworten in die Kästchen ein.

18. Aufgabe

Welche Transportaufgaben haben Proteine und Proteide im menschlichen Körper?

1 Transport von Speisenbrei
2 Transport von Gallensaft
3 Transport von Sauerstoff und Blutfetten
4 Transport von Kohlenhydraten ▶ ☐

19. Aufgabe

Kohlenhydrate können nur in geringem Umfang in der Leber als Glykogen gespeichert werden. Sie müssen dem Körper bei jeder Mahlzeit zugeführt werden. Wie hoch ist der tägliche Bedarf?

1 15 g Kohlenhydrate pro kg Körpergewicht
2 10 g Kohlenhydrate pro kg Körpergewicht
3 25 g Kohlenhydrate pro kg Körpergewicht
4 5 g Kohlenhydrate pro kg Körpergewicht ▶ ☐

20. Aufgabe

Der Begriff „Dextrinierung" hat eine küchentechnische Bedeutung. Welche Antwort trifft zu?

1 Gerinnung von Eiweiß beim Garen
2 durch Rösten stärkehaltiger Rohstoffe werden Geschmack, Geruch und Aussehen der Speisen verbessert
3 Stärkeverkleisterung beim Kochen ▶ ☐

21. Aufgabe

Wir unterscheiden wasser- und fettlösliche Vitamine. Welche Vitamine zählen zur Gruppe der fettlöslichen Vitamine?

1 A, C, D, H
2 B_1, H, C, K
3 C, B_6, H, A
4 A, D, E, K
5 B_2, D, E ▶ ☐

22. Aufgabe

Welche gesundheitliche Bedeutung haben Ballaststoffe für den menschlichen Körper?

1 Sie verhüten Erkältungskrankheiten
2 sie verhüten Verdauungsbeschwerden und verringern das Dickdarmkrebsrisiko
3 sie sind leicht verdaulich und gut verträglich ▶ ☐

Lösungen der Aufgaben auf Seite 522

2

Ernährung

Tragen Sie die eingerahmten Kennziffern der richtigen Antworten in die Kästchen ein.

1. Aufgabe

Welche drei Nährstoffe erzeugen beim Stoffwechsel Wärme?

1 Eiweiß
2 Kohlenhydrate
3 Fette ▶ ☐
4 Vitamine ▶ ☐
5 Mineralstoffe
6 Aminosäuren ▶ ☐

2. Aufgabe

Welche Aufgabe haben die Kohlenhydrate im menschlichen Organismus?

1 Zufuhr von Vitaminen
2 Eiweißlieferant
3 Förderung der Verdauung
4 Energielieferant/-speicher ▶ ☐

3. Aufgabe

In der heutigen Zeit leiden viele Menschen an erhöhtem Blutdruck. Welche Diätform würden Sie zur Linderung der Beschwerden wählen?

1 Reduktionsdiät
2 purinarme Diät
3 natriumarme Diät
4 fettkontrollierte Diät ▶ ☐

4. Aufgabe

Was versteht man unter dem Begriff „Vegan"?

1 Jemand, der sich ausschließlich von pflanzlichen Rohstoffen ernährt
2 jemand, der Vollwertkost zu sich nimmt
3 jemand, der sich nur von Rohkost ernährt
4 jemand, der sich ausschließlich von Fisch und Gemüse ernährt ▶ ☐

Lösungen der Aufgaben auf Seite 522

Tragen Sie die eingerahmten Kennziffern der richtigen Antworten in die Kästchen ein.

5. Aufgabe

Wovon ist die Berechnung des Grundumsatzes nicht abhängig?

1 Körpergröße, Körpergewicht, Körperbau
2 Geschlecht, Lebensalter
3 Nahrungsaufnahme, Tätigkeit
4 Klima
5 Krankheit ▶ ☐

6. Aufgabe

Von welcher Faustregel geht man bei der Messung des Grundumsatzes für Erwachsene aus?

1 150 kJ pro kg Körpergewicht in 12 Stunden
2 Messung nach 8 Stunden körperlicher Arbeit
3 Messung nach 2 Stunden Radfahren
4 100 kJ pro kg Körpergewicht in 24 Stunden ▶ ☐

7. Aufgabe

Ordnen Sie die Verdauungsorgane den einzelnen Funktionen zu.

1 Speiseröhre
2 Dickdarm
3 Mund
4 Bauchspeicheldrüse
5 Magen

spaltet Eiweiß, Fette, Stärke, Malz, Rüben- und Milchzucker, neutralisiert sauren Mageninhalt ▶ ☐

Desinfektion, Eiweißgerinnung aktiviert eiweißspaltende Enzyme ▶ ☐

transportiert Bissen langsam nach unten, kühlt, erwärmt sie ▶ ☐

Schleimstoffe, Gleitmittel, Schutz vor Selbstverdauung ▶ ☐

Verdünnung der Speisen, Gleitmittel, Stärkespaltung beginnt ▶ ☐

8. Aufgabe

In welchem Verdauungsorgan befinden sich die Schleim-, Säure- und Enzymdrüsen?

1 Magen
2 Dünndarm
3 Bauchspeicheldrüse
4 Leber
5 Dickdarm ▶ ☐

Lösungen der Aufgaben auf Seite 522

2

Tragen Sie die eingerahmten Kennziffern der richtigen Antworten in die Kästchen ein.

9. Aufgabe

Ein wichtiges Verdauungsorgan ist der Mund. Ordnen Sie die Organe den jeweiligen Funktionen zu:

1 Schneide- und Mahlzähne
2 Speicheldrüsen
3 Geschmacksknospen

Produktion von Wasser und Speichel ► ☐
Unterscheiden von süß, salzig, sauer, bitter ► ☐
Zerkleinern, Zermahlen der Speisen ► ☐

10. Aufgabe

Welche Funktion hat die Gallenflüssigkeit beim Verdauungsorgan?

1 Stärkespaltung, Desinfektion
2 Verdünnung der Speisen
3 Gleitmittel, Eiweißgerinnung
4 Neutralisierung der Magensäuren, Fettemulgierung ► ☐

11. Aufgabe

Ordnen Sie die Verdauungsstörungen den jeweiligen Ursachen zu:

1 Erbrechen
2 Durchfall
3 Blähungen
4 Verstopfung

unverdauliche Stoffe, bakterielle Infektionen ► ☐
Ballaststoffmangel, zu geringe Flüssigkeitszufuhr ► ☐
verdorbene Speisen, Gallenerkrankungen ► ☐
veränderte Darmbakterien, Zwiebeln, Hülsenfrüchte, Kohlarten ► ☐

12. Aufgabe

Was geschieht im menschlichen Körper bei zu hoher Saccharoseaufnahme?

1 Der Blutzuckerspiegel steigt und belastet das Hormon Insulin.
2 Der Energie- und Mineralstoffbedarf wird gedeckt.
3 Der Cholesterinspiegel steigt und belastet die Herztätigkeit.
4 Zufuhr von Ballaststoffen, die die Verdauung fördern. ► ☐

Lösungen der Aufgaben auf Seite 522

Tragen Sie die eingerahmten Kennziffern der richtigen Antworten in die Kästchen ein.

13. Aufgabe

Welche der nachstehenden Lebensmittel sollten nur in geringer Menge verzehrt werden?

1 Gemüse, Obst, Frischkäseerzeugnisse
2 Wurstwaren, Hartkäse, Fleisch
3 Milch, Joghurt, Quark
4 Vollkornprodukte ► ☐

14. Aufgabe

Eine Diät für Diabetes mellitus wird nach Broteinheiten erstellt. Was ist eine Broteinheit (BE)?

1 30 g Eiweiß
2 150 g Schweinefleisch
3 12 g verdauliche Kohlenhydrate
4 100 g Kartoffeln ► ☐

15. Aufgabe

Der tägliche Kochsalzverzehr ist in der Regel zu hoch. In welchen Lebensmitteln ist „verstecktes Natrium" enthalten?

1 Getreide, Pilze, Karotten, Gurken
2 Kopfsalat, Kürbis, Tomaten, Eier
3 Speiseöl, Mehl, Grieß, Haferflocken
4 Kondensmilch, Fleischkonserven, Pudding, Süßstoff ► ☐

16. Aufgabe

Fisch ist ein wichtiger Bestandteil unserer Ernährung und liefert uns außer Eiweiß noch andere wertvolle Substanzen. Um welche Stoffe handelt es sich hier?

1 Natrium, Jod, Magnesium, Phosphor
2 Phosphor, Fluor, Kalium, Jod
3 Kalzium, Kalium, Eisen
4 Fluor, Eisen, Natrium, Purin ► ☐

Lösungen der Aufgaben auf Seite 522

2

Tragen Sie die eingerahmten Kennziffern der richtigen Antworten in die Kästchen ein.

17. Aufgabe

Proteine sind in tierischen und pflanzlichen Rohstoffen enthalten; unter Proteide versteht man eiweißähnliche oder eiweißhaltige Stoffe. Ordnen Sie zu:

1 Proteine
2 Proteide

Haemoglobin ▶ ☐
Globulin ▶ ☐
Kasein ▶ ☐
Myoglobin ▶ ☐
Keratin ▶ ☐
Kollagen ▶ ☐

18. Aufgabe

In unserer täglichen Ernährung sollten wir Lebensmittel wählen, die den Bedarf an Eiweiß decken. Welche der nachstehenden Lebensmittel sind hervorragend dazu geeignet?

1 Milch, Quark, Leberwurst, mageres Fleisch
2 Milch, Weißbrot, Joghurt, Pilze, Wurst
3 Milch, Hülsenfrüchte, Obst, Käse
4 Milch, Milchprodukte, magerer Fisch, mageres Fleisch ▶ ☐

19. Aufgabe

Der menschliche Körper hat einen täglichen Mindestbedarf an Nährstoffen. Ordnen Sie die Mengen den Nährstoffen zu.

1 Eiweiß
2 Ballaststoffe
3 Kohlenhydrate
4 Fette

1 g pro kg Körpergewicht ▶ ☐
3–4 g pro kg Körpergewicht ▶ ☐
30–40 g ▶ ☐
0,8–0,9 g pro kg Körpergewicht ▶ ☐

20. Aufgabe

Um welche Stoffgruppe handelt es sich bei Cholesterin, Lecithin und Carotin?

1 Fettsäure
2 Proteide
3 Proteine
4 Lipoide
5 Polysaccharide ▶ ☐

Lösungen der Aufgaben auf Seite 522

Tragen Sie die eingerahmten Kennziffern der richtigen Antworten in die Kästchen ein.

21. Aufgabe

Ein gesundes Frühstück sollte ein guter Start eines neuen Tages sein. Welches der folgenden Frühstücke würden Sie empfehlen?

1 Früchtetee, Honig, Müsli, Quark, Vollkornbrot, Tomate
2 Kaffee, Sahne, Zucker, Butter, Toastbrot, Edamer
3 Tee, Sahne, Zucker, Schinken, Wurst, gekochtes Ei, Brötchen
4 Kaffee, Sahne, Honig, Spiegelei mit Speck, Toastbrot ▶ ☐

22. Aufgabe

Kohlenhydrate werden bei verschiedenen küchentechnischen Vorgängen eingesetzt. Ordnen Sie zu:

1 Süßen
2 Binden
3 Konservieren
4 Gelieren

Pektin ▶ ☐
Stärke ▶ ☐
Fructose ▶ ☐
Dextrin ▶ ☐
Saccharose ▶ ☐
Glucose ▶ ☐

23. Aufgabe

Die Zahl der Salmonellenerkrankungen ist in den letzten Jahren drastisch angestiegen. Bei welchen Lebensmitteln ist besondere Vorsicht geboten?

1 Gemüse und Obst
2 Hühnereier
3 Getreide
4 Hackfleisch
5 Geflügel
6 Blattsalate

▶ ☐
▶ ☐
▶ ☐

24. Aufgabe

Unseren täglichen Bedarf an Vitaminen und Mineralstoffen führen wir unserem Körper durch die Ernährung zu. Ordnen Sie folgende Krankheiten den jeweiligen Mangelerscheinungen (Vit./Min.) zu.

1 Rachitis
2 Skorbut
3 Beri-Beri
4 Anämie (Blutarmut)

Vit. B_1 ▶ ☐
Vit. D/Calcium ▶ ☐
Vit. C ▶ ☐
Vit. B_{12}/Eisen ▶ ☐

Lösungen der Aufgaben auf Seite 522

Tragen Sie die eingerahmten Kennziffern der richtigen Antworten in die Kästchen ein.

25. Aufgabe

Welche Lebensmittel eignen sich hervorragend als Lieferanten für essentielle Fettsäuren, Ballaststoffe und tierisches Eiweiß?

1 Essentielle Fettsäuren
2 Ballaststoffe
3 Tierisches Eiweiß

Sonnenblumenöl ▶	☐
Vollkornprodukte ▶	☐
Mageres Fleisch ▶	☐
Diätmargarine ▶	☐
Milch ▶	☐
Magerfisch ▶	☐
Gemüse ▶	☐

Lebensmittel im Gastgewerbe

1. Aufgabe

Je nach Gemüseart wächst Gemüse unter oder über der Erde und wird entsprechend eingeteilt. Ordnen Sie die nachstehenden Gemüsesorten den jeweiligen Gemüsearten zu:

1 Zucchini
2 Radieschen
3 Sojasprossen
4 Spargel
5 Spinat
6 Schalotte
7 Linsen

Samengemüse ▶	☐
Sprossgemüse ▶	☐
Blattgemüse ▶	☐
Zwiebelgemüse ▶	☐
Wurzelgemüse ▶	☐
Fruchtgemüse ▶	☐
Keimlinge ▶	☐

Lösungen der Aufgaben auf Seite 522

Tragen Sie die eingerahmten Kennziffern der richtigen Antworten in die Kästchen ein.

2. Aufgabe

Auf den Abbildungen sehen Sie nichtalltägliche Gemüsearten. Ordnen Sie vier der Gemüsearten-Namen den Abbildungen zu:

1 Kürbis
2 Stangenbohne
3 Aubergine
4 Zucchini
5 Gurke
6 Palmenherzen
7 Okraschote
8 Topinambur
9 Avocado

Lösungen der Aufgaben auf Seite 522

Tragen Sie die eingerahmten Kennziffern der richtigen Antworten in die Kästchen ein.

3. Aufgabe

Bei Sojabohnen sind die Hauptnährstoffe Eiweiß und Fett reichlich vorhanden. Wie hoch ist der Eiweiß- und Fettgehalt in diesem Samengemüse in %?

1 Eiweiß 21% – Fett 15%
2 Eiweiß 32% – Fett 20%
3 Eiweiß 39% – Fett 20%
4 Eiweiß 42% – Fett 22%
5 Eiweiß 42% – Fett 25% ▶ ☐

4. Aufgabe

Welche der nachstehenden Wildpilzarten sind für die Gastronomie von Bedeutung?

1 Champignons, Austernpilze, Rotkappen
2 Pfifferlinge, Steinpilze, Morcheln
3 Schiitakepilze, Reizker, Täublinge
4 Hallimasch, Rotkappen, Austernseitlinge ▶ ☐

5. Aufgabe

Nennen Sie Früchte, die sowohl zu den Obst- als auch zu den Gemüsearten zählen.

1 Quitte, Holunder, Erdbeere
2 Pfirsich, Birne, Mandeln
3 Grapefruit, Heidelbeere, Pflaume
4 Aprikose, Apfel, Hagebutte
5 Melone, Rhabarber, Erdnüsse ▶ ☐

6. Aufgabe

Beim Anrichten von Speisen unterscheiden wir zwischen Gemüse- und Sättigungsbeilagen. Welches Produkt gehört <u>nicht</u> zu den Sättigungsbeilagen?

1 Brokkoliröschen
2 Kartoffeln
3 Teigwaren
4 Reis
5 Nudeln ▶ ☐

Lösungen der Aufgaben auf Seite 522

Tragen Sie die eingerahmten Kennziffern der richtigen Antworten in die Kästchen ein.

7. Aufgabe

Kartoffeln eignen sich zu den unterschiedlichsten Gerichten als Beilage. Ordnen Sie die nachstehenden Abbildungen den Kartoffelzubereitungsarten zu:

1

2

3

4

Krokettkartoffeln ► ☐
Kartoffelgratin ► ☐
Kartoffelpuffer ► ☐
Kartoffelknödel ► ☐

Lösungen der Aufgaben auf Seite 522

2

Tragen Sie die eingerahmten Kennziffern der richtigen Antworten in die Kästchen ein.

8. Aufgabe

Welche Reissorte würden Sie aus ernährungsphysiologischen Gründen bevorzugen?

1 Wilder Reis
2 Langkornreis
3 Weißreis
4 Naturreis
5 Parboiled-Reis ▶ ☐

9. Aufgabe

Um Mehle zu unterscheiden, verwendet man die Typenzahl. Was beinhaltet diese Zahl?

1 Ballaststoffgehalt
2 Vitamingehalt
3 Mineralstoffgehalt = Aschegehalt
4 Eiweißgehalt
5 Salzgehalt ▶ ☐

10. Aufgabe

Gewürze spielen bei der Zubereitung von Speisen eine große Rolle. Ordnen Sie die folgenden Gewürze den jeweiligen Gewürzarten zu:

1 Kapern	Rindengewürze ▶	☐
2 Lorbeerblatt	Fruchtgewürze ▶	☐
3 Piment	Samengewürze ▶	☐
4 Anis	Zwiebelgewürze ▶	☐
5 Knoblauch	Wurzelgewürze ▶	☐
6 Ingwer	Blattgewürze ▶	☐
7 Kassiarinde	Blütengewürze ▶	☐

11. Aufgabe

Welche Kräuter passen zu den jeweiligen nachstehenden Gerichten?

1 Lamm-/Hammelragout	Majoran, Lorbeerblatt ▶	☐
2 gedünsteter Seeteufel, Lachs	Rosmarin, Salbei ▶	☐
3 Kartoffelsuppe	Basilikum, Dill ▶	☐
4 hellbraun gedünstetes Geflügelbrüstchen	Estragon ▶	☐

Lösungen der Aufgaben auf Seite 522

Tragen Sie die eingerahmten Kennziffern der richtigen Antworten in die Kästchen ein.

12. Aufgabe

Bei der Anlieferung von Molkereiprodukten erhalten Sie einen Karton Vorzugsmilch. Was versteht man unter dem Begriff „Vorzugsmilch"?

1 Ultrahocherhitzte Milch auf 150°C
2 Sterilmilch mit 3,5% Fett
3 Milch von ausgesuchten Betrieben mit höchsten hygienischen Anforderungen
4 entrahmte Rohmilch mit 3,5% Fett
5 Kondensmilch mit 7,5% Fett ▶ ☐

13. Aufgabe

Zwei unterschiedliche Wege führen zu Käse, je nachdem auf welche Weise die Milch „dickgelegt" wird. Ordnen Sie folgende Käsesorten den Käsearten zu:

1 Harzer	halbfester Schnittkäse ▶	☐
2 Mozzarella	Hartkäse ▶	☐
3 Appenzeller	Frischkäse ohne Reifung ▶	☐
4 Edelpilzkäse	Sauermilchkäse ▶	☐
5 Gouda	Schnittkäse ▶	☐

14. Aufgabe

Im Handel werden Eier in Güte- und Gewichtsklassen eingeteilt. Ordnen Sie nachstehende Gewichtsangaben der jeweiligen Güteklasse zu:

1 mehr als 73 g	M ▶	☐
2 müssen 63 g haben, jedoch weniger als 73 g	XL ▶	☐
3 weniger als 53 g	S ▶	☐
4 müssen 53 g haben, jedoch weniger als 63 g	L ▶	☐

15. Aufgabe

Der Verzehr von Fischen nimmt in unserer Ernährung stets an Bedeutung zu. Welche der nachstehenden Aussagen trifft <u>nicht</u> zu?

1 Hohe Zufuhr von Kohlenhydraten
2 leicht verdaulich
3 hohe Zahl wertvoller langkettiger, mehrfach ungesättigter Fettsäuren
4 hoher Eiweißgehalt
5 hoher Mineralstoffgehalt, besonders Jod ▶ ☐

Lösungen der Aufgaben auf Seite 522

2

Tragen Sie die eingerahmten Kennziffern der richtigen Antworten in die Kästchen ein.

16. Aufgabe

Fische werden u. a. nach Körperform oder Lebensraum eingeteilt. Was versteht man unter der Bezeichnung „Salmoniden"?

1 Sie besitzen zwei Kiemenflossen
2 Fettflossenträger (Fettflosse befindet sich zwischen Rücken- und Schwanzflosse)
3 sie haben zwei Bauchflossen und eine Afterflosse
4 sie zählen zu der Familie der Barsche ► ☐

17. Aufgabe

Das *Fleischbeschaugesetz* unterscheidet drei Säugetierarten, die als Fleischlieferant geeignet sind. Welche sind das?

1 Pferd, Rind, Hase
2 Schaf, Ziege, Hirsch
3 Schwein, Rind, Reh
4 Hirsch, Reh, Kitz
5 Schwein, Rind, Schaf ► ☐

18. Aufgabe

Bei der Lagerung von Fleisch und Fleischprodukten ist die Lagertemperatur ein sehr wichtiger Faktor, um Verluste oder Verderb zu vermeiden. Bei welchen Temperaturen werden Fleisch und Fleischprodukte gelagert?

1 0 bis 3°C 2 2 bis 4°C 3 4 bis 6°C 4 5 bis 8°C ► ☐

19. Aufgabe

Schweinefleisch wird je nach Qualitätsstufen in der Küche auf vielfältigste Weise verarbeitet. Welche Teile vom Schwein eignen sich am besten zum Kurzbraten?

1 Hachse und Bug
2 Kopf und Bauch
3 Lende und Filet
4 Keule und Bug
5 Filet und Hachse ► ☐

20. Aufgabe

Eine bekannte französische Schnitt- und Zubereitungsart ist das „Baron de mouton". Erklären Sie diesen Begriff.

1 Kotelett und Nacken vom Lamm
2 Rücken mit beiden Keulen vom Lamm
3 Vorderviertel vom Lamm
4 gespaltenes Lamm ► ☐

Lösungen der Aufgaben auf Seite 522

Tragen Sie die eingerahmten Kennziffern der richtigen Antworten in die Kästchen ein.

21. Aufgabe

Ordnen Sie die jeweiligen Verwendungsmöglichkeiten den Fleischteilen vom Reh zu:

1 Ragout „Pfeffer"
2 Kurzbraten
3 Schmoren

Rücken (Ziemer) ▶ ☐
Keule (Schlegel) ▶ ☐
Schulter (Blatt) ▶ ☐
Hals ▶ ☐
Brust ▶ ☐

22. Aufgabe

Nennen Sie die Vorteile vom Wildfleisch gegenüber dem herkömmlichen Schlachtfleisch.

1 Höherer Fettgehalt, dadurch zarter
2 höherer Puringehalt und mehr Vitamine
3 kurze Reifezeit, mehr Verwendungsmöglichkeiten
4 feinfaseriger, geringer Bindegewebs- und Fettanteil, leicht verdaulich
5 jederzeit frisch zu bekommen ▶ ☐

23. Aufgabe

In der Gastronomie unterscheiden wir verschiedene Arten von Geflügel. Welche Geflügelarten zählen zum Hausgeflügel?

1 Kapaun, Masthähnchen, Hähnchen
2 Fasan, Poularde, Gans
3 Rebhuhn, Hähnchen, Wachtel
4 Birkhuhn, Auerhahn, Ente ▶ ☐

24. Aufgabe

Aus welchem Grund ist die Lagerung von Feinkostprodukten im frischen Zustand sehr kurzfristig?

1 Wegen des hohen Cholesteringehalts sehr schnell verderblich
2 wegen des hohen Mineralstoffgehalts sehr schnell verderblich
3 wegen des hohen Eiweißgehalts sehr schnell verderblich
4 wegen des hohen Kohlenhydratgehalts sehr schnell verderblich ▶ ☐

Lösungen der Aufgaben auf Seite 522

2

Tragen Sie die eingerahmten Kennziffern der richtigen Antworten in die Kästchen ein.

25. Aufgabe

Ordnen Sie den nachstehenden Abbildungen die Namen der Krustentiere zu:

1

2

3

4

5

Riesengarnelenschwänze ▶ ☐
Nordseegarnele ▶ ☐
Flusskrebs ▶ ☐
Taschenkrebs ▶ ☐
Languste ▶ ☐

Lösungen der Aufgaben auf Seite 522

Tragen Sie die eingerahmten Kennziffern der richtigen Antworten in die Kästchen ein.

26. Aufgabe

Bestimmen Sie die Herkunftsländer folgender Austernarten:

1 Belon
2 Natives
3 Imperial
4 Limfjord
5 Angulata
6 Bluepoints

Holland ▶ ☐
Frankreich ▶ ☐
Dänemark ▶ ☐
England ▶ ☐
Amerika ▶ ☐
Portugal ▶ ☐

27. Aufgabe

In welchen drei Situationen würden Sie sich für den Einsatz von convenience food entscheiden? ▶ ☐ ▶ ☐ ▶ ☐

1 Hohe Qualität
2 Personalmangel
3 Zeitnot
4 niedriger Preis
5 saisonunabhängig

28. Aufgabe

Pilze finden in der Küche vielseitige Verwendung.
Welche der nachstehenden Antworten trifft nicht zu?

1 Begehrte Beilagen vieler Gerichte, z. B. Wild
2 Rezeptbestandteil (Ragout, Risotto)
3 Fettstofflieferant für den menschlichen Körper ▶ ☐

29. Aufgabe

Der Speiserhabarber, ursprünglich aus China stammend, wird in verschiedenen Sorten, unterschiedlich nach Färbung der Haut und des Fleisches, angeboten.
Zu welcher Gemüseart zählt Rhabarber?

1 Sprossgemüse
2 Blattgemüse
3 Samen einjähriger Pflanzen ▶ ☐

30. Aufgabe

Ordnen Sie die Inhaltsstoffe von Schalenobst (Nüsse) dem jeweiligen Prozentsatz zu.

1 Fettanteil
2 Mineralstoffe
3 Wasseranteil
4 Eiweißanteil

14 % ▶ ☐
47 % ▶ ☐
14,7% ▶ ☐
2,4% ▶ ☐

Lösungen der Aufgaben auf Seite 523

2

Tragen Sie die eingerahmten Kennziffern der richtigen Antworten in die Kästchen ein.

31. Aufgabe

Ordnen Sie die nachstehenden Namen von Obstarten den Abbildungen richtig zu.

1 Wassermelone
2 Kastanie
3 Quitte
4 Feige
5 Mango
6 Clementine
7 Sanddorn
8 Limette
9 Honigmelone

▶ ☐

▶ ☐

▶ ☐

▶ ☐

▶ ☐

Lösungen der Aufgaben auf Seite 523

Tragen Sie die eingerahmten Kennziffern der richtigen Antworten in die Kästchen ein.

32. Aufgabe

Aus welchen Gründen sollte Obst im täglichen Speiseplan vorkommen?

1 Kohlenhydrate, Fettgehalt, Eiweiß, leichtlösliche Zucker
2 Proteine, Ballaststoffe, Wasseranteil, Fruchtsäuren
3 Vitamin A, Ballaststoffe, Kohlenhydrate, Mineralstoffe
4 leichtlösliche Zucker, Vitamin C, Mineral-, Ballaststoffe und Fruchtsäuren ▶ ☐

33. Aufgabe

Meeresfische werden auf unterschiedliche Arten konserviert. Was ist ein Stockfisch?

1 Ausgenommener, kaltgeräucherter Salzhering
2 gesalzener, geköpfter, an der Luft getrockneter Kabeljau
3 nordamerikanischer Lachs, gesalzen und getrocknet
4 ungesalzene, geköpfte, ausgenommene, getrocknete Fische ▶ ☐

34. Aufgabe

Wie lange ist die Reifedauer bei Schweinefleisch, und welche Temperatur sollte nicht überschritten werden?

1 Sieben bis neun Tage, 6°C
2 drei bis fünf Tage, 2°C
3 ein bis zwei Tage, 0°C
4 zehn bis zwölf Tage, 7°C ▶ ☐

35. Aufgabe

Bei der Lagerung und Verwendung von Frischfleisch sind gesetzliche Vorschriften zu beachten. Welche Antwort ist <u>nicht</u> richtig?

1 Fleisch sollte hängen und sich gegenseitig nicht berühren.
2 Es darf nicht gemeinsam mit ungerupftem Geflügel gelagert werden.
3 Es darf bei Platzmangel auch im Getränkekühlhaus gelagert werden.
4 Es darf nicht zusammen mit Wild in der Decke gelagert werden. ▶ ☐

Lösungen der Aufgaben auf Seite 523

2

Tragen Sie die eingerahmten Kennziffern der richtigen Antworten in die Kästchen ein.

36. Aufgabe

Gemüse kann nicht nur nach dem Wachstum, sondern auch nach den Jahreszeiten eingeteilt werden. Welche Gemüse werden vorwiegend im Winter angeboten?

1 Grünkohl, Rosenkohl, Rotkohl
2 Kohlrabi, Spargel, Zuckerschoten
3 Grünkohl, Maiskolben, Zucchini
4 Rosenkohl, Tomaten, Spargel ▶ ☐

37. Aufgabe

Bei der Erstellung einer Speisekarte sollten Gemüse mit den jeweiligen gebratenen Fleischgerichten harmonieren. Ordnen Sie zu:

1 Rehkotelett	Ratatouille	▶	☐
2 Kalbsfilet	Spargel	▶	☐
3 Lammrücken	Rosenkohl	▶	☐
4 Spanferkel	grüne Bohnen	▶	☐
5 Rinderschmorbraten	Wirsing	▶	☐

38. Aufgabe

Melonen zählen zu den Kürbisgewächsen, die als Frucht verwendet werden. Was gehört ebenfalls zu den Kürbisgewächsen?

1 Mango	5 Aubergine	▶	☐
2 Courgette	6 Litschi	▶	☐
3 Guave	7 Freilandgurke	▶	☐
4 Avocado	8 Zucchini		

39. Aufgabe

Begründen Sie, warum Kartoffeln ein wesentlicher Bestandteil der Speisenzusammenstellung sind.

1 Kartoffeln sind im Geschmack neutral.
2 Kartoffeln sind kalorienarm.
3 Kartoffeln haben einen hohen Fettgehalt.
4 Kartoffeln enthalten Nähr- und Wirkstoffe in einem ausgewogenen Verhältnis.
5 Kartoffeln harmonieren mit den unterschiedlichsten Gerichten.

▶ ☐
▶ ☐
▶ ☐

Lösungen der Aufgaben auf Seite 523

Tragen Sie die eingerahmten Kennziffern der richtigen Antworten in die Kästchen ein.

40. Aufgabe

Teige und Massen sind Grundlagen für die Herstellung von Brot, Süßspeisen und Gebäck. Was ist der Unterschied zwischen einem Teig und einer Masse?

1 Teige werden gerührt und gezogen, Massen werden geschlagen.
2 Teige werden vermischt, Massen werden gerührt und gefroren.
3 Teige werden warm geschlagen, Massen werden kalt gerührt.
4 Teige werden geknetet, Massen werden geschlagen. ▶ ☐

41. Aufgabe

Speisesenf ist eine Paste, die aus verschiedenen Zutaten hergestellt wird. Welche sind die Grundzutaten?

1 Senfsamenschrot oder -mehl, Ketchup, Curry, Weinessig, Zucker
2 Senfsamenschrot oder -mehl, Wein, Branntweinessig, Zucker, Salz
3 Senfsamenschrot oder -mehl, Zwiebel, Chutney, Salz, Ketchup
4 Senfsamenschrot oder -mehl, Weinessig, Paprika, Zucker, Ingwer ▶ ☐

42. Aufgabe

Je nach Aussehen, Geruch, Geschmack und Geschmeidigkeit ergeben sich die Qualitätsstufen von Butter. Welche sind die drei Qualitätsstufen, die für den bundesdeutschen Markt maßgeblich sind?

1 Molkereibutter
2 Butterschmalz
3 Halbfettbutter ▶ ☐
4 Kochbutter ▶ ☐
5 Gesalzene Butter
6 Markenbutter ▶ ☐

43. Aufgabe

Beim Frühstücksbüfett bittet Sie ein Gast um Kefir. Um welches Milchprodukt handelt es sich hier?

1 Dickmilch mit Bindemittel aus Ziegenmilch
2 Buttermilch
3 leicht alkoholisches Sauermilchgetränk aus Stuten-/Ziegenmilch
4 Früchtejoghurt mit hohem Fettanteil
5 Sauermilchgetränk mit Früchten ▶ ☐

Lösungen der Aufgaben auf Seite 523

2

Tragen Sie die eingerahmten Kennziffern der richtigen Antworten in die Kästchen ein.

44. Aufgabe

Neben Aroma, Form, Farbe, Struktur und Festigkeit ist vor allem der Fettgehalt ein Qualitätsmerkmal von Käse. Ordnen Sie zu:

1 Doppelrahmkäse
2 Vollfettkäse
3 Halbfettkäse
4 Magerkäse

0–10 % Fett i. Tr. ▶ ☐
20–30 % Fett i. Tr. ▶ ☐
45–50 % Fett i. Tr. ▶ ☐
60–87 % Fett i. Tr. ▶ ☐

45. Aufgabe

Auf der Speisekarte findet der Gast als Nachspeise eine Joghurt-Früchteterrine. Bei der Bestellung fragt er Sie: „Sagen Sie mal, was ist denn eigentlich Joghurt?“ Wie lautet ihre Antwort?

1 Joghurt ist mit Milchsäurebakterien versetzte Sahne mit 10 % Fett
2 Joghurt ist mit Milchsäurebakterien versetzte, eingedickte pasteurisierte Milch.
3 Joghurt ist mit Milchsäurebakterien versetzte, eingedickte Rohmilch.
4 Joghurt ist mit Milchsäurebakterien versetzte Kondensmilch. ▶ ☐

46. Aufgabe

Käse entwickelt sein Aroma erst nach einer gewissen Zeit bei Raumtemperatur. Wie lange vor dem Servieren würden Sie das Käsebrett aus der Kühlung nehmen?

1 2 Stunden
2 3 Stunden
3 30 Minuten
4 10 Minuten
5 1 Stunde ▶ ☐

Lösungen der Aufgaben auf Seite 523

Tragen Sie die eingerahmten Kennziffern der richtigen Antworten in die Kästchen ein.

47. Aufgabe

Fische lassen sich meistens an Körperform und Aussehen erkennen. Ordnen Sie folgenden Fischarten die Nummern der Abbildung zu.

1

2
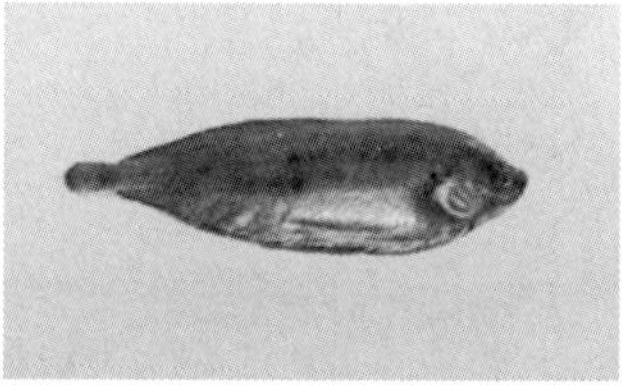

3

4

Seeteufel ▶ ☐
Seezunge ▶ ☐
Forelle ▶ ☐
Karpfen ▶ ☐

48. Aufgabe

Eine sehr beliebte Konservierungsart von Fischen ist das Räuchern. Auf einem kalten Büfett befindet sich eine Platte mit nachstehenden geräucherten Fischen. Ordnen Sie diese der richtigen Beschreibung zu:

1 geräucherte Bauchlappen vom Dornhai
2 ausgenommene Heringe ohne Kopf
3 nicht ausgenommene Heringe mit Kopf

Bücklinge ▶ ☐
Schillerlocken ▶ ☐
Delikatessbücklinge ▶ ☐

Lösungen der Aufgaben auf Seite 523

Tragen Sie die eingerahmten Kennziffern der richtigen Antworten in die Kästchen ein.

49. Aufgabe

Ordnen Sie folgenden Fleischteilen die Nummern der Abbildung zu:

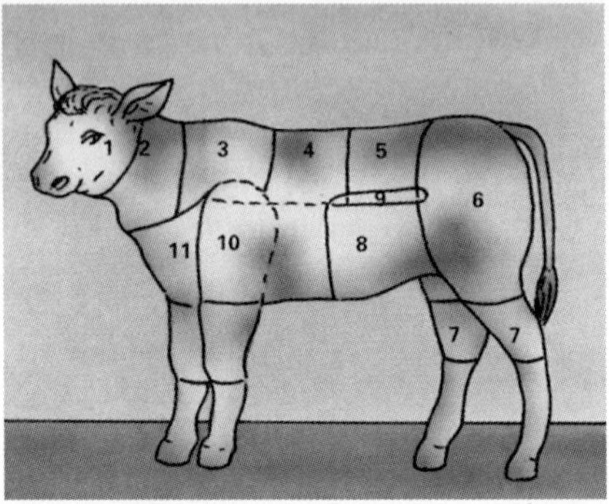

Brust ▶ ☐
Kotelett ▶ ☐
Nierenstück ▶ ☐
Filet ▶ ☐
Nacken ▶ ☐

50. Aufgabe

Welche Teile des Kalbs eignen sich zum Kurzbraten?

1 Bauch, Hachse, Filet
2 Hals, Nierenstück, Keule
3 Brust, Kotelett, Hals
4 Kotelett, Nierenstück, Filet
5 Bauch, Filet, Keule ▶ ☐

51. Aufgabe

Bei der Verarbeitung eines ganzen Lamms ist der überwiegende Teil für Schmor- und Eintopfgerichte geeignet; nur ein kleiner Teil wird zum Kurzbraten verwendet. Ordnen Sie folgende Zubereitungsarten den jeweiligen Teilen des Lamms zu.

1 schmoren
2 braten
3 kurz braten

Hals ▶ ☐
Nacken ▶ ☐
Rücken/Kotelett ▶ ☐
Keule ▶ ☐
Bauch/Brust ▶ ☐
Schulter ▶ ☐

Lösungen der Aufgaben auf Seite 523

Tragen Sie die eingerahmten Kennziffern der richtigen Antworten in die Kästchen ein.

52. Aufgabe

Erläutern Sie Ihrem Chef den Unterschied zwischen folgenden Schinkenarten:

1 Schweinekeulen werden während des Räucherns immer wieder mit austretendem Fleischsaft übergossen.
2 Ausgesuchte Schweinekeulen werden gesalzen und 12 Monate luftgetrocknet.
3 Schweinekotelettstrang wird gepökelt und heiß geräuchert.

Parmaschinken ► ☐
Schwarzwälder Schinken ► ☐
Kasseler Rippenspeer ► ☐

53. Aufgabe

Ein Gast erwähnt bei der Bestellung, dass er aus gesundheitlichen Gründen nur helles mageres Geflügelfleisch essen darf. Welche Geflügel würden Sie empfehlen?

1 Barbarie-Entenbrust, Stubenküken, Suppenhuhn
2 Gänsebrust, Putenbrust, Perlhuhn
3 Stubenküken, Poularde, Putenbrust
4 Entenbrust, Poularde, Putenkeule ► ☐

Verarbeitung von Lebensmitteln

1. Aufgabe

Verschiedene Lebensmittel müssen vor der Weiterverarbeitung behandelt werden. Aus welchem Grund werden Lebensmittel gewässert?

1 Zum Quellen von Lebensmitteln
2 zur Beseitigung von Schmutz und Mikroben
3 zur Oberflächenreinigung
4 zur Beseitigung von unerwünschten Bitter- und Harnstoffen oder Kochsalz
5 zum Erhalt von Vitaminen und Mineralstoffen ► ☐

2. Aufgabe

Beim Waschen von Blattgemüsen sollte man darauf achten, Vitaminverlust zu vermeiden. Wie hoch ist der Vitamin-C-Verlust beim Waschen von Spinat unter fließendem Wasser?

1 17 % 2 30 % 3 10 % 4 5 % 5 35 % ► ☐

Lösungen der Aufgaben auf Seite 523

Tragen Sie die eingerahmten Kennziffern der richtigen Antworten in die Kästchen ein.

3. Aufgabe

Ordnen Sie die nachstehenden Vorbereitungsarbeiten den jeweiligen Tierarten zu:

1 Enthäuten und filetieren	Geflügel ▶	☐
2 auslösen, ausbeinen	Fisch ▶	☐
3 enthäuten und ausnehmen	Schlachtfleisch ▶	☐
4 ausbrechen	Wild ▶	☐
5 rupfen und ausnehmen	Krustentiere ▶	☐

4. Aufgabe

Um Stoffe gleichmäßig zu mischen, werden in der Küche verschiedene Arbeitstechniken angewandt. Welche Antwort trifft zu?

1 Rotieren, parieren und mischen
2 kneten, schlagen und emulgieren
3 sieben, schlagen und tournieren
4 blanchieren, emulgieren und parieren ▶ ☐

5. Aufgabe

Im Küchenbereich werden verschiedene Schnittarten angewandt, um Speisen eine optische Gestaltung zu verleihen. Was verstehen Sie unter dem Fachbegriff „Julienne“?

1 Gemüse, in Rauten geschnitten
2 Kartoffeln, in kleine Würfel geschnitten
3 Gemüse, Schinken, Käse, in feine Streifen geschnitten
4 Kartoffeln, in 1 cm dicke Stäbchen geschnitten ▶ ☐

6. Aufgabe

Beim Gratinieren kommt die Wärmestrahlung ausschließlich von oben. Mit welchem Gerät wird diese Garmethode praktiziert?

1 Heißluftstrom
2 Mikrowellengerät
3 Friteuse
4 Rechaud
5 Salamander ▶ ☐

Lösungen der Aufgaben auf Seite 523

Speisen im Gastgewerbe

Tragen Sie die eingerahmten Kennziffern der richtigen Antworten in die Kästchen ein.

1. Aufgabe

Kalte Vorspeisen zeichnen sich durch ihre Vielseitigkeit in Form und Farbe aus. Welche charakteristischen Merkmale haben kalte Vorspeisen?

1 Sättigend, großzügig angerichtet
2 pikanter Geschmack, nur aus Salat bestehend
3 appetitanregend, pikant im Geschmack, kleine Portionen
4 werden nur aus Fleischprodukten hergestellt ▶ ☐

2. Aufgabe

Warum werden Fische, Krusten- und Weichtiere für die Zubereitung von kalten Vorspeisen bevorzugt?

1 Zarte Fleischstruktur, hoher Eiweißgehalt, niedriger Sättigungswert
2 kostengünstig in der Herstellung
3 hoher Kohlenhydratgehalt, dadurch hoher Sättigungswert
4 wegen des hohen Gehalts an Ballaststoffen
5 leicht verdaulich, niedriger Cholesterinwert ▶ ☐

3. Aufgabe

Aus welcher Bindung werden folgende gebundene Suppenarten hergestellt? Ordnen Sie zu:

1 Püreesuppen
2 braune Suppen
3 Samtsuppen
4 Rahmsuppen
5 Gemüsesuppen

helle Mehlschwitze, Eigelb, Sahne ▶ ☐
Zwiebel-Mehlschwitze, evtl. Sahne ▶ ☐
helle Mehlschwitze, Sahne ▶ ☐
dunkle Mehlschwitze ▶ ☐
Püree und Sahne ▶ ☐

4. Aufgabe

Das Herstellen von klaren Kraftbrühen benötigt eine exakte Arbeitsweise. Welche Stoffe bewirken das „Klarwerden“ der Grundbrühe?

1 Gewürze und Fett
2 Gemüse und Knochen
3 Salz, Knochen und Petersilienstengel
4 Fleischeiweiß und Hühnereiweiß
5 Fett, Knochen und Gemüse ▶ ☐

Lösungen der Aufgaben auf Seite 523

2

Tragen Sie die eingerahmten Kennziffern der richtigen Antworten in die Kästchen ein.

5. Aufgabe

Nationalsuppen sind Suppen, die nicht nur in dem jeweiligen Land eine Spezialität sind, sondern auch bei uns auf den Speisekarten zu finden sind. Ordnen Sie die Nationalsuppen dem jeweiligen Herkunftsland zu.

1 Bouillabaisse
2 Mutton broth
3 Mulligatawny-soup
4 Bündner Suppe
5 Busecca

Schweiz ▶ ☐
Italien ▶ ☐
Frankreich ▶ ☐
Indien ▶ ☐
Schottland ▶ ☐

6. Aufgabe

Welche der nachstehenden Füllungen gehört zu einem Blätterteigpastetchen „Diana"?

1 Gekochter Schinken, Champignons, Rahmsoße
2 Wildgeflügel, Trüffel, Champignons, braune Soße
3 Geflügel, Kalbfleisch, Champignons, helle Soße
4 Schinken, Käse, Gemüse, Sauce hollandaise
5 Kalbfleisch, Kalbsbries, Steinpilze, Weißweinsoße ▶ ☐

7. Aufgabe

Eiergerichte findet man heutzutage nur noch selten in der klassischen Speisenfolge. Was versteht man unter „Verlorenes Ei nach Florentiner Art"?

1 Gebratenes Ei auf Rahmspinat
2 pochiertes Ei auf Blattspinat, mit Käsesoße überbacken
3 pochiertes Ei in Tomatensoße, mit Käse überbacken
4 Spiegelei auf Blattspinat mit Schinkenstreifen ▶ ☐

8. Aufgabe

Ein klassisches Gericht, das man noch immer auf vielen Speisekarten findet, ist das Chateaubriand. Aus welchem Teil vom Rind wird es geschnitten?

1 Aus der Hochrippe des Rindes
2 aus dem flachen Roastbeef des Rindes
3 aus der Hüfte des Rindes
4 aus dem Mittelstück vom Filet des Rindes ▶ ☐

Lösungen der Aufgaben auf Seite 523

Tragen Sie die eingerahmten Kennziffern der richtigen Antworten in die Kästchen ein.

9. Aufgabe

Ein ganzes Rinderfilet wird angebraten, mit einer Pilzfarce („Duxelles") bestrichen, in Blätterteig eingeschlagen, mit Eigelb bestrichen und gebacken. Worum handelt es sich?

1 Rinderfilet Colbert
2 Rinderfilet Dubarry
3 Rinderfilet Wellington
4 Rinderfilet Rossini ▶ ☐

10. Aufgabe

Im Geschmack und Gefüge hebt sich das zarte, feinaromatische, fettarme Kalbfleisch deutlich vom Rindfleisch ab. Ordnen Sie folgende Teile vom Kalb den jeweiligen Gerichten zu:

1 Kalbshachse
2 Kalbsfilet
3 Kalbsschulter
4 Kalbskeule
5 Kalbskopf

falsche Schildkrötensuppe ▶ ☐
Schnitzel nach Holsteiner Art ▶ ☐
Geschnetzeltes „Züricher Art" ▶ ☐
Ossobuco ▶ ☐
Kalbsblankett ▶ ☐

2

11. Aufgabe

Wie bezeichnet man das gepökelte, heißgeräucherte und im Ganzen gebratene Kotelettstück vom Schwein?

1 Kasseler Rippenspeer
2 Prager Schinken
3 Lumelbraten
4 Eisbein ▶ ☐

12. Aufgabe

Die Abbildung zeigt Ihnen eines der beliebtesten und zartesten Stücke vom Lamm. Um welchen Teil vom Lamm handelt es sich hier?

1 Schulter – Ragout
2 Rücken mit Knochen – Kotelett
3 Sattel mit Knochen und Filet – Chops
4 Hals – Eintopf
5 Brust – zum Füllen

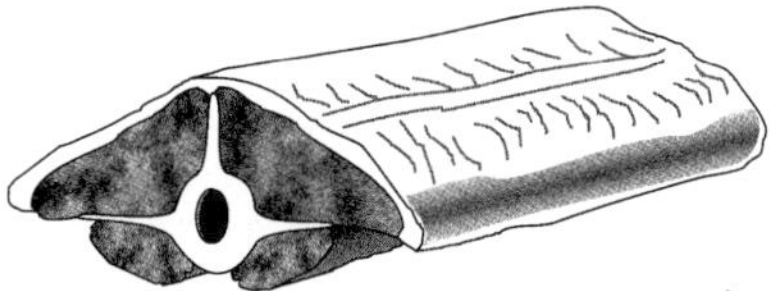

▶ ☐

Lösungen der Aufgaben auf Seite 523

Tragen Sie die eingerahmten Kennziffern der richtigen Antworten in die Kästchen ein.

13. Aufgabe

In der Regionalküche findet man u. a. auch viele Hackfleischgerichte. Welches Hackfleischgericht wird in einer Brühe gegart?

1 Falscher Hase
2 Hamburger
3 Bouletten
4 Königsberger Klopse
5 Frikadellen ► ☐

14. Aufgabe

Welche Zutaten dürfen bei der Zubereitung von Kalbsleber „Berliner Art" nicht fehlen?

1 Glacierte Zwiebeln und Champignons, Speckwürfel
2 Magerspeck, geröstete Brotwürfel und Apfelscheiben
3 Kartoffelpüree, gedämpfte Apfelscheiben, geröstete Zwiebelringe
4 Kartoffelkroketten, Spargelspitzen, Madeirasoße
5 Kartoffelpüree, Oliven und Madeirasoße ► ☐

15. Aufgabe

Welche Beilagen eignen sich besonders zu gebratenen Wildgeflügelgerichten?

1 Reis, Strohkartoffeln, Spargel, Grilltomate
2 Kastanien, Rosenkohl, Weinsauerkraut, Kartoffelpüree
3 Pommes frites, Kastanien, Bohnen, Karotten
4 Pommes chips, Blattsalate, Erbsen, Rosenkohl ► ☐

16. Aufgabe

Fische werden u. a. in weich- oder festfleischige Sorten unterteilt. Ordnen Sie zu:

1 Weichfleischige Fischsorten
2 festfleischige Fischsorten

Steinbutt ► ☐
Hering ► ☐
Zander ► ☐
Seeteufel ► ☐
Rotbarsch ► ☐
Kabeljau ► ☐
Hecht ► ☐
Seezunge ► ☐

Lösungen der Aufgaben auf Seite 523

Tragen Sie die eingerahmten Kennziffern der richtigen Antworten in die Kästchen ein.

17. Aufgabe

Ein Ragout aus Hummerwürfeln wird mit Fisch- und Champignonfond, Sahne, Eigelb und Senf verfeinert und in Hummerkarkassen gefüllt, mit gekochten Hummerschwanzscheiben belegt und Parmesankäse bestreut, überbacken. Welche Zubereitungsart trifft zu?

1 Hummer Newburg
2 Hummer Vanderbilt
3 Hummer nach amerikanischer Art
4 Hummer Thermidor ▶ ☐

18. Aufgabe

Eine gute Soße hat eine begleitende Funktion und sollte mit dem Gericht harmonieren. Welche Soße gehört jeweils zu den nachstehenden Gerichten?

1 Bordeauxsoße
2 Wacholdersoße
3 Estragonsoße
4 Mornaysoße
5 Kardinalsoße

gedünstetes Seezungenfilet ▶ ☐
poeliertes Poulardenbrüstchen ▶ ☐
überbackene Schwarzwurzel ▶ ☐
geschmorte Hasenkeule ▶ ☐
gebratenes Rinderfiletsteak ▶ ☐

19. Aufgabe

Kalte Gerichte werden meistens von einer Vielzahl von kalten Soßen begleitet. Zu welchen Gerichten serviert man eine Cumberlandsoße?

1 Kalte Eiergerichte
2 Fischgerichte
3 Gerichte von Wild und Wildgeflügel
4 Pasteten und Terrinen ▶ ☐

20. Aufgabe

Unsere Ernährung sollte ausgewogen und sowohl aus rohen als auch gekochten Speisen zubereitet sein. Einige Gemüsearten kann man aber roh nicht verzehren. Um welche Gemüse handelt es sich hier?

1 Gurken, Tomaten, Rettich
2 Karotten, Radieschen, Zucchini
3 Bohnen, Erbsen, Artischocken
4 Radicchio, Petersilie, Paprika ▶ ☐

Lösungen der Aufgaben auf Seite 523

2

Tragen Sie die eingerahmten Kennziffern der richtigen Antworten in die Kästchen ein.

21. Aufgabe

Wie nennt man den bekannten französischen Gemüseeintopf, der aus Zucchini, Auberginen, Paprikaschoten, Tomaten, Zwiebeln und Knoblauch besteht?

1 Navarin 2 Ratatouille 3 Bouillabaisse
4 Cassata 5 Cassoulet ▶ ☐

22. Aufgabe

Bringen Sie die Arbeitsvorgänge zur Herstellung einer Bayerischen Krem in die richtige Reihenfolge: ▶ ☐

1 Mit aufgekochter Milch und Vanille vermengen ▶ ☐
2 passieren und abkühlen ▶ ☐
3 Eidotter und Zucker glattrühren ▶ ☐
4 zur Rose abziehen ▶ ☐
5 gequollene Gelatine dazugeben ▶ ☐
6 geschlagene Sahne darunterheben, in Förmchen abfüllen und kaltstellen ▶ ☐

23. Aufgabe

Auf kalten Büfetts sind Pasteten und Terrinen nicht nur eine Augenweide, sondern auch ein lukullischer Genuss für den anspruchsvollen Gast. Was sind die Hauptmerkmale einer Terrine?

1 Die Formen werden mit grünem Speck ausgelegt, schonend im Wasserbad gegart.
2 Die Formen werden mit Teig ausgelegt und im Dampf gegart.
3 Die Farce wird in Folie gewickelt und im Ofen gebacken.
4 Die Füllung wird in ein Tuch eingewickelt und im Wasserbad gegart.
5 Die Füllung wird in einen Teigmantel gehüllt und im Ofen gebacken. ▶ ☐

24. Aufgabe

Lucca-Augen sind eine klassische Variante der Canapés. Was versteht man unter diesem Begriff?

1 Belegtes Brötchen mit Räucherlachs
2 Pumpernickel mit Matjestatar
3 ovale Weißbrottaler mit Tatar, Kaviar und pochierter Auster belegt
4 Tarteletts, gefüllt mit Gänseleberparfait ▶ ☐

Lösungen der Aufgaben auf Seite 523

Tragen Sie die eingerahmten Kennziffern der richtigen Antworten in die Kästchen ein.

25. Aufgabe

Bei welcher der nachstehenden Erklärungen handelt es sich um ein Schaumbrot?

1 Schiffchen aus Mürbteig, gefüllt mit Spargel
2 Tarteletts, gefüllt mit pikantem Hummersalat
3 Weißbrottaler, mit Gänseleber belegt
4 feine Farcen von verschiedenen Rohstoffen, mit viel Sahne und Gelatine gebunden ▶ ☐

26. Aufgabe

Kraftbrühen können mit den verschiedensten Einlagen serviert werden. Ordnen Sie die Kraftbrühen der jeweiligen Einlage zu:

1 Kraftbrühe Célestine
2 Kraftbrühe Royal
3 Kraftbrühe Profiteroles
4 Kraftbrühe Julienne

Eierstich ▶ ☐
Gemüsestreifen ▶ ☐
Pfannkuchenstreifen ▶ ☐
Brandteigkrapfen ▶ ☐

27. Aufgabe

Welche der nachstehenden Suppen wird aus Krustentieren hergestellt?

1 Schleimsuppe
2 Braune gebundene Suppe
3 Veloutésuppen
4 Püreesuppen
5 Bisque ▶ ☐

28. Aufgabe

Kalte Suppen mit süßer Geschmacksrichtung nennt man „Kaltschalen“. Aus welchen Rohstoffen werden Kaltschalen hergestellt?

1 Gemüse, Frucht, Wasser
2 Beeren, Mineralwasser, Kartoffeln
3 Milch, Frucht, Bier, Wein
4 Obst, Gemüse, Wein ▶ ☐

29. Aufgabe

Um Kaltschalen ein sämiges Gefüge zu verleihen werden sie mit verschiedenen Bindemitteln versetzt. Welche Bindemittel verwendet man für Kaltschalen?

1 Weizenmehl, Haferflocken
2 Reis, Mais, Vollkornmehl
3 Roggenmehl, Grieß, Sago
4 Stärkemehl, Sago, Tapiokamehl ▶ ☐

Lösungen der Aufgaben auf Seite 523

2

Tragen Sie die eingerahmten Kennziffern der richtigen Antworten in die Kästchen ein.

30. Aufgabe

Unter Regionalsuppen versteht man Suppen, die aus bestimmten Regionen der Bundesrepublik stammen. Ordnen Sie die Suppen dem jeweiligen Bundesland zu:

1 Leberknödelsuppe	Baden-Württemberg ▶	☐
2 Löffelerbsensuppe	Westfalen ▶	☐
3 Grünkernsuppe	Bayern ▶	☐
4 Bohnensuppe	Berlin ▶	☐

31. Aufgabe

Gefüllte Teighohlformen werden gern für warme Vorspeisen oder Zwischengerichte eingesetzt. Welche der nachstehenden Gerichte sind in diesem Zusammenhang richtig?

1 Bouchées, Vol-au-vent, Fleurons
2 Timbales, Näpfchen, Ballotine
3 Terrine, Galantine, Brioche
4 Parfait, Mousseline, Timbales ▶ ☐

32. Aufgabe

Eier werden in siedendem Essigwasser ca. 6 Minuten gegart. Um welche Zubereitungsart handelt es sich hier?

1 Wachsweiches Ei
2 verlorenes Ei
3 weichgekochtes Ei
4 Ei im Glas
5 gebackenes Ei ▶ ☐

33. Aufgabe

Nocken werden nicht nur als Süßspeise hergestellt, sondern auch in salzig-pikanter Geschmacksrichtung als Zwischengericht oder Beilage gereicht. Welche Zutaten benötigt man für Nocken nach Römischer Art?

1 Milch, Grieß, Eier, Parmesan, Butter
2 Brandteig, braune Soße, Sahne, Käse
3 Mehl, Kartoffeln, Butter, Eier, Tomatensoße
4 Polenta, Milch, Zucker, Sahne, Eier ▶ ☐

Lösungen der Aufgaben auf Seite 523

Tragen Sie die eingerahmten Kennziffern der richtigen Antworten in die Kästchen ein.

34. Aufgabe

Ein klassisches Zwischengericht, das noch immer gern gereicht wird, ist „Quiche Lorraine“. Was verstehen Sie unter dieser Bezeichnung?

1 Kleine Pfannkuchen, gefüllt mit einem Pilz-Schinken-Ragout, mit Käse überbacken
2 Palatschinken, gefüllt mit Quark, mit Royal im Ofen überbacken
3 kleine Teigtaschen, gefüllt mit Fleischfüllung in Tomatensoße und mit Parmesan gratiniert
4 ungesüßter Mürbeteig mit einer Masse aus Käse, Schinken, Eiern, Zwiebeln, im Ofen gebacken ▶ ☐

35. Aufgabe

Ein Klassiker der deutschen Küche ist die „Rindsroulade nach Hausfrauenart“. Welche Zutaten benötigen Sie für die Herstellung?

1 Scheibenförmige Rindfleischportionen, mit Hackfleisch gefüllt
2 scheibenförmige Rindfleischportionen, mit Senf, Speck, Zwiebeln, Gewürzgurke gefüllt
3 kleine Rindsschnitzel, gefüllt mit Pilzfarce
4 scheibenförmige Rindfleischportionen, mit Hackfleisch und Reis gefüllt ▶ ☐

36. Aufgabe

Aus welchem Teil der Kalbskeule wird vorzugsweise das Wiener Schnitzel geschnitten?

1 Kleine Nuss
2 Unterschale
3 Oberschale
4 große Nuss
5 Filet ▶ ☐

37. Aufgabe

Aus verschiedenen Teilen vom Kalb werden nachstehende Stücke geschnitten. Ordnen Sie zu:

1 Schulter
2 Karree
3 Filet
4 Keule
5 Nacken

Medaillons ▶ ☐
Kotelett ▶ ☐
Schnitzel ▶ ☐

Lösungen der Aufgaben auf Seite 523

Tragen Sie die eingerahmten Kennziffern der richtigen Antworten in die Kästchen ein.

38. Aufgabe

Der Unterschied zwischen „Kalbsfrikassee“ und „Kalbsblankett“ wird oft falsch interpretiert. Welche Darstellung ist richtig?

1 Frikassee wird gebraten, Blankett wird mehliert und gebraten
2 Frikassee wird gekocht, Blankett wird mit Tomaten geschmort
3 Frikassee wird mit Zwiebeln gedünstet, Blankett wird mit Gemüsebündel gekocht
4 Frikassee wird mit Gemüsebündel gekocht, Blankett in Eihülle gebraten ▶ ☐

39. Aufgabe

Hammelfleisch wird mit Zwiebeln, Weißkraut und Kartoffeln zu einem Eintopf gegart. Um welches Gericht handelt es sich?

1 Schottische Lammsuppe
2 Mutton chops
3 Ungarisches Lammgulasch
4 Irish stew ▶ ☐

40. Aufgabe

Am schmackhaftesten wird Geflügel durch Braten. Aus welchem Grund wird diese Garmethode bevorzugt?

1 Geringer Gewichtsverlust
2 die gebräunte Haut verhindert Saftverlust und schmeckt aromatisch
3 leichter verdaulich
4 kürzere Garzeit ▶ ☐

41. Aufgabe

Ausgebeinte Geflügelteile (Keulen) werden mit einer Füllung unter der Haut gegart. Wie nennt man diese Zubereitung?

1 Ballotine
2 Terrine
3 Galantine
4 Geflügelpastete ▶ ☐

42. Aufgabe

Für pochiertes oder gekochtes Geflügelfleisch eignen sich am besten helle Soßen. Welche der nachstehenden Soßen harmoniert mit dieser Zubereitung?

1 Rotweinsoße
2 Remouladensoße
3 Senfsoße
4 Champignonsoße ▶ ☐

Lösungen der Aufgaben auf Seite 523/524

Tragen Sie die eingerahmten Kennziffern der richtigen Antworten in die Kästchen ein.

43. Aufgabe

Wild und Wildgeflügel haben gegenüber Schlachtfleisch und Hausgeflügel eine feinere Maserung und wenig Fett. Was bewirkt das Umwickeln von Wildgeflügel mit grünem Speck?

1 Verhindert das Austrocknen beim Braten
2 bessere Bräunung
3 Soßenbildung
4 kürzere Garzeit ▶ ☐

44. Aufgabe

Fische oder Fischfilets sollten kurz vor der Zubereitung gesalzen, gesäuert und gewürzt werden. Was bewirkt das Säuern bei Fischen?

1 Verhindert das Austrocknen
2 schnelleres Durchgaren
3 Eiweißgerinnung, verhindert Geruchsbildung
4 kürzere Lagerfähigkeit ▶ ☐

45. Aufgabe

Eine Seezunge wird mit Zitronensaft mariniert, gewürzt, in Mehl und Ei gewendet, mit Brotkrumen paniert und in geklärter Butter ausgebraten. Um welche Zubereitungsart handelt es sich?

1 Seezunge Murat
2 Seezunge Colbert
3 Seezunge Doria
4 Seezunge nach Grenobler Art ▶ ☐

46. Aufgabe

Was verstehen Sie unter der Bezeichnung „Darne de saumon"?

1 Mittelstück vom Lachs
2 Lachsforellenfilet
3 Schwanzstück vom Lachs
4 geräucherter Lachs
5 gebackenes Seelachsfilet ▶ ☐

47. Aufgabe

Aus welchen Brühen werden die weißen Grundsoßen hergestellt?

1 Kalbsbrühe, Geflügelbrühe, demi-glace
2 Kalbsbrühe, Fischbrühe, Jus
3 Kalbsbrühe, Geflügelbrühe, Fischbrühe
4 Fischbrühe, Wildbrühe, demi-glace ▶ ☐

Lösungen der Aufgaben auf Seite 524

Tragen Sie die eingerahmten Kennziffern der richtigen Antworten in die Kästchen ein.

48. Aufgabe

Obwohl nicht gerade kalorienarm ist die Sauce Béarnaise noch immer sehr beliebt. Zu welchen Gerichten eignet sich die Sauce Béarnaise am besten?

1 Zu pochiertem Fisch
2 zu geschmortem Braten
3 zu gekochtem Huhn
4 zu kurz gebratenem und gegrilltem Fleisch ▶ ☐

49. Aufgabe

Ordnen Sie folgende Ableitungen der Sauce demiglace den passenden Zutaten und Einlagen zu:

1 Sauce Bordeaux	Madeira, Pilze, Petersilie	▶ ☐
2 Sauce Burgund	Rotwein, Rindermarkwürfel	▶ ☐
3 Sauce Robert	Weißwein, Zwiebeln, Senf	▶ ☐
4 Sauce Madère	Rotwein, Champignonwürfel	▶ ☐

50. Aufgabe

Unter den kalten Soßen ist die Mayonnaise wohl die bekannteste. Welche Grundzutaten benötigt man zur Herstellung?

1 Eier, Butter, Mehl, Salz
2 Milch, Butter, Mehl, Salz
3 Pflanzenöl, Eigelb, Zitronensaft, Salz
4 Essig, Öl, Kräuter, Zwiebeln
5 Sahne, Eigelb, Öl, Salz ▶ ☐

51. Aufgabe

Ordnen Sie folgende Ableitungen der Mayonnaise den jeweiligen Gerichten zu:

1 Andalusische Soße	Eier- und Fischgerichte	▶ ☐
2 Chantillysoße	gebackene Fischgerichte, kalter Braten	▶ ☐
3 Tatarensoße	Spargel-, Artischockengerichte	▶ ☐

Lösungen der Aufgaben auf Seite 524

Tragen Sie die eingerahmten Kennziffern der richtigen Antworten in die Kästchen ein.

52. Aufgabe

Um eine wohlschmeckende Essig-Kräuter-Soße herzustellen, ist eine exakte Einhaltung der Rezeptur erforderlich. Welche sind die richtigen Zutaten der Sauce Vinaigrette?

1 Essig, Öl (1:2), Salz, Pfeffer, Senf, Zucker
2 Eigelb, Öl, Knoblauch, Kräuter, Essig, Salz, Pfeffer
3 Essig, Öl (1:1), Salz, Pfeffer, Kräuter, Kapern, Zwiebeln, passierte gekochte Eier
4 Mayonnaise, Kräuter, Zucker, Zitronensaft ▶ ☐

53. Aufgabe

Einige Gemüsearten eignen sich besonders zum Dünsten und Gratinieren. Bei welchen nachstehenden Gemüsen trifft dies zu?

1 Bohnen, Maronen, Weißkohl, Gurken
2 Karotten, Perlzwiebeln, Rotkohl, Zucchini
3 Spargel, Blumenkohl, Schwarzwurzeln, Brokkoli
4 Tomaten, Auberginen, Spinat, Maronen
5 Edelpilze, Gurken, Zucchini, Weißkohl ▶ ☐

54. Aufgabe

Der Eigengeschmack von Gemüse sollte bei der Zubereitung weitgehendst erhalten bleiben. Aus diesem Grund wählt man oft die Zubereitung „englische Art". Was versteht man darunter?

1 Gemüse kochen, mit frischer Butter anrichten, mit Gewürzen und Kräutern überstreuen
2 Gemüse dämpfen, mit Butterbröseln überziehen
3 Gemüse dünsten, mit Parmesankäse überbacken
4 Gemüse in Bierteig fritieren ▶ ☐

55. Aufgabe

Was sind die meistverwendeten Bindemittel zur Herstellung von Grütze?

1 Weizenmehl, Eigelb
2 Sago, Stärke
3 Reismehl, Stärke
4 Sahne, Eigelb
5 Reis, Grieß ▶ ☐

Lösungen der Aufgaben auf Seite 524

2

Tragen Sie die eingerahmten Kennziffern der richtigen Antworten in die Kästchen ein.

56. Aufgabe

Ein Gast kann sich unter der Bezeichnung „Savarin“ nichts vorstellen. Klären Sie ihn auf.

1 Brandteigkrapfen, mit Vanillecreme gefüllt
2 Blätterteigstücke, gefüllt mit Kräuterquark
3 gesüßter Milchhefeteig, in Spezialringformen gebacken, Vanillesoße mit Früchten
4 Brandteig, gefüllt mit Schokoladencreme und mit Zucker glaciert
5 Hefeteigkugeln, mit Zucker und Vanillesoße übergossen ▶ ☐

57. Aufgabe

Beim Öffnen von Austern sind wichtige Punkte zu beachten. Welche Antworten treffen zu?

1 Der tiefe Teil ist unten, da sich die Auster und das Austernwasser in diesem Teil befinden.
2 Der tiefe Teil ist oben, damit die Auster sich leichter öffnen läßt.
3 Die Auster darf beim Öffnen nicht verletzt werden.
4 Die Auster ist von der Vorderseite zu öffnen. ▶ ☐
5 Das Austernwasser ist der Geschmacksträger und darf nicht verlorengehen. ▶ ☐
6 Das Austernwasser muss unbedingt weggeschüttet werden. ▶ ☐

58. Aufgabe

Kaviar wird hauptsächlich in der Originaldose serviert. Welche sind die dazu passenden Beilagen?

1 Graubrot, Mürbeteiggebäck, Blätterteiggebäck
2 Blinis, Crème fraîche, Blätterteiggebäck
3 Pumpernickel, Graubrot, Quark
4 Mayonnaise, Weißbrot, Mürbeteiggebäck
5 Kartoffeln, Knoblauchbutter, Schwarzbrot ▶ ☐

59. Aufgabe

Durchgedrehtes, nicht zu mageres Schweinefleisch wird gewürzt mit Zwiebeln, Kümmel, Salz, Knoblauch und frischgemahlenem Pfeffer. Um welches Regionalgericht in der kalten Küche handelt es sich hier?

1 „Berliner Frikadellen“
2 „Münchener Fleischpflanzl“
3 Tatar
4 „Thüringer Mett“ ▶ ☐

Lösungen der Aufgaben auf Seite 524

Tragen Sie die eingerahmten Kennziffern der richtigen Antworten in die Kästchen ein.

60. Aufgabe

Obst wird immer häufiger als kalte Vorspeise gewählt. Begründen Sie diese Behauptung.

1 Obst ist ganzjährig erhältlich.
2 Obst hat eine sättigende Wirkung.
3 Obst ist leicht verdaulich und energiearm.
4 Obst ist preisgünstig und äußerst lagerfähig. ▶ ☐

61. Aufgabe

Was versteht man bei den kalten Vorspeisen unter der Bezeichnung „Carpaccio"?

1 Pariertes, in hauchdünne Scheiben geschnittenes Contrefilet mit gehobeltem Parmesan, Olivenöl, Zitronensaft, Meersalz, Pfeffer
2 hauchdünn geschnittenes, rosa gebratenes Roastbeef mit Essiggemüse, Olivenöl, Pfeffer
3 dünn geschnittenes, gekochtes Kalbfleisch mit Thunfischsoße
4 kalter Schweinebraten in Gelee ▶ ☐

62. Aufgabe

Ordnen Sie zu, indem Sie für die nachstehenden Gerichte das jeweilige Bindemittel wählen.

1 Tapioka
2 Lecithin
3 Weizenmehl
4 Aspik
5 Stärke
6 Sago
7 Eiweiß

Rote Grütze ▶ ☐
Kaltschale ▶ ☐
Mayonnaise ▶ ☐
Sülze ▶ ☐

63. Aufgabe

Was verstehen Sie unter dem Begriff „amuse gueule"?

1 Blätterteigpastete, gefüllt mit Ragout
2 kleine Tartelettes mit Schaumbroten aus Gänsestopfleber, Räucherlachs, Hummer oder Krebsen
3 belegte Brötchen mit rohem Schinken und Ei
4 Kalbsragout im Reisrand ▶ ☐

Lösungen der Aufgaben auf Seite 524

2

Tragen Sie die eingerahmten Kennziffern der richtigen Antworten in die Kästchen ein.

64. Aufgabe

Welche Gemüse werden für die Herstellung von kalten Vorspeisen zum Füllen bevorzugt?

1 Tomaten, Gurken, Artischocken
2 Auberginen, Weißkohl, Tomaten
3 Kartoffeln, Karotten, Kürbis
4 Pilze, Zucchini, Auberginen
5 Artischocken, Rettich, Pilze ▶ ☐

65. Aufgabe

In der Küche wird eine Vielzahl von Kräutern verwendet. Welche zählen zu den typischen Salatkräutern?

1 Majoran, Liebstöckel, Schnittlauch
2 Kerbel, Pfefferminz, Basilikum, Thymian
3 Dill, Petersilie, Schnittlauch, Basilikum
4 Salbei, Oregano, Dill, Liebstöckel
5 Petersilie, Oregano, Bohnenkraut, Thymian ▶ ☐

66. Aufgabe

Welche Gemüsearten eignen sich besonders für Püreesuppen?

1 Kartoffeln, Kohlrabi, Wirsing, Weißkraut
2 Erbsen, Linsen, Bohnen, Kartoffeln, Tomaten
3 Spargel, Tomaten, Erbsen, grüne Bohnen
4 Zucchini, Sellerie, Lauch, Kartoffeln
5 Schwarzwurzel, Karotten, Kohlrabi, Gurken ▶ ☐

67. Aufgabe

Um einer gebundenen Suppe eine besondere Note zu verleihen, wird sie mit Sahne und Eigelb vollendet. Wie nennt man diese „Verfeinerung“?

1 Brunoise
2 Marinade
3 Liaison
4 Bouquet
5 Chaud-froid ▶ ☐

Lösungen der Aufgaben auf Seite 524

Tragen Sie die eingerahmten Kennziffern der richtigen Antworten in die Kästchen ein.

68. Aufgabe

Ordnen Sie zu, indem Sie drei der aufgeführten Suppen zu der jeweiligen Suppengruppierung eintragen:

1 Berliner Löffelerbsensuppe
2 Minestrone
3 Haifischflossensuppe
4 Pfirsichkaltschale
5 Geeiste Gurkensuppe
6 Spargelrahmsuppe

Spezialsuppe ▶ ☐
Regionalsuppe ▶ ☐
Nationalsuppe ▶ ☐

69. Aufgabe

Welche Besonderheit unterscheidet die Kraftbrühe von der doppelten Kraftbrühe bei der Herstellung?

1 Eine längere Kochzeit der Kraftbrühe
2 Zugabe der doppelten Menge an Eiweiß und Gemüse
3 Zugabe von mehr Kräutern und Gewürzen
4 Verwendung der doppelten Menge an Knochen und Parüren
5 Zugabe der doppelten Menge an Klärfleisch ▶ ☐

70. Aufgabe

Bei der Herstellung von Schleimsuppen in der Diätküche werden unterschiedliche Getreidearten verwendet. Welche der nachstehenden Getreidearten kommen in Frage?

1 Grünkern- und Roggenschrot, Haferflocken
2 Hirse-, Reis- und Haferflocken
3 Polenta, Vollkornreis und Hirseflocken
4 Weizen- und Roggenschrot, Haferflocken
5 Hirseflocken, Grünkern, Vollkornreis ▶ ☐

71. Aufgabe

Ordnen Sie zu, indem Sie drei der nachstehenden Beschreibungen zu dem jeweiligen Fachbegriff einteilen:

1 Einen Auszug aus Rinderknochen, Gemüsen und Gewürzen
2 eine kräftige Brühe, aus angebratenem Ochsenschwanz hergestellt
3 eine doppelte Kraftbrühe
4 einen Auszug aus magerem Rindfleisch ohne Gewürze, Salz oder andere Zutaten
5 eine englische Teesorte

Oxtail clair ▶ ☐
Beef-Tea ▶ ☐
Consommé double ▶ ☐

Lösungen der Aufgaben auf Seite 524

2

Tragen Sie die eingerahmten Kennziffern der richtigen Antworten in die Kästchen ein.

72. Aufgabe

Als klassische Beilage werden zu Kaviar „Blinis“ serviert. Aus welchen Zutaten bestehen Blinis?

1 Roggenmehl, Eigelb, Sahne, Käse
2 Weizenmehl, Hefe, Eier, Zucker, Vanille
3 Buchweizenmehl, Hefe, Milch, Eischnee
4 Grünkernmehl, Parmesankäse, Milch, Eier, Hefe
5 Vollkornmehl, Hefe, Milch, Eier ▶ ☐

73. Aufgabe

Was verstehen Sie bei den warmen Zwischengerichten unter dem Begriff „Attereaux“?

1 In Bierteig gebackene Gemüsespießchen
2 Geflügelkroketten
3 Gemüseplätzchen
4 fritierte Spießchen aus Geflügelfleisch, Schinken, Innereien
5 kleine Pizzen mit Schinken, Pilzen und Käse ▶ ☐

74. Aufgabe

Welche Zutaten benötigen Sie für die Herstellung eines Omeletts „Jägerart“?

1 Omelett, gefüllt mit gedämpften, zerkleinerten Tomaten
2 Omelett, gefüllt mit Spargelspitzen, Béchamelsoße
3 Omelett, gefüllt mit Geflügelleber, Pilzen, Madeirasoße
4 Omelett, gefüllt mit feinem Ragout und Käse
5 Omelett, gefüllt mit Wildfleisch und Speckwürfeln ▶ ☐

75. Aufgabe

Ein Omelett besteht aus geschlagenen Eiern. Worin unterscheiden sich Omelett und Eierpfannkuchen.

Eierpfannkuchen bestehen aus:

1 Eigelb, Zucker, steif geschlagenem Eiweiß
2 Mehl, Milch und Eiern
3 schaumig geschlagenen Eiern, Mehl und Milch
4 Eiern, Zucker, Mehl
5 Mehl, Wasser, Eigelb, steif geschlagenem Eiweiß ▶ ☐

Lösungen der Aufgaben auf Seite 524

Tragen Sie die eingerahmten Kennziffern der richtigen Antworten in die Kästchen ein.

76. Aufgabe

Ordnen Sie drei der angegebenen Grundzutaten dem jeweiligen Gericht zu:

1 Aus Rindfleisch hergestellte Tomaten-Hackfleisch-Soße
2 Spaghetti mit Tomatensoße
3 ungesüßter Mürbeteig, mit Zwiebeln, Speck, Eiern, Sahne, Käse gebacken
4 Bandnudeln mit Käsesoße
5 plattenförmige Nudeln, gefüllt mit Hackfleisch und Béchamelsoße, mit Käse überbacken

Lasagne ▶ ☐
Quiche Lorraine ▶ ☐
Pasta asciutta ▶ ☐

77. Aufgabe

Welches der nachstehenden Gerichte gehört <u>nicht</u> zu den warmen Zwischengerichten?

1 Pfannkuchen
2 Aufläufe
3 Pastetchen
4 Krapfen
5 Omelett „Surprise“ ▶ ☐

78. Aufgabe

Welche Teile vom Rind eignen sich zum Kurzbraten?

1 Schwanzstück, Bug, Querrippe
2 Filet, Roastbeef, Hochrippe, Hüfte
3 Kamm, Filet, Brust, Bug
4 hohe Schulter, Hochrippe, Leiterstück
5 Beinscheibe, Hüfte, Ochsenschwanz ▶ ☐

79. Aufgabe

Aus welchem Teil vom Rind wird das „Rumpsteak“ geschnitten?

1 Hüfte
2 Oberschale
3 Schwanzstück
4 Schwanzrolle
5 Nuss ▶ ☐

80. Aufgabe

Was ist unter einem „Paillard“ zu verstehen?

1 Ein geschmortes Zwischenrippenstück
2 ein Rinderfilet, in Blätterteig gebacken
3 eine gekochte Rinderhüfte
4 eine Fleischscheibe aus der Rinderhüfte, dünn plattiert, kurz auf Ofenplatte oder Grill gebraten
5 ein französischer Suppeneintopf ▶ ☐

Lösungen der Aufgaben auf Seite 524

Tragen Sie die eingerahmten Kennziffern der richtigen Antworten in die Kästchen ein.

81. Aufgabe

Benennen Sie die abgebildeten Fleischteile vom Rind.

- Hochrippe ▶ ☐
- T-Bone-Steak ▶ ☐
- Ochsenkotelett ▶ ☐
- Porterhouse-Steak ▶ ☐
- Clubsteak ▶ ☐

82. Aufgabe

Ein bekanntes österreichisches Nationalgericht ist das „Kalbsrahmbeuscherl". Aus welchen Teilen vom Kalb wird dieses Gericht hergestellt?

1 Lunge, Herz, Zunge
2 Herz, Leber, Zunge
3 Niere, Hirn, Kalbskopf
4 Kalbsschwanz, Brust, Leber
5 Leber, Zunge, Hirn ▶ ☐

83. Aufgabe

Eine klassische französische Zubereitungsart eines Kalbfleischgerichtes ist das „Steak de veau au four". Welche der nachstehenden Erläuterungen trifft zu?

1 Gegrilltes Kalbssteak mit Haushofmeisterbutter
2 gebratenes Kalbssteak mit tournierten Gemüsen und gebundener Kalbsjus
3 in Butter gebratenes Kalbssteak, mit ragoût fin belegt, mit Sauce Mornay überzogen, im Ofen überbacken
4 Kalbssteak, in Butter gebraten, mit Duxelles und Schinken belegt, in Papierhülle im Ofen gebacken ▶ ☐

84. Aufgabe

Ordnen Sie nachstehende Beilagen dem jeweiligen Gericht zu:

1 Wirsing, Sauerkraut
2 Erbsen, Spargel
3 Karotten, Brokkoli
4 Rosenkohl, Rotkohl
5 Kartoffelknödel, Erbsenpüree
6 Spaghetti, Reis

- Schweinebraten ▶ ☐
- Kassler Rippenspeer ▶ ☐
- gepökelte Schweineschulter ▶ ☐

Lösungen der Aufgaben auf Seite 524

Tragen Sie die eingerahmten Kennziffern der richtigen Antworten in die Kästchen ein.

85. Aufgabe

Ein Lammrücken wird gewürzt, rosa gebraten, mit Dijonsenf bestrichen, mit mie de pain, Petersilie, provenzalischen Kräutern und Knoblauch belegt und gratiniert. Um welches Gericht handelt es sich?

1 Gigot d'agneau boulangère
2 Côtelettes d'agneau „Nelson"
3 Navarin de mouton
4 Selle d'agneau à la provençale
5 Poitrine d'agneau farcie ▶ ☐

86. Aufgabe

Welche Beilagen harmonieren mit Lammgerichten?

1 Spargel, Blattspinat, Karotten
2 Ratatouille, grüne Bohnen, Rosenkohl, Blattspinat
3 Krautsalat, gedünstete Gurken, Zuckererbsen
4 Salzkartoffeln, Pommes frites, Bouillonkartoffeln
5 Rosenkohl, Zuckererbsen, Rote Bete ▶ ☐

87. Aufgabe

Welche Soßen dürfen bei einer gekochten Hammelkeule auf englische Art nicht fehlen?

1 Remouladen- oder Choronsoße
2 Senf- oder Champignonsoße
3 Rotwein- oder Trüffelsoße
4 Tatar- oder Schnittlauchsoße
5 Minz- oder Kapernsoße ▶ ☐

88. Aufgabe

Ordnen Sie folgende Hackfleischgerichte dem jeweiligen Herkunftsland zu:

1 Königsberger Klopse
2 Bitok
3 Ćevapčići
4 Pasta Bolognese
5 Butterschnitzel

Russland ▶ ☐
Österreich ▶ ☐
Deutschland ▶ ☐
Italien ▶ ☐

89. Aufgabe

Welche Geflügelarten werden hauptsächlich in den Frühjahrsmonaten zubereitet?

1 Ente, Suppenhuhn
2 Pute, Poularde
3 Taube, Stubenküken
4 Poularde, Gans
5 Perlhuhn, Ente ▶ ☐

Lösungen der Aufgaben auf Seite 524

2

Tragen Sie die eingerahmten Kennziffern der richtigen Antworten in die Kästchen ein.

90. Aufgabe

Ein klassisches französisches Gericht ist „Canard à la bigarade". Welche Beschreibung trifft zu?

1 Gefüllte, geschmorte Ente mit Madeirasoße
2 gebratene Barbarie-Entenbrust mit Cointreaurahmsoße
3 geschmorte Gänsebrust mit Orangensoße und -spalten
4 gebratene Entenkeulen mit Sauerkirschensoße
5 gebratene Ente mit Orangensoße und -spalten ▶ ☐

91. Aufgabe

Ordnen Sie folgende französische Bezeichnungen der richtigen Wildgeflügelart zu:

1 Perdrix
2 canard sauvage
3 faisan
4 pigeon
5 oiseau
6 caille

Fasan ▶ ☐
Rebhuhn ▶ ☐
Wildente ▶ ☐
Wachtel ▶ ☐

92. Aufgabe

In der süddeutschen Küche findet man die Spezialität „Gänsljunges" (Gänseklein) auf den Speisekarten. Aus welchen Zutaten besteht dieses Gericht?

1 Hals, Flügel, Magen, Leber, braun gedünstet, mit Reis
2 geschmorte Gänsekeule in Rotweinsoße mit Pilzen und Kartoffeln
3 gefüllte Gänsekeule, geschmort, mit Kastanienpüree
4 gefüllter Gänsehals, gedünstet, mit Rotkohl und Kartoffelknödeln
5 Hals, Flügel, Magen, Leber in Paprikarahmsoße mit Nudeln ▶ ☐

93. Aufgabe

Wodurch unterscheidet sich das Perlhuhn in geschmacklicher Hinsicht von der Poularde?

1 Das Perlhuhn hat dunkles, kräftig nach Wild schmeckendes Fleisch.
2 Das Perlhuhn hat einen höheren Fettanteil.
3 Das Perlhuhn bekommt beim Braten einen tranigen Geschmack.
4 Das Perlhuhn hat einen leichten Wildgeschmack. ▶ ☐

Lösungen der Aufgaben auf Seite 524

Tragen Sie die eingerahmten Kennziffern der richtigen Antworten in die Kästchen ein.

94. Aufgabe

Ordnen Sie folgende Küchenkräuter und Gewürze dem jeweiligen Gericht zu, für das sie typisch sind:

1 Kümmel, Knoblauch, Zitronenschale, Majoran
2 Majoran, Liebstöckel, Kümmel, Lorbeerblatt
3 Knoblauch, Thymian, Rosmarin, Senf
4 Kümmel, Knoblauch, Salz, Pfeffer
5 Basilikum, Schnittlauch, Petersilie, Zitronenschale
6 Wacholderbeeren, Rosmarin, Piment, Lorbeerblatt

Geschmorte Hirschkeule ▶ ☐
gebratene Lammkeule ▶ ☐
Schweinebraten ▶ ☐
Ungarisches Saftgulasch ▶ ☐

95. Aufgabe

Zu Wild und Wildgeflügel reicht man bestimmte Beilagen. Nennen Sie jeweils eine passende Sättigungs-, Gemüse- und Obstbeilage.

1 Salzkartoffeln, Petersilienkartoffeln, Lyonerkartoffeln
2 Preiselbeeren, Bratapfel, Birnen
3 Rotkraut, Ananaskraut, Rosenkohl ▶ ☐
4 gebratene Bananen, Papaya, Mangos ▶ ☐
5 Mandelkartoffeln, Kartoffelpüree, Semmelknödel ▶ ☐
6 Spargel, Rahmspinat, geschmorte Gurken

96. Aufgabe

Ordnen Sie die Garniturbestandteile den richtigen Wildgarnituren zu:

1 Mirza
2 Baden-Baden
3 Försterinart
4 Hubertus
5 Diana

Speckwürfel, Morcheln oder Steinpilze, Nusskartoffeln, Bratenfond ▶ ☐
Maronenpüree, Trüffel, Pfefferrahmsoße ▶ ☐
Apfelhälften mit Johannisbeergelee, Wildpfeffersoße ▶ ☐

Lösungen der Aufgaben auf Seite 524

Tragen Sie die eingerahmten Kennziffern der richtigen Antworten in die Kästchen ein.

97. Aufgabe

Welche der aufgeführten Soßen passen zu geschmorten Hirsch-, Reh- oder Hasenkeulen?

1 Senfrahm-, Champignonrahm-, Estragonsoße
2 Wacholderrahm-, Pfefferrahm-, Waldpilzrahmsoße
3 Mornay-, Pfefferrahm-, Tomatensoße
4 Bordelaiser-, Meerrettich-, Zwiebelsoße
5 Waldpilzrahm-, Zwiebel-, Tomatensoße ▶ ☐

98. Aufgabe

Seezungenfilets werden durch einen Bierteig gezogen, im heißen Fett gebacken und mit Tomatensoße serviert. Um welche französische Zubereitungsart handelt es sich hier?

1 Filets de sole „Walewska“
2 Filets de sole „Florentine“
3 Filets de sole „Duglère“
4 Filets de sole à l’Orly
5 Filets de sole „Murat“ ▶ ☐

99. Aufgabe

Welche der nachstehenden Gemüsearten passen zu Fischgerichten?

1 Spargel, Brokkoli, Blattspinat, Möhrchen
2 weiße Bohnen, Linsen, Blumenkohl, Erbsen
3 Wirsing, Grünkohl, grüne Bohnen, Spargel
4 Rotkohl, Kohlrabi, rote Bohnen, Erbsen ▶ ☐

100. Aufgabe

Um dem bereits gegarten Fisch eine besondere Note zu verleihen, kann das Gericht noch gratiniert oder überglänzt werden. Welche Beschreibung passt zu der jeweiligen Gratinierart?

1 Gehackte Pilze, Rotweinbutter
2 Sauce Mornay, Käse, Butter
3 Weißweinsoße, Parmesan
4 Duxelles, Käse
5 Fischglace, Butter oder Sauce hollandaise

weißgratiniert ▶ ☐
überglänzt ▶ ☐
braungratiniert ▶ ☐

Lösungen der Aufgaben auf Seite 524

Tragen Sie die eingerahmten Kennziffern der richtigen Antworten in die Kästchen ein.

101. Aufgabe

Fische können in verschiedenen Arten gebacken werden. Ordnen Sie die Grundzutaten der jeweiligen Panade zu.

1 Mehl, Ei, mie de pain
2 Mehl, Ei, Semmelbrösel, Parmesan
3 Milch, Mehl
4 Mehl, Ei, Semmelbrösel
5 Milch, Mehl, Ei

naturbacken ▶ ☐
Wiener Art ▶ ☐
Englische Art ▶ ☐

102. Aufgabe

Welche Weichtiere zählen zu den Kopffüßern?

1 Nordseegarnele, Krake, Meeraal
2 Tintenfisch, Seeigel, Schnecke
3 Tintenfisch, Kalmar, Krake
4 Kalmar, Miesmuschel, Seeigel
5 Krake, Seeigel, Sepia ▶ ☐

103. Aufgabe

Ordnen Sie die Zubereitungen der nachstehenden Muschelgerichte der richtigen französischen Bezeichnung zu:

1 Pochierte Austern in Speck gewickelt und gebraten
2 pochierte Austern, Blattspinat, mit Sauce béarnaise gratiniert
3 Jakobsmuscheln, Weißweinsoße, Butter, Sahne, frische Kräuter
4 Miesmuscheln in Weißwein, Sahne, Knoblauch, Kräuter

Moules à la marinière ▶ ☐
Coquilles St. Jacques fines herbes ▶ ☐
Huîtres Rockefeller ▶ ☐
Angel on horseback ▶ ☐

104. Aufgabe

Welche der nachstehenden Soßen zählen zu den warmen Grundsoßen?

1 Sauce demiglace
2 Sauce de gibier
3 Sauce Choron
4 Sauce ravigotte
5 Sauce Béchamel

▶ ☐
▶ ☐
▶ ☐

Lösungen der Aufgaben auf Seite 524

Tragen Sie die eingerahmten Kennziffern der richtigen Antworten in die Kästchen ein.

105. Aufgabe

Für eine klassische aufgeschlagene Buttersoße benötigen Sie eine Reduktion aus zerdrückten Pfefferkörnern, Schalotten, Weißwein, Estragonessig und -stielen, Wasser, Lorbeerblatt sowie folgende Zutaten: geklärte Butter, Estragon, Petersilie, Kerbel. Um welche Soße handelt es sich hier?

1 Sauce Dijon
2 Sauce Maltaise
3 Sauce Choron
4 Sauce Foyot
5 Sauce Béarnaise ▶ ☐

106. Aufgabe

Ordnen Sie folgende Zutaten der jeweiligen Ableitung der Sauce demiglace zu:

1 Pfefferkörner, Thymian, blanchiertes Ochsenmark, Rotwein
2 zerdrückte Wacholderbeeren, Sahne, Gin
3 Rotwein, Champignons, Thymian, Butter, Schalotten
4 Zwiebeln, Weißwein, Essig, Senf
5 Johannisbeergelee, Zitronensaft, Sauerrahm
6 Schalotten, Weißwein, Weißweinessig, Essiggurken, Petersilie, Estragon

Sauce Robert ▶ ☐
Sauce piquante ▶ ☐
Sauce bordelaise ▶ ☐
Sauce bourguignonne ▶ ☐

107. Aufgabe

Aufgeschlagene Buttersoßen haben einen sehr hohen Cholesteringehalt. Zu welchen Gerichten werden sie vorzugsweise serviert?

1 Zu gebackenem Fisch, gebratenem Schweinenacken
2 zu gekochter Ochsenbrust, gebackenen Auberginen
3 zu gegrilltem Fleisch, gedämpften Fischen
4 zu Wiener Schnitzel, Pommes frites ▶ ☐

Lösungen der Aufgaben auf Seite 524

Tragen Sie die eingerahmten Kennziffern der richtigen Antworten in die Kästchen ein.

108. Aufgabe

Zu Spargel, gekochten Fischen und Gemüsen werden vorzugsweise zwei Ableitungen der Sauce hollandaise verwendet. Um welche Soßen handelt es sich hier?

1 Maltesersoße
2 Dijonsoße
3 grüne Soße
4 Schaumsoße ▶ ☐
5 Remouladensoße ▶ ☐

109. Aufgabe

Ordnen Sie die nachstehenden Zutaten der jeweiligen Gemüsezubereitungsart zu:

1 Butterbrösel, gehacktes Ei
2 gebundene Erbsen, Perlzwiebeln, Zucker, Kopfsalatstreifen
3 Tomate concassée, Parmesan, Sauce Mornay
4 Rotweinsoße, blanchiertes Ochsenmark

gefüllte Tomate „Clamart“ ▶ ☐
geschmorter Bleichsellerie „Bordelaise“ ▶ ☐
Blumenkohl „polnisch“ ▶ ☐
Fenchel nach Mailänder Art ▶ ☐

110. Aufgabe

Je ein Drittel Rind-, Kalb- und Schweinefleisch, Kartoffeln, Karotten, Knollensellerie, Kohlrabi, Lauch, Wirsing, grüne Bohnen, Markknochen und Wasser sind die Bestandteile eines bekannten Eintopfgerichtes. Um welchen Eintopf handelt es sich hier?

1 Gaisburger Marsch
2 Ratatouille
3 Provenzalischer Fleischeintopf
4 Pichelsteiner
5 Irish stew ▶ ☐

111. Aufgabe

Welche sind die Grundbestandteile zur Herstellung eines Dressings?

1 Mayonnaise, Joghurt, Sahne, Quark
2 Öl, Essig, Brühe, Senf
3 Ketchup, Essig, Öl, Kräuter
4 Brühe, Dijonsenf, Ketchup, Zwiebeln ▶ ☐

Lösungen der Aufgaben auf Seite 524

2

Tragen Sie die eingerahmten Kennziffern der richtigen Antworten in die Kästchen ein.

112. Aufgabe

Eine Salatsoße wird aus Essig, Öl (1 : 3), Salz, Pfeffer, Senf und Knoblauch hergestellt. Um welche Salatsoße handelt es sich hier?

1 Zitronensoße
2 Eigelbsoße
3 Französische Salatsoße
4 Kräutersoße
5 Vinaigrettesoße

113. Aufgabe

Ordnen Sie folgende Dressings und Salatsoßen den jeweiligen Gemüsen oder Blattsalaten zu:

1 Roquefortdressing
2 Französische Salatsoße
3 Cremedressing
4 Joghurt-Quark-Dressing
5 Vinaigrettesoße

Sellerie, Tomaten
Gemüsesalate
Blattsalate

114. Aufgabe

Sie sollten für ein Salatbüfett fettarme Salatsoßen und Dressings zubereiten. Welche Rohstoffe würden Sie wählen?

1 Öl, Dickmilch, Mayonnaise
2 Sahne, Ketchup, Mayonnaise
3 Joghurt, Quark, Dickmilch
4 Essig, Öl, Sahne

115. Aufgabe

Ordnen Sie folgende Kartoffelzubereitungsarten dem jeweiligen Fleischgericht zu:

1 Bouillonkartoffeln
2 Birnenkartoffeln
3 Waffelkartoffeln
4 Knödel aus rohen Kartoffeln
5 Bäckerinkartoffeln

kurzgebratenes, gegrilltes Fleisch
gebratene Lammkeule
gekochte Ochsenbrust
gebratenes Wild/Wildgeflügel
gebratene Schweinshachse

116. Aufgabe

Kartoffelspezialitäten gibt es aus vielen Ländern. Welche Kartoffelzubereitungsart gehört zu welchem Land?

1 Knödel aus rohen Kartoffeln
2 pommes dauphine
3 Röstikartoffeln
4 grüne Klöße

Schweiz
Erzgebirge
Bayern
Frankreich

Lösungen der Aufgaben auf Seite 524

Tragen Sie die eingerahmten Kennziffern der richtigen Antworten in die Kästchen ein.

117. Aufgabe

Bei Nudelgerichten steht Italien im Vordergrund.
Ordnen Sie die passenden Füllungen den Teigwarengerichten zu.

1 Fleisch, Fisch, Krustentiere, Spinat
2 Fleisch, Ricotta, Pilze
3 Fleischsoße, Spinat, Gemüse, Pilze
4 Fleisch, Geflügelleber, Spinat, Gemüsewürfel

Cannelloni ▶ ☐
Lasagne ▶ ☐
Ravioli ▶ ☐
Tortellini ▶ ☐

118. Aufgabe

Welche deutsche Beschreibung passt zu welchem französischen Fachausdruck?

1 Profiteroles
2 Pâte à chou
3 Crème pâtissière
4 Crème bavaroise
5 Flammeri de semoule

Bayerisch Krem ▶ ☐
kleine Windbeutel ▶ ☐
Grießflammeri ▶ ☐
Brandteig ▶ ☐
Konditorkrem ▶ ☐

2

Convenience Food

119. Aufgabe

Der Auszubildende Peter liest in einer Fachzeitschrift den Ausdruck „Convenience food", kann sich darunter nichts vorstellen und fragt seinen Vorgesetzten. Wie lautet die Antwort?

1 Lebensmittel, die nur roh verzehrt werden können
2 Lebensmittel, die nur gekocht verzehrt werden können
3 Lebensmittel, die bestrahlt oder behandelt wurden
4 Lebensmittel, die in irgendeiner Form bereits vorgefertigt sind ▶ ☐

120. Aufgabe

Gerade im Tiefkühlkostbereich findet man eine große Auswahl an Convenience Produkten. Welche der nachstehenden Produkte zählen zu den garfertigen Lebensmitteln?

1 Quarkspeisen, Geflügelsalat, Bratensoße, Fischstäbchen
2 Fertigpizza, Rösti, Gefriergemüse, Fischstäbchen
3 Brühwürfel, Ochsenschwanzsuppe, Eintopfgericht, Gefriergemüse
4 Joghurt, Zwiebelsuppe, Rösti, Fertigpudding ▶ ☐

Lösungen der Aufgaben auf Seite 524

Tragen Sie die eingerahmten Kennziffern der richtigen Antworten in die Kästchen ein.

121. Aufgabe

Für ein Festbankett werden fertigportionierte Steaks angeliefert. Welche Arbeitsgänge konnten durch den Einkauf dieses Halbfertigproduktes im Küchenbereich eingespart werden?

1 Ausbeinen
2 Parieren
3 Braten
4 Portionieren
5 Lardieren

▶ ☐
▶ ☐

122. Aufgabe

Im Restaurant wird bei der Zubereitung von „Cappuccino" Instantkaffeepulver verwendet. Welche Vorteile ergeben sich dadurch?

1 Instantkaffeepulver hat einen intensiveren Geschmack
2 Wasser muss nicht mehr erhitzt werden ▶ ☐
3 sofortige Lösung von Kaffee und Milch ▶ ☐
4 keine Klumpenbildung ▶ ☐
5 Zeit- und Arbeitsersparnis

123. Aufgabe

Auf der Speisekarte wird unter den vegetarischen Gerichten eine Gemüseplatte angeboten. Warum entscheidet sich der Küchenchef beim Einkauf für Tiefkühlgemüse?

1 Weniger Umweltbelastung
2 keine Putz- und Schälverluste
3 geringer Vitaminverlust
4 geringer Arbeitsaufwand ▶ ☐
5 geringer Energieaufwand ▶ ☐

124. Aufgabe

Convenience Produkte werden in unterschiedlichen Fertigungsstufen eingeteilt. Ordnen Sie folgende Produkte zu:

1 garfertige Lebensmittel
2 tischfertige Lebensmittel
3 verzehrfertige Lebensmittel

Geflügelsalate ▶ ☐
Kohlrouladen ▶ ☐
Früchtejoghurt ▶ ☐
Frikadellen ▶ ☐
paniertes Fischfilet ▶ ☐
Gulaschsuppe ▶ ☐
Fertigmüsli ▶ ☐

Lösungen der Aufgaben auf Seite 524

Tragen Sie die eingerahmten Kennziffern der richtigen Antworten in die Kästchen ein.

125. Aufgabe

Bei der Entscheidung zum Kauf von vorgefertigten Produkten argumentiert Paul mit einem Kollegen über die Vorteile von Convenience food. Welches Argument kann man nicht als Vorteil gelten lassen?

1 Lagerhaltung ist einfacher
2 Einsparung von Zeit
3 Qualitätssicherung
4 saisonunabhängig
5 Lagerhaltung ist billiger ▶ ☐

HACCP

126. Aufgabe

Als anerkannte Vorgehensweise zur Sicherstellung des Hygienestandards wurde am 14. Juni 1993 die HACCP (Hazard Analysis and Critical Control Points)-Richtlinie erlassen. Um welche Richtlinie handelt es sich hier?

1 Richtlinie des Hotel- und Gaststättenverbandes
2 Richtlinie der deutschen Bundesregierung
3 EU-Richtlinie Nr. 93/43/EWG ▶ ☐

127. Aufgabe

Wer ist von dieser HACCP-Richtlinie betroffen bzw. für wen wurde sie erlassen?

1 Lebensmittelindustrie
2 Agrarwirtschaft ▶ ☐
3 Gemeinschaftsverpflegung ▶ ☐
4 Metallverarbeitende Industrie ▶ ☐
5 Gastronomie

128. Aufgabe

Was beinhaltet die HACCP-Richtlinie?

1 Alle Maßnahmen, die notwendig sind, um einen reibungslosen Arbeitsablauf zu gewährleisten.
2 Alle Vorkehrungen, die notwendig sind, um gesetzliche Sicherheitsvorschriften zu gewährleisten.
3 Alle Vorkehrungen, die notwendig sind, um eine optimale Qualität von Schlachtfleisch zu erzielen.
4 Alle Vorkehrungen und Maßnahmen, die notwendig sind, um ein unbedenkliches und genusstaugliches Lebensmittel zu gewährleisten. ▶ ☐

Lösungen der Aufgaben auf Seite 524

2

Tragen Sie die eingerahmten Kennziffern der richtigen Antworten in die Kästchen ein.

129. Aufgabe

Nach der HACCP-Richtlinie gibt es bei der Lebensmittelverarbeitung Temperaturgrenzwerte, die mindestens einmal täglich überprüft werden müssen. Ordnen Sie nachstehende Temperaturgrenzwerte dem jeweiligen Lebensmittel zu:

1 + 25 °C
2 – 18 °C
3 + 4 °C
4 + 7 °C
5 + 10 °C
6 + 65 °C

Produkte der kalten Küche ▶ ☐
Frischprodukte (Fisch, Fleisch) ▶ ☐
Molkereiprodukte ▶ ☐
Gebratene und gekochte Produkte ▶ ☐
Tiefkühlware ▶ ☐
Überproduktion ▶ ☐
Trockensortiment ▶ ☐
Rückstellproben ▶ ☐

Menükunde

1. Aufgabe

Einige Lebensmittelzusatzstoffe müssen auf der Speisenkarte ausgewiesen werden. Um welche der Folgenden handelt es sich?

1 Zucker
2 künstliche Farbstoffe
3 Sorbinsäure
4 Ascorbinsäure
5 Stärke
6 Honig

▶ ☐
▶ ☐

2. Aufgabe

Für Vegetarier haben Sie auf Ihrer Karte ein entsprechendes Menü aufgeführt. Um welche der folgenden Speisefolgen handelt es sich?

1 Tomatenkremsuppe
gefüllte Poularde
Eis mit heißen Früchten

2 Blattsalat mit gebratenem Tofu
Gemüsestrudel
Vanilleeis mit Himbeeren

3 Kräuterkremsuppe
Blankett mit Nudeln
Aprikosenkrem ▶ ☐

Lösungen der Aufgaben auf Seite 524/525

Tragen Sie die eingerahmten Kennziffern der richtigen Antworten in die Kästchen ein.

3. Aufgabe

Sie wollen durch Spezialitätenveranstaltungen besonders auf Ihren Betrieb aufmerksam machen. Ordnen Sie die typischen Speisen den jeweiligen Veranstaltungen zu.

1 Tafelspitz
2 Weißwurst
3 Sabayon
4 Zwiebelkuchen
5 Käsefondue
6 Sauerbraten

Weinfest mit Federweißem ► ☐
Bayerische Woche ► ☐
Österreichische Woche ► ☐
Schweizer Spezialitätenabend ► ☐

4. Aufgabe

Ordnen Sie die folgenden Suppen deren Nationen zu:

1 Gazpacho
2 Borschtsch
3 Minestrone

Italien ► ☐
Russland ► ☐
Spanien ► ☐

5. Aufgabe

Ordnen Sie die Kennziffern der englischen Bezeichnungen folgender Speisen denen der jeweiligen deutschen Bezeichnung zu:

1 Smoked salmon
2 filled breast of veal
3 gratinated medaillons of veal

gefüllte Kalbsbrust ► ☐
Räucherlachs ► ☐
überbackene Kalbsbrust ► ☐

6. Aufgabe

Ordnen Sie die Kennziffern der deutschen Bezeichnungen folgender Speisen der jeweiligen französischen Speisenbezeichnung zu:

1 Räucherlachs
2 überbackene Kalbsbrust
3 gefüllte Kalbsbrust

Médaillons de veau gratinés ► ☐
Poitrine de veau farcie ► ☐
Saumon fumé ► ☐

Lösungen der Aufgaben auf Seite 525

2

Tragen Sie die eingerahmten Kennziffern der richtigen Antworten in die Kästchen ein.

7. Aufgabe

Fallbeispiel:
Anlässlich einer Hochzeitsfeier mit 22 Personen suchen Sie den Brautvater und das Brautpaar auf, um mit ihnen das Menü, die korrespondierenden Getränke und weitere Einzelheiten festzulegen. Der Brautvater unterbreitet Ihnen einen Menüvorschlag, den ihm ein Freund ausgearbeitet hat.

7.1

Der in der Situation angesprochene Menüvorschlag lautet:

Rinderkraftbrühe
Räucherlachs mit Toast und Butter
Gebratener Lammrücken, Bohnenbündchen, Bäckerinkartoffeln
Vanilleeis mit heißen Himbeeren

Welchen menübezogenen Fehler stellen Sie sofort fest?

1 Die Reihenfolge der Gänge ist nicht korrekt
2 Wiederholungen in der Zubereitungsart
3 Wiederholung eines Grundrohstoffes
4 ein Gang ist nicht bankettfähig ▶ ☐

7.2

Das junge Brautpaar hat von seinem Hochzeitsmenü andere Vorstellungen; es hat die unten aufgeführten Speisen in ungeordneter Reihenfolge notiert. Bringen Sie die angeführten Gänge in die richtige Reihenfolge der klassischen Menüfolge.

1 Medaillons vom Lamm, Schalottenschaumsoße, Spinat ▶ ☐
2 frische Erdbeeren ▶ ☐
3 geräucherter Lachs mit Toast und Butter ▶ ☐
4 Steinpilzessenz ▶ ☐
5 Käsevariationen ▶ ☐

Lösungen der Aufgaben auf Seite 525

Tragen Sie die eingerahmten Kennziffern der richtigen Antworten in die Kästchen ein.

7.3

Das junge Paar stellt nach Ihrer Menüerklärung (siehe vorangehende Aufgabe) fest, dass dieses keine warme Vorspeise beinhaltet. Es wird beschlossen, eine solche in das Menü zu integrieren. Bei welchen der folgenden Speisen handelt es sich um eine warme Vorspeise?

1 Forellenterrine
2 Savarin vom Hecht mit Estragonsoße und Reis
3 Königinpastete
4 Rehpastete
5 Carpaccio
6 Geflügelgelatine
7 Muschelragout im Reisrand
8 Irish Stew
9 Krebsschwänze in Dillsoße
10 Gänseleberparfait

▶ ☐
▶ ☐
▶ ☐
▶ ☐

7.4

Eine der in Aufgabe 7.3 integrierten warmen Vorspeisen, die auf der Grundlage Fisch basiert, kommt für das gewählte Menü (Aufgabe 7.2) nicht in Frage. Begründen Sie.

1 Fisch ist nicht bankettfähig
2 Wiederholung eines Grundrohstoffes
3 Wiederholung in der Zubereitungsart ▶ ☐

7.5

Hinsichtlich der korrespondierenden Getränke haben Sie sich mit dem jungen Paar schnell geeinigt. Lediglich dem Wunsch der Braut, bezüglich eines lieblichen französischen Rotweines zur Vorspeise (s. Aufgabe 7.2), versuchen Sie entgegenzutreten. Begründen Sie.

1 Deutsche Brautleute sollten auch deutschen Wein trinken.
2 Zu Beginn eines Menüs ist lieblicher Wein nicht geeignet, da die Süße des Weines unmittelbar in das Blut geht und eine sofortige, wenn auch vorübergehende, Sättigung bewirkt.
3 Nach einem Rotwein darf kein Weißwein mehr gereicht werden. ▶ ☐
4 Rotwein harmoniert nur mit dunklem Fleisch. ▶ ☐

2

Lösungen der Aufgaben auf Seite 525

Tragen Sie die eingerahmten Kennziffern der richtigen Antworten in die Kästchen ein.

7.6

Für eine Familienfeier in Ihrem Hause wollen Sie eine Menükarte erstellen. Welche der folgenden Ausführungen ist korrekt (Getränke werden hier nicht berücksichtigt)?

Beispiel 1:

xxxxxxxxxxxxx
xxxxxxxx

***

xxxxxxxxxxxxx
xxxxxxxxx

***

xxxxxxxxxxxxxx
xxxxxxxxxx
xxxxxxxxxxxx

***

xxxxxxxxxxx
xxxxxxxxx

Beispiel 2:

xxxxxxxxxxx
xxxxxxxx DM …

xxxxxxxxxx
xxxxxxxxx DM …

xxxxxxxxxxx
xxxxxxx
xxxxxxxxx DM …

xxxxxxxxxxx
xxxxxxxxx DM …

Beispiel 3:

xxxxxxxxxxxxx
xxxxxxxx
DM …

xxxxxxxxxxxxx
xxxxxxxxx
DM …

xxxxxxxxxxxxxx
xxxxxxxxxx
xxxxxxxxxxxx
DM …

xxxxxxxxxxx
xxxxxxxxx
DM …

▶ ☐

Lösungen der Aufgaben auf Seite 525

Tragen Sie die eingerahmten Kennziffern der richtigen Antworten in die Kästchen ein.

7.7

Einige Gerichte werden nicht als bankettfähig angesehen. Um welche handelt es sich bei folgender Auflistung?

1 Gebratene Lammkeule
2 gebratener Schweinehals
3 Markklößchensuppe
4 Eisbein
5 gedünstetes Hechtfilet

▶ ☐
▶ ☐

8. Aufgabe

Fallbeispiel:
Sie wollen eine Speisenkarte erstellen und wissen, dass die Menüs in der richtigen Reihenfolge angegeben sein müssen, dass die Bestandteile, z. B. des Hauptganges, korrekt anzuführen sind, und dass die korrekte Schreibweise von Bedeutung ist.

8.1

Suchen Sie die korrekt ausgeführten Abfolgen der Bestandteile eines Hauptganges heraus:

1 Fleisch, Garnitur, Gemüse, Soße, Sättigungsbeilage
2 Fleisch, Soße, Gemüse, Garnitur, Sättigungsbeilage
3 Fleisch, Garnitur, Soße, Gemüse, Sättigungsbeilage
4 Fleisch, Salat, Soße, Sättigungsbeilage, Garnitur
5 Fleisch, Garnitur, Soße, Sättigungsbeilage, Salat

▶ ☐
▶ ☐

8.2

Welche der nachgenannten Menüs sind in der richtigen Reihenfolge aufgeführt?

1 Heilbuttschnitte – Geflügelkraftbrühe – Rinderfilet – Eisvariationen
2 Krabbencocktail – gedünstete Steinpilze – Rinderkraftbrühe – Hauskaninchen – Vanillekrem
3 Kaviar – Rinderkraftbrühe – gedünstete Steinpilze – Ente – Überraschungsomelett
4 Geflügelkraftbrühe – Seezungenschleifchen – Tournedos – Obstsalat

▶ ☐
▶ ☐

Lösungen der Aufgaben auf Seite 525

2

Tragen Sie die eingerahmten Kennziffern der richtigen Antworten in die Kästchen ein.

8.3

Nennen Sie die korrekten Schreibweisen folgender Garnituren:

1 Forelle nach Müllerin
2 Forelle „nach der Müllerin"
3 Forelle „Müllerin Art"
4 Forelle nach Müllerinart
5 Hirschmedaillon Forestière
6 Hirschmedaillon à la forestière ▶ ☐
7 Hirschmedaillon nach Försterinart ▶ ☐

Getränke im Gastgewerbe

1. Aufgabe

Ordnen Sie den Limonaden die jeweiligen Inhaltsstoffe zu:

1 Cola-Limonaden
2 Bitter Lemon
3 Ginger Ale

Chinin ▶ ☐
Coffein ▶ ☐
Kräuteraroma ▶ ☐

2. Aufgabe

Ordnen Sie die zulässigen Bezeichnungen der nachstehenden Getränke den jeweiligen Angaben zu:

1 ... muss zu 100% aus dem Saft frischer oder durch Kälte haltbar gemachter Früchte bestehen.
2 ... muss zwischen 25 und 50% Fruchtanteile enthalten.
3 ... muss mindestens 30% Fruchtanteile enthalten.

Fruchtsaftgetränk aus Kernobst ▶ ☐
Fruchtsaft ▶ ☐
Fruchtnektar ▶ ☐

3. Aufgabe

Der Mindestfruchtanteil ist bei der Herstellung von Fruchtsaftgetränken vorgeschrieben. Ordnen Sie die Kennziffern der Prozentsätze den jeweiligen Früchten zu:

1 Mindestens 6%
2 mindestens 10%
3 mindestens 30%

Kernobst ▶ ☐
Zitrusfrüchte ▶ ☐
alle anderen Früchtearten ▶ ☐

Lösungen der Aufgaben auf Seite 525

Tragen Sie die eingerahmten Kennziffern der richtigen Antworten in die Kästchen ein.

4. Aufgabe

Ordnen Sie die Kennziffern der folgenden Etikettinformationen für Fruchtsäfte nach vorgeschriebenen Angaben (1) und zulässigen Angaben (2).

1 Vorgeschriebene Angaben
2 zulässige Angaben

- reich an Vitamin C ▶ ☐
- Füllmenge ▶ ☐
- Verkehrsbezeichnung ▶ ☐
- Vitamin-C-haltig ▶ ☐
- Mindesthaltbarkeitsangabe ▶ ☐
- fruchtfleischhaltig ▶ ☐

5. Aufgabe

Welche Aussage ist richtig?

Natürliches Mineralwasser darf als Säuerling bezeichnet werden, wenn

1 dieses mehr als 250 mg Kohlendioxid,
2 dieses mehr als 750 mg Kohlendioxid,
3 dieses mehr als 570 mg Natriumhydrogencarbonat
enthält. ▶ ☐

6. Aufgabe

Sodawasser enthält Wasser, kohlensaures Natron und Kohlensäure. Welche Möglichkeit der Kennzeichnung erlaubt die *Mineral- und Tafelwasserverordnung* außerdem?

1 Säuerling
2 Mineralwasser
3 Tafelwasser
4 Limonade ▶ ☐

7. Aufgabe

Welche Begriffsreihung enthält nur alkoholfreie, süße Erfrischungsgetränke?

1 Fruchtsaftgetränk – Apfelwein – Tafelwasser
2 Limonade – Fruchtsaft – Cidre
3 Fruchtsaft – Brause – Limonade
4 Alkoholfreies Bier – Cidre – Tafelwasser ▶ ☐

Lösungen der Aufgaben auf Seite 525

2

Tragen Sie die eingerahmten Kennziffern der richtigen Antworten in die Kästchen ein.

8. Aufgabe

Fallbeispiel:
Sie haben Dienst in der Kaffeeküche. Unterschiedliche Getränke werden per Bon von Ihnen geordert. Im Rahmen Ihrer Vorbereitungsarbeiten haben Sie u. a. Kaffee- und Kakaopulver sowie unterschiedliche Teesorten bereitgestellt.

8.1

Je nach Art des Aufgussgetränkes benötigen Sie für die Zubereitungen unterschiedliche Mengen an Kaffee-, Kakaopulver oder Tee. Ordnen Sie die Grammangaben den Erfordernissen für eine Tasse des jeweiligen Getränkes zu.

[1] 6 bis 8 g
[2] 1,7 bis 2 g
[3] ca. 10 g

Kakao ▶ ☐
Kaffee ▶ ☐
Tee ▶ ☐

8.2

Einer der Gäste bestellt einen anregenden Tee. Wie lange sollte dieser ziehen?

[1] 2 bis 3 Minuten
[2] 3 bis 4 Minuten
[3] 5 bis 6 Minuten
[4] 8 bis 10 Minuten ▶ ☐

8.3

Außer Kaffee, Kakao und Tee müssen Sie auch teeähnliche Getränke bereiten. Bei welchen der hier genannten Tees handelt es sich um solche?

[1] Ostfriesischer Tee
[2] Kamillentee
[3] Zitronentee
[4] Englischer Tee ▶ ☐
[5] Salbeitee ▶ ☐

Lösungen der Aufgaben auf Seite 525

Tragen Sie die eingerahmten Kennziffern der richtigen Antworten in die Kästchen ein.

8.4

Ihre Gäste loben Ihren Kaffee. Kein Wunder, denn Sie verwenden Hochlandkaffee.
Ordnen Sie die Kennziffern Hochlandkaffee (1) bzw. Tieflandkaffee (2) den Eigenschaften des Kaffees zu:

1 Hochlandkaffee
2 Tieflandkaffee

kleine Bohnen ▶ ☐
reift schnell ▶ ☐
große Bohnen ▶ ☐
wenig Aroma ▶ ☐
reift langsam ▶ ☐
viel Aroma ▶ ☐

8.5

Im Allgemeinen werden bei Ihnen herkömmliche Aufgussgetränke bestellt. Manchmal müssen Sie auch Spezialkaffees zubereiten.
Ordnen Sie die Kennziffern der folgenden Aussagen den jeweiligen Kaffeezubereitungsarten zu:

1 Er enthält Asbach und wird mit einer Sahnehaube und Raspelschokolade garniert.
2 Er wird unter hohem Druck zubereitet.
3 Er wird mit aufgeschäumter Milch und Raspelschokolade oder Kakaopulver garniert.
4 Er wird aus braunem Zucker, Whiskey, heißem Kaffee, aufgeschlagener Sahne und Raspelschokolade bereitet.

Espresso ▶ ☐
Rüdesheimer Kaffee ▶ ☐
Irish Coffee ▶ ☐
Cappuccino ▶ ☐

Lösungen der Aufgaben auf Seite 525

2

Tragen Sie die eingerahmten Kennziffern der richtigen Antworten in die Kästchen ein.

8.6

Die Gäste Ihres Hauses sind es gewöhnt, qualitativ hochwertige Tees zu bekommen. Die Qualität ist u. a. von den Blattgraden abhängig. Diese haben unterschiedliche Bezeichnungen.

Ordnen Sie die Kennziffern der Blattgradbezeichnungen einer Teepflanze den jeweiligen Kennzeichnungen zu:

Pekoe ▶ ☐

Orange Pekoe ▶ ☐

Flowery Orange Pekoe ▶ ☐

Pekoe Souchong ▶ ☐

9. Aufgabe

Fallbeispiel:
Sie wollen Ihre Weinkarte neu gestalten. Um diese etwas „aufzulockern“ planen Sie, Übersichtskarten, die die Lagen der deutschen und der französischen Weinanbaugebiete darstellen, und Etiketten einiger Weine abzubilden. Ferner wollen Sie einige Rebsorten charakterisieren.

Lösungen der Aufgaben auf Seite 525

2

Tragen Sie die eingerahmten Kennziffern der richtigen Antworten in die Kästchen ein.

9.1

Welche bestimmten Weinanbaugebiete werden die Gäste anstatt der Kennzahlen auf dieser Abbildung vorfinden? Ordnen Sie zu.

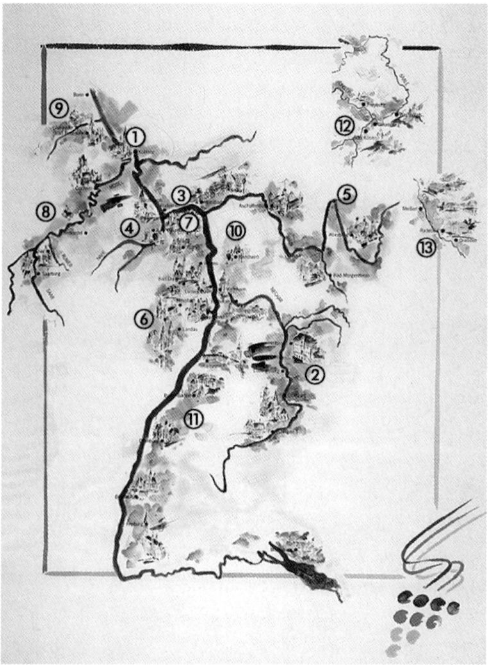

Ahr ▶	☐	Mosel – Saar – Ruwer ▶	☐
Hessische Bergstraße ▶	☐	Franken ▶	☐
Mittelrhein ▶	☐	Württemberg ▶	☐
Nahe ▶	☐	Baden ▶	☐
Rheingau ▶	☐	Saale – Unstrut ▶	☐
Rheinhessen ▶	☐	Sachsen ▶	☐
Pfalz ▶	☐		

Lösungen der Aufgaben auf Seite 525

Tragen Sie die eingerahmten Kennziffern der richtigen Antworten in die Kästchen ein.

9.2

Sie haben in der Weinkarte die Etiketten der drei unten genannten Weine abgebildet. Welche Länder mit den jeweiligen Anbaugebieten können den Weinen zugeordnet werden?

1 Ungarn, Karpatenregion
2 Deutschland, Baden
3 Frankreich, Burgund
4 Frankreich, Bordeaux
5 Italien, Toscana

Château Lafite Rothschild, Pauillac ▶ ☐
Tokaji Aszú ▶ ☐
Chianti Classico ▶ ☐

9.3

Ordnen Sie die französischen Weinanbaugebiete zu:

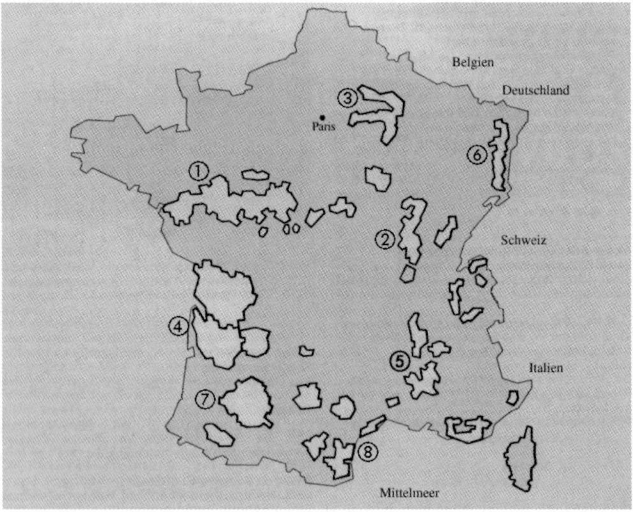

Bourgogne	▶	☐	Alsace	▶	☐
Bordeaux	▶	☐	Champagne	▶	☐
Val de Loire	▶	☐	Côtes-du-Rhône	▶	☐
Armagnac	▶	☐	Languedoc	▶	☐

Lösungen der Aufgaben auf Seite 525

Tragen Sie die eingerahmten Kennziffern der richtigen Antworten in die Kästchen ein.

9.4

Bei der Beschreibung der Rebsorten haben Sie bei einer Rebsorte den Vermerk „Die Weine aus diesen Trauben sind spritzig, rassig und fruchtig" gemacht. Um welche Rebsorte handelt es sich?

1 Silvaner
2 Riesling
3 Trollinger
4 Spätburgunder ▶ ☐

9.5

Bei der Gestaltung Ihrer Weinkarte müssen Sie auch die Vorschriften des *Weinrechtes* und der *Preisangabenverordnung* berücksichtigen. Eine der folgenden Zeilen enthält nur Angaben, die in der Weinkarte nicht fehlen dürfen. Um welche Zeile handelt es sich?

1 Alkoholgehalt – Jahrgang – Winzerempfehlungen
2 Jahrgang – Inklusivpreis – Qualitätsstufe
3 Mengenangabe – Jahrgang – Gütesiegel
4 Inklusivpreis – Güteklasse – Mengenangabe ▶ ☐

9.6

Bei der Auflistung Ihrer Weine führen Sie u. a. die folgenden Weinorte an. Bei welchen bestimmten Weinbaugebieten haben Sie diese genannt? Ordnen Sie die Kennziffern der folgenden Weinorte den jeweiligen bestimmten Anbaugebieten zu:

1 Herrenberg	Mittelrhein ▶	☐
2 Ihringen	Baden ▶	☐
3 Walporzheim	Rheinhessen ▶	☐
4 Würzburg	Ahr ▶	☐
5 Ingelheim	Pfalz (Rheinpfalz) ▶	☐
6 Johannisberg	Franken ▶	☐
7 Brauneberg	Rheingau ▶	☐
8 Forst	Mosel – Saar – Ruwer ▶	☐

Lösungen der Aufgaben auf Seite 525

Tragen Sie die eingerahmten Kennziffern der richtigen Antworten in die Kästchen ein.

9.7

Bei der Gestaltung Ihrer Weinkarte haben Sie eine Unterteilung der bestimmten Anbaugebiete vorgenommen. Bei welchen Weinbaugebieten haben Sie die folgenden Weine integriert? Ordnen Sie zu.

1 Rheingau
2 Baden
3 Mosel – Saar – Ruwer
4 Ahr
5 Pfalz
6 Franken
7 Rheinhessen

- Johannisberger Hölle ▶ ☐
- Hochheimer Stein ▶ ☐
- Walporzheimer Spätburgunder ▶ ☐
- Kallstadter Steinacker ▶ ☐
- Wehlener Klosterberg ▶ ☐
- Ihringer Vulkanfels ▶ ☐
- Iphöfer Kronsberg ▶ ☐
- Ingelheimer Sonnenberg ▶ ☐
- Johannisberger Vogelsang ▶ ☐
- Ürziger Würzgarten ▶ ☐

9.8

Rotweine und Weißweine werden auf Weinkarten getrennt angeführt. Die jeweilige Herstellung ist von den verwendeten Rebsorten abhängig. Ordnen Sie die Kategorien Rotwein- und Weißweinrebsorten zu:

1 Weißweinrebsorten
2 Rotweinrebsorten

- Silvaner ▶ ☐
- Müller-Thurgau ▶ ☐
- Trollinger ▶ ☐
- Aligoté ▶ ☐
- Kerner ▶ ☐
- Lemberger ▶ ☐
- Pinot noir ▶ ☐
- Gewürztraminer ▶ ☐

Lösungen der Aufgaben auf Seite 525

Tragen Sie die eingerahmten Kennziffern der richtigen Antworten in die Kästchen ein.

9.9

Bei der Gestaltung Ihrer Weinkarte stellen Sie fest, dass einige Rebsorten in unterschiedlichen bestimmten Anbaugebieten besonders dominieren. Welche der folgenden Rebsorten ist besonders häufig im Anbaugebiet Mosel-Saar-Ruwer zu finden?

1 Trollinger
2 Riesling
3 Bacchus
4 Spätburgunder
5 Scheurebe
6 Müller-Thurgau ▶ ☐

9.10

Sie wollen eine „Kalte Ente" zubereiten. Welche der folgenden Rebsorten ist dafür besonders geeignet?

1 Riesling
2 Ruländer
3 Trollinger
4 Spätburgunder ▶ ☐

9.11

Eine Anzahl unterschiedlicher „Weinbegriffe" verwirrt Sie. Versuchen Sie Übersicht zu gewinnen, indem Sie erst die Rebsorten heraussuchen.

1 Schillerwein
2 Muscadelle
3 Chardonnay
4 Rotling
5 Eiswein ▶ ☐
6 Badisch Rotgold ▶ ☐

9.12

Welche der folgenden Zeilen trifft auf Rotling, Schillerwein und Badisch Rotgold zu?

1 Sie müssen alle aus dem Anbaugebiet Baden stammen.
2 Es handelt sich jeweils um Qualitätsweine.
3 Sie wurden aus weißen und roten Trauben hergestellt.
4 Jeder der Weine wurde durch Mostgärung roter Trauben hergestellt. ▶ ☐

Lösungen der Aufgaben auf Seite 525

2

Tragen Sie die eingerahmten Kennziffern der richtigen Antworten in die Kästchen ein.

9.13

Eiswein ist eine Prädikatsbezeichnung. Welche der folgenden Angaben entspricht einer korrekten Erklärung?

1 Die Trauben müssen im gefrosteten Zustand gelesen und gekeltert werden.
2 Eiswein ist ein Wein, der mit Eiswürfeln kühl gehalten wird.
3 Der Verkauf dieses Weines ist auf die Wintermonate begrenzt. ▶ ☐

10. Aufgabe

Fallbeispiel:
Susanne soll bei der Gestaltung der neuen Weinkarte vorbereitende Arbeiten leisten. Sie erklären ihr, dass die Karte Unterteilungen bezüglich der Weinkategorien (Rot- und Weißwein etc.) enthalten soll und dass die Steigerungen der Qualitäts- bzw. Prädikatsstufen berücksichtigt werden müssen. Susanne begibt sich mit Schreibzeug und Zuversicht in das Weinmagazin. Viele unterschiedliche Begriffe haben sie verwirrt; sie ist vollkommen überfordert. Ihre Aufzeichnungen enthalten folgende Begriffe in „wilder" Reihenfolge.

1 Weißwein
2 Auslese
3 Qualitätswein bestimmter Anbaugebiete
4 Rotwein
5 Weißherbst
6 Kabinett
7 Roséwein
8 Tafelwein
9 Qualitätswein mit Prädikat
10 Trockenbeerenauslese
11 Spätlese
12 Schillerwein
13 Landwein
14 Beerenauslese
15 Rotling
16 Eiswein

Helfen Sie Ihrer jungen Kollegin.

Lösungen der Aufgaben auf Seite 525

Tragen Sie die eingerahmten Kennziffern der richtigen Antworten in die Kästchen ein.

10.1

Suchen Sie aus der links angegebenen Auflistung die Weinkategorien (Weinarten) heraus.

▶ ☐
▶ ☐
▶ ☐
▶ ☐
▶ ☐
▶ ☐

10.2

Listen Sie die Qualitätsbezeichnungen in der Reihenfolge der zunehmenden Qualität auf.

▶ ☐
▶ ☐
▶ ☐
▶ ☐

10.3

Suchen Sie die im Fallbeispiel enthaltenen Prädikatsstufen heraus und bringen Sie diese in die richtige Reihenfolge. Beginnen Sie mit der niedrigsten Stufe.

▶ ☐
▶ ☐
▶ ☐
▶ ☐
▶ ☐
▶ ☐

Lösungen der Aufgaben auf Seite 525

Tragen Sie die eingerahmten Kennziffern der richtigen Antworten in die Kästchen ein.

11. Aufgabe

Bei einer Winzereibesichtigung haben Sie während einer umfangreichen Weinprobe auch Notizen gemacht. Dabei ist die Reihenfolge der Weinkategorien (Weinarten) durcheinander geraten. Ordnen Sie entsprechend zu.

1 Helle Trauben – Mostgärung
2 dunkle Trauben – Mostgärung
3 dunkle Trauben – Maischegärung
4 dunkle Trauben – Mostgärung – mind. Qualitätswein
5 helle und dunkle Trauben – Most- bzw. Maischegärung
6 helle und dunkle Trauben – Most- bzw. Maischegärung – mind. Qualitätswein – aus Württemberg stammend

Weißwein ▶ ☐
Rotling ▶ ☐
Schillerwein ▶ ☐
Roséwein ▶ ☐
Weißherbst ▶ ☐
Rotwein ▶ ☐

12. Aufgabe

Der Gesetzgeber sieht diverse verbindliche Angaben auf den Etiketten der Qualitätsweine vor. Welche der folgenden Bezeichnungen ist eine verbindliche Angabe?

1 Rhein und Mosel
2 Kaiserstuhl
3 Römertor
4 Pfalz
5 Neckar
6 Zell ▶ ☐

13. Aufgabe

Welche der folgenden Angaben ist auf dem Etikett eines deutschen Qualitätsweines ebenfalls verbindlich?

1 Die Geschmacksangabe
2 die Rebsorte
3 der Name des Winzers
4 der Abfüller ▶ ☐

Lösungen der Aufgaben auf Seite 525

Tragen Sie die eingerahmten Kennziffern der richtigen Antworten in die Kästchen ein.

14. Aufgabe

Fallbeispiel:
Ihr Betrieb hat eine größere Weinlieferung bekommen. Sie finden unter anderem Likörweine (Südweine), Weiß- und Rotweine und weinähnliche Getränke ungeordnet im Weinkeller vor. Sie sollen diese sortieren und in die jeweiligen Regale einordnen.

14.1

Suchen Sie aus folgender Auflistung a) die Rotweine b) die Weißweine c) die Likörweine und die weinähnlichen Getränke heraus.

1 Sherry
2 Neuenahrer Spätburgunder
3 Madeira
4 Johannisbeerwein
5 Samos
6 Chablis
7 Badisch Rotgold
8 Edelzwicker
9 Heidelbeerwein
10 Weißherbst
11 Schillerwein
12 Château Mouton Rothschild
13 Rosé d'Anjou

Rotweine	▶ ☐ ▶ ☐
Weißweine	▶ ☐ ▶ ☐
Likörweine	▶ ☐ ▶ ☐ ▶ ☐
Weinähnliche Getränke	▶ ☐ ▶ ☐

2

Lösungen der Aufgaben auf Seite 525

Tragen Sie die eingerahmten Kennziffern der richtigen Antworten in die Kästchen ein.

14.2

Die Weine der hier angegebenen Regionen bzw. Bereiche sollen Sie den Regalen mit den mit Zahlen versehenen Anbaugebieten zuordnen.

1 Baden
2 Bordeaux
3 Rheinhessen
4 Val de Loire
5 Côtes-du-Rhône
6 Bourgogne

Médoc ▶ ☐
Nierstein ▶ ☐
Anjou ▶ ☐
Bodensee ▶ ☐
Touraine ▶ ☐
Castillon ▶ ☐
Hermitage ▶ ☐
Pomerol ▶ ☐
Beaujolais ▶ ☐
Nivernais ▶ ☐
Lirac ▶ ☐
Sauternes ▶ ☐

14.3

Likörweine (Südweine) können, müssen jedoch kein Aperitif sein. Welcher der hier angeführten ist als typischer Aperitif anzusehen?

1 Sherry Manzanilla
2 Tokajer Ausbruch
3 Marsala Superiore
4 Sherry Cream ▶ ☐

Lösungen der Aufgaben auf Seite 525

Tragen Sie die eingerahmten Kennziffern der richtigen Antworten in die Kästchen ein.

15. Aufgabe

Fallbeispiel:
Sie sind stolz darauf, Ihren Gästen auch diverse französische und einige italienische Weine sowie Likörweine aus verschiedenen Ländern anbieten zu können. Natürlich müssen diese in der Getränkekarte übersichtlich angeführt sein.

15.1

Welchen französischen Anbaugebieten werden Sie folgende Weine bzw. Bereiche zuordnen?

1 Pomerol
2 Chablis
3 Château Lafit
4 Châteauneuf du Pape
5 Rosé d'Anjou
6 Edelzwicker

Bourgogne ► ☐
Val de Loire ► ☐
► ☐
Bordeaux ► ☐
Côtes-du-Rhône ► ☐
Alsace ► ☐

15.2

Welchen italienischen Anbaugebieten ordnen Sie diese Weine zu?

1 Chianti
2 Frascati
3 Barolo
4 Vermentino

Ligurien ► ☐
Toscana ► ☐
Lazio ► ☐
Piemont ► ☐

15.3

Welche Herkunftsbezeichnungen werden Sie in Ihrer Karte bei den folgenden Likörweinen vermerken? Ordnen Sie zu.

1 Samos
2 Marsala
3 Sherry
4 Madeira
5 Tokajer

Ungarn ► ☐
Spanien ► ☐
Italien ► ☐
Griechenland ► ☐
Portugal ► ☐

Lösungen der Aufgaben auf Seite 525

2

Tragen Sie die eingerahmten Kennziffern der richtigen Antworten in die Kästchen ein.

16. Aufgabe

Welche der beiden Geschmacksrichtungen finden bei Sherry für „trocken" bzw. „besonders trocken" Verwendung?

1 Manzanilla – Cream
2 Fino – Amontillado
3 Cream – Amontillado
4 Fino – Manzanilla ▶ ☐

17. Aufgabe

Welcher der folgenden Aperitifs ist ein gespriteter Likörwein (Südwein)?

1 Kir
2 Cynar
3 Sherry
4 Kir Royal
5 Pernot
6 Campari ▶ ☐

18. Aufgabe

Bringen Sie die Geschmacksrichtungen des Sherrys in die korrekte Reihenfolge. Beginnen Sie bei besonders trocken:

1 Amontillado ▶ ☐
2 Fino ▶ ☐
3 Manzanilla ▶ ☐
4 Oloroso ▶ ☐
5 Cream ▶ ☐
▶ ☐

19. Aufgabe

Die folgenden Begriffe sind mit der Herstellung von Getränken in Verbindung zu bringen. Finden Sie den Begriff heraus, der für die Herstellung von Sherry von Bedeutung ist.

1 Flaschengärung
2 Solera-Verfahren
3 Mazeration
4 Perkolation
5 Buttenverfahren ▶ ☐

Lösungen der Aufgaben auf Seite 525

Tragen Sie die eingerahmten Kennziffern der richtigen Antworten in die Kästchen ein.

20. Aufgabe

Fallbeispiel:
Sie haben gerade eine umfassende Besichtigung einer Champagner-Firma mitgemacht. Sie wurden mit einer Menge Fachwissen und Veranschaulichungen überhäuft. Ihre in der Eile gemachten Notizen sind ein wenig durcheinander geraten. Zu Hause angekommen, beginnen Sie sich einen genauen Überblick zu verschaffen.

20.1

Bringen Sie die Arbeitsschritte der Champagnerherstellung in die richtige Reihenfolge.

1 Degorgieren ▶ ☐
2 Zugeben der Versanddosage ▶ ☐
3 Flaschengärung ▶ ☐
4 Verschneiden der Jungweine ▶ ☐
5 Zugeben der Fülldosage ▶ ☐
▶ ☐

20.2

Sie haben in den Weinbergen die Trauben gesehen, die einzig für die Champagnerherstellung zugelassen sind. Um welche Rebsorten handelt es sich?

1 Merlot – Pinot noir – Chardonnay
2 Cabernet franc – Pinot noir – Pinot Meunier
3 Chardonnay – Pinot Meunier – Cabernet franc
4 Pinot noir – Pinot Meunier – Chardonnay ▶ ☐

20.3

Welche Notiz haben Sie sich bei der Erklärung des Begriffes „Cuvée“ gemacht?

1 Das Zusetzen der Fülldosage
2 das Vermischen der Weine für die Bereitung von Rotlingweinen
3 die Grundweinmischung für die Sektherstellung
4 eine bes. Auszeichnung für französische Schaumweine ▶ ☐

2

Lösungen der Aufgaben auf Seite 525

Tragen Sie die eingerahmten Kennziffern der richtigen Antworten in die Kästchen ein.

20.4

Mit welchem der folgenden Begriffe ist die Angabe „trocken" auf einem Champagneretikett in Verbindung zu bringen?

1 Rebsorte
2 Dosage
3 Lagerdauer
4 Luftfeuchtigkeit im Gärkeller ▶ ☐

21. Aufgabe

Fallbeispiel:
In Ihrer Getränkekarte haben Sie eine große Anzahl deutscher und ausländischer Biere angeführt. Diese lassen sich in Biersorten, Bierarten und Biergattungen unterteilen.

21.1

Ordnen Sie die Kennziffern der folgenden Biersorten den Bierarten bzw. Biergattungen zu:

1 Weizenbock – Weizendoppelbock
2 Weizenbier – Altbier – Kölsch
3 Exportbier – Pils

obergäriges Bier ▶ ☐
untergäriges Bier ▶ ☐
obergäriges Starkbier ▶ ☐

21.2

Ordnen Sie die Kennziffern der folgenden Gruppen der jeweiligen Kategorie zu:

1 obergäriges Bier – untergäriges Bier
2 Malzbier – Exportbier
3 Vollbier – Starkbier

Arten ▶ ☐
Gattungen ▶ ☐
Sorten ▶ ☐

21.3

Ordnen Sie die Kennziffern der Bierarten den folgenden Bieren zu:

1 untergärige Biere
2 obergärige Biere

Berliner Weiße ▶ ☐
Altbier ▶ ☐
Pils ▶ ☐
Weizenbier ▶ ☐
Exportbier ▶ ☐
Malzbier ▶ ☐
Märzen ▶ ☐
Bockbier ▶ ☐

Lösungen der Aufgaben auf Seite 525

Tragen Sie die eingerahmten Kennziffern der richtigen Antworten in die Kästchen ein.

21.4

Ihr Haus bietet folgende ausländische Biere an. Aus welchen Ländern stammen diese? Ordnen Sie zu.

1 Ale
2 Carlsberg
3 San Miguel
4 Kölsch

Deutschland ▶ ☐
England ▶ ☐
Dänemark ▶ ☐
Spanien ▶ ☐

21.5

Die in Ihrer Getränkekarte angebotenen Biere haben unterschiedliche Alkoholgehalte. Welches der folgenden hat den höchsten Alkoholgehalt?

1 Altbier 2 Bockbier 3 Pilsner Bier ▶ ☐

21.6

Zur Bierherstellung wird u. a. Malz benötigt. Was haben wir unter diesem Begriff zu verstehen?

1 Geschrotetes Getreide
2 grünes Getreide
3 gekeimtes und gedarrtes Getreide
4 gekeimtes und geschrotetes Getreide ▶ ☐

21.7

Bei der Bierbereitung spielt der Begriff Stammwürze eine Rolle. Was ist darunter zu verstehen?

1 Der Alkoholgehalt des Bieres
2 die Art des verwendeten Malzes
3 der Gehalt an gelösten Stoffen in der Würze
4 der Gehalt an Bitterstoffen des Hopfens ▶ ☐

21.8

Ordnen Sie die Stammwürzegehalte den Biergattungen zu:

1 2,0 bis 5,5 %
2 7,0 bis 8,0 %
3 11,0 bis 14,0 %
4 über 16 %

Schankbier ▶ ☐
Vollbier ▶ ☐
Starkbier ▶ ☐
Bier mit verringertem Stammwürzegehalt ▶ ☐

Lösungen der Aufgaben auf Seite 525

2

Tragen Sie die eingerahmten Kennziffern der richtigen Antworten in die Kästchen ein.

21.9

Klaus behauptet, dass bei der Spirituosenherstellung eine Destillation stattfinden muss. Mit welcher der folgenden Angaben wird er es begründen?

1 Um Vielfachzucker in Doppelzucker umzuwandeln
2 um Doppelzucker in Einfachzucker umzuwandeln
3 um den Alkohol z. B. von der Maische zu trennen
4 um Zucker zu lösen
5 um die Stärke zu verkleistern ▶ ☐

22. Aufgabe

Fallbeispiel:
Manja und Kerstin befinden sich im Spirituosenmagazin. Die beiden wollen eine neue Lieferung einsortieren. Sie müssen die Spirituosen nach unterschiedlichen Herkunftsländern und nach unterschiedlichen Basisstoffen sortieren.

22.1

Aus welchen Ländern kommen die folgenden Spirituosen? Wie werden Manja und Kerstin zuordnen?

1 Frankreich
2 Italien
3 Deutschland
4 Holland
5 England

Obstler ▶ ☐
Grappa ▶ ☐
Cognac ▶ ☐
Calvados ▶ ☐
Gin ▶ ☐
Genever ▶ ☐
Armagnac ▶ ☐

22.2

Aus welchen Basisstoffen wurden die folgenden Spirituosen hergestellt? Wie muss die Zuordnung aussehen?

1 Zuckerrohr
2 Weintrauben
3 Getreide

Whiskey ▶ ☐
Grappa ▶ ☐
Rum ▶ ☐
Weinbrand ▶ ☐

Lösungen der Aufgaben auf Seite 525

Tragen Sie die eingerahmten Kennziffern der richtigen Antworten in die Kästchen ein.

22.3

In Regal A platziert Manja nur Spirituosen, die durch die Destillation von Wein hergestellt wurden. Um welche der folgenden Getränkereihungen handelt es sich?

1 Calvados – Weinbrand – Armagnac
2 Weinbrand – Armagnac – Cognac
3 Gin – Rum – Slibowitz ▶ ☐

22.4

Kerstin sucht aus der Getränkelieferung die Spirituosen heraus, die auf der Basis von Wacholder und Getreide bereitet wurden. Welche Spirituosenreihung kann nur in Frage kommen?

1 Grappa – Gin – Cognac
2 Grappa – Whisky – Cognac
3 Gin – Genever – Steinhäger
4 Steinhäger – Aquavit – Gin ▶ ☐

23. Aufgabe

Ralf hat von einem Frankreichurlaub „flüssige Souvenirs“ mitgebracht. Welche der folgenden Spirituosen stammt aus der Normandie?

1 Marc
2 Cognac
3 Calvados
4 Cointreau ▶ ☐

24. Aufgabe

Welche der folgenden Spirituosen wird aus Cidre hergestellt?

1 Grappa
2 Cointreau
3 Calvados
4 Slibowitz ▶ ☐

25. Aufgabe

Welche der folgenden Getränke haben als Basis Trester?

1 Weinbrand – Aquavit
2 Weinbrand – Cognac
3 Grappa – Marc
4 Calvados – Slibowitz ▶ ☐

Lösungen der Aufgaben auf Seite 525/526

2

Tragen Sie die eingerahmten Kennziffern der richtigen Antworten in die Kästchen ein.

26. Aufgabe

Aus einer Getränkeauflistung sollen Sie die Getränke heraussuchen, die zu den angeführten Getränkegruppen passen. Ordnen Sie zu.

1 Sherry
2 Weizenbier
3 Kamillentee
4 Weinschorle
5 Cidre
6 Wermutwein

Aufgussgetränke ▶ ☐
Likörweine ▶ ☐
Weinähnliche Getränke ▶ ☐

27. Aufgabe

Stefan soll sich Gedanken über die Gestaltung einer neuen Getränkekarte machen. Eine der folgenden Getränkegruppen muss er auf alle Fälle anführen. Um welche handelt es sich?

1 Alkoholfreie Getränke
2 Aufgussgetränke
3 Weinhaltige Getränke
4 Spirituosen ▶ ☐

28. Aufgabe

Eine der folgenden Zeilen beinhaltet nur alkoholfreie Getränke. Um welche Zeile handelt es sich?

1 Bitter Lemon – Diätbier
2 Cola – Ale
3 Limonade – Mineralwasser
4 Orangensaft – Kölsch ▶ ☐

29. Aufgabe

Eine der folgenden Zeilen nennt zwei Getränke, die in Eichenholzfässern reifen. Um welche Reihe handelt es sich?

1 Weinbrand – Wermut
2 Whisky – Sherry
3 Kirschwasser – Sherry
4 Wermut – Cognac ▶ ☐

Lösungen der Aufgaben auf Seite 526

Tragen Sie die eingerahmten Kennziffern der richtigen Antworten in die Kästchen ein.

30. Aufgabe

Ihre junge Kollegin Heike ist verwirrt. Sie soll aus der folgenden Auflistung die Getränke der angegebenen Getränkegruppen herausfinden. Helfen Sie ihr zuzuordnen.

1 Amaretto
2 Golden Ginger
3 Pfefferminztee
4 Apfelwein
5 Kalte Ente

Weinhaltiges Getränk ► ☐
Aufgussgetränk ► ☐
weinähnliches Getränk ► ☐
Likör ► ☐
alkoholfreier Cocktail ► ☐

2

Büfett

1. Aufgabe

Fallbeispiel:
Als Auszubildender der zweiten Fachstufe gelten Sie in den Augen Ihres Ausbilders als „alter Hase“. Er bittet Sie, Ihre junge Kollegin Uta mit den wesentlichen Dingen der Getränkelagerung vertraut zu machen.

1.1

Sie wollen Ihrer jungen Kollegin die korrekte Lagerung einiger Getränke zeigen. Dabei stellen Sie fest, dass bei der letzten Weinlieferung einige Flaschen absolut falsch gelagert wurden. Diese wurden dort untergebracht, wo immer Platz gefunden wurde. Welche beiden korrekten Angaben werden Sie Ihrer Kollegin sagen?

1 Der Wein benötigt Sonne und Wärme.
2 Die Weinflaschen müssen liegend gelagert werden.
3 Im Weinkeller dürfen geruchsintensive Lebensmittel (Käse etc.) nur unter den Weinregalen gelagert werden. ► ☐
4 Im Weinkeller muss eine angemessene Luftfeuchtigkeit vorhanden sein. ► ☐

1.2

Im Bierkeller herrscht eine niedrigere Temperatur als im Weinkeller. Wie ist die Lagertemperatur des Bieres?

1 0 bis 2 °C
2 6 bis 8 °C
3 10 bis 14 °C ► ☐

Lösungen der Aufgaben auf Seite 526

Tragen Sie die eingerahmten Kennziffern der richtigen Antworten in die Kästchen ein.

1.3

Da es im Bierkeller relativ kalt ist, hat die Floristin des Hauses in der unmittelbaren Nähe der Bierfässer Flieder und der Koch Harzkäse deponiert. Ist das korrekt?

1 Blumen dürfen in der Nähe der Bierfässer gelagert werden; Käse muss einen Mindestabstand von 1,5 m zu den Fässern aufweisen.
2 Es dürfen nur Blumen im Bierkeller gelagert werden.
3 Es dürfen keinerlei geruchsintensive Dinge im Bierkeller gelagert werden. ▶ ☐

1.4

Im Getränkekeller stellt Uta fest, dass eine Flasche der vorhandenen Getränke zu gären beginnt. Um welches der folgenden Getränke kann es sich dabei handeln?

1 Weinbrand
2 Kirschwasser
3 Traubensaft ▶ ☐

1.5

Bei der Anlieferung wurde ein Kasten mit Orangensaft versehentlich auf dem Hof in der Sonne stehen gelassen. Welche Inhaltsstoffe des Saftes können durch diese unkorrekte Lagerung zu Schaden kommen?

1 Die Vitamine
2 die Kohlenhydrate
3 der Fruchtzucker
4 die Mineralstoffe ▶ ☐

1.6

Sie nehmen eine Lieferung Fassbier an. Welche Behauptungen können sie außer Acht lassen?

1 Bierfässer müssen unmittelbar nach der Anlieferung angestochen werden.
2 Bierfässer sollen bei ca. 18 °C gelagert werden. ▶ ☐
3 Bier ist empfindlich gegen Fremdgerüche. ▶ ☐
4 Bier ist lichtempfindlich.
5 Bier wird bei weniger als 10 °C kältetrüb. ▶ ☐

Lösungen der Aufgaben auf Seite 526

Tragen Sie die eingerahmten Kennziffern der richtigen Antworten in die Kästchen ein.

1.7

Bei der Fassbierlieferung erhalten Sie herkömmliche Bierfässer und Keg-Fässer. Bei den Keg-Fässern fordert der Gesetzgeber einige eingestanzte Angaben. Welche der folgenden gehören nicht dazu?

1 Inhalt in Litern
2 Inhalt in US-Gallonen
3 Mindesthaltbarkeitsdatum
4 Eichstempel
5 Name der Brauerei
6 Name des Getränkegroßhändlers ▶ ☐
7 laufende Nummer der Fassherstellung ▶ ☐

2. Aufgabe

Fallbeispiel:
Am Schluss einer größeren Veranstaltung werden Unmengen von Gläsern unterschiedlicher Größen und Formen, mit oder ohne Füllstrich zum Büfett gebracht. Sie und Ihre Kollegin Manja sollen diese säubern und in die Regale einordnen.

2.1

Ihr Gläserwirrwarr enthält u. a. folgende Gläser. Welche Getränke wurden Ihren Gästen darin serviert? Ordnen Sie entsprechend zu.

1

2

3

→

Lösungen der Aufgaben auf Seite 526

Tragen Sie die eingerahmten Kennziffern der richtigen Antworten in die Kästchen ein.

▷ *Fortsetzung der Aufgabe 2.1* ▷

4

5

6

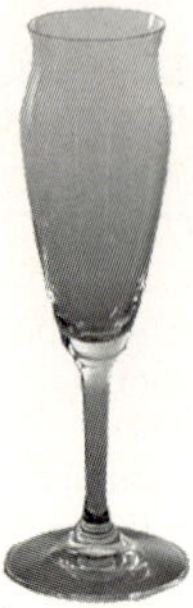

7

8

9

- Sherry ▶ ☐
- Weißherbst ▶ ☐
- Chalonais ▶ ☐
- Whisky ▶ ☐
- Sekt ▶ ☐
- Cognac ▶ ☐
- Irish Coffee ▶ ☐
- Berliner Weiße ▶ ☐
- Portwein ▶ ☐

2.2

Manja sortiert die Gläser nach Stiel- und Bechergläsern. Wie wird sie die Kennziffern den Gläsern zuordnen?

1 Stielgläser
2 Bechergläser

- Grogglas ▶ ☐
- Teeglas ▶ ☐
- Biertulpe ▶ ☐
- Roséweinglas ▶ ☐
- Bierkrug ▶ ☐
- Likörschale ▶ ☐
- Weinkandel ▶ ☐
- Tumbler ▶ ☐

Lösungen der Aufgaben auf Seite 526

Tragen Sie die eingerahmten Kennziffern der richtigen Antworten in die Kästchen ein.

2.3

Während Manja Gläser sortiert, machen Sie sie darauf aufmerksam, dass diese auch in Gläser mit und Gläser ohne Füllstrich unterteilt werden müssen. Wie heißen die Gläser die mit einem Füllstrich versehen sind?

1 Strichgläser
2 Eichgläser
3 Schankgläser
4 Beistellgläser
5 Kontrollgläser ▶ ☐

2.4

Sie klären Manja über die Notwendigkeit der Füllstriche auf und erklären ihr, dass der Gesetzgeber weitere Anforderungen an ein Schankglas stellt.
Welche der Anforderungen gehören nicht dazu?

1 Der Füllstrich muss mind. 10 mm lang sein.
2 Der Name des Getränkeherstellers muss ersichtlich sein.
3 Das Zeichen oder der Name der Firma muss ersichtlich sein, die den Füllstrich angebracht hat.
4 Die Nennfüllmenge muss angegeben sein.
5 Der Füllstrich muss waagerecht verlaufen. ▶ ☐
6 Die Bezeichnung des Getränkes muss angegeben sein. ▶ ☐

2.5

Nach dem Vorsortieren der Gläser werden diese gesäubert. Eine der folgenden Tätigkeiten ist dabei unerlässlich. Um welche handelt es sich?

1 Gläser müssen in fließendem Wasser nachgespült werden.
2 Bei der Gläserreinigung muss Kalkentferner verwendet werden.
3 Zum Gläserspülen muss das Spülwasser auf mindestens 78 °C erwärmt werden. ▶ ☐

2.6

Bevor Sie gespülte Gläser in die Regale einsortieren, müssen die Gläser poliert werden. Welchen der folgenden Begriffe würden Sie als gute Voraussetzung einem Poliertuch zuordnen?

1 Baumwolle
2 Jacquard
3 Damast
4 Halbleinen ▶ ☐

Lösungen der Aufgaben auf Seite 526

2

Tragen Sie die eingerahmten Kennziffern der richtigen Antworten in die Kästchen ein.

3. Aufgabe

Welche Gläserformen stellen diese Abbildungen dar?

1 Biertulpe
2 Frankenweinglas
3 Schoppenrömer
4 Calvadosglas
5 Sektschale

4. Aufgabe

Welches der folgenden Getränke wird u. a. in einer Flöte serviert?

1 Rotwein
2 Weizenbier
3 Sekt
4 Altbier
5 Cognac

5. Aufgabe

In welchem der folgenden Gläser werden Weine serviert, die am Büfett ausgeschenkt werden?

1 In einem Longdrinkglas
2 in einem Universalglas
3 in einem Beistellglas
4 in einem Schoppenrömer

6. Aufgabe

Welches Glas ist für das Servieren eines bestimmten Likörweines (Südweines) vorgesehen?

1 Weinkandel
2 Copita
3 Likörschale
4 Tumbler

Lösungen der Aufgaben auf Seite 526

Tragen Sie die eingerahmten Kennziffern der richtigen Antworten in die Kästchen ein.

7. Aufgabe

Der Barkeeper Ihres Hauses verwendet für eines der folgenden Getränke, die er am Tresen ausschenkt, ein Glas ohne Füllstrich. Er behauptet, der Gesetzgeber ließe dies zu. Um welches Getränk kann es sich nur handeln?

[1] Schoppenwein
[2] Cocktail
[3] Likörwein
[4] Bier vom Fass
[5] Limonade ▶ ☐

8. Aufgabe

Für ein Getränk halten Sie Gläser mit Nennvolumen von 0,3 l; 0,4 l und 0,5 l bereit. Um welches Getränk handelt es sich?

[1] Wein [3] Bier
[2] Whisky [4] Champagner ▶ ☐

9. Aufgabe

Ordnen Sie die Kennziffern der abgebildeten Flaschenformen den jeweiligen Bezeichnungen zu.

1 2 3 4 5

Chiantiwein-Flasche ▶ ☐
Schlegelflasche ▶ ☐
Burgunderflasche ▶ ☐
Bocksbeutel ▶ ☐
Bordeauxflasche ▶ ☐

Lösungen der Aufgaben auf Seite 526

2

Tragen Sie die eingerahmten Kennziffern der richtigen Antworten in die Kästchen ein.

10. Aufgabe

Ordnen Sie folgende Flaschenformen den Kategorien Bierflaschen (1), Weinflaschen (2) und Sektflaschen (3) zu.

1 Bierflaschen
2 Weinflaschen
3 Sektflaschen

Bügelverschlussflasche ▶ ☐
Methusalemflasche ▶ ☐
Bocksbeutel ▶ ☐
Steinieflasche ▶ ☐
Chiantiflasche ▶ ☐
Doppelmagnumflasche ▶ ☐

11. Aufgabe

Welche Vorteile hat die mit einem Drehverschluss versehene Weinflasche gegenüber der mit einem Naturkorken verschlossenen Weinflasche?

1 Die Flasche muss nicht liegend gelagert werden.
2 Der Wein ist unempfindlich gegenüber Sonneneinwirkung.
3 Der Korken kann beim Öffnen der Flasche nicht abbrechen.
4 Der Korkenzieher des Kellnermessers kann nicht versehentlich durch den Korken gedreht werden; Korkenbrösel können somit nicht in den Wein gelangen.
5 Temperaturen im Weinkeller müssen nicht berücksichtigt werden.

▶ ☐
▶ ☐
▶ ☐

12. Aufgabe

Sektflaschen haben je nach Größe unterschiedliche Bezeichnungen. Ordnen Sie die Kennziffern der Flaschen den Nennfüllmengen zu:

1 Quart
2 Demi
3 Magnum
4 Doppelmagnum
5 Réhoboam

4,5 l ▶ ☐
0,2 l ▶ ☐
0,375 l ▶ ☐
3,0 l ▶ ☐
1,5 l ▶ ☐

Lösungen der Aufgaben auf Seite 526

Tragen Sie die eingerahmten Kennziffern der richtigen Antworten in die Kästchen ein.

13. Aufgabe

Ordnen Sie die Kennziffern der Gläser den entsprechenden Flaschen zu:

1

2

3

4

5

6

→

Lösungen der Aufgaben auf Seite 526

Tragen Sie die eingerahmten Kennziffern der richtigen Antworten in die Kästchen ein.

▷ *Fortsetzung der 13. Aufgabe* ▷

A ▶ ☐
B ▶ ☐
C ▶ ☐
D ▶ ☐
E ▶ ☐
F ▶ ☐

Lösungen der Aufgaben auf Seite 526

Tragen Sie die eingerahmten Kennziffern der richtigen Antworten in die Kästchen ein.

14. Aufgabe

Fallbeispiel:
Sie haben Büfettdienst. Diverse Getränke werden geordert. Mit Recht erwarten die Gäste nicht nur gepflegte Getränke, sondern auch die Einhaltung der korrekten Ausschankmengen. Worauf haben Sie zu achten?

14.1

Sie zapfen ein Pilsener Bier und stellen fest, dass das Bier trüb ist. Woran kann das liegen?

1 Das Sieb im Steigrohr ist kaputt.
2 Das Bier ist transportfrisch.
3 Die Bierleitung ist undicht.
4 Der Förderdruck ist nicht korrekt eingestellt.
5 Das Bier ist zu kalt. ▶ ☐
6 Das Bier ist zu alt. ▶ ☐

14.2

Was kann passieren, wenn Bier zu kühl gelagert wird?

1 Natürliche Kohlensäure wird reduziert.
2 Das Bier wird dunkler.
3 Durch die im Bier enthaltenen Eiweißstoffe wird dieses trüb.
4 Die Bierleitung friert ein. ▶ ☐

14.3

Das Bier schäumt zu stark. Was könnte die Ursache sein?

1 Das Bier ist zu alt.
2 Das Bier ist zu kalt.
3 Das Bier ist zu warm.
4 Die Bierleitung ist nicht angeschlossen. ▶ ☐
5 Der Kohlensäuredruck ist zu hoch. ▶ ☐

14.4

Ordnen Sie die Kennziffern der negativen Biereigenschaften den Fehlerquellen beim Bierfassanstich zu:

1 Das Bier ist trüb.
2 Das Bier schmeckt schal.
3 Das Bier schäumt zu stark.

Der Kohlensäuredruck ist zu hoch. ▶ ☐
Das Bier ist zu kalt. ▶ ☐
Der Kohlensäuredruck ist zu niedrig. ▶ ☐

Lösungen der Aufgaben auf Seite 526

2

Tragen Sie die eingerahmten Kennziffern der richtigen Antworten in die Kästchen ein.

14.5

Ordnen Sie die Kennziffern der Ausschankmengen den jeweiligen Getränken zu:

1 0,2 l
2 0,3 l
3 2 cl
4 4 cl
5 5 cl

Sherry ▶ ☐
Portwein ▶ ☐
Bier ▶ ☐
Schoppenwein ▶ ☐
Whisky ▶ ☐
Korn ▶ ☐
Doppelkorn ▶ ☐

14.6

Sie wissen, dass beim Ausschank am Tresen Schankverlust entsteht. Bei welcher der folgenden Getränkegruppen ist dieser am größten?

1 Bei Weißweinen
2 Bei Rotweinen
3 Bei alkoholfreien Getränken
4 Bei Spirituosen ▶ ☐

14.7

Um die Getränke mit den jeweils korrekten Ausschanktemperaturen servieren zu können, haben Sie diese entsprechend gelagert. Ordnen Sie zu.

1 8–10 °C
2 10–14 °C
3 16–22 °C
4 handwarm

Weißwein ▶ ☐
Rotwein ▶ ☐
Bier ▶ ☐
Cognac ▶ ☐
Roséwein ▶ ☐
Himbeergeist ▶ ☐

Lösungen der Aufgaben auf Seite 526

Tragen Sie die eingerahmten Kennziffern der richtigen Antworten in die Kästchen ein.

15. Aufgabe

Fallbeispiel:
Sie haben Dienst am Büfett. Zu Ihren Aufgaben gehört es u. a., eine Mise en place zu erstellen, die Anlagenteile zu überprüfen und den Getränkestock aufzufüllen.

15.1

Welche der folgenden Tätigkeiten sind in die Kategorie „Mise en place" einzuordnen?

1 Anfordern der Getränke aus dem Magazin
2 Einordnen der angelieferten Getränke ▶ ☐
3 Entwerten der Bons für ausgegebene Getränke ▶ ☐
4 Schneiden von Zitronenspalten für Tee mit Zitrone ▶ ☐
5 Aufrechnen der Bonbücher

15.2

Fehlende Getränke müssen aus dem Magazin angefordert werden. Wie heißt der Beleg, der der Magazinverwaltung als Grundlage für die Getränkeanlieferung dient?

1 Bestellschein
2 Voucher
3 Warenanforderungsschein
4 Inventurliste ▶ ☐

2

Lösungen der Aufgaben auf Seite 526

Tragen Sie die eingerahmten Kennziffern der richtigen Antworten in die Kästchen ein.

15.3

Vor Geschäftsbeginn schrauben Sie die frisch gereinigten Bierhähne an. In Ihrem Betrieb wird mit unterschiedlichen Hähnen gearbeitet. Um welche handelt es sich bei den hier abgebildeten?
Ordnen Sie die untenstehenden Abbildungen entsprechend zu:

[1]

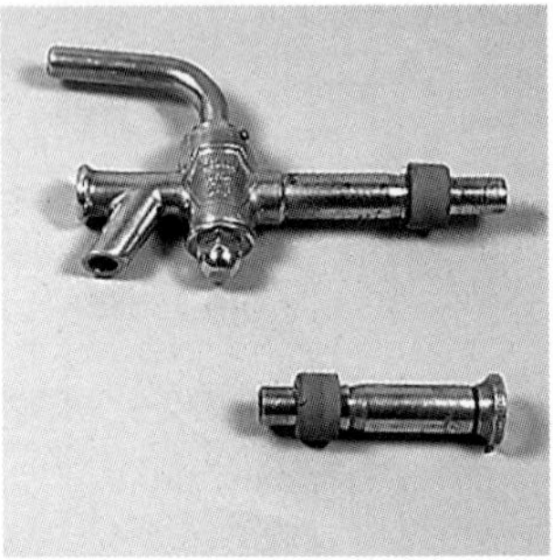

[2]

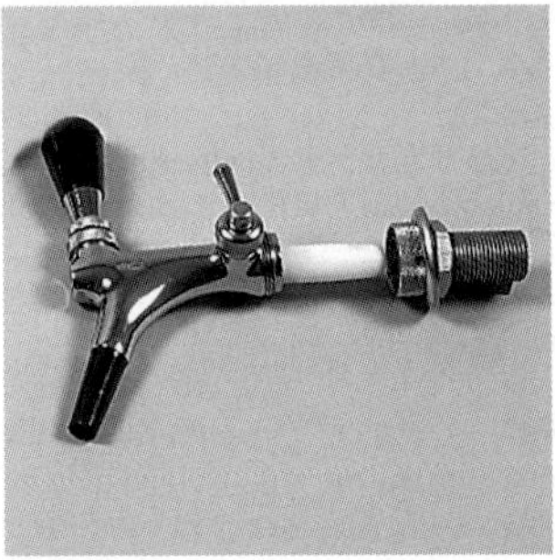

[3]

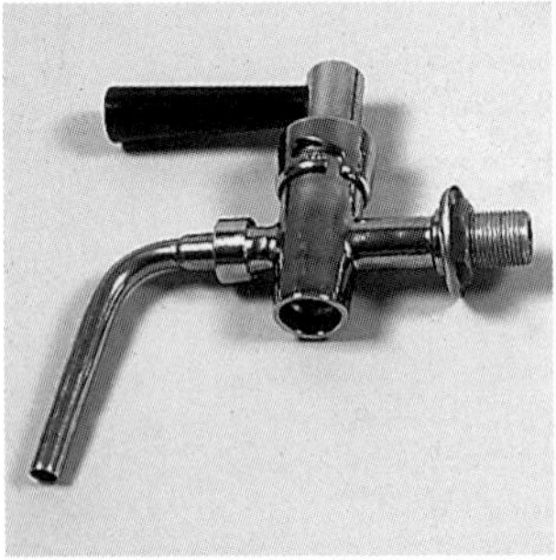

[4]

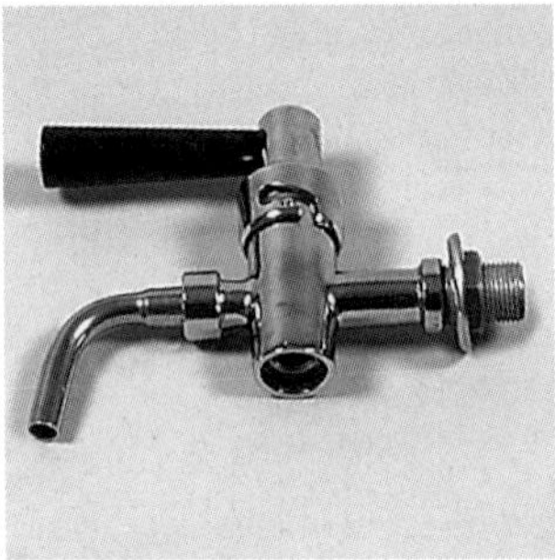

Pilshahn ▶	☐
Exporthahn ▶	☐
Kompensatorhahn ▶	☐
Hahn für Direktanstich ▶	☐

Lösungen der Aufgaben auf Seite 526

Tragen Sie die eingerahmten Kennziffern der richtigen Antworten in die Kästchen ein.

Nachdem Sie die Schankhähne befestigt haben, machen Sie eine routinemäßige Zapfprobe und stellen fest, dass das Bier nicht läuft. Sie müssen eine neue Kohlendioxidflasche (Kohlensäureflasche) anschließen.

15.4

Bringen Sie die Arbeitsschritte für das Anschließen einer Kohlendioxidflasche in die richtige Reihenfolge.

1 Mittels Betriebsdruckschraube den erforderlichen Druck einstellen.
2 Sicherheitskappe abschrauben.
3 Druckminderer mit Gabelschlüssel anschrauben.
4 Absperrventil (1) öffnen.
5 Kohlendioxidflasche befestigen.
6 Absperrventil (1) schließen.
7 Hinterdruckgasleitung anschließen.
8 Absperrventil (2) vollständig aufdrehen.

▶ ☐
▶ ☐
▶ ☐
▶ ☐
▶ ☐
▶ ☐
▶ ☐
▶ ☐

Lösungen der Aufgaben auf Seite 526

Tragen Sie die eingerahmten Kennziffern der richtigen Antworten in die Kästchen ein.

15.5

Was müssen Sie hinsichtlich der neu in Betrieb genommenen Kohlendioxidflasche beachten?

1 Gefüllte Kohlensäureflaschen sind in Kühlhäusern aufzubewahren.
2 Gefüllte Kohlensäureflaschen sind liegend aufzubewahren.
3 Gefüllte Kohlensäureflaschen sind durch eine Halterung stehend an der Wand zu befestigen. ▶ ☐

15.6

Nach dem Anschließen der Kohlensäureflasche kontrollieren Sie die korrekte Einstellung des Betriebsdruckes. Wovon ist dieser abhängig?

Der Betriebsdruck ist abhängig
1 von der Länge der Bierleitung.
2 von der Jahreszeit. ▶ ☐
3 von der Lagertemperatur. ▶ ☐
4 vom Kohlensäuregehalt des Bieres.
5 von der Länge der Hinterdruckgasleitung. ▶ ☐

15.7

Das Sicherheitsventil ist aus Gründen der Unfallverhütung die wichtigste Vorrichtung an einem Druckminderer. Finden Sie die korrekte Begründung.

1 Damit dem Bier der richtige Betriebsdruck zugeführt werden kann
2 Beim nicht reduzierten Entweichen des Kohlendioxiddrucks würde die Hinterdruckgasleitung platzen und die Kohlendioxidflasche sich unkontrollierbar im Raum bewegen.
3 Das gezapfte Bier würde zu stark moussieren.
4 Die Schaumkrone hätte eine zu hohe Stabilität. ▶ ☐

16. Aufgabe

Fallbeispiel:
Ihr Arbeitgeber hat Ihnen die Kontrolle zur Einhaltung der Hygienevorschriften übertragen. Sie nehmen diese Aufgabe sehr genau, da Sie wissen, dass gepflegte Getränke nur durch einwandfreie, saubere Anlagenteile möglich sind und dass außerdem Hygienekontrollen durch die zuständigen Behörden nicht ausgeschlossen werden können.

Lösungen der Aufgaben auf Seite 526

Tragen Sie die eingerahmten Kennziffern der richtigen Antworten in die Kästchen ein.

16.1

Die Reinigungsintervalle sind je nach Anlagenteilen und Geräten unterschiedlich.
Ordnen Sie die Kennziffern der vorgeschriebenen Reinigungsintervalle den Anlagenteilen bzw. Geräten zu:

1 Mindestens einmal täglich
2 mindestens alle vierzehn Tage
3 nach jedem Gebrauch
4 mindestens einmal im Jahr

Bierleitung ► ☐
Tropfmulde ► ☐
Spülbecken ► ☐
Hinterdruckgasleitung ► ☐
Gläser ► ☐
Bierhähne ► ☐

2

16.2

Dies ist ein Ausschnitt aus dem Buch, in das die Reinigungen der Bierleitungen eingetragen werden. Wie heißt dieses Buch?

Tag der Reinigung	Nr. der gereinigten Getränkeleitungen einschl. der Zapfarmaturen u. der zwischengeschalteten Bauteile sowie der Behälter	Unterschrift

1 Bierleitungskontrollbuch
2 Betriebsbuch für eine Getränkeschankanlage
3 Hygieneüberwachungsbuch
4 Reinigungsnachweisbuch ► ☐

16.3

Die Hygienevorschriften beziehen sich auch auf Anstichvorrichtungen der Bierfässer. Wie oft müssen diese gereinigt werden?

1 Einmal täglich
2 unmittelbar nach dem Herausnehmen aus dem Fass
3 alle zwei Wochen
4 alle vier Wochen ► ☐

Lösungen der Aufgaben auf Seite 526

Servierkunde

Tragen Sie die eingerahmten Kennziffern der richtigen Antworten in die Kästchen ein.

1. Aufgabe

Fallbeispiel:
Carina und der Auszubildende Meik sind dabei, die Tische für das Mittaggeschäft vorzubereiten. Sie legen Tischwäsche auf, versehen die Tische mit Couverts und einfachen Tischdekorationen.

1.1

Aus welchen der angegebenen Gründe werden Moltons aufgelegt?

1 Moltons saugen Flüssigkeiten auf.
2 Moltons verhindern das Rutschen der Tischtücher.
3 Moltons ersparen das Auswechseln minimal verschmutzter Tischtücher.
4 Moltons ermöglichen ein einfacheres Auswechseln der Tischtücher in Anwesenheit der Gäste.
5 Moltons schützen die Ecken und Kanten der Tischtücher.
6 Moltons schützen die Tischoberfläche gegen Hitze.
7 Moltons schonen Gläser und Geschirr durch „weicheres“ Einsetzen.
8 Moltons wirken geräuschdämmend.

▶ ☐ ▶ ☐ ▶ ☐ ▶ ☐ ▶ ☐ ▶ ☐

1.2

Tischtücher haben zwei Web- und zwei Nahtkanten. Welche Kanten laufen parallel zu den Querbrüchen?

1 Nahtkanten
2 Webkanten

▶ ☐

1.3

Carina versieht die Restauranttische, die eine Größe von 140 × 80 cm aufweisen, mit Tischtüchern. Wie groß dürfen diese Tücher höchstens sein, wenn deren maximale Überhänge bis höchstens zur Höhe der Sitzflächen der Stühle reichen dürfen? Diese sind 30 cm niedriger als die Tischoberflächen.

1 160 × 100 cm
2 170 × 110 cm
3 200 × 140 cm

▶ ☐

Lösungen der Aufgaben auf Seite 526

Tragen Sie die eingerahmten Kennziffern der richtigen Antworten in die Kästchen ein.

1.4

Die durch Carina aufgelegten Tücher bestehen aus Halbleinen. Was ist darunter zu verstehen?

1 Die eine Hälfte bis zum Mittelbruch besteht aus Leinen, die andere aus Baumwolle.
2 Bei den Schussfäden wechseln sich Leinen- und Baumwollfäden ab.
3 Die Kettfäden sind aus Baumwolle, die Schussfäden aus Leinen. ▶ ☐

1.5

Meik soll die Bestecke zum Eindecken der Grundgedecke holen. Er ist verunsichert, als er Bestecke von unterschiedlichen Materialen vorfindet. Eine Serie ist mit der Gravur 18/8 versehen. Um welches Material handelt es sich?

1 Das Besteck besteht aus 18 Anteilen Stahl, der Rest ist Nickel.
2 Das Besteck besteht aus 18 Anteilen Chrom, 8 Anteilen Nickel, der Rest ist Stahl.
3 18 g Nickel wurden zur Versilberung der Besteckoberfläche von 8 Quadratdezimetern verwendet. ▶ ☐

1.6

Zum Grundgedeck deckt Meik einen Brotteller ein. Dieser ist aus Porzellan. Ordnen Sie den Rohstoffen des Porzellans die jeweiligen prozentualen Anteile zu.

1 25 %
2 50 %

Kaolin ▶ ☐
Feldspat ▶ ☐
Quarz ▶ ☐

1.7

Zu einem einfachen Grundgedeck gehört auch ein Glas. Wo findet dieses Glas seinen Platz?

1 Oberhalb der Gabel zum Hauptgang
2 oberhalb des Messers zum Hauptgang
3 es ist gleichgültig, es darf nur nicht gefährdet sein. ▶ ☐

Lösungen der Aufgaben auf Seite 526

2

Tragen Sie die eingerahmten Kennziffern der richtigen Antworten in die Kästchen ein.

1.8

Während seiner Ausbildung hat Meik mehrere Möglichkeiten kennengelernt, Servietten ansprechend zu gestalten. Lediglich mit den Bezeichnungen der Formen „kommt er ins Schleudern". Carina hilft ihm bei der Zuordnung. Wie wird diese aussehen?

1

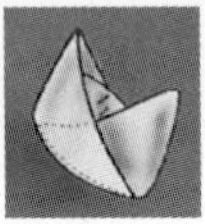
2

3

4

5

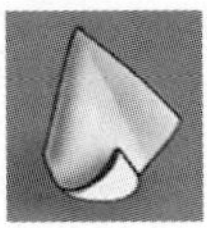
6

- Krone ▶ ☐
- Einfache Welle ▶ ☐
- „Schlappohr" ▶ ☐
- Einfacher Tafelspitz ▶ ☐
- Bischofsmütze ▶ ☐
- Tüte ▶ ☐

1.9

Als Dekoration für diese Tische entscheidet sich Carina für Schnittblumen. Welche der folgenden Blumen würde sie im Oktober verwenden?

1 Astern 2 Tulpen 3 Flieder 4 Gladiolen ▶ ☐

1.10

In Meiks Grundgedeck haben sich drei Fehler eingeschlichen. Um welche handelt es sich?

1 Das Besteck auf der linken Seite liegt nicht korrekt. ▶ ☐
2 Das Besteck auf der rechten Seite liegt nicht korrekt. ▶ ☐
3 Das Glas zum Hauptgang steht falsch. ▶ ☐
4 Das Besteck für das Dessert liegt falsch. ▶ ☐

Lösungen der Aufgaben auf Seite 526

Tragen Sie die eingerahmten Kennziffern der richtigen Antworten in die Kästchen ein.

1.11

Carina entdeckt auf einem Tischtuch einen Stockfleck. Das Tischtuch muss gegen ein anderes ausgetauscht werden. Wodurch können solche Flecken entstehen?

1 Es wurde zuviel Stärke verwendet.
2 Die Tücher wurden zu lange in verschlossenen Schränken gelagert.
3 Durch Liegenlassen der feuchten, zusammengeballten Tücher sind solche Flecken nicht auszuschließen.
4 Durch übermäßige Sonneneinwirkung. ▶ ☐

2

2. Aufgabe

Fallbeispiel:
Während Carina und Meik für das Mittagsgeschäft eindecken, sind Susanne und Alexander damit beschäftigt, Vorbereitungen für eine Sonderveranstaltung zu treffen. Von der Mise en place bis zur vollständig eingedeckten Tafel sind viele Einzelarbeiten zu erledigen. Susanne bereitet zuerst die erforderlichen Bestecke und Geräte vor, Alexander macht sich über eine zweckmäßige Tafelform Gedanken.

2.1

Susanne benötigt Fischbestecke. Beim Entnehmen der Bestecke aus dem Besteckschrank stößt sie auf mehrere Sonderbestecke. Wie sind diese zuzuordnen?

1 2 3 4 5 6 7 8

Hummergabel ▶ ☐
Fischgabel ▶ ☐
Fischmesser ▶ ☐
Austerngabel ▶ ☐
Krebsmesser ▶ ☐
Krebsgabel ▶ ☐
Kaviarmesser ▶ ☐
Schneckengabel ▶ ☐

Lösungen der Aufgaben auf Seite 526

Tragen Sie die eingerahmten Kennziffern der richtigen Antworten in die Kästchen ein.

2.2

Susanne ist über das Material des Kaviarbestecks erstaunt. Alexander erklärt ihr, dass Kaviar gegenüber Oxidationseinwirkungen sehr empfindlich ist und somit nicht jedes Material geeignet sei. Auf welches Material ist bei der Herstellung bewusst zu verzichten?

1 Auf Horn
2 auf Silber
3 auf Perlmutt
4 auf Kunststoff ► ☐

2.3

Außer Fischbestecken werden für die Couverts weitere Bestecke benötigt. Auf einigen findet Susanne die Zahl 90. Was hat diese zu bedeuten?

1 90 ist das Herstellungsjahr.
2 Das Besteck besteht zu 90 % aus Silber.
3 Die Zahl 90 steht für die Seriennummer.
4 90 g Feinsilber wurden für eine Besteckoberfläche von 24 Quadratdezimeter verwendet. ► ☐

2.4

Im Zuge der Veranstaltungsvorbereitungen müssen auch unterschiedliche Menagen überprüft bzw. gesäubert und aufgefüllt werden. Welche der folgenden Pflegemaßnahmen würde Susanne als korrekt bezeichnen?

1 Gewürzflaschen feucht abwischen und trockenreiben.
2 Streuer trocken abwischen und bis zum Rand füllen. ► ☐
3 Senftöpfe leeren, auswaschen, auffüllen und mit wenig Essig beträufeln. ► ☐
4 Pfeffermühle aus Holz trocken abwischen und auffüllen. ► ☐

Lösungen der Aufgaben auf Seite 526

Tragen Sie die eingerahmten Kennziffern der richtigen Antworten in die Kästchen ein.

2.5

Je nach Anlass und Anzahl der Gäste sind unterschiedliche Tafelformen zu wählen.
Wie sind die abgebildeten Tafelformen zuzuordnen?

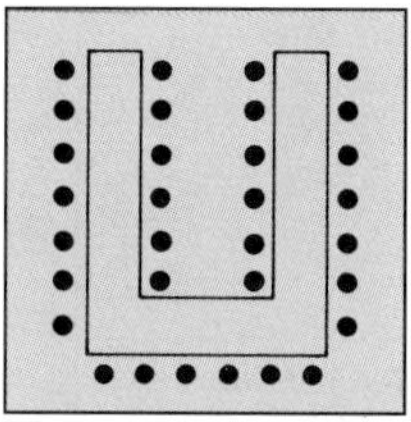

1

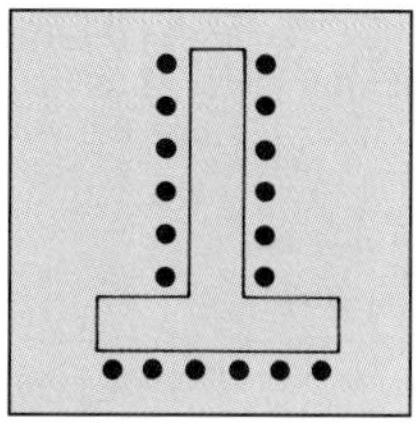

2

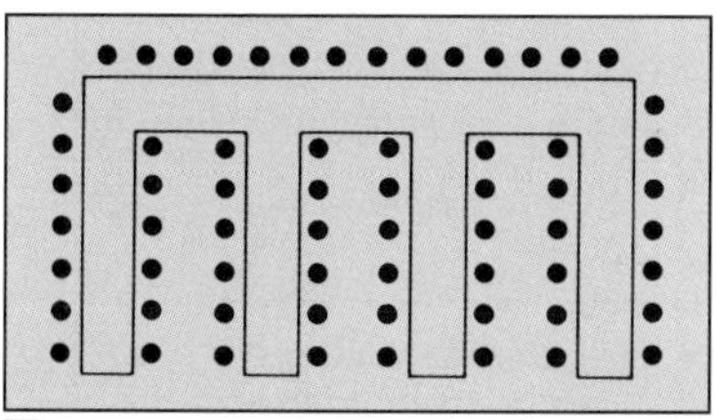

3

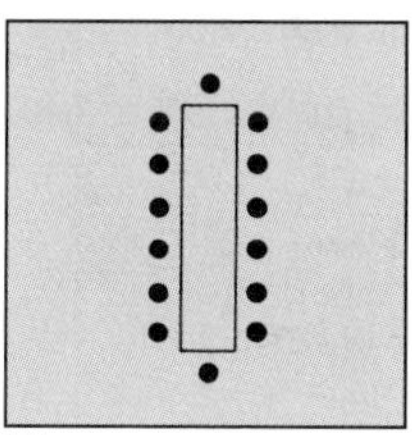

4

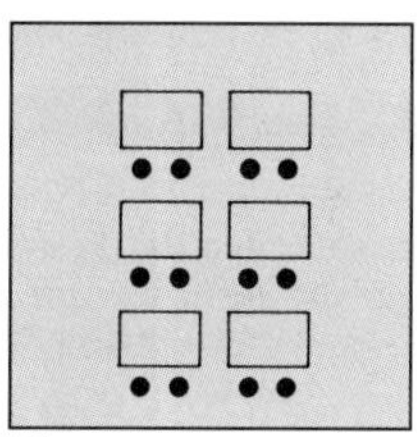

5

- Parlamentarische Form ▶ ☐
- U-Form ▶ ☐
- T-Form ▶ ☐
- Kamm-Form ▶ ☐
- Block-Form ▶ ☐

Lösungen der Aufgaben auf Seite 526

Tragen Sie die eingerahmten Kennziffern der richtigen Antworten in die Kästchen ein.

2.6

Alexander muss zwölf Gäste unterbringen. Jedem Gast sollen 80 cm Platz zustehen. Ihm stehen Tische mit den Maßen 120 × 80 cm und solche von 80 × 80 cm zur Verfügung. Die Tische sollen in Reihe aneinander gestellt und die Schmalseiten von jeweils 80 cm nicht besetzt werden. Alle Tische haben die übliche Tischbeineanbringung. Alexander muss sich für einheitliche Tischgrößen entscheiden. Welche Tischgröße wird er wählen?

1 Tische von der Größe 120 × 80 cm
2 Tische von der Größe 80 × 80 cm
3 beide Tischgrößen sind möglich ▶ ☐

3. Aufgabe

Fallbeispiel:
Alexander hat Einzeltische für eine Festtafel für zwölf Gäste aneinander gereiht. Nachdem die Moltons aufgelegt sind, wird die Tafel mit Tafeltüchern, Bestecken, Gläsern, Servietten und Tischdekoration versehen.

3.1

Susanne und Alexander legen Tafeltücher auf. In Ermangelung eines großen müssen zwei kleinere, gleich große verwendet werden. Wie lang müssen die Tücher mindestens sein, wenn die Tafel 480 cm lang ist, die Überhänge mindestens 30 cm und die Überlappung der beiden Tücher mindestens 20 cm sein sollen?

1 290 cm   2 280 cm   3 265 cm ▶ ☐

3.2

Susanne und Alexander versehen die Festtafel mit den Gedecken. Susanne trägt die Bestecke auf einem Teller, Alexander nimmt eine Serviette zu Hilfe. Wer von beiden handelt korrekt?

1 Alexander ist im Recht
2 Susanne ist im Recht
3 beide Möglichkeiten sind korrekt ▶ ☐

Lösungen der Aufgaben auf Seite 526

Tragen Sie die eingerahmten Kennziffern der richtigen Antworten in die Kästchen ein.

3.3

Susanne möchte beim Eindecken der Couverts mit den Bestecken für den Hauptgang beginnen, Alexander hält es für sinnvoll, mit denen zur Vorspeise anzufangen. Was ist Ihre Meinung?

1 Da der Gast „von außen nach innen isst“, wird auch mit den außen liegenden Bestecken begonnen.
2 Es wird mit den Bestecken zum Hauptgang begonnen. Der erforderliche Platz zwischen den innen liegenden Bestecken kann dadurch exakter bestimmt werden.
3 Die Reihenfolge ist bei Verwendung von Platztellern gleichgültig.

3.4

Zu einem Festgedeck gehören im Allgemeinen mehrere Weingläser. Wo ist das Richtglas zu platzieren?

1 Vor der Spitze des Messers zur Vorspeise
2 vor der Spitze des Messers zum Hauptgang
3 vor der Spitze des Suppenlöffels
4 egal, hauptsächlich oberhalb der rechten Besteckteile

3.5

Welche der folgenden Gläserstellungen ist nicht korrekt?

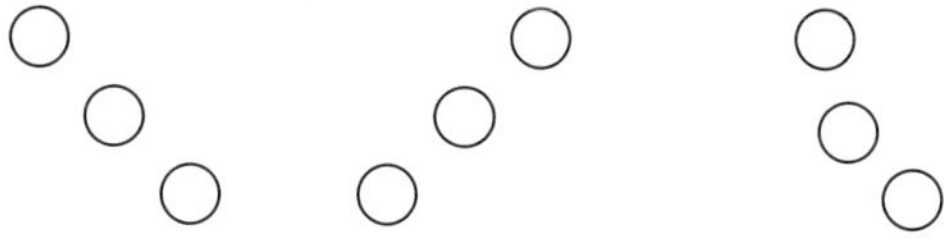

1 2 3

3.6

Beim Eindecken der Couverts sind Susanne und Alexander an das Menü gebunden; bei der Auswahl der Serviettenformen dürfen sie selbst entscheiden.
Welche der folgenden Serviettenformen können jedoch nicht als Mundservietten verwendet werden?

1 Der doppelte Tafelspitz
2 die Seerose
3 der Palmenwedel
4 die Artischocke

Lösungen der Aufgaben auf Seite 526/527

Tragen Sie die eingerahmten Kennziffern der richtigen Antworten in die Kästchen ein.

3.7

Susanne zieht beim Eindecken der Festtafel besonders hygienische Formen vor. Welche Serviettenformen der folgenden Reihungen würden ihren Vorstellungen entsprechen?

1 Bischofsmütze – Spitz
2 Spitz – Welle
3 Spitz – Tüte
4 Fächer – Welle
5 Spitz – Fächer
6 Jacobinermütze – Tüte ▶ ☐

3.8

Eine Tafel ohne Dekoration kann niemals eine Festtafel sein. Welche der folgenden Reihen werden Susanne und Alexander bei der Dekoration der Tafel berücksichtigen?

1 Blumengesteck – Aschenbecher – Menagen – Menükarten
2 Kerze – Blumengesteck – Menagen – Tischbänder
3 Mundservietten – Platzteller – Blumengesteck – Kerzen
4 Mundservietten – Menagen – Aschenbecher – Menükarten ▶ ☐

3.9

Je nach Art der Veranstaltung und der Wünsche des Bestellers wird nicht nur die Tafel, sondern auch der Raum, in dem die Veranstaltung stattfinden soll, dekoriert. Welche der folgenden Angaben ist korrekt?

1 Für Gardinen sind besondere Stoffarten vorgesehen.
2 Fluchtwegsymbole dürfen mit Dekorationsmitteln verdeckt werden, wenn der Besteller der Veranstaltung eine Kopie bzgl. der Fluchtwege erhalten hat.
3 Beleuchtungskörper und Heizungen dürfen nicht mit Dekorationspapier umwickelt werden. ▶ ☐

4. Aufgabe

Fallbeispiel:
Häufig kommt es vor, dass vier zusammengehörende Gäste vier unterschiedliche Gerichte bestellen. Dies kann auch bei der Getränkeauswahl passieren. Tanja und Jörg sind mit ihren Gästen an Tisch drei in diese Situation gekommen. Hier heißt es, klaren Kopf behalten.

Lösungen der Aufgaben auf Seite 527

Tragen Sie die eingerahmten Kennziffern der richtigen Antworten in die Kästchen ein.

4.1

Unterschiedliche Speisen bedürfen oft unterschiedlicher Bestecke. Tanja ordnet in Gedanken den bestellten Speisen die folgenden Besteckreihungen zu. Wie wäre es korrekt?

1 Großer Löffel – große Gabel
2 kleiner Löffel – kleine Gabel
3 Mittelmesser – Mittelgabel
4 Fischmesser – Fischgabel
5 kleiner Löffel oder Mokka-Löffel

- Forellenfilet mit Toast und Butter ▶ ☐
- Hummercocktail in der Cocktailschale ▶ ☐
- Essenz in kleiner Tasse ▶ ☐
- Spaghetti mit Hackfleischsoße ▶ ☐
- Forelle nach Müllerinart ▶ ☐

4.2

Ein Gast hat vorab einen Sherry bestellt. Tanja serviert das Getränk in dem abgebildeten Glas. Der Gast hätte einen Grund zur Reklamation. Aus welchem Grund könnte diese gerechtfertigt sein?

1 Bei dem abgebildeten Glas handelt es sich nicht um ein Sherryglas.
2 Tanja hat den Sherry bereits am Tresen eingeschenkt.
3 Der Gast hat keinen Probeschluck erhalten. ▶ ☐

4.3

Eine der Damen an Tanjas Tisch bestellt einen Schoppen Rotwein, für die restlichen drei Gäste wird Weißwein geordert. Jörg bringt den Weißwein zum Tisch. Welche der folgenden Arbeitsweisen ist korrekt?

1 Die Weißweinflasche wird geöffnet und dann zusammen mit dem Korken von der rechten Seite präsentiert.
2 Nur bei „Spitzenweinen“ und bei besonderen Veranstaltungen ist eine Präsentation erforderlich.
3 Die Weinflasche wird vor dem Öffnen von der rechten Seite des Gastes präsentiert. ▶ ☐

Lösungen der Aufgaben auf Seite 527

Tragen Sie die eingerahmten Kennziffern der richtigen Antworten in die Kästchen ein.

4.4

Von welcher Seite unterschiedliche Speisen serviert werden, ist u. a. von der bevorzugten Serviermethode abhängig.
Ordnen Sie die Kennziffern der links genannten Begriffe den rechts angeführten zu.

1 Amerikanische Servicemethode
2 französische Servicemethode
3 englische Servicemethode

Vorlegeservice ▶ ☐
Tellerservice ▶ ☐
Servieren vom Beistelltisch ▶ ☐

4.5

Welche der folgenden Arbeiten werden Tanja und Jörg von den rechten Seiten der Gäste vornehmen?

1 Weinservice
2 Tellerservice
3 Einreichen von Brot
4 Vorlegen
5 Nachdecken von Messern ▶ ☐
6 Einsetzen des Salattellers ▶ ☐
7 Nachdecken von Gabeln ▶ ☐
8 Ausnehmen der Brotteller

4.6

Ein Gast bekommt zum Hauptgang einen Salatteller. In diesem Restaurant ist es üblich, dass sich die Gäste ihre Salate am Salatbüfett selbst zusammenstellen dürfen.
Worauf hat Mark, der Jungkoch, bei der Betreuung des Salatbüfetts zu achten?

1 Die Bereithaltungstemperaturen der Salate dürfen 18 °C nicht überschreiten.
2 Die Bestecke, mit denen die Gäste die Salate aus den Schüsseln nehmen, müssen so lang sein, dass die Handgriffe ausreichend weit über die Schüsselränder hinausreichen.
3 Nicht verbrauchte Salate dürfen höchstes an zwei Folgetagen wieder am Büfett angeboten werden. ▶ ☐

Lösungen der Aufgaben auf Seite 527

Tragen Sie die eingerahmten Kennziffern der richtigen Antworten in die Kästchen ein.

4.7

Einer von Tanjas Gästen hat ein Menü bestellt, das eine Fingerbowle erforderlich macht. Jörg unterstützt Tanja bei der Vorbereitung. Welche Bestandteile der folgenden Reihungen benötigt er außer der Schale, dem Teller und der Serviette?

1 Erfrischungstuch und kaltes Wasser
2 Zitronenschale und kochendes Wasser
3 Zitronenscheibe und warmes Wasser
4 Erfrischungstuch und warmes Wasser ▶ ☐

4.8

Welche Speisen könnte Tanjas Gast bestellt haben, die eine Fingerbowle erforderlich machen? Notieren Sie die Kennzahlen der jeweiligen Zeilen.

1 Frische Austern – frische Artischocken
2 Schnecken im Gehäuse ▶ ☐
3 Krebse im Sud ▶ ☐
4 Melone mit Schinken
5 Muscheln im Sud ▶ ☐

4.9

Wenn es das Abendgeschäft zulässt, decken Claudia und Achim teilweise für den Frühstücksservice ein.
Sie haben für jeweils ein Couvert eingedeckt:
Mittelmesser und Mittelgabel,
Mittelteller,
Serviette,
Kaffeeuntere,
Kaffeetasse,
Kaffeelöffel.

Ein gravierender Fehler ist unterlaufen. Welcher?

1 Die Tasse darf nicht am Vorabend eingedeckt werden.
2 Sie haben das Milchkännchen vergessen.
3 Sie haben Butter vergessen.
4 Sie haben den Brotkorb vergessen. ▶ ☐

Lösungen der Aufgaben auf Seite 527

Tragen Sie die eingerahmten Kennziffern der richtigen Antworten in die Kästchen ein.

5. Aufgabe

Fallbeispiel:
Der Besitzer des Restaurants „Silberne Schüssel" ist stolz auf die ausgezeichneten Serviceleistungen in seinem Haus. Viele Arbeiten werden am Tisch des Gastes vollzogen.

5.1

Katja zerlegt und entgrätet am Beistelltisch eine Forelle nach Müllerinart. Wie heißt der Fachausdruck für diesen Vorgang?

1 Dekantieren
2 Mehlieren
3 Filetieren (Filieren)
4 Degorgieren ► ☐

5.2

Claudia hat an Tisch 3 feines Ragout serviert. Sie hat versäumt, die dazugehörende Soße zu servieren. Was wird der Gast nachfordern?

1 Tabasco
2 Angostura
3 Zigeunersoße
4 Worcestershiresauce ► ☐

5.3

Claudias Ausbilder wird flambierte Nierchen am Tisch zubereiten. Claudia hat die Vorbereitungen getroffen. Welche Spirituose hat sie zum Flambieren bereitgestellt?

1 Doppelkorn
2 Whisky
3 Cognac
4 Rum ► ☐

5.4

Katja darf in Anwesenheit des Ausbilders Beefsteaktatar anmachen. Essig, Pfeffer, Salz und Öl stehen schon bereit. Welche Zutaten der folgenden Reihungen benötigt sie außerdem?

1 Sardellen – Kümmel – Zwiebeln
2 Gurken – Curry – Eigelb – Kapern
3 Kapern – Sardellen – Eigelb – Zwiebeln ► ☐

Lösungen der Aufgaben auf Seite 527

Barkunde

Tragen Sie die eingerahmten Kennziffern der richtigen Antworten in die Kästchen ein.

1. Aufgabe

Fallbeispiel:
Anlässlich einer größeren Veranstaltung werden Sie dem Barkeeper zur Unterstützung zugeteilt. Das Angebot auf Ihrer Barkarte ist recht umfangreich; Begriffe wie Cocktails, After- und Before-Dinner-Getränke, Aperitifs und Digestifs finden Sie auf der Karte vor. In Ihren Aufgabenbereich fällt u. a. das Bereitstellen der Bargeräte, der Bargläser und das Auffüllen der Ingredienzien für einige Bargetränke.

1.1

Sie haben für das Bargeschäft u. a. folgende Geräte bereitgestellt. Um welche Geräte handelt es sich? Ordnen Sie zu.

[1]

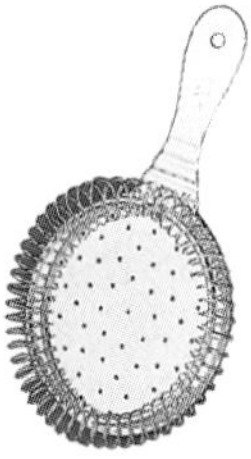
[2]

[3]

[4]

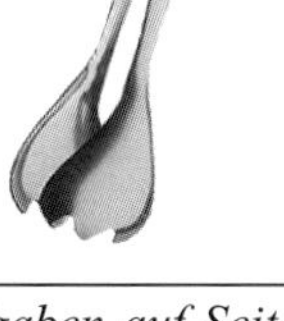
[5]

Strainer ▶ ☐
Mixingglas ▶ ☐
Shaker ▶ ☐
Ice-tongs ▶ ☐
Jigger ▶ ☐

2

Lösungen der Aufgaben auf Seite 527

Tragen Sie die eingerahmten Kennziffern der richtigen Antworten in die Kästchen ein.

1.2

Im Rahmen Ihrer Vorbereitungsarbeiten haben Sie einen Mixbecher (1) und ein Rührglas (2) bereitgestellt. Welche der folgenden Getränke werden im Mixglas, im Rührglas oder in keinem von beiden bereitet. Ordnen Sie zu.

1 Mixbecher
2 Rührglas
3 keines von beiden

Manhattan-Cocktail ▶ ☐
Alexander-Cocktail ▶ ☐
Daiquiri ▶ ☐
Grashopper ▶ ☐
Martini-Cocktail ▶ ☐
Kir ▶ ☐

1.3

Welche der hier aufgeführten Cocktails könnte Ihr Barkeeper aus den von Ihnen bereitgestellten Zutaten bereiten? Ordnen Sie die Kennzahlen entsprechend zu.

1 Alexander-Cocktail
2 Side Car (Sidecar)
3 Martini-Cocktail
4 Manhattan-Cocktail
5 Daiquiri

Zutaten:
Canadian Whiskey
Weinbrand, Cognac
Cointreau
Vermouth rosso
Vermouth dry
Zitronensaft
Angostura bitter ▶ ☐
Cocktailkirschen ▶ ☐

1.4

Welche Arbeitsgeräte haben Sie für die Zubereitung eines Side Cars bereitgestellt?

1 Mischglas (Rührglas)
2 großer Tumbler
3 Shaker
4 Barlöffel
5 Strainer

▶ ☐
▶ ☐

1.5

Für welches der folgenden Getränke haben Sie eine Cocktailschale vorbereitet?

1 Gin Fizz
2 Marc
3 Alexander-Cocktail
4 Pousse-Café

▶ ☐

Lösungen der Aufgaben auf Seite 527

Tragen Sie die eingerahmten Kennziffern der richtigen Antworten in die Kästchen ein.

1.6

Welches Glas benötigen Sie für den fachgerechten Service eines Golden Ginger?

1 Sektglas
2 Cocktailschale
3 Teeglas
4 kleiner Tumbler
5 großer Tumbler

▶ ☐

1.7

Welche Zeile entspricht Ihrer Mise en place für einen Gin Fizz?

1 Gin, Zitrone, Zucker, Soda, Rührglas, großer Tumbler
2 Gin, Zitrone, Zuckersirup, Soda, Eis, Shaker, großer Tumbler
3 Eis, Gin, Wermut, Olive, Rührglas, Cocktailglas

▶ ☐

1.8

Für welchen der folgenden Cocktails beinhaltet Ihre Mise en place Grenadine, Zitronensaft, Orangensaft, Ananassaft und Eis?

1 Für Gin Fizz
2 für Florida
3 für Manhattan
4 für Alexander

▶ ☐

2. Aufgabe

Fallbeispiel:
Sie sollen bei der Gestaltung einer neuen Karte mitwirken. Es ist Ihnen bekannt, dass diese in verschiedene Kategorien unterteilt wird. In Ihrem ersten Entwurf beginnen Sie, einige Getränke den entsprechenden Kategorien zuzuordnen.

2.1

Welche der folgenden Auflistung werden Sie den After-Dinner-Cocktails zuordnen?

1 Manhattan-Cocktail – Side Car – Daiquiri
2 Martini-Cocktail dry – Side Car – Alexander-Cocktail
3 Grashopper – Daiquiri – Alexander-Cocktail
4 Manhattan-Cocktail – Martini-Cocktail dry – Side Car

▶ ☐

2.2

Welche Getränke der folgenden Zeilen sind in der Karte in die Kategorie Aperitifs einzuordnen?

1 Alexander – Side Car
2 Alexander – Eierlikör
3 Manhattan – Side Car
4 Cherry Brandy – Sherry Cream

▶ ☐

Lösungen der Aufgaben auf Seite 527

Tragen Sie die eingerahmten Kennziffern der richtigen Antworten in die Kästchen ein.

2.3

Welches der folgenden Getränke gehört in die Sparte der Longdrinks?

1 Gin Fizz
2 Alexander
3 Manhattan
4 White Lady

▶ ☐

2.4

Welche der folgenden Getränke ordnen Sie der Kategorie Digestifs zu?

1 Side Car
2 Kirschwasser
3 Kir
4 Cynar
5 Martini dry
6 Marc
7 Sherry fino

▶ ☐
▶ ☐

2.5

In Ihrer Hotelbar soll auch Golden Ginger angeboten werden. In welche Getränkekategorie muss dieses Getränk integriert werden?

1 Bei den weinähnlichen Getränken
2 bei den weinhaltigen Getränken
3 bei den Fruchtschaumweinen
4 bei den alkoholfreien Cocktails

▶ ☐

3. Aufgabe

Bei welchem der folgenden Mix- bzw. Mischgetränke wurde Weinbrand oder Cognac verwendet?

1 Gin Fizz
2 White Lady
3 Daiquiri
4 Side Car

▶ ☐

4. Aufgabe

Sie sollen den Cocktail White Lady herstellen. Wählen Sie die erforderlichen Zutaten aus:

1 Cointreau
2 Weinbrand
3 Vermouth
4 Gin
5 Wodka
6 Zitronensaft
7 Orangensaft

▶ ☐
▶ ☐
▶ ☐

Lösungen der Aufgaben auf Seite 527

Tragen Sie die eingerahmten Kennziffern der richtigen Antworten in die Kästchen ein.

5. Aufgabe

Welche der folgenden Spirituosenkombinationen sind für die Zubereitung eines Side Cars unentbehrlich?

1 Cognac – Gin
2 Himbeergeist – Gin
3 Rum – Cointreau
4 Cointreau – Weinbrand ▶ ☐

6. Aufgabe

Welche der folgenden Getränkereihen enthält Cointreau und Zitronensaft?

1 White Lady – Martini-Cocktail
2 Side Car – White Lady
3 Martini-Cocktail – Kir
4 Pousse-Café – Martini-Cocktail ▶ ☐

7. Aufgabe

Für einen Wettkampf wollen Sie einen neuen alkoholfreien Cocktail kreieren. Welche der folgenden Zutaten dürfen Sie keinesfalls verwenden?

1 Olive
2 Cocktailkirsche
3 Grand Marnier ▶ ☐
4 Ginger Ale
5 Calvados ▶ ☐

Lösungen der Aufgaben auf Seite 527

Rezeption

Tragen Sie die eingerahmten Kennziffern der richtigen Antworten in die Kästchen ein.

1. Aufgabe

Fallbeispiel:
Klaus Wohlgemut ist Verkaufsberater der Firma Fischer Angelhaken Engroshandel. Aus geschäftlichen Gründen wird er einige Tage im Hotel „Zur Krone" an der Okertalsperre verbringen. Unterschiedliche Tätigkeiten bezüglich dieser Buchung kommen auf die Rezeptionsmitarbeiter ab dem Zeitpunkt der Zimmeranfrage bis zum Zeitpunkt der Abreise zu.

1.1

Die Firma Fischer schickt ein Fax an das Hotel „Zur Krone" mit der Bitte, für Herrn Wohlgemut ein Einzelzimmer vom 04. 06. 19.. bis 08. 06. 19.. zu reservieren.
Ist somit der Gastaufnahmevertrag abgeschlossen?

1 Der Gastaufnahmevertrag ist mit der schriftlichen Anfrage abgeschlossen.
2 Der Gastaufnahmevertrag ist nach dem Erscheinen des Gastes abgeschlossen.
3 Der Gastaufnahmevertrag ist nach der Annahme der Zimmerbestellung durch das Hotel abgeschlossen. ▶ ☐

1.2

Nach seiner Ankunft im Hotel „Zur Krone" erklärt Herr Wohlgemut, dass die Firma Fischer den Rechnungsbetrag für die Übernachtungen und die Frühstücke nach seiner Abreise überweisen werde, alle anderen in Anspruch genommenen Hotelleistungen werde er am Tag seiner Abreise bezahlen.
Welche Tastaturen des Buchungsautomaten werden für die anfallenden Vorgänge in Anspruch genommen?

1 Nur das Tastaturfeld Restanten
2 Tastaturfeld Kasse und Restanten
3 Tastaturfelder Debitoren und Kasse ▶ ☐

1.3

Herr Wohlgemut ist zum ersten Mal im Hotel „Zur Krone". Außer weiteren Arbeitsschritten sind auch die hier genannten zu erledigen. Ordnen Sie diese in die korrekte Reihenfolge ein.

1 Erklären der Anlagen und Geräte im Gästezimmer ▶ ☐
2 Reservierungsüberprüfung ▶ → ☐

Lösungen der Aufgaben auf Seite 527

Tragen Sie die eingerahmten Kennziffern der richtigen Antworten in die Kästchen ein.

▷ *Fortsetzung der Aufgabe 1.3* ▷

3 Begrüßung des Gastes ▶ ☐
4 Ausfüllen des Meldescheines ▶ ☐
5 Erstellen der Gästerechnung ▶ ☐
6 Begleitung des Gastes zu seinem Zimmer ▶ ☐

1.4

In seinem Zimmer angekommen, findet Herr Wohlgemut einen Aushang vor, der die Preise angibt, die der Gast unbedingt vorfinden muss. Um welche der folgenden Reihungen handelt es sich?

1 Übernachtungspreis – Preise für Speisen und Getränke im Restaurant
2 Übernachtungspreis – Preis für eine Telefoneinheit
3 Preise der Hotelbar – Preis für eine Telefoneinheit
4 Preise für Sonderveranstaltungen – Übernachtungspreise ▶ ☐

1.5

Herr Wohlgemut ruft vom Zimmer aus seine Firma an, um dieser mitzuteilen, dass sein Kollege Freitag noch nicht eingetroffen sei. Bei diesem Anruf erfährt er, dass Freitag erkrankt sei und die Buchung im letzten Moment rückgängig gemacht werden musste. Welcher der folgenden Begriffe ist für die Rücknahme einer Reservierung korrekt?

1 Stornierung 2 Voucher 3 Provision ▶ ☐

1.6

Claudia, die Rezeptionsmitarbeiterin, konnte das für Herrn Freitag reservierte, jedoch nicht in Anspruch genommene Zimmer noch anderweitig vergeben. Ausgleichsansprüche wären nicht gerechtfertigt. Wie würde die Rechnung jedoch heißen, hätte Claudia das Zimmer nicht mehr belegen können?

1 Verlustrechnung 2 Ersatzrechnung 3 No show-Rechnung ▶ ☐

1.7

Herr Wohlgemut hatte die Rezeptionsmitarbeiterin Claudia bei der Anreise gebeten, einen größeren Geldbetrag im Hotelsafe zu verwahren. Herr Wohlgemut bittet Claudia nun, ihm 2.000,00 DM von dem Betrag auszuhändigen. Wie heißt der Schein, den Herr Wohlgemut Claudia vorlegen muss?

1 Geldcoupon 3 Depotschein
2 Depositnummer 4 Lageranforderungsschein ▶ ☐

Lösungen der Aufgaben auf Seite 527

2

Tragen Sie die eingerahmten Kennziffern der richtigen Antworten in die Kästchen ein.

1.8

Die Haftung des Hoteliers ist je nach Situation unterschiedlich. In welchem der folgenden Fälle haftet er nur in beschränktem Umfang?

1 Der Gast wird von einem Mitarbeiter des Hotels bestohlen.
2 Ein Nerzcape im Wert von 6.000 DM wird von der Garderobe im Restaurant gestohlen.
3 Die Heckscheibe des Autos eines Gastes wird auf dem Parkplatz zerkratzt.
4 Aus dem verschlossenen Zimmer des Gastes wird ein teurer Mantel gestohlen.
5 Aus dem Hotelsafe wird ein aufbewahrtes Schmuckstück im Wert von 23.000 DM gestohlen. ► ☐

1.9

Bis zu welchem Betrag würde der Hotelier haften, wenn dem Gast eine wertvolle Uhr gestohlen worden wäre und der Zimmerpreis 110,00 DM betragen würde?

1 Bis 11.000,00 DM
2 bis 6.000,00 DM
3 bis 1.500,00 DM
4 bis 1.100,00 DM
5 bis 110,00 DM ► ☐

1.10

Auf Zimmer 333 wohnt Frau Bauer (Preis im EZ 155,00 DM); die ältere Dame berichtet, dass ihr mit Pelz gefütterter Ledermantel entwendet wurde, obwohl das Zimmer abgeschlossen war. Der Wert des Ledermantels beträgt 6.800,00 DM gemäß Kaufbeleg. Kann sie mit einer Schadensersatzleistung des Hotels rechnen?

1 Grundsätzlich nein, weil für derartige Wertsachen keine Haftung besteht
2 mit 1.500,00 DM
3 mit 6.900,00 DM
4 mit 6.000,00 DM
5 mit 13.800,00 DM ► ☐

1.11

Frau Thun bittet den Empfangschef, ihre goldene Armbanduhr in den Hotelsafe zu legen. Wie nennt man die ihr darüber ausgestellte Quittung?

1 Schmuckvoucher
2 Safecoupon
3 Depositnummer
4 Depotschein
5 Schließfachgutschein ► ☐

Lösungen der Aufgaben auf Seite 527

Tragen Sie die eingerahmten Kennziffern der richtigen Antworten in die Kästchen ein.

1.12

Außer Übernachtung und Frühstück nimmt Herr Wohlgemut auch andere Leistungen des Hotels in Anspruch, die er nicht unmittelbar begleicht. Wie ist der Fachbegriff für solche Leistungen, wenn sich der Gast noch im Hause befindet?

1 a/c-Zahlung 2 Voucher 3 Restanten ▶ ☐

1.13

Herr Wohlgemut hat Rechnungen in der Bar gegengezeichnet und somit akzeptiert.
Wo wird diese in Anspruch genommene Leistung geführt?

1 In der Gästekartei
2 im Hoteljournal
3 im Kassenbuch
4 in der Lagerfachkartei
5 in der Lagerkartei
6 im Betriebsabrechnungsbogen ▶ ☐

1.14

Herr Wohlgemut reist am 08. 06. 19.. ab. Er hat mehrere Möglichkeiten, seinen Rechnungsanteil (seine Firma übernimmt Übernachtungen und Frühstücke) zu begleichen. Welche der folgenden Reihungen hätte Gültigkeit, wenn Herr Wohlgemut per Reisescheck bezahlt?

1 Bis zu einem Betrag von 400,00 DM haftet die Bank.
2 Die Bank garantiert für den angegebenen Betrag.
3 Die Annahme eines Schecks ist immer riskant.
4 Der Scheckinhaber trägt den Betrag vor der Bezahlung auf dem Scheck handschriftlich ein. ▶ ☐

1.15

Bei welcher Reihe der Zahlungsarten durch die Gäste muss seitens des Unternehmers eine Provision an eine andere Institution bezahlt werden?

1 Bei Verrechnungsscheck und Voucher
2 bei Eurocheque und Kreditkarte
3 bei Kreditkarte und Voucher
4 bei Verrechnungsscheck und Kreditkarte ▶ ☐

1.16

Die Firma Fischer hat den Rechnungsanteil für Herrn Wohlgemut noch nicht beglichen. Wie lautet der Fachbegriff für diese noch offene Rechnung?

1 Budget 2 Debitoren 3 Depots 4 Check out ▶ ☐

Lösungen der Aufgaben auf Seite 527

2

Servierkunde/Büffet – fächerübergreifend

Tragen Sie die eingerahmten Kennziffern der richtigen Antworten in die Kästchen ein.

1. Aufgabe

Hotel „Zur Eiche" in Goslar. Außer den üblichen restaurant- und hotelspezifischen Abläufen sind zwei „Extras" angesagt: Feier des Kegelvereins „Acht ums Vordereck" im Braunschweiger Zimmer und ein Geschäftsessen für sechs Personen an Tisch 14 im grünen Salon. Die an dem Geschäftsessen teilnehmenden Herren werden ihre Ehefrauen mitbringen (nicht zum Geschäftsessen), im Hotel „Zur Eiche" übernachten und den nächsten Tag in Goslar verweilen.

Während sich die Verzehrgewohnheiten der Kegelbrüder mehr in Richtung der Getränkekategorien Bier und Spirituosen bewegen werden, wurde für das Geschäftsessen Aperitif, Wein und Sekt bestellt. Der Gastgeber, Herr Reich, hat folgendes Menü bestellt:

Geräuchertes Forellenfilet
mit Toast und Butter

***

Rinderkraftbrühe

***

Gebratene Gänsebrust
Orangensoße
Rotkohl
Kartoffelklöße

***

Crêpes Suzette

Nach dem Dessert soll Rüdesheimer Kaffee, auf Wunsch auch Irischer Kaffee, gereicht werden. Dieser und die Crêpes Suzette sollen am Tisch der Gäste zubereitet bzw. weiterbereitet werden.

Kerstin und Frank aus dem Servicebereich werden ebenso wie Claudia von der Rezeption, Janette und Iris am Büfett und Thomas aus dem Magazin in irgendeiner Form durch diese „Extras" tangiert.

Lösungen der Aufgaben auf Seite 527

Tragen Sie die eingerahmten Kennziffern der richtigen Antworten in die Kästchen ein.

1.1

Herr Reich hat mit der Rezeption der Hotels „Zur Eiche“ wegen der Zimmerbestellung hinsichtlich der sechs Doppelzimmer Kontakt aufgenommen. Claudia hat mehrere Möglichkeiten, die freie Zimmerkapazität für den gewünschten Tag zu überprüfen. Welche der in Folge genannten Hilfsmittel könnte sie heranziehen?

1 Reservierungsbuch
2 Meldescheine
3 Whitney-System
4 Computer
5 Depotscheine

1.2

Frank deckt den Tisch für sechs Personen für das bestellte viergängige Menü und die korrespondierenden Getränke ein. Susanne, die Auszubildende im ersten Ausbildungsjahr, hat ihm ihre Hilfe angeboten. Sie bereitet für Frank folgende Bestecke vor:

1 12 Mittellöffel
2 12 Mittelgabeln
3 6 Mittelmesser
4 6 Toastmesser
5 6 Fischmesser
6 6 Fischgabeln
7 6 große Messer
8 6 große Gabeln

Tragen Sie die Kennzahlen der Bestecke ein, die in diesem Couvert keine Verwendung finden.

1.3

Als Aperitif ist ein Likörwein aus Spanien, zur Vorspeise ein Weißwein aus dem Anbaugebiet Burgund und zum Hauptgang ein Rotwein aus dem bestimmten Anbaugebiet Ahr vorgesehen. Welche der in Folge genannten Getränke können hier nur in Frage kommen?

1 Sherry Fino
2 Sherry Cream
3 Samos
4 Portwein
5 Tarragona
6 Edelzwicker
7 Lambrusco
8 Chablis
9 Beaujolais Villages
10 Ahrweiler Spätburgunder

Lösungen der Aufgaben auf Seite 527

2

Tragen Sie die eingerahmten Kennziffern der richtigen Antworten in die Kästchen ein.

1.4

Als Sekt wurde Qualitätsschaumwein aus Frankreich, nämlich Champagner, gewünscht. Champagner darf sich nur der Qualitätsschaumwein nennen, der diverse Auflagen erfüllt. Welche der folgenden Auflagen gehören dazu?

1 Champagner muss nach dem Transvasierverfahren hergestellt worden sein.
2 Champagner muss durch Flaschengärung hergestellt worden sein.
3 Champagner muss zwischen Flaschenabzug und Degorgieren mindestens 24 Monate gelagert haben.
4 Champagner muss zwischen Flaschenabzug und Degorgieren mindestens 12 Monate gelagert haben.
5 Champagner darf nur aus vorgegebenen Rebsorten bereitet werden. ▶ ☐ ▶ ☐
6 Champagner darf nur aus hellen Rebsorten bereitet werden, die aus dem Anbaugebiet Champagne stammen. ▶ ☐

1.5

Janette und Iris sind für das Büfett verantwortlich. Sie müssen zuerst die verbrauchten Waren ersetzen und das Büfett neu auffüllen. Thomas aus dem Magazin wird ihnen die Ware jedoch nur gegen einen Beleg aushändigen. Wie wird dieser Beleg genannt?

1 Magazinausgabebeleg
2 Lagerfachkartei
3 Lagerkarteikarte
4 Magazinanforderungsschein ▶ ☐

1.6

Thomas entnimmt den für das Geschäftsessen vorgesehenen Weißwein dem Regal, in dem die Weine aus dem Anbaugebiet Bourgogne gelagert sind. Das Regal ist in sich weiter nach den Bereichen unterteilt. Welche der folgenden Bereichsbezeichnungen könnten dort angegeben sein?

1 Chablis (Yonne)
2 Sauternes ▶ ☐
3 Hermitage ▶ ☐
4 Chalonnais ▶ ☐
5 Beaujolais

Lösungen der Aufgaben auf Seite 527

Tragen Sie die eingerahmten Kennziffern der richtigen Antworten in die Kästchen ein.

1.7

Alle Flaschen, die im Regal für Burgunderweine lagern, haben eine einheitliche Form. Welche der folgenden Flaschenformen trifft zu?

1.8

Thomas stellt fest, dass der Vorrat des von Janette angeforderten Weines knapp wird. Der Zeitpunkt der Neubestellung ist vom Meldebestand abhängig. Welche der folgenden Faktoren sind für die Ermittlung des Meldebestandes erforderlich?

1 Anfangsbestand
2 Mindestbestand
3 Endbestand
4 Verbrauch pro Woche
5 Lieferzeit in Wochen

Lösungen der Aufgaben auf Seite 527

Tragen Sie die eingerahmten Kennziffern der richtigen Antworten in die Kästchen ein.

1.9

Am Büfett ordnet Janette die aus dem Magazin erhaltenen Waren in die dafür vorgesehenen Schränke, Kühlanlagen etc. Bei der Getränkelagerung müssen auch deren Ausschanktemperaturen berücksichtigt werden. Welche Lagertemperaturen wird Janette für welche Getränke berücksichtigen? Ordnen Sie zu.

1 10–14 °C
2 handwarm
3 16–20 °C
4 eisgekühlt
5 ca. 8 °C

Flaschenbier ▶ ☐
Doppelkorn ▶ ☐
Kirschwasser ▶ ☐
Weinbrand ▶ ☐
Weißwein ▶ ☐
Rotwein ▶ ☐
Sherry Fino ▶ ☐

1.10

Während Janette die Waren einsortiert, überprüft Iris die Gläser am Büfett. Unterschiedliche Gläser werden zum Einsatz kommen. Um welche Gläser handelt es sich bei den hier abgebildeten? Ordnen Sie zu.

1 2 3 4 5

Sherryglas ▶ ☐
Bierbecher ▶ ☐
Weißweinglas ▶ ☐
Schoppenrömer ▶ ☐
Burgunderweinglas ▶ ☐

Lösungen der Aufgaben auf Seite 527

Tragen Sie die eingerahmten Kennziffern der richtigen Antworten in die Kästchen ein.

1.11

Einige Gläser sind mit Füllstrichen versehen, bei anderen fehlt dieser Strich. Wie heißen die Gläser, an denen ein Füllstrich angebracht ist?

1 Messglas
2 Eichglas
3 Strichglas
4 Schankglas ► ☐

1.12

Die in Aufgabe 1.10 erfragten Gläser lediglich mit Strichen zu versehen, ist für den Gesetzgeber keineswegs ausreichend. Was möchte der Gesetzgeber außerdem berücksichtigt wissen?

1 Der Füllstrich muss 1 cm lang sein.
2 Der Füllstrich muss mindestens 1 cm lang sein.
3 Der Füllstrich muss waagerecht verlaufen.
4 Die Bezeichnung des Getränkes muss auf dem Glas angegeben sein. ► ☐
5 Die Ausschankmenge muss ersichtlich sein. ► ☐
6 Der Hersteller des Glases muss ersichtlich sein. ► ☐
7 Die Firma, die den Füllstrich angebracht hat, muss erkennbar sein. ► ☐

1.13

Die Verzehrgewohnheiten der Mitglieder des Kegelvereins sind den beiden jungen Frauen am Büfett bekannt. Außer unterschiedlichen Spirituosen werden Pilsbier und Weizenbier der „Renner“ sein. Janette überprüft im Bierkeller das Pilsbierfass hinsichtlich des noch vorhandenen Inhalts und sticht aus Sicherheitsgründen ein zweites Fass Pils an. Da sie keinen Schankhahn für das zweite Pilsfass übrig hat, bedient sie sich eines Anlagenteiles, das es ermöglicht, das zweite Fass nach Leerung des ersten aus demselben Hahn zu zapfen. Wie heißt dieses Anlagenteil?

1 Druckminderer
2 Zwischendruckregler
3 Dreiwegehahn ► ☐

Lösungen der Aufgaben auf Seite 527/528

2

Tragen Sie die eingerahmten Kennziffern der richtigen Antworten in die Kästchen ein.

1.14

Janette schenkt auch Weizenbier aus dem Fass aus. Hierfür ist allerdings ein besonderer Zapfhahn erforderlich. Um welchen der hier abgebildeten handelt es sich?

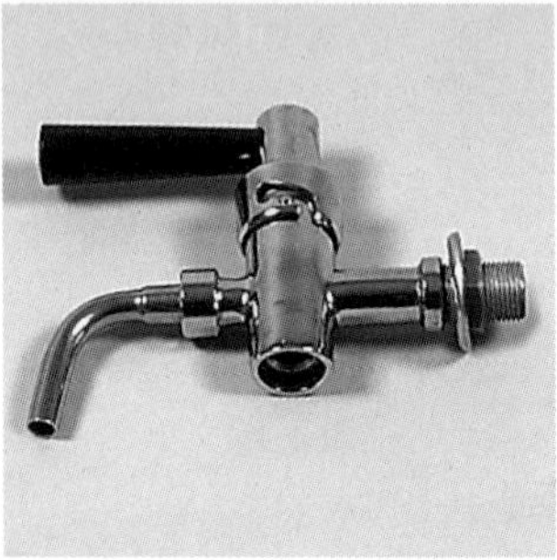

1

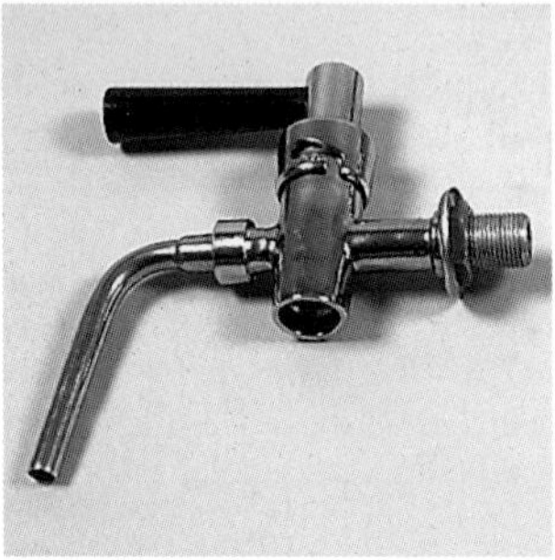

2

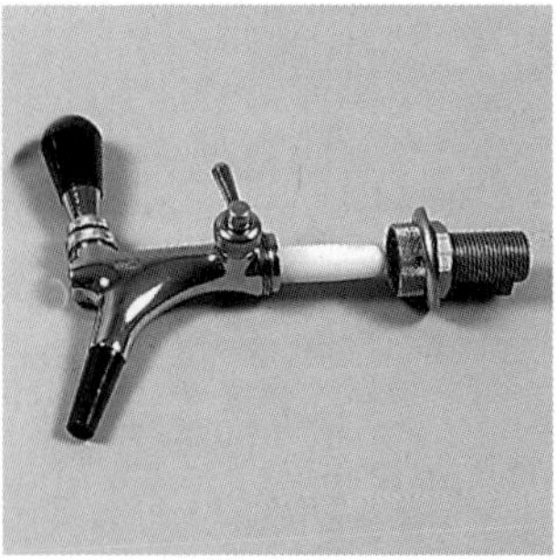

3

▶ ☐

Lösungen der Aufgaben auf Seite 528

Tragen Sie die eingerahmten Kennziffern der richtigen Antworten in die Kästchen ein.

1.15

Kerstin und Frank haben das Braunschweiger Zimmer für die Veranstaltung des Kegelvereins vorbereitet. Auch Tisch 14 im grünen Salon ist für das Geschäftsessen eingedeckt. Der Oberrestaurantfachmann Beckmann, der kurz vor Eintreffen der Gäste Tisch 14 in Augenschein nimmt, wird blass. Kerstin und Frank haben bei den Couverts entscheidende Fehler gemacht. Um welche handelt es sich?

1 Die Bestecke zum Dessert liegen falsch.
2 Die Gabeln müssen den gleichen Abstand zur Tischkante aufweisen.
3 Die Gläser sind falsch platziert. ▶ ☐
4 Die Bestecke auf der rechten Seite müssen ebenfalls höhenversetzt eingedeckt werden. ▶ ☐

1.16

Nach dem Erscheinen der Gäste an Tisch 14 serviert Frank Sherrys als Aperitifs. In welchem der folgenden Gläser wird Sherry serviert?

1 Cognacschwenker mit Füllstrich
2 Copita mit Füllstrich
3 Calvadosglas mit Füllstrich ▶ ☐

Lösungen der Aufgaben auf Seite 528

2

Tragen Sie die eingerahmten Kennziffern der richtigen Antworten in die Kästchen ein.

1.17

Kerstin serviert den Weißwein. Der Gastgeber, Herr Reich, soll den Probeschluck erhalten. In welcher Reihenfolge wird Kerstin die Arbeitsschritte durchführen. Nummerieren Sie entsprechend.

1 Präsentieren des Korkens
2 Einschenken des Probeschlucks
3 Präsentieren der Flasche
4 Öffnen der Flasche
5 Säubern der Flaschenöffnung
6 Füllen des Glases des Bestellers
7 Füllen der Gläser der anderen Gäste, beginnend bei dem Gast, der links neben dem Besteller sitzt.
8 ggf. Kühlen der Flasche

▶ ☐
▶ ☐
▶ ☐
▶ ☐
▶ ☐
▶ ☐
▶ ☐
▶ ☐

1.18

Kerstin und Frank servieren die Vorspeisen und die Suppen. Kerstin wendet dabei den Obergriff an, Frank bedient sich des Untergriffes. Setzen Sie die Kennzahlen der abgebildeten Abbildungen entsprechend ein.

1

2

Obergriff ▶ ☐
Untergriff ▶ ☐

Lösungen der Aufgaben auf Seite 528

Tragen Sie die eingerahmten Kennziffern der richtigen Antworten in die Kästchen ein.

1.19

Den Hauptgang servieren Kerstin und Frank, indem sie am Beistelltisch von der Platte auf die Teller anrichten. Um welche Servicemethode handelt es sich?

1 Amerikanische Methode
2 englische Methode
3 französische Methode
4 russische Methode ▶ ☐

1.20

Frank wird die Crêpes Suzette am Tisch der Gäste flambieren. Welche der in Folge genannten Zutaten gehören zu seiner Mise en place?

1 Crêpes aus der Küche
2 Öl
3 Butter
4 Margarine
5 Streuzucker
6 brauner Zucker
7 Orangensaft
8 Zitronensaft
9 Whisky
10 Cognac
11 Grand Marnier ▶ ☐

1.21

Für die Bereitung der Rüdesheimer Kaffees und der Irischen Kaffees hat Kerstin folgende Zutaten bereitgestellt. Ordnen Sie die Kennziffern entsprechend zu.

1 Rüdesheimer Kaffee
2 Irischer Kaffee

Asbach ▶ ☐
brauner Zucker ▶ ☐ ☐
Kaffee ▶ ☐ ☐
Irischer Whiskey ▶ ☐
Würfelzucker ▶ ☐
geschlagene Sahne ▶ ☐
angeschlagene Sahne ▶ ☐ ☐
Raspelschokolade ▶ ☐

Lösungen der Aufgaben auf Seite 528

Tragen Sie die eingerahmten Kennziffern der richtigen Antworten in die Kästchen ein.

1.22

Bei der Veranstaltung des Kegelvereins im grünen Salon geht es „hoch her“. Unterschiedliche Getränke werden geordert. Die Auszubildende Manuela musste zu Kerstins und Franks Unterstützung in den grünen Salon abgestellt werden. Allein in der esten Stunde wurden 153 Doppelkorn und 72 Schoppen (0,2 l) Moselwein serviert.

a) Wie viel Literflaschen Doppelkorn mussten dafür geöffnet werden?

1 3 Flaschen
2 4 Flaschen
3 5 Flaschen ► ☐

b) Wie viel Flaschen hätte Janette am Büfett öffnen müssen, wenn es sich nicht um Doppelkorn, sondern um Korn gehandelt hätte?

1 2 Flaschen
2 3 Flaschen
3 4 Flaschen ► ☐

c) Wie viel Eintelflaschen Moselwein mussten geöffnet werden, wenn wir den Schankverlust hier nicht berücksichtigen wollen?

1 16 Flaschen
2 20 Flaschen
3 22 Flaschen ► ☐

1.23

Außerdem wurden von den Kegelbrüdern 120 Gläser Bier à 0,4 Liter und 82 Gläser Bier à 0,3 Liter in Auftrag gegeben. Wie viel Liter wurden boniert?

1 102,2 Liter 2 72,6 Liter 3 67,1 Liter ► ☐

1.24

Unruhe im grünen Salon. Manuela hat einem Kegelbruder ein Glas Bier über die Hose geschüttet. Der Kegelbruder wohnt nicht im Hotel „Zur Eiche“. Wer kommt für den Schaden auf?

1 Würde der Beschädigte im Hotel wohnen, käme der Hotelier auf.
2 Der Hotelier kommt für den Schaden auf.
3 Manuela hat den Fehler gemacht, sie muss bezahlen.
4 Das Schild „Für Garderobe wird nicht gehaftet“ schließt jede Haftung seitens des Hotels und der Mitarbeiter aus. ► ☐

Lösungen der Aufgaben auf Seite 528

Tragen Sie die eingerahmten Kennziffern der richtigen Antworten in die Kästchen ein.

1.25

Herr Reich übernimmt die Rechnung für alle sechs Gäste, die an dem Geschäftsessen teilgenommen haben. Im Rechnungsbetrag von 912,70 DM ist die Mehrwertsteuer enthalten. Wie hoch ist der Mehrwertsteuerbetrag, wenn dieser 16 % beträgt?

1 793,65 DM
2 136,91 DM
3 125,88 DM ▶ ☐

1.26

Die Teilnehmer des Geschäftsessens brechen auf. Sie wollen ihr Hotelzimmer in der zweiten Etage aufsuchen. Einer der Gäste stellt dabei fest, dass sein Mantel abhanden gekommen ist. Wer haftet in diesem Fall?

1 Da der Gast im Hotel wohnt, haftet der Hotelier.
2 Der Hotelier müsste auch dann haften, wenn der Gast nicht in diesem Hotel wohnen würde.
3 Das Schild „Für Garderobe wird nicht gehaftet“ schließt automatisch jede Haftung des Hoteliers aus. ▶ ☐

1.27

Auf ihren Zimmern angekommen, nehmen sich die Gäste noch einen „Schlaftrunk“ aus der Minibar. Es handelt sich hierbei um außenstehende Beträge noch nicht abgereister Gäste. Unter welche Kategorie sind diese Beträge einzuordnen?

1 Restanten
2 Depots
3 Debitoren
4 No show-Rechnungen ▶ ☐

2

Housekeeping

1. Aufgabe

Für welchen Plan braucht man Angaben über die Zahl der belegten Zimmer und den Leistungsmaßstab des Reinigungspersonals?

1 Für den Zimmerbelegungsplan
2 für den Urlaubsplan
3 für den Organisationsablaufplan
4 für den Arbeitsablaufplan
5 für den Dienstplan ▶ ☐

Lösungen der Aufgaben auf Seite 528

Tragen Sie die eingerahmten Kennziffern der richtigen Antworten in die Kästchen ein.	
2. Aufgabe **Im Hotel wird Tischwäsche angeliefert. Was ist bei der Warenannahme alles zu beachten?** 1 Gelieferte Ware kontrollieren, Lieferschein abzeichnen, Rechnung prüfen 2 beschädigte Ware aussortieren und Mängelrüge erstellen 3 Lieferschein auf Menge, Preis und Lieferdatum kontrollieren und abzeichnen 4 Ware kontrollieren, mit Bestell- und Lieferschein vergleichen, Lieferschein abzeichnen 5 Ware nach Menge und Beschaffenheit kontrollieren und sofort an die Abteilungsmagazine weiterleiten ►	☐
3. Aufgabe **Was verstehen Sie unter dem Begriff Makodamast?** 1 Ein grobes Leinengewebe 2 ein feiner, in Mustern gewebter Baumwollstoff 3 ein grobgewebtes Baumwolltuch 4 eine in Halbleinen hergestellte Stoffart 5 ein hochwertiges, in verschiedenen Mustern gewebtes Leinentuch ►	☐
4. Aufgabe **Die Aufgaben der 1. Hausdame unterscheiden sich vom übrigen Personal der Housekeeping-Abteilung wesentlich. Welche der aufgeführten Tätigkeiten/Aufgaben zählen dazu?** 1 Erstellen von Dienst- und Urlaubsplänen ► 2 Ausbildung der Auszubildenden ► 3 Bestellung von Reinigungs- und Pflegemitteln ► 4 Absprachen mit der Rezeption über Zimmerbelegung ► 5 Festlegung des Personalessens mit dem Küchenchef ►	☐ ☐ ☐ ☐
5. Aufgabe **In Gesprächen der Mitarbeiterinnen der Housekeeping-Abteilung tauchen immer wieder die Worte „masterkey" und „passepartout" auf. Geben Sie die richtige Bedeutung beider Begriffe an:** 1 Bilderrahmen 2 Generalschlüssel 3 Zweitschlüssel 4 Fußmatte vor Dusche ►	☐

Lösungen der Aufgaben auf Seite 528

Tragen Sie die eingerahmten Kennziffern der richtigen Antworten in die Kästchen ein.

6. Aufgabe

Es wird neue Tischwäsche im Hotel angeliefert. Was hat die Hausdame zu kontrollieren?

1 Preis, Größe der Stücke, Herstellungsart
2 Preis, Material, Größe
3 Preis, Material, Farbe
4 Garantie, Material, Größe
5 Material, Größe, Farbe, Stückzahl ▶ ☐

7. Aufgabe

Wie verhält sich der durchschnittliche Bestand an Bettwäsche zur Zahl der Betten in einem Hotel?

1 Der Bestand sollte um 25 % die Bettenzahl übersteigen.
2 Der Bestand sollte das 3–4fache der Bettenanzahl betragen.
3 Der Bestand sollte das 10fache der Bettenzahl ausmachen.
4 Der Bestand sollte 50 % mehr als die Zahl der Betten betragen.
5 Der Bestand sollte der Anzahl der Betten entsprechen. ▶ ☐

8. Aufgabe

Was ist unter Leasingwäsche zu verstehen?

1 Gästebettwäsche, die außer Haus zur Reinigung und Reparatur gegeben wird.
2 Wäsche des Personals, die außer Haus gewaschen wird.
3 Bademäntel und Badetücher, die dem Gast während des Aufenthaltes zur Nutzung überlassen werden.
4 Gästewäsche, die im Betrieb gewaschen oder zur Wäscherei gegeben wird.
5 Wäsche, die dem Betrieb zum befristeten Gebrauch gegen Entgelt überlassen wird. ▶ ☐

9. Aufgabe

Welche Preise sind in den Zimmern des Hotels auszuhängen?

1 Übernachtungspreis, Preise für Speisen und Getränke des Restaurants
2 Übernachtungspreis, Preis pro Telefoneinheit
3 Übernachtungspreis, Preisverzeichnis der Hotelbar, Zimmerservice
4 Übernachtungspreis, Preise für Veranstaltungen des Hotels
5 Übernachtungspreis, Speisen, Getränke ▶ ☐

Lösungen der Aufgaben auf Seite 528

Tragen Sie die eingerahmten Kennziffern der richtigen Antworten in die Kästchen ein.

10. Aufgabe

Nachstehend ist eine Checkliste für Kontrollmaßnahmen der Hausdame bei Abreisezimmern abgebildet. Wofür wird diese verwendet?

Artikel	Erläuterung	vorhanden	fehlt
Schild „Bitte nicht stören“	• an der Tür		
Kleiderbügel	• 6 Plastikbügel 2 Hosenbügel		
Wäschebeutel	• im Wäschefach des Schrankes		
Briefmappe	• Schreibpapier, Umschläge		
Prospekte	• Hotelprospekt • Hauszeitschrift		
Etagenservicekarte	• auf dem runden Tisch		
Aschenbecher	• auf dem runden Tisch		
Streichhölzer	• im Aschenbecher		
Telefonbuch	• im Nachttisch, auf dem das Telefon steht		
Telefonanweisung	• neben dem Telefon		
Badezimmerausstattung	• Zahnputzglas • Seife, Duschbad • Papiertücher • Toilettenpapier • Toilettenbürste mit Halter • Hygienebeutel • Papierkorb • 1 Badehandtuch • 1 Frottiertuch • 1 Handtuch • Badevorlage		

1 Zur Kontrolle der Zimmer in Bezug auf Hygiene
2 zur Kontrolle der Zimmer bezüglich liegengelassener Sachen
3 zur Kontrolle der Zimmer, um eventuelle technische Mängel festzustellen
4 zur Kontrolle der Zimmer, um die vollständige Ausstattung mit Gebrauchsgegenständen zu überprüfen
5 zur Kontrolle der Zimmer bezüglich sofortiger Freimeldung bei der Rezeption

Lösungen der Aufgaben auf Seite 528

Tragen Sie die eingerahmten Kennziffern der richtigen Antworten in die Kästchen ein.

11. Aufgabe

Erläutern Sie, was man unter einem Stärkeabscheider versteht.

1 Ein Dosiergerät für Wäschestärke
2 ein Spezialsieb für Stärkerückhaltung in der Waschmaschine
3 einen Spezialreiniger für mit Stärke verschmutzte Geschirrtücher
4 eine spezielle Maschine zur Reinigung der Abflussrohre von Stärke
5 eine besondere Vorrichtung zum Zurückhalten von Stärke im Abwasser-Abflusssystem

12. Aufgabe

Zum Erhalt der Qualität von Gewebefasern werden diese auf verschiedene Weise ausgerüstet oder veredelt; was bedeutet dabei „sanforisieren"?

1 Die Ware ist so behandelt worden, dass sie nicht glänzt.
2 Die Ware ist so mit Hitze und Wasser behandelt, dass sich ihre Form nicht mehr verändert (z. B. Einlaufschutz).
3 Die Ware ist durch die Verwendung von cellulosischen Fasern veredelt worden.
4 Die Ware ist gegen elektrostatische Aufladung behandelt worden.
5 Die Ware ist mit wasserabstoßenden Mitteln behandelt worden.
6 Die Ware ist lichtecht gefärbt.

13. Aufgabe

Ordnen Sie dem untenstehenden Pflegezeichen die korrekte Bedeutung zu.

1 Keine Chemischreinigung möglich
2 nicht heiß bügeln
3 Kiloreinigung nicht möglich
4 für Chlorbleiche ungeeignet
5 zum Trocknen im Tumbler nicht geeignet

Lösungen der Aufgaben auf Seite 528

Tragen Sie die eingerahmten Kennziffern der richtigen Antworten in die Kästchen ein.

14. Aufgabe

In Wäsche ist häufig der Hinweis „Indanthren“ eingenäht. Was bedeutet das?

[1] Die so gekennzeichneten Wäschestücke sind stets separat zu waschen.
[2] Diese Wäschestücke dürfen nicht gemangelt werden.
[3] Die Wäsche darf nicht geschleudert werden.
[4] Diese Wäscheteile sind weitgehend licht- und farbecht.
[5] Die Wäsche ist antiallergisch ausgerüstet. ▶ ☐

15. Aufgabe

Was bedeutet dieses Pflegezeichen?

[1] Kiloreinigung nicht möglich
[2] keine Chemischreinigung möglich
[3] Chlorbleiche nicht möglich
[4] nicht heiß bügeln
[5] Trocknen im Tumbler (Wäschetrockner) nicht möglich ▶ ☐

16. Aufgabe

Beim Sortieren der Schmutzwäsche finden Sie auf einem Wäschestück die nachstehend abgebildeten Pflegesymbole. Wie ist das Teil richtig zu pflegen?

[1] Bei 40 °C bügeln/nicht waschen/nicht reinigen.
[2] Bei 40 °C bügeln/Chlorbleiche nicht möglich/mit Benzin reinigen.
[3] Bei 40 °C waschen/Chlorbleiche nicht möglich/nicht bügeln.
[4] Bei 40 °C Chlorbleiche möglich/nicht waschen/nur Chemischreinigung.
[5] Bei 40 °C waschen/Chlorbleiche nicht möglich/keine Chemischreinigung möglich. ▶ ☐

Lösungen der Aufgaben auf Seite 528

Tragen Sie die eingerahmten Kennziffern der richtigen Antworten in die Kästchen ein.

17. Aufgabe

Welches Zusatzmittel gibt man in das Wasser, um Fensterscheiben zu reinigen?

1 Spiritus
2 Petrolcum
3 Benzin
4 Terpentin
5 Glycerin ▶ ☐

18. Aufgabe

Suchen Sie aus den sieben dargestellten Pflegesymbolen die drei heraus, die sich den angegebenen Bedeutungen korrekt zuordnen lassen:

Pflegesymbole

1

5

2

6

3

7

4

Bedeutungen

Schonwaschgang ▶ ☐
keine Chemischreinigung möglich ▶ ☐
Bügeln bei mittlerer Temperatureinstellung ▶ ☐

Lösungen der Aufgaben auf Seite 528

2

Tragen Sie die eingerahmten Kennziffern der richtigen Antworten in die Kästchen ein.

19. Aufgabe

Was ist unter einem Inlett zu verstehen?

1 Bezugsstoff für Federn und Daunen
2 Füllmaterial für Oberbetten
3 ein Matratzenschoner
4 Bezugsstoff für Matratzen
5 ein Einlagestoff ▶ ☐

20. Aufgabe

Feder-/Daunenbetten können bei der richtigen Pflege lange genutzt werden. Wie ist dabei vorzugehen?

1 Inlett und Federbett sind zum Lüften so oft wie möglich in die Sonne zu legen
2 Inlett mit weicher Bürste gut abbürsten und Federbett gut aufschütteln
3 Oberbett täglich gut aufschütteln, wöchentlich ausklopfen und Inlett bei gründlicher Reinigung absaugen
4 Oberbett kräftig aufschütteln, bei geöffnetem Fernster lüften und Inlett absaugen
5 Oberbett selbst nicht behandeln, sondern bei Bedarf zur gewerblichen Reinigung geben ▶ ☐

21. Aufgabe

Feuchtigkeit verändert Textilien besonders bei gleichzeitigem Luftabschluss. Wozu kann das führen?

1 Zu Schimmelflecken
2 zur Vergilbung
3 zum Grünspanansatz
4 zu Rostflecken
5 zu Stockflecken ▶ ☐

Lösungen der Aufgaben auf Seite 528

Tragen Sie die eingerahmten Kennziffern der richtigen Antworten in die Kästchen ein.

22. Aufgabe

Geben Sie an, welchen Einfluss die Wasserhärte auf den Bedarf an Reinigungsmitteln hat.

1 Hohe Wasserhärte führt zu einem hohen Bedarf an Reinigungsmitteln.
2 Hohe Wasserhärte führt zu einem niedrigen Bedarf an Reinigungsmitteln.
3 Niedrige Wasserhärte führt zu einem hohen Bedarf an Reinigungsmitteln.
4 Extrem niedrige Wasserhärte führt zu einem extrem hohen Bedarf an Reinigungsmitteln.
5 Extrem hohe Wasserhärte führt zu einem niedrigen Bedarf an Reinigungsmitteln. ▶ ☐

23. Aufgabe

Welches Entkalkungsmittel ist wirkungsvoll und gleichermaßen umweltfreundlich?

1 Schwache Natronlauge
2 Schnellentkalker
3 Essigwasser
4 kochendes Wasser
5 Kochsalzlösung ▶ ☐

24. Aufgabe

Wann wird ein Gästezimmer der Rezeption als „frei“ gemeldet?

1 Sobald das Zimmermädchen mit der Reinigung des Zimmers fertig ist
2 sobald der Gast den Zimmerschlüssel am Empfang abgegeben hat
3 sobald die Hausdame den Zimmerzuteilungsplan erstellt hat
4 sobald der Gast das Zimmer mit seinem Gepäck verlassen hat
5 sobald das Zimmer durch die Hausdame kontrolliert worden ist ▶ ☐

2

Lösungen der Aufgaben auf Seite 528

Tragen Sie die eingerahmten Kennziffern der richtigen Antworten in die Kästchen ein.

25. Aufgabe

Um welches Formular handelt es sich nachstehend?

Sektion 1

Zeichenerklärung
A = Abreise
B = Bleibe
H = Handtuchwechsel
W = Wäschewechsel

Zimmer-Nr.	Personenzahl	A	B		✔	Bemerkungen
101 D	1	A				
102 D	2		B	W		
103 D						
104 D						
105 D	1		B	H		
106 D						
108 D	2	A				
110 D						
144 D	1		B	W		
145 E						
146 E	1	A				

Datum .... Unterschrift ....

1 Einen Zimmerreservierungsplan
2 einen Arbeitsablaufplan
3 eine Störungs- und Instandhaltungsmeldung
4 einen Zimmerzuteilungsplan
5 einen monatlichen Leistungsbericht ► ☐

Lösungen der Aufgaben auf Seite 528

Tragen Sie die eingerahmten Kennziffern der richtigen Antworten in die Kästchen ein.

26. Aufgabe

Wie bezeichnet man den Vorgang, wenn ein Baumwollgewebe mit Natronlauge oder Ammoniak behandelt wurde und dadurch waschbeständiger, glänzender und reißfester ist?

1 Appretieren
2 Imprägnieren
3 Sanforisieren
4 Mercerisieren
5 Dekatieren

▶ ☐

27. Aufgabe

Schon beim Wäscheeinkauf achtet die Hausdame darauf, dass die Wäsche farb- und lichtecht ist. Welchen Hinweis muss diese Ware haben?

1 Naturfaser – 100 % Baumwolle gewalkt
2 Indanthren behandelt
3 bei 95 Grad Celsius voll waschbar
4 Baumwolle – sanforisiert
5 Baumwolle – mercerisiert

▶ ☐

28. Aufgabe

Welche Naturfaser wird aus den Blattfasern der Agave gewonnen?

1 Merino
2 Seide
3 Sisal
4 Jute
5 Angora
6 Kokos

▶ ☐

29. Aufgabe

Wie heißt der metallische Werkstoff, der stoß-, kratz- und korrosionsfest und deshalb in der Gastronomie besonders gut einsetzbar ist?

1 Edelstahl
2 Eisen
3 Bronze
4 Kupfer
5 Kunststoff

▶ ☐

30. Aufgabe

Mit welchem Mittel können Kalkflecken im Waschbecken schonend und umweltfreundlich beseitigt werden?

1 Mit Scheuerpulver
2 mit Spiritus
3 mit Schlämmkreide
4 mit Neutralseife
5 mit Essigwasser

▶ ☐

Lösungen der Aufgaben auf Seite 528

2

Tragen Sie die eingerahmten Kennziffern der richtigen Antworten in die Kästchen ein.	
31. Aufgabe **Welches Mittel ist am geeignetsten zur Pflege von Keramikkacheln?** 1 Seifenlauge 2 Scheuersand 3 Glycerin 4 Essigreiniger 5 Waschbenzin ▶	☐
32. Aufgabe **Eine Stoffserviette hat Kugelschreiberflecke. Wie lassen sich diese entfernen?** 1 Durch eine Alkoholverdünnung im Verhältnis 1 : 3 2 durch kaltes Wasser 3 durch warme Seifenlauge 4 durch reinen Alkohol 5 durch eine Essigsäure 6 durch eine Kochsalzlösung ▶	☐

Organisation im Gastgewerbe

1. Aufgabe **Sie haben die Aufgabe in einem Hotel eine Inventur durchzuführen: Welchen Bestand ermitteln Sie?** 1 Meldebestand 2 eiserner Bestand 3 Soll-Bestand 4 Ist-Bestand 5 Mindestbestand 6 Höchstbestand ▶	☐
2. Aufgabe **Aus welchem Organisationsmittel entnehmen Sie die Anforderungen an einen Stelleninhaber?** 1 Dienstplan 2 Checkliste 3 Urlaubsplan 4 Stellenbeschreibung 5 Personalplan ▶	☐
3. Aufgabe **Welche der folgenden Aufgaben gehört zu denen des Frontbüros?** 1 Buchung des Wareneingangs 2 Herausgabe von Materialien/Waren 3 Erstellen/Bearbeiten des Zimmerreservierungsplans 4 Troncverteilung ermitteln 5 Urlaubspläne erstellen ▶	☐

Lösungen der Aufgaben auf Seite 528

Tragen Sie die eingerahmten Kennziffern der richtigen Antworten in die Kästchen ein.

4. Aufgabe

Prüfen Sie, welches Führungssystem skizziert ist.

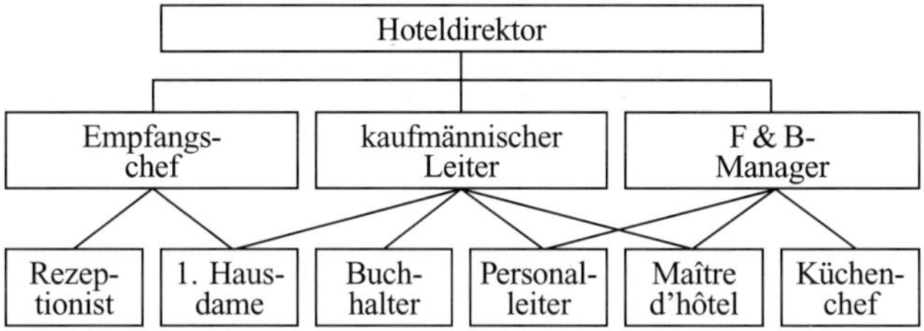

1 Stabliniensystem
2 Einliniensystem
3 Mehrlinien-(Funktionsmeister-)System
4 Stabsystem ▶ ☐

5. Aufgabe

Welche Punkte können Sie einer Stellenbeschreibung entnehmen?

1 Familienstand des Mitarbeiters
2 Vertretungsregelung (wer bzw. für wen?)
3 tägliche Arbeitszeit
4 Urlaubsdauer ▶ ☐
5 Über-, Unterordnungsverhältnis ▶ ☐

6. Aufgabe

Was beinhaltet die Aufbauorganisation eines Unternehmens?

1 Die Arbeitsabläufe
2 die Stellen und Abteilungen
3 das Durchführen von Abteilungsleiterbesprechungen
4 die Organisation der Weiterbildung des Personals
5 die Art der Auslastung von Arbeitsmitteln und -kräften ▶ ☐

Lösungen der Aufgaben auf Seite 528

Tragen Sie die eingerahmten Kennziffern der richtigen Antworten in die Kästchen ein.

7. Aufgabe

Ordnen Sie den aufgeführten Abteilungen eines Hotelbetriebes die entsprechenden Aufgaben zu:

1 Einkauf/Beschaffung	Werbemaßnahmen durchführen	☐
2 Magazin	Beratung von Gästen	☐
3 Vertrieb/Produktverkauf	Bezugsquellen herausfinden	☐
4 Servicebereich	Lohn-/Gehaltsabrechnung durchführen	☐
5 allgemeine Verwaltung	Warenpflege/-herausgabe	☐

8. Aufgabe

Erläutern Sie, welche Vorteile in einem Stabliniensystem genutzt werden können?

1 Mitarbeiter erhalten von mehreren Vorgesetzten Anweisungen.
2 Der Betrieb wird in Sparten unterteilt.
3 Die Anzahl der Hierarchieebenen erhöht sich.
4 Kosten werden eingespart, da weniger Personal notwendig ist.
5 Einheitliche Weisungserteilung bleibt, die Führungskräfte werden entlastet. ☐

9. Aufgabe

Sie haben die Aufgabe, für ein neu zu gründendes, gastgewerbliches Unternehmen ein System der Aufbauorganisation einzuführen. Dabei soll jede Stelle nur mit einer vorgesetzten Stelle verbunden sein. Wählen Sie die idealtypische Form für eine derartige Aufbauorganisation.

1 Das Mehrlinien-Stab-System
2 das Stab-Mehrlinien-System
3 das Mehrlinien-System
4 das Einlinien-System
5 das Teamwork-System ☐

10. Aufgabe

Der Organisator eines Großhotels beobachtet den Arbeitsablauf an der Rezeption, um die einzelnen Abläufe besser strukturieren zu können. Wie heißt diese Tätigkeit des Erfassens?

1 Stellenbeschreibung
2 Soll-Vorschlag
3 Ist-Analyse
4 Ablauforganisation
5 Feedback (Rückkoppelung) ☐

Lösungen der Aufgaben auf Seite 528

Tragen Sie die eingerahmten Kennziffern der richtigen Antworten in die Kästchen ein.

11. Aufgabe

Der Hoteldirektor gibt einem Team von Mitarbeitern das Ziel vor, in einem Monat einen Umsatz von 60.000,00 DM zu erreichen. Das Team soll dieses Ziel eigenverantwortlich bewerkstelligen. Kennzeichnen Sie, um welchen Führungsstil es sich handelt.

1 Autoritärer Führungsstil
2 Ablauforganisation
3 Abteilungsbildung
4 Management by objectives
5 Management by exception ► ☐

12. Aufgabe

Ordnen Sie die nebenstehenden Mitarbeiter den drei folgenden Hierarchieebenen (Rangstufen) zu:

1 = Top-Management
2 = Middle-Management
3 = Ausführungsebene

Hausdiener ► ☐
1. Hausdame ► ☐
Hoteldirektor ► ☐
Sous-Chef ► ☐
Restaurantdirektor ► ☐
Lohnbuchhalter ► ☐
Commis de rang ► ☐
F & B-Manager ► ☐

13. Aufgabe

Ordnen Sie die nebenstehenden Mitarbeiter zu:

1 = Empfangs- und Hallenpersonal
2 = Hoteladministration

Personalsachbearbeiter ► ☐
Magazinverwalter ► ☐
Journalführer ► ☐
Einkaufsleiter Küche ► ☐
Portier ► ☐
Rezeptionist ► ☐
Ausbildungsleiter ► ☐

Lösungen der Aufgaben auf Seite 528

2

Tragen Sie die eingerahmten Kennziffern der richtigen Antworten in die Kästchen ein.

14. Aufgabe

Sie sollen an einem Beispiel errechnen, wie lange die Waren im Magazin gelagert werden, um die Lagerhaltung zu optimieren. Welche Formel verwenden Sie, um die durchschnittliche Lagerdauer zu erhalten?

1 $\frac{\text{Jahresanfangsbestand} + \text{Jahresendbestand}}{12}$

2 $\frac{\text{Jahresanfangsbestand} + 12\ \text{Monatsbestände}}{13}$

3 $\frac{\text{Wareneinsatz} + \text{Jahresendbestand}}{360}$

4 $\frac{360\ \text{Tage}}{\text{Umschlagshäufigkeit}}$

5 $\frac{\text{jährlicher Wareneinsatz}}{\text{durchschnittliche Lagerdauer}}$

▶ ☐

15. Aufgabe

Fallbeispiel:
Markus Münch hat einen neuen Arbeitsplatz im Restaurant „Gourmet" gefunden und durchläuft in den ersten Monaten vereinbarungsgemäß einige Aufgabenbereiche. Zunächst wird er im Einkauf und in der Magazinverwaltung des Restaurants eingesetzt.

15.1

Markus Münch hat die Aufgabe, die Umschlagshäufigkeit des Rotweines „Franzosentröpfchen" zu berechnen. Im liegen aus der Buchhaltung die folgenden Zahlen vor: Verkauf von 900 Flaschen Rotwein; Einstandspreis 4,00 DM/Flasche; Verkaufspreis 16,00 DM/Flasche; durchschnittlicher Lagerbestand: 50 Flaschen. Wie lautet die richtige Umschlagshäufigkeit des Rotweines, die Markus Münch ermittelt hat?

1 3 600-mal
2 7,2-mal
3 5-mal
4 18-mal
5 72-mal
6 800-mal

▶ ☐

Lösungen der Aufgaben auf Seite 528

Tragen Sie die eingerahmten Kennziffern der richtigen Antworten in die Kästchen ein.

15.2

Markus Münch muss Speisevorräte für das Warenmagazin des Restaurants „Gourmet“ bestellen. Von der Auslieferung bis zur Warenausgabe hat er die folgenden Arbeitsgänge zu bewältigen. Bringen Sie die Arbeitsgänge in die richtige Reihenfolge.

1 Kontrolle der gelieferten Ware ▶ ☐
2 Warenanlieferung ▶ ☐
3 sachgemäße Behandlung und Kontrolle der gelagerten Waren ▶ ☐
4 Ausgabe der Ware an die abrufende Abteilung und Buchung des Warenausgangs ▶ ☐
5 sachgemäße Lagerung der gekauften Ware ▶ ☐

15.3

Mit welchem Lagerzinssatz muss Markus Münch kalkulieren, wenn die durchschnittliche Lagerdauer einer Ware zwölf Tage beträgt und der Jahreszinssatz mit 15% anzusetzen ist?

1 1,25 % 2 0,80 % 3 30,00 % 4 0,5 % 5 2,00 % ▶ ☐

15.4

Die Umschlagshäufigkeit von Servietten im Restaurant „Gourmet“ betrug 18 im zurückliegenden Jahr. Wie hoch war der durchschnittliche Lagerbestand, bei einem Wareneinsatz (Umsatz zu Einstandspreisen) von 9.720,00 DM?

1 18,00 DM 2 540,00 DM 3 30,00 DM
4 174.960,00 DM 5 450,00 DM ▶ ☐

16. Aufgabe

Die durchschnittliche Lagerdauer bestimmter Konserven beträgt neun Tage. Errechnen Sie, wie oft im Jahr der durchschnittliche Lagerbestand verkauft worden ist?

1 9-mal 2 320-mal 3 31-mal 4 40-mal ▶ ☐

17. Aufgabe

Eine Ware hat eine durchschnittliche Lagerdauer von zwölf Tagen. Ermitteln Sie den Wareneinsatz (Umsatz zu Einstandspreisen) bei einem durchschnittlichen Lagerbestand von 1.800,00 DM?

1 10.800,00 DM 2 150,00 DM 3 54.000,00 DM
4 360,00 DM 5 21.600,00 DM ▶ ☐

Lösungen der Aufgaben auf Seite 528

2

Tragen Sie die eingerahmten Kennziffern der richtigen Antworten in die Kästchen ein.

18. Aufgabe

Sie haben die Aufgabe, einen Warenanforderungsschein anzunehmen. Welche Angaben überprüfen Sie, um korrekt zu handeln?

1 Abteilung, Preis der Ware, Menge
2 Menge, Preis der Ware, Unterschrift des Bestellers
3 Ausgabebetrag, Unterschrift des Bestellers, Verbrauchsstelle
4 Abteilung, Art der Ware, Datum, Menge, Unterschrift des Bestellers
5 Ausgabebetrag, Menge der Ware, Preis der Ware ▶ ☐

19. Aufgabe

Sie haben die Aufgabe, die Tafelform für ein Bankett zu wählen. Berücksichtigen Sie die maßgebenden Kriterien.

1 Personenzahl und Saison
2 Personenzahl und Raumgröße
3 Menü und Verzehrpreis
4 verfügbares Personal und Verzehrpreis
5 Servierart und Getränkefolge ▶ ☐

20. Aufgabe

Was verstehen Sie unter parlamentarischer Bestuhlung?

1 Alle Stühle sind in einer Blickrichtung (z. B. Bühne) gestellt
2 nur für politische Veranstaltungen
3 spezielle Stühle für Politiker
4 ist nur im Bundeshaus erlaubt
5 alle Stühle sind mit einer weichen Auflage versehen ▶ ☐

21. Aufgabe

Eine Gruppe, bestehend aus zehn Personen, möchte im Hotel „Goldener Schwan“ ein kommunales Thema diskutieren. Welche der folgenden Tisch-/Tafelformen würden Sie empfehlen?

1 Blockform-Tafel
2 runde Tafel
3 Rechteck-Tafel
4 T-Form-Tafel ▶ ☐

Lösungen der Aufgaben auf Seite 528

Tragen Sie die eingerahmten Kennziffern der richtigen Antworten in die Kästchen ein.

22. Aufgabe

Welche Inhalte können Sie einer Bezugsquellenkartei entnehmen?

1 Die aktuelle Marktsituation
2 den Zeitpunkt der Neubestellung
3 die Umschlagshäufigkeit der Waren
4 die optimale Lagermenge
5 die Zahlungsbedingungen ► ☐

23. Aufgabe

Nennen Sie Faktoren, die bei der Ermittlung des Warenbedarfs zu berücksichtigen sind.

1 Lagerfähigkeit der Waren, betriebliches Leistungsvermögen, Anschrift der Lieferanten
2 Mindestbestand, Umschlagshäufigkeit, Lieferantenzahl
3 Finanzierbarkeit der Waren, vorhandener Bestand, Zahlungsbedingungen
4 voraussichtlicher Absatz, Lagerhöchstbestand, Lagerfähigkeit der Waren
5 Bezugsquellenübersicht, Verpackungsart, Größe und Eignung des Lagers ► ☐

24. Aufgabe

Sie sind für die Beschaffung von Getränken verantwortlich. Welche Formel verwenden Sie, um den Meldebestand (Bestellbestand) zu berechnen?

1 Wareneinsatz : durchschnittlichen Lagerbestand
2 (Tagesabsatz × Lieferzeit in Tagen) + Mindestbestand
3 (Tagesumsatz + Mindestbestand) × Lieferzeit in Tagen
4 (Warenanfangsbestand + Zugänge) – Schwund
5 Anzahl der Tage des Jahres : Umschlagshäufigkeit ► ☐

25. Aufgabe

Sie führen eine Inventur durch. Welchen Lagerbestand ermitteln Sie dabei?

1 Höchstbestand
2 Meldebestand
3 Ist-Bestand
4 Soll-Bestand
5 Eiserner Bestand ► ☐

Lösungen der Aufgaben auf Seite 528/529

2

Tragen Sie die eingerahmten Kennziffern der richtigen Antworten in die Kästchen ein.

26. Aufgabe

Welche Art Planungshilfe stellt das Formular dar?

Am Samstag	**dem** 22.10.94	**Beginn** 18 Uhr	
Veranstalter Familie Bauer		**Essen** 19 Uhr	
(bestellt durch Klaus Bauer **)**		**Ende** ca 2 Uhr	
Rechnungsanschrift Kronwiese 10, 38640 Goslar			
Umschlaganschrift wie Rechnungsanschrift		**Gedeckendpreis einschl. Bedienungsgeld und Umsatzsteuer**	
Teilnehmerzahl 38	**Anlass** Hochzeit		

Getränkefolge

Zum Empfang im: Halle
Sherry / Kir / Sekt / Pernod

Zum Essen im: Saal 1
Vorspeise: Nr. 2 1987 Weinheimer Hauerberg Riesling Kabinett trocken
Hauptgang: Nr. 12 1987 Waldseer „Hede Fett" Spätburgunder Weißherbst
Nachspeise: Hausmarke

Nach dem Essen:
Mokka / Kaffee / Digestif abfragen

Menü

Garnelencocktail mit Toast
* 15 Min.
Geflügelkraftbrühe mit Eierstich
* 10 Min.
Zartes Kalbsrückenstück, in Butter gebraten, mit Champignonrei, Mandelbällchen, gartenfrischen Salaten
Eisbombe „Carmen"
Nusseisbombe mit Eierlikör
Erdbeeren und Sahne

Bemerkungen Servieren: Vorspeise: amerikanisch; Suppe: "; Hauptgang: französisch; Süßspeise: englisch
Hausbar: Selbstzahler nach dem Essen Saal 1
Getränke nach Wahl, große Tafel

Garderobe besetzen –	**Tafelform** siehe Aushang	**Fotograf um** – **Uhr** – **Name:** –
Leuchter Haus	**Dekoration** 5 Gestecke à 60,00 DM	**Musik von** 21 **Uhr bis** 2 **Uhr, Name** Haus
Tischkarten Gast	**Menükarten** vom Haus	**Polizeistundenverlängerung bis** 3 **Uhr**
Tabakwaren –	**Pressebetreuung** –	**Mikrofon** – **Rednerpult** –
á Kto.Gesamtrechnung +	**Einzelkasso** –	**Leinwand Filmprojektor Diaprojektor** –
		Tanzerlaubnis bis 3 **Uhr Veranstalter:** Haus
Zimmer –	**Garagen** –	**GEMA-Anmeldung Veranstalter:** Haus
	aufgenommen am: 11.5.98	**von:** Krause **bestätigt:** Meyer

1 Eine Checkliste
2 einen Tafelorientierungsplan
3 einen Serviceablaufplan
4 eine Veranstaltungsempfehlung
5 eine Bankettvereinbarung

☐

Lösungen der Aufgaben auf Seite 529

Tragen Sie die eingerahmten Kennziffern der richtigen Antworten in die Kästchen ein.

27. Aufgabe

Welche Aufgaben haben Checklisten?

1 Sie sollen den Ablauf einer Verkaufsförderungsaktion begleiten.
2 Sie dienen als Gedächtnisstützen für Aufzeichnungen, Kontrollen, Planungen, Vereinbarungen und organisatorische Abläufe.
3 Sie bilden die Grundlage für die Wahl des Betriebsrats.
4 Sie dienen zur Prüfung des Materialverbrauchs in den einzelnen Kostenstellen. ▶ ☐
5 Sie halten alle Punkte fest, die bei einer künftigen Veranstaltung zu berücksichtigen sind. ▶ ☐

28. Aufgabe

Wie bezeichnet man den Beleg, mit dem Sie als Hotelmanager Waren beim Magazin anfordern können?

1 Warenanforderungsschein
2 Bestellschein
3 Coupon
4 Warenverbrauchsliste
5 Warenfachkarte ▶ ☐

29. Aufgabe

Ordnen Sie die drei richtigen nachstehenden Inhaltsschwerpunkte den entsprechenden Organisationsmitteln zu.

Inhaltsschwerpunkte	**Organisationsmittel**
1 Einsatzbereich – Zeitvorgabe	Checkliste für Verkaufsgespräche ▶ ☐
2 Personenzahl – Menüvorschläge	
3 Leistungsmaßstab – Verdienst	Tafelorientierungsplan ▶ ☐
4 Mise en place – Betriebsbuch	Arbeitseinsatzplan ▶ ☐
5 Raumflächenaufteilung – Tischeanordnung	
6 Termin – Stellenbeschreibung	

30. Aufgabe

Worüber gibt ein im Weinkeller installiertes Hygrometer Auskunft?

1 Luftdruck
2 Raumtemperatur
3 Lichtstärke
4 Klima
5 Luftfeuchtigkeit ▶ ☐

Lösungen der Aufgaben auf Seite 529

2

Tragen Sie die eingerahmten Kennziffern der richtigen Antworten in die Kästchen ein.

31. Aufgabe

Ein Gastwirt erhält ein unverbindliches Angebot über Spülmittel. Schätzen Sie die rechtliche Bedeutung ein, die davon ausgeht.

1 Das Angebot gilt bis zum Ende des laufenden Monats und ist abhängig vom Verkaufserfolg.
2 Das Angebot ist in allen Teilen noch offen.
3 Der Liefertermin ist unverbindlich und der Preis vorgeschrieben.
4 Die Liefermenge ist unverbindlich, der Preis fest ausgehandelt.
5 Der Preis ist unverbindlich und der Liefertermin befristet. ▶ ☐

32. Aufgabe

Bei einer Warenlieferung stellt der Hotelier fest, dass ein Teil der Ware Mängel aufweist. Der Gastronom (= Käufer) besteht auf Herabsetzung des Kaufpreises. Was verstehen Sie darunter?

1 Wandlung
2 Schadenersatz
3 Ersatzlieferung
4 Minderung ▶ ☐

33. Aufgabe

Der Gesetzgeber schreibt vor, dass neben dem Eingang zum/zur Restaurant/Gaststätte Auszüge aus der Speisen- und Getränkekarte veröffentlicht werden müssen (z. B. in einer Vitrine). Wozu dient diese Veröffentlichung?

1 Um Speisen- und Getränkekarten einzusparen
2 um den Gästen ein schnelleres Bestellen zu ermöglichen
3 um Gästen einen Angebotsvergleich zu ermöglichen
4 um den Gästen beim Verlassen des Restaurants/der Gaststätte das Überprüfen der Rechnung zu ermöglichen ▶ ☐

34. Aufgabe

Zum Aufgabengebiet der 1. Hausdame des Hotels „Alpenstern" zählen auch umfangreiche Kontrollen. Welche sind dies?

1 Verbrauchskontrollen der Gästeartikel (z. B. Seife)
2 Instandhaltungskontrollen der Außen- und Gartenanlagen
3 Zustandskontrollen der sanitären Anlagen
4 Übereinstimmungskontrollen des Belegungsplanes mit der Rezeption
5 Vergleichskontrollen der Lohnzahlungen an die Zimmermädchen ▶ ☐ ▶ ☐ ▶ ☐ ▶ ☐

Lösungen der Aufgaben auf Seite 529

Tragen Sie die eingerahmten Kennziffern der richtigen Antworten in die Kästchen ein.

35. Aufgabe

Ein Existenzgründer erstellt zur Organisation seines gastgewerblichen Betriebes ein Organigramm. Worüber informiert ein Organigramm?

1 Über die Anlage der Räume
2 über den Betriebsaufbau
3 über die anfallenden Frei- und Urlaubstage
4 über die Belegung der Gästezimmer
5 über die Belegung der Konferenzräume ► ☐

36. Aufgabe

Die so genannte Über- oder Unterorganisation führt zu unwirtschaftlicher Geschäftstätigkeit eines Betriebes. Suchen Sie ein typisches Beispiel für die Überorganisation.

1 Zuständige Stellen werden schlecht informiert
2 Kompetenzfragen werden neu geklärt
3 gleichartige Aufgaben werden immer wieder anders geregelt
4 Schriftstücke gehen oft verloren und werden teilweise nicht wiedergefunden
5 organisatorische Anforderungen werden nicht beachtet, weil sie sich als hinderlich erwiesen haben ► ☐

2

Lösungen der Aufgaben auf Seite 529

EDV

Tragen Sie die eingerahmten Kennziffern der richtigen Antworten in die Kästchen ein.

1. Aufgabe

Eine bestimmte Arbeit in der Lohnbuchhaltung eines Hotels soll zukünftig mit Hilfe der EDV erledigt werden. Empfehlen Sie, welche der folgenden Tätigkeiten zuerst durchzuführen ist.

1 Einen Datenflussplan erstellen
2 einen Programmablaufplan anfertigen
3 das Programm codieren
4 eine Analyse der Arbeitsabläufe aufstellen
5 eine Dokumentation anfertigen ▶ ☐

2. Aufgabe

Ermitteln Sie, welches der folgenden Programme ein Dienstprogramm des Betriebssystems ist.

1 Grafikprogramm für die Umsatzstatistik
2 Fakturierungsprogramm
3 Programm für die Lohn- und Gehaltsabrechnung
4 Angleichung an die Datenschutzbestimmungen
5 Programm zum Formatieren von Disketten ▶ ☐

3. Aufgabe

Ordnen Sie drei der nachfolgenden Beschreibungen den aufgeführten Begriffen zu:

1 Programm zum Erfassen und Bearbeiten von Reservierungen
2 Entwicklung einer neuen EDV-Konzeption
3 Software, die den internen Arbeitsablauf einer EDV-Anlage steuert und koordiniert
4 alle Geräte einschließlich der Zentraleinheit
5 Zusammenfassung von Ist-Analyse und Programmentwurf

Konfiguration ▶ ☐
Anwenderprogramm ▶ ☐
Betriebssystem ▶ ☐

4. Aufgabe

Welche der folgenden Daten einer Gästedatei sind Stammdaten?

1 Abreisedatum des letzten Aufenthaltes
2 Name des Gastes ▶ ☐
3 voraussichtliche Ankunft angemeldeter Gäste ▶ ☐
4 Wohnort des Gastes ▶ ☐
5 Geburtsdatum des Gastes ▶ ☐

Lösungen der Aufgaben auf Seite 529

Tragen Sie die eingerahmten Kennziffern der richtigen Antworten in die Kästchen ein.

5. Aufgabe

Fallbeispiel:
Das Hotel „Central“ hat auf EDV umgestellt und kauft von seinem EDV-Händler Hardware, das Betriebssystem MS-DOS und Anwenderprogramme.

5.1

Der Direktor des Hotels „Central“ möchte von dem EDV-Händler wissen, welche Arbeiten ein Anwenderprogramm erfüllen kann. Kennzeichnen Sie, welche der folgenden Aufgaben mittels eines Anwenderprogramms bearbeitet werden kann.

1 Steuerung der Peripherie (angeschlossenen Geräte, z. B. Drucker)
2 Berechnung der Hotelauslastung der letzten zwei Jahre und grafische Darstellung der Ergebnisse
3 die Steuerung und die Organisation des Datentransports innerhalb der CPU
4 Anpassung des Druckers an die Zentraleinheit ▶ ☐

5.2

Zu dem Verkauf der Hard- und Software an das Hotel „Central“ gehört auch ein Einführungskurs in die Anlagennutzung. Welche Taste muss man betätigen, um einen Befehl zu bestätigen?

1 SHIFT 2 RETURN 3 ESC
4 STRG 5 ALT ▶ ☐

5.3

Im Rahmen des Einführungskurses fragt ein Mitarbeiter des Hotels „Central“ nach dem Dienstprogramm des Betriebssystems. Welches der folgenden Programme ist ein Dienstprogramm des Betriebssystems?

1 Grafikprogramm für die Umsatzstatistik der Küche für die letzten Monate
2 Programm zur Erstellung von Gästerechnungen
3 Programm für die monatliche Lohn- und Gehaltsabrechnung
4 Angleichung der Daten der Stammgäste an die Datenschutzbestimmungen
5 Programm zum Formatieren von Disketten ▶ ☐

Lösungen der Aufgaben auf Seite 529

2

Tragen Sie die eingerahmten Kennziffern der richtigen Antworten in die Kästchen ein.

6. Aufgabe

Der Magazinverwalter arbeitet regelmäßig mit einem Lagerhaltungsprogramm. Dabei werden die Bestände aktualisiert und bei Erreichen des Meldebestandes ein entsprechender Hinweis gegeben. In welchem Teil der EDV-Anlage befindet sich das Programm während der Verarbeitung?

1 Im Rechenwerk
2 im Drucker
3 im Hauptspeicher
4 im Diskettenlaufwerk
5 im Keyboard ► ☐

7. Aufgabe

An einem zentralen Rechner eines Hotelbetriebes mit mehreren Filialen sind die Kassen des Hotels und aller Filialbetriebe direkt mit dem zentralen Rechner verbunden, um ständig Informationen über die Situation aller angeschlossenen Hotels zu bekommen. Welches Fachwort beschreibt diese Art der Verbindung?

1 Batch-Processing
2 Software-tools
3 Betriebssystem
4 Zentraleinheit
5 Online ► ☐

8. Aufgabe

Der kaufmännische Leiter eines Hotels möchte sich in einem Computerfachgeschäft über den neuesten Stand von Hardware und Software informieren. Bestimmen Sie bei den folgenden Begriffen, ob er sich an den Berater für Hardware (= 1) oder für Software (= 2) mit seinen Fragen wendet.

1 Hardware
2 Software

Betriebssystem ► ☐
Diskettenlaufwerk ► ☐
CD-ROM ► ☐
Reservierungsprogramm für die Rezeption ► ☐
Stammdaten der Gäste, alphabetisch geordnet ► ☐
Tintenstrahldrucker ► ☐

Lösungen der Aufgaben auf Seite 529

Tragen Sie die eingerahmten Kennziffern der richtigen Antworten in die Kästchen ein.

9. Aufgabe

Der Rezeptionist will Daten angereister Gäste auf eine $3^1/_2$″-Diskette speichern. Er stellt fest, dass das System beim Speicherbefehl jedesmal meldet, dass die eingegebenen Daten nicht gespeichert werden können (Fehlermeldung). Welche Ursache kann hierfür vorliegen?

1 Die Kapazität der Diskette ist noch nicht erreicht.
2 Es handelt sich um eine $5^1/_4$″-Diskette.
3 Der Schreibschutz der Diskette ist geöffnet.
4 Die Diskette ist nicht beschriftet.
5 Die Gästedaten sind noch nicht sortiert. ▶ ☐

10. Aufgabe

Der kaufmännische Leiter informiert sich über die Ausstattung eines bestimmten Personalcomputers. In dem Prospekt liest er: 512 KB ROM. Welche Eigenschaften treffen auf das Speichermedium ROM zu?

1 In diesem Speicher können Daten nur eingelesen werden.
2 Beim Ausschalten der Anlage gehen die gespeicherten Daten nicht verloren.
3 Es ist ein sequentieller Speicher.
4 Von diesem Speicher können die Daten nur gelesen werden.
5 Es können von diesem Speicher sowohl Daten gelesen als auch auf ihn gespeichert werden. ▶ ☐
6 Es handelt sich um den „Ready or Modem“-Speicher in der Zentraleinheit. ▶ ☐

11. Aufgabe

In der Abteilung Betriebsabrechnung soll aus Gründen der Datensicherung der Inhalt einer Diskette im Laufwerk A auf eine andere (formatierte) Diskette im Laufwerk B vollständig übertragen werden. Mit welchem MS-DOS-Befehl kann dies durchgeführt werden?

1 copy a: a:
2 diskcopy a: b:
3 xcopy a: b:
4 diskcopy a:b:
5 diskcopy a: b:
6 format a: b: ▶ ☐

Lösungen der Aufgaben auf Seite 529

2

Tragen Sie die eingerahmten Kennziffern der richtigen Antworten in die Kästchen ein.

12. Aufgabe

Um eine Rechnung für einen Gast zu erstellen, werden die entsprechenden Daten (Name, Anreisedatum, Abreisedatum, Zimmerpreis, Verzehr usw.) über das Keyboard auf eine Diskette gespeichert. Bezeichnen Sie diesen Arbeitsvorgang?

1 Batch-Processing
2 Datenverarbeitung
3 Online-Verfahren
4 Datenerfassung ▶ ☐

13. Aufgabe

Ein Hotelfachmann kauft Disketten. Auf der Packung steht als technische Angabe: 1,44 MB. Was sagt diese Angabe aus?

1 Die Diskette kann nicht formatiert werden.
2 Die Diskette läuft nur unter MS-DOS.
3 Es können ca. 1 440 000 Zeichen gespeichert werden.
4 Eine Umformatierung auf 720 MB ist nicht möglich.
5 Die Speicherkapazität der Diskette ist größer als auf einer üblichen Festplatte. ▶ ☐

14. Aufgabe

Ein Auszubildender in einem Hotel möchte wissen, welche Bestandteile zu einer Zentraleinheit gehören, damit die EDV ihre Funktionen erfüllt. Welche Antworten wird er erhalten?

1 Rechenwerk
2 MS-DOS
3 Festplatte
4 CPU ▶ ☐
5 Steuerwerk ▶ ☐
6 Arbeitsspeicher ▶ ☐
7 Plotter

15. Aufgabe

Ermitteln Sie, wer über die Einhaltung der Datenschutzvorschriften des BDSG wacht.

1 Berufsgenossenschaft
2 DEHOGA
3 Datenschutzbeauftragter ▶ ☐
4 Gewerbeaufsichtsamt ▶ ☐
5 Betriebsbeauftragter einer Hotelkette

Lösungen der Aufgaben auf Seite 529

Tragen Sie die eingerahmten Kennziffern der richtigen Antworten in die Kästchen ein.

16. Aufgabe

Am Jahresende sollen die Daten des Geschäftsabschlusses aus Sicherheitsgründen nicht im Rechner, sondern auf einem externen Datenträger gespeichert werden. Welche Datenträger könnten Sie für diesen Zweck nutzen?

1 Floppy
2 Keyboard
3 Disketten
4 Laserdrucker
5 Festplatte
6 Magnetband ▶ ☐
7 handschriftlich erstellter Tagesjournalbogen ▶ ☐

17. Aufgabe

Die Mitarbeiter an der Rezeption eines Hotels werden über den Datenschutz belehrt. Wie lautet die Kernaussage einer solchen Belehrung?

1 Disketten sollen vor Feuchtigkeit, Hitze und Magnetismus geschützt werden.
2 Ergebnisse von Betriebsratswahlen dürfen erst nach zwei Tagen bekanntgegeben werden.
3 Personenbezogene Daten sind grundsätzlich geschützt und dürfen von Unbefugten nicht eingesehen werden.
4 Telefonnummern von Gästen, die im „Örtlichen" stehen, dürfen nur nach Rücksprache mit dem Gast benutzt werden. ▶ ☐

18. Aufgabe

Ein Hoteldirektor weist seine Mitarbeiter in die Anwendung einer neuen EDV-Anlage ein und erklärt ihnen beim Umgang mit Daten von Gästen und Personal die Datensicherung. Welche Aussagen würden Sie an seiner Stelle treffen?

1 Der Zugriff unbefugter Personen auf die Umsatzstatistik ist zu verhindern.
2 Es ist zu sichern, dass beim Kassenschluss alle Bons erfasst wurden.
3 Wichtige Datenbestände sind mehrfach auf doppelten Datenträgern zu speichern.
4 Es ist dafür zu sorgen, dass die Ist-Bestände des Magazins mit den Buchwerten (Soll-Beständen) übereinstimmen. ▶ ☐ ▶ ☐
5 Der Bildschirm ist so aufzustellen, dass Gäste ihn nicht einsehen können. ▶ ☐

2

Lösungen der Aufgaben auf Seite 529

Tragen Sie die eingerahmten Kennziffern der richtigen Antworten in die Kästchen ein.

19. Aufgabe

Erläutern Sie Ihrem Chef, was unter einer Datenbank zu verstehen ist:

1 Unter einer Datenbank versteht man Daten, die nur auf Diskette gespeichert sind.
2 Unter einer Datenbank versteht man einen Sammelbegriff für alle Softwarearten.
3 Unter einer Datenbank versteht man eine Übersicht aller Buchstaben und Zahlen, die in Wort und Schrift verwendet werden.
4 Unter einer Datenbank versteht man einen tragbaren PC mit einer großen Speicherkapazität.
5 Unter einer Datenbank versteht man eine Dateiensammlung, deren Daten nach bestimmten Ordnungskriterien zusammengefasst sind. ▶ ☐

20. Aufgabe

In einem Restaurant werden mit Hilfe der EDV Daten täglich auf einem Datenträger erfasst, z. B. der Verbrauch bestimmter Warengruppen und der Umsatz. Erst am Monatsende werden sämtliche Daten in die Zentraleinheit übertragen und mit Hilfe verschiedener Programme verarbeitet. Welcher Fachausdruck beschreibt dieses Verfahren?

1 Datenfernübertragung
2 Timesharing
3 Modemaustausch
4 Batch-Processing (Stapelverarbeitung)
5 Multiprogrammierung
6 Datenbanksystem ▶ ☐

21. Aufgabe

Was ermöglicht ein Guest-Check-System bei elektronischen Registrierkassen?

1 Das Erstellen einer Umsatzstatistik für F&B mit Mengen- und Wertangaben
2 das Speichern von Plätzen und Tischen
3 das Schreiben von Tischkarten
4 das Anlegen bzw. Verändern von Artikeln und Preisen zum Ausschluss von Preisirrtümern
5 das Speichern der Frequenz in den einzelnen Betriebsstellen ▶ ☐

Lösungen der Aufgaben auf Seite 529

Tragen Sie die eingerahmten Kennziffern der richtigen Antworten in die Kästchen ein.

22. Aufgabe

Ein Auszubildender möchte vom Chef de Rang wissen, welche Vorteile der Einsatz der EDV im Restaurant für Servicepersonal und Geschäftsführung bietet. Welche Antwort würden Sie geben?

1 Das Restaurantpersonal arbeitet nur mit der gültigen Speisekarte.
2 Auf der Rechnung muss der Nahme des/r Restaurantfachmanns/-fachfrau nicht mehr erscheinen.
3 Einzeln aufgelegte Tische können bei der Rechnungserstellung zusammengelegt werden. ▶ ☐
4 Er ermöglicht eine optimale Mitarbeiter-Disposition. ▶ ☐
5 Die Geschäftsführung kann zu bestimmten Stichtagen einen Umsatzbericht erstellen und drucken lassen. ▶ ☐

23. Aufgabe

Welche der nachstehenden Daten fallen unter das *Datenschutzgesetz*?

1 Zahlungsweise des Gastes
2 Familienstand des Gastes ▶ ☐
3 Mitarbeiterzahl ▶ ☐
4 Prüfungsergebnisse ▶ ☐
5 Personalnummern ▶ ☐
6 Ergebnisse eines Warentests ▶ ☐

24. Aufgabe

Welche Vorteile als Nutzer der Datenfernübertragung bzw. des Datenträgeraustausches mit ihrer Hausbank haben gastgewerbliche Betriebe?

1 Keine Kosten bei Überweisungen
2 schnellere Bearbeitung durch die Bank
3 Einsparung von Bankgebühren gegenüber der Belegüberweisung ▶ ☐
4 sehr geringe Übertragungskosten bei Datenfernübertragung ▶ ☐
5 Datenträgeraustausch lässt sich einfach und sicher handeln

2

Lösungen der Aufgaben auf Seite 529

Telekommunikation

Tragen Sie die eingerahmten Kennziffern der richtigen Antworten in die Kästchen ein.

1. Aufgabe

Sie bereiten für einen Gast ein Telefax vor, das inhaltlich Angaben zu einem Bankett enthalten soll. Notieren Sie die Information, die das Telefax formal enthalten muss.

1 Die Telefaxnummer des Empfängers
2 die Unterschrift der Person, die das Telefax absendet
3 die Anzahl der Seiten des Telefax
4 die Uhrzeit zu der das Telefax verschickt wurde
5 die Kostenstelle der bearbeitenden Abteilung ▶ ☐

2. Aufgabe

Sie haben die Aufgabe, einen Konferenzbestuhlungsplan zu erstellen und diesen dem Auftraggeber zu übermitteln. Entscheiden Sie sich für die dafür beste Kommunikationsmöglichkeit.

1 Videotext
2 Telex
3 Telefax
4 Telegramm
5 Btx/Datex-J ▶ ☐

3. Aufgabe

Ist es möglich, das Fernmeldegeheimnis aufzuheben?

1 Es besteht generell keine Möglichkeit einer Aufhebung des Fernmeldegeheimnisses.
2 Das Fernmeldegeheimnis kann durch den Polizeipräsidenten aufgehoben werden.
3 Das Fernmeldegeheimnis kann in Anwendung eines besonderen Bundesgesetzes aufgehoben werden.
4 Eine Detektei kann die Aufhebung des Fernmeldegeheimnisses erwirken. ▶ ☐

4. Aufgabe

Worin liegen die Vorteile eines home-banking mittels Telefon für den Bankkunden?

1 24 Stunden am Tag nutzbar
2 unbegrenzte Überweisungen sind möglich
3 ein Funktelefon weitet die Nutzungsmöglichkeiten noch mehr aus ▶ ☐
4 diese Dienstleistung kann von jedem Telefonstandort aus in Anspruch genommen werden ▶ ☐
5 der Kunde ist vor Geheimzahlenmissbrauch geschützt ▶ ☐

Lösungen der Aufgaben auf Seite 529

Tragen Sie die eingerahmten Kennziffern der richtigen Antworten in die Kästchen ein.

5. Aufgabe

Worin liegen die Vorteile des home-banking mittels Datex-J/Btx für den Betreiber eines gastgewerblichen Betriebes?

1 Günstig bei hoher Anzahl täglicher Überweisungen
2 Lastschrifteinzug ist vom Betrieb aus steuerbar
3 ständige Abfrage des aktuellen Kontostandes ist möglich
4 geringere Bankgebühren gegenüber Belegüberweisungen
5 Sicherung durch Eingabe von PIN und TAN

6. Aufgabe

Worin liegen die Vorteile des home-banking mittels Datex-J/Btx für den Bankkunden?

1 Keine oder geringe Bankgebühren
2 schnelle Übertragungsraten im Telefonnetz
3 Lastschrifteinzug ist von zu Hause aus steuerbar
4 24 Stunden täglich nutzbar
5 Ausdruck der Kontobewegungen über den eigenen Drucker

2

Beschaffung und Lagerhaltung

1. Aufgabe

Fallbeispiel:
Nach Ihrer Ausbildung sind Sie in der Magazinverwaltung eines großen Hotels dafür verantwortlich, die gelieferte und ausgegebene Ware richtig zu erfassen und die Engpässe in der Versorgung der verschiedenen Abteilungen zu vermeiden. Dazu arbeiten Sie eng mit dem F&B-Manager des Hotels zusammen.

1.1

Warum müssen Sie auf eine fortlaufende Kontrolle der gelagerten Ware besonderen Wert legen?

1 Dadurch kann der Gewinn bzw. Verlust festgestellt werden
2 dadurch kann die Inventur am Jahresende gespart werden
3 dadurch ist die Beschaffenheit der Ware jederzeit bekannt
4 dadurch kann die Übereinstimmung von Bestellung und Lieferung geprüft werden
5 dadurch werden die Vorschriften des Gewerbeaufsichtsamtes eingehalten

Lösungen der Aufgaben auf Seite 529

Tragen Sie die eingerahmten Kennziffern der richtigen Antworten in die Kästchen ein.	
1.2 **Sie erhalten von Ihrem neuen Chef die Aufgabe, den Bestand an Weinen im Hotel festzustellen. Wählen Sie die erforderlichen Angaben aus, die Sie in diesem Fall benötigen:** 1 Jahresanfangsbestand sowie Meldebestand 2 Monatsendbestände sowie Meldebestand 3 Jahresanfangsbestand sowie Lagerdauer 4 Monatsbestände sowie Lagerdauer 5 Jahresanfangsbestand sowie Monatsendbestände ►	☐
1.3 **Welche Auswirkung hätte es, wenn Sie die Umschlaghäufigkeit im Magazin bei gleichem Wareneinsatz senken würden?** 1 Der eiserne Bestand erhöht sich 2 die durchschnittliche Lagerdauer wird kleiner 3 der durchschnittliche Lagerbestand wird kleiner 4 die Kapitalbindung vermindert sich 5 die Kapitalbindung erhöht sich ►	☐
2. Aufgabe **Wählen Sie die Formel aus, mit der man den Warenbestand feststellen kann:** 1 Warenbestand = Endbestand – Umschlagshäufigkeit + Zugang 2 Warenbestand = Endbestand – Abgang + Zugang 3 Warenbestand = Anfangsbestand + Zugang – Endbestand 4 Warenbestand = Anfangsbestand – Abgang + Zugang 5 Warenbestand = Anfangsbestand + Abgang – Zugang ►	☐
3. Aufgabe **Kennzeichnen Sie, was die Unterschrift des Warenempfängers auf dem Lieferschein bewirkt.** 1 Sie bestätigt die Lieferung der Waren, die auf dem Lieferschein aufgeführt sind. 2 Sie bestätigt, dass die Lieferung termingerecht eingegangen ist. 3 Sie bestätigt, dass die Lieferung mit der Bestellung übereinstimmt. 4 Sie bestätigt die einwandfreie Qualität der gelieferten Waren. 5 Sie bestätigt, dass die Lieferpreise mit den Angebotspreisen übereinstimmen. ►	☐

Lösungen der Aufgaben auf Seite 529

Tragen Sie die eingerahmten Kennziffern der richtigen Antworten in die Kästchen ein.

4. Aufgabe

Die folgenden Lagerkennziffern sind eine Orientierungshilfe für eine wirtschaftliche Lagerhaltung.

1 Mindestbestand
2 Höchstbestand
3 Umschlagshäufigkeit
4 durchschnittlicher Lagerbestand
5 Lagerkosten
6 Lagerzinssatz

Ordnen Sie drei der vorstehenden Lagerkennziffern den zugehörigen Aussagen zu:

Um die Betriebsbereitschaft zu gewährleisten, darf diese Kennziffer nicht unterschritten werden. ▶ ☐

Um zu erkennen, ob zuviel Kapital im Lager gebunden ist, wird diese Kennziffer ermittelt. ▶ ☐

Je größer diese Kennziffer ist, desto geringer ist der Anteil der Lagerkosten am Preis des jeweiligen Produkts. ▶ ☐

5. Aufgabe

Welche der folgenden Behauptungen würden Sie sich zu eigen machen, wenn Sie in einem großen Hotel für die Lagerhaltung verantwortlich wären?

1 Lagerdauer und -risiko sind Kennziffern zur Ermittlung der Umschlagshäufigkeit
2 je kürzer die Lagerdauer, desto kleiner der Lagerzinssatz
3 je geringer die Umschlagshäufigkeit, desto geringer das Lagerrisiko
4 je geringer die Umschlagshäufigkeit, desto geringer der Lagerzinssatz
5 je höher der eiserne Bestand, desto niedriger der Meldebestand ▶ ☐

2

Lösungen der Aufgaben auf Seite 529

Tragen Sie die eingerahmten Kennziffern der richtigen Antworten in die Kästchen ein.

6. Aufgabe

Sie haben die Aufgabe, das Warenmagazin aufzustocken. Bringen Sie die Arbeitsvorgänge, die im Rahmen des Wareneinkaufs entstehen, in die richtige Reihenfolge.

1 Angebotseinholung ▶ ☐
2 Angebotsvergleich ▶ ☐
3 Warenbestellung ▶ ☐
4 Beschaffungsmarktanalyse ▶ ☐
5 Rechnungskontrolle ▶ ☐
6 Lieferscheinprüfung ▶ ☐
7 Warenannahme ▶ ☐

7. Aufgabe

Wie antworten Sie, wenn Sie einem Mitschüler die Bedeutung des Meldebestandes korrekt erklären wollen?

Meldebestand ist der Warenbestand,

1 der nicht unterschritten werden darf.
2 bei dessen Erreichen der Bestellzeitpunkt erreicht ist.
3 der als Einkaufssoll festgelegt wird.
4 der nicht überschritten werden darf.
5 der gelagert wird, um die Betriebsbereitschaft zu wahren. ▶ ☐

8. Aufgabe

Prüfen Sie den nebenstehenden Beleg, und kreuzen Sie an, um was es sich dabei handelt.

Datum	Beaujolais	Curaçao	Eierlikör	Flaschenbier Pils	Flaschenbier Alt
	1/4 Fl.	2 cl	2 cl	Fl.	Fl.
1. Oktober	–	30	18	264	84
2. Oktober	6	27	15	198	48
3. Oktober	6	39	12	276	42
Summe	12	96	45	708	174
4. Oktober					
5. Oktober					

1 Inventurblatt
2 Lagerfachkarte
3 Lagerkarteikarte
4 Warenanforderungsschein
5 Warenverbrauchsliste ▶ ☐

Lösungen der Aufgaben auf Seite 529

Tragen Sie die eingerahmten Kennziffern der richtigen Antworten in die Kästchen ein.

9. Aufgabe

Kennzeichnen Sie, welche Funktion der Laufzettel (= Memo) in der Betriebsorganisation hat.

Der Laufzettel

1 ist ein innerbetriebliches Hilfsmittel zur Durchführung von Warenkontrollen
2 ist ein betriebsinterner Warenbegleitschein, der bei der Warenausgabe auszufüllen ist
3 informiert alle Abteilungen des Betriebes, die mit einer Veranstaltung zu tun haben
4 ist ein endgültiger Reservierungsplan, der allen betroffenen Abteilungen ausgehändigt wird
5 führt alle Leistungen auf, die ein Hotelbetrieb dem Gast anbietet ▶ ☐

2

Lösungen der Aufgaben auf Seite 529

Teil 3 Situationen – handlungsorientiert

Situation 1 – Sonderveranstaltungen

Tragen Sie die eingerahmten Kennziffern der richtigen Antworten in die Kästchen ein.

Josef Weidekamp ist der Manager der Schauspielerin Elvira Royale, die anlässlich ihres fünfzigsten Geburtstages zu einer Festveranstaltung in das Hotel Waldschlösschen einladen möchte. Frau Heimann, die im Hotel Waldschlösschen für Verkaufsgespräche hinsichtlich Sonderveranstaltungen zuständig ist, empfängt Herrn Weidekamp in ihrem Büro, um alle Einzelheiten dieser Veranstaltung abzusprechen. Diese werden in der Bankettvereinbarung (Avis) festgehalten. Außerdem hat Frau Heimann diverse Menüvorschläge mit Preisangaben dabei, die sie über Herrn Weidekamp seiner Chefin zwecks Menüwahl zukommen lassen möchte.

Fest steht bisher, dass
- die Veranstaltung am 18. Dezember 19.. stattfinden soll,
- 200 Gäste an der Veranstaltung teilnehmen werden,
- das Gros der Gäste um 18.00 Uhr im Hotel eintreffen wird,
- für 80 Gäste 30 Doppelzimmer und 20 Einzelzimmer reserviert werden sollen und
- das Veranstaltungsmanagement versuchen soll, für die musikalische Unterhaltung das „Wohmann-Sextett“ zu engagieren.

Nach einigen Tagen ist der Veranstaltungsvertrag „unter Dach und Fach“; Herr Weidekamp übergibt Frau Heimann eine Anzahlung von 20.000,00 DM in bar. Diese händigt ihm dafür eine Quittung aus.

1. Aufgabe

1.1

Die Grundlage für ein Verkaufsgespräch über eine Sonderveranstaltung ist der Veranstaltungsplan. Wozu benötigt Frau Heimann den Veranstaltungsplan?

1 Aus dem Veranstaltungsplan geht hervor, an welchen Tagen welche Räume zu welcher Zeit noch frei sind.

2 Der Veranstaltungsplan gibt über die Größe der zur Verfügung stehenden Räume Aufschluss.

3 Anhand des Veranstaltungsplans können Hinweisschilder für die an der Veranstaltung teilnehmenden Gäste angebracht werden.

4 Aus dem Veranstaltungsplan gehen die Nutzungsmöglichkeiten der Räume, aufgegliedert nach Anlässen, hervor.

▶ ☐
▶ ☐

Lösungen der Aufgaben auf Seite 530

Tragen Sie die eingerahmten Kennziffern der richtigen Antworten in die Kästchen ein.

1.2

Termine, Gästewünsche und andere Vereinbarungen müssen schriftlich festgehalten werden. Nur so können Irrtümer weitgehend ausgeschlossen werden. Die in Folge genannten Punkte enthalten keineswegs alle Angaben, die Frau Heimann wissen muss. Einige Angaben sind für Frau Heimann nicht wichtig, andere sind für sie von Bedeutung. Kennzeichnen Sie letztere.

1 Besteller der Veranstaltung (Name und Anschrift) ▶ ☐
2 Tag der Veranstaltung ▶ ☐
3 Beginn der Veranstaltung ▶ ☐
4 Kontaktanschrift bzw. Fax- oder Telefonnummer bei Nachfragen oder unvorhersehbaren Problemen ▶ ☐ ▶ ☐
5 augenblicklicher Aufenthalt der Schauspielerin ▶ ☐
6 Sitzordnung ▶ ☐
7 Tourneepläne der Künstlerin ▶ ☐
8 Menü und korrespondierende Getränke ▶ ☐
9 Anzahl der Gäste ▶ ☐
10 Tafelform ▶ ☐
11 Tischreden
12 musikalische Untermalung

1.3

Nachdem Frau Heimann die Anzahl der Gäste erfahren hat, schlägt sie als Veranstaltungsraum den „Braunschweiger Saal" vor. Als Tafelform empfiehlt sie eine „offene Form", zwanzig runde Tische à zehn Personen. Wovon ist die zu wählende Tafelform abhängig?

1 Von der Größe des Raumes
2 von der Anzahl der Gäste
3 von der Leistungsfähigkeit der Servicekräfte ▶ ☐
4 von dem zu servierenden Menü ▶ ☐
5 von der Zahlungsart der Gesamtrechnung

3

Lösungen der Aufgaben auf Seite 530

Tragen Sie die eingerahmten Kennziffern der richtigen Antworten in die Kästchen ein.

1.4

Sich der Zweckmäßigkeit bewusst, wird der Manager mit seiner Arbeitgeberin einen Sitzplan ausarbeiten und diesen dem Hotel „Waldschlösschen" zukommen lassen. Welchen Sinn hat ein Sitzplan?
Ein Sitzplan ist erforderlich, um

1 dem Serviceleiter die Möglichkeit zu geben, einen Serviceplan zu erstellen.
2 vorgefertige Tischkärtchen seitens der Servicemitarbeiter korrekt auf der Tafel platzieren zu können.
3 die Gäste so platzieren zu können, wie der Gastgeber es für angebracht hält. ▶ ☐ ▶ ☐

1.5

Herr Weidekamp verspricht Frau Heimann, ihr das ausgewählte Menü und die Sitzordnung schnellstens zukommen zu lassen. Welche der folgenden Möglichkeiten wird er wählen?

1 Brief
2 Eilbrief
3 Telex
4 Telefax ▶ ☐

1.6

Frau Heimann befragt den Manager, Herrn Weidekamp, nach vorgesehenen Tischreden. Herr Weidekamp ist im Augenblick überfragt, verspricht jedoch, diesbezüglich bald Mitteilung zu machen.
Warum ist es für die Mitarbeiter des Hotels von Bedeutung, ob, wann und wie viele Tischreden mit welcher Dauer vorgesehen sind?

1 Bei vielen Tischreden muss über eine Beantragung der Polizeistundenänderung nachgedacht werden.
2 Bei größeren Veranstaltungen muss die „Technik" des Hauses eingeschaltet werden.
3 Durch Tischreden entstehende Pausen vor dem Essen und zwischen den einzelnen Gängen sind für die Küchenmitarbeiter von Bedeutung. Das Anrichten der Speisen kann entsprechend abgestimmt werden. ▶ ☐ ▶ ☐

Lösungen der Aufgaben auf Seite 530

Tragen Sie die eingerahmten Kennziffern der richtigen Antworten in die Kästchen ein.

Herr Weidekamp bittet Frau Heimann darum, dass die Gestaltung der Tischkärtchen, der Tafel- und Raumdekoration und die Verpflichtung des „Wohmann-Sextetts“ seitens des Hotels erledigt wird. Er sucht seine Arbeitgeberin, die Schauspielerin Elvira Royale auf, um ihr die vom Hotel Waldschlösschen unterbreiteten Menüs zur Auswahl vorzulegen. Frau Royale hat mit ihrer Freundin bereits in „Eigenregie“ ein Menü erstellt.
Für Ihre Geburtstagsveranstaltung hat Frau Royale folgendes Menü vorgesehen:

Wildkraftbrühe
***
Räucherlachs
mit Toast und Butter
***
Rehbraten
Wacholderrahmsoße
Kartoffelkroketten
Pfifferlinge
***
Vanilleeis
mit flambierten Kirschen

Als Getränke haben die beiden Damen Sherry cream als Aperitif, Rotwein zum Fisch, Weißwein zum Hauptgang vorgesehen. Zum Dessert soll Sekt gereicht werden.

→

Lösungen der Aufgaben auf Seite 530

3

Tragen Sie die eingerahmten Kennziffern der richtigen Antworten in die Kästchen ein.

1.7

Frau Heimann erhält per Fax die Menü- und Getränkewünsche der Auftraggeberin. Frau Heimann ist von der Menü- und Getränkeaufstellung nicht gerade begeistert und bittet, kleine Veränderungen vornehmen zu dürfen.

a) Was wird Frau Heimann bei dem Menü ändern?

1 Da die Veranstaltung im Dezember stattfindet, kommt Wild saisonbedingt nicht in Frage.
2 Die Reihenfolge der angeführten Gänge ist nicht in Ordnung.
3 Die Reihenfolge der Beilagen beim Hauptgang ist unkorrekt.
4 Eine Wiederholung der Basisstoffe liegt vor.
5 Die farblichen Voraussetzungen beim korrigierten Menü stimmen nicht.
6 Heiße Kirschen harmonieren nicht mit dem Eis, das Eis würde schmelzen.
7 Bei solch hoher Gästezahl ist Flambieren nicht möglich.

▶ ☐ ▶ ☐ ▶ ☐ ▶ ☐ ▶ ☐

b) Welche Korrekturen wird Frau Heimann bzgl. der Getränke vornehmen?

1 Die Getränkewünsche benötigen keine Korrektur.
2 Nach einem Rotwein darf kein Weißwein folgen.
3 Sherry cream ist ungeeignet, da er den Appetit nicht anregt, sondern mindert.
4 Zu dunklem Fleisch muss grundsätzlich roter Wein gereicht werden.

▶ ☐ ▶ ☐

1.8

Sind alle Punkte der Veranstaltungsvereinbarung geklärt, müssen die von der Veranstaltung betroffenen Abteilungen benachrichtigt werden. Um welche Abteilungen handelt es sich in diesem Falle?

1 Geschäftsleitung
2 Rechnungswesen
3 Küche
4 Rezeption
5 Werbung
6 Technik
7 Telefonzentrale
8 Personal
9 Floristik

▶ ☐ ▶ ☐ ▶ ☐ ▶ ☐

Lösungen der Aufgaben auf Seite 530

Tragen Sie die eingerahmten Kennziffern der richtigen Antworten in die Kästchen ein.

1.9

Josef Hartmann hat die Aufgabe per Telefax anzufragen, ob das „Wohmann-Sextett" anlässlich der Sonderveranstaltung im „Waldschlösschen" spielen würde. Wie sollte Herr Hartmann das Telefax formal aufbauen?
Das Telefax sollte enthalten

1 den Absender und den Adressaten
2 die Uhrzeit, zu der das Telefax gesendet wird
3 die Anzahl der Seiten des Telefax, ggf. inklusive eines Deckblatts
4 die Unterschrift der Person, die für das Telefax verantwortlich ist ▶ ☐
5 Vermerk, dass über die Fernkopie Qualitätseinbußen des Schriftbildes möglich sind ▶ ☐ ▶ ☐

1.10

Das Bankett-Team des Hotels „Waldschlösschen" hat die Tafelform für die Geburtstagsfeier von Frau Royale zusammengestellt. Welcher ist der beste Kommunikationsweg, um der Auftraggeberin die entsprechende Information zukommen zu lassen?

a) Wenn die Organisation der Veranstaltung kurzfristig abgeschlossen werden muss.

1 Telex
2 Briefsendung
3 Videotext
4 Datex-J
5 Telefax
6 Telegramm ▶ ☐

b) Wenn die Organisation der Veranstaltung noch Zeitspielräume lässt.

1 Telex
2 Briefsendung
3 Videotext
4 Btx
5 Telefax
6 Telegramm ▶ ☐

Lösungen der Aufgaben auf Seite 530

3

Tragen Sie die eingerahmten Kennziffern der richtigen Antworten in die Kästchen ein.

1.11

Der Magazinverwalter des „Waldschlösschens“ teilt dem F & B-Manager mit, dass für das Bankett nicht genügend Sektschalen zur Verfügung stehen, was eine Reihe von Tätigkeiten auslöst. Bringen Sie die Tätigkeiten in die richtige Reihenfolge:

1 Einholen von Angeboten ▶ ☐
2 Angebotsvergleich ▶ ☐
3 Überwachung des Liefertermins ▶ ☐
4 Warenbestellung ▶ ☐
5 interne Warenanforderung ▶ ☐
6 Wareneingangsprüfung ▶ ☐
7 Feststellung der Bezugsquellen mit Hilfe der Lieferantendatei ▶ ☐
8 Einlagerung der Ware ▶ ☐
▶ ☐

1.12

Um die für den Empfang fehlenden Waren zu beschaffen, sind einige Aufgaben zu erfüllen. Ordnen Sie die Bereiche

1 Magazin und
2 Einkauf

den nachstehenden Tätigkeiten zu:

Einholen von Angeboten ▶ ☐
Angebotsvergleich ▶ ☐
Überwachung des Liefertermins ▶ ☐
Warenbestellung ▶ ☐
interne Warenanforderung ▶ ☐
Wareneingangsprüfung ▶ ☐
Feststellung der Bezugsquellen mit Hilfe der Lieferantendatei ▶ ☐
Einlagerung der Ware ▶ ☐

Lösungen der Aufgaben auf Seite 530

Tragen Sie die eingerahmten Kennziffern der richtigen Antworten in die Kästchen ein.

1.13

Für den „Prominentenempfang“ werden zusätzlich verschiedene Waren geliefert. Diese Waren müssen in die folgenden Vorratsräume gebracht werden:

1 Food-Magazin
2 Beverage-Magazin
3 Non-food-Magazin

Ordnen Sie die nachstehenden Artikel dem entsprechenden Magazin zu.

Salz ▶ ☐
Orangensaft ▶ ☐
Kartoffeln ▶ ☐
Mineralwasser ▶ ☐
Zucker ▶ ☐
tiefgefrorenes Fleisch ▶ ☐
Sektschalen ▶ ☐

Frank Pfiffig wird vom Bankettleiter beauftragt, mit den Auszubildenden Kerstin, Dagmar und Janine den „Braunschweiger Saal“ für die Veranstaltung vorzubereiten. Dazu gehört u. a. das Fertigstellen der Tische inkl. Couverts und Dekorationen.

1.14

Frank und die Auszubildenden haben die zwanzig runden Tische für jeweils zehn Gäste an die vorgesehenen Stellen im „Braunschweiger Saal“ platziert. Da der Fußboden kleine Unebenheiten aufweist, entpuppen sich einige Tische als „Wackeltische“. Wie können diese Mängel behoben werden?

1 „Wackeltische“ werden mittels „Bierdeckeln“ ausgeglichen.
2 Zusammengefaltete Papierservietten schaffen hier Abhilfe.
3 Der Ausgleich wird mittels Korkenscheiben oder Korkenkeilen geschaffen. ▶ ☐

Lösungen der Aufgaben auf Seite 530

Tragen Sie die eingerahmten Kennziffern der richtigen Antworten in die Kästchen ein.

1.15

Kerstin empfindet die runden Tische, die jeweils einen Durchmesser von 280 cm aufweisen, für zehn Gäste zu „eng". Sie weiß, dass jedem Gast mindestens 80 cm Platz zustehen sollen. Wie groß muss der Durchmesser eines runden Tisches mindestens sein, wenn für zehn Personen jeweils 80 cm zur Verfügung stehen sollen?

1 255 cm
2 270 cm
3 280 cm ▶ ☐

1.16

Dagmar und Janine versehen die Tische mit Moltons und Tischtüchern. Fünf der folgenden Angaben sprechen für das Auflegen eines Moltons. Welche sind dies?

1 Moltons saugen Flüssigkeit auf
2 Moltons schonen die Tischtuchecken
3 Moltons ermöglichen ein geräuschärmeres Arbeiten ▶ ☐
4 Moltons schonen Naht- und Webkanten ▶ ☐
5 Moltons schützen die Tischoberfläche gegen Hitze ▶ ☐
6 Moltons verhindern das Rutschen der Tisch- und Tafeltücher. ▶ ☐
7 Moltons schonen Gläser und Geschirr durch deren „weicheres" Aufsetzen. ▶ ☐

1.17

Die Größen der Tischtücher müssen mit den Größen der Tische harmonieren. Wie groß darf der Durchmesser eines Tischtuches für einen Tisch von 879 cm Umfang höchstens sein, wenn man berücksichtigt, dass die Überhänge an allen Seiten höchstens 30 cm sein dürfen?

1 310 cm
2 340 cm
3 350 cm ▶ ☐

Lösungen der Aufgaben auf Seite 530

Tragen Sie die eingerahmten Kennziffern der richtigen Antworten in die Kästchen ein.

1.18

Dagmar ist dabei, 200 Servietten zu falten. Frank hat ihr die Serviettenform „Doppelspitz" vorgegeben. Es handelt sich dabei um eine recht einfache Form.

Warum hat sich Frank nicht für eine kunstvoll gestaltete Form (z. B. den dreifachen Fächer) entschieden?

1 Kunstvoll gestaltete Serviettenformen erfordern zu viel Arbeitsaufwand.
2 Die Gäste wissen kunstvoll gestaltete Servietten nicht zu schätzen.
3 Einfache Serviettenformen sind hygienischer.
4 Die heutigen Serviettengrößen lassen kunstvolle Formen nicht mehr zu. ▶ ☐

1.19

Nachdem die Platzteller platziert sind, decken Frank und die Auszubildenden gemeinsam die Couverts ein. Janine ist voreilig und beginnt mit den Messern für die Vorspeisen.

Frank stoppt ihr voreiliges Handeln und erklärt ihr, dass mit den Bestecken für den Hauptgang begonnen werden muss. Wie wird er dies wohl begründen?

1 Deckt man von außen nach innen, sind die korrekten Abstände der Bestecke zum Hauptgang zu den Platztellern nicht gewährleistet.
2 Der Gast hat eine bessere Übersicht.
3 Das hat man schon immer so gemacht. ▶ ☐

3

Lösungen der Aufgaben auf Seite 530

Tragen Sie die eingerahmten Kennziffern der richtigen Antworten in die Kästchen ein.

1.20

Dagmar hat zwar die richtigen Bestecke gewählt. Einige Teile sind jedoch nicht korrekt eingedeckt. Welche sind dies?

1 Platzteller
2 großes Messer
3 Mittelmesser
4 Mittellöffel
5 große Gabel
6 Kaffeelöffel
7 Kuchengabel

1.21

Kerstin hat Probleme, die Weißwein-, Rotwein- und Sektgläser richtig zu platzieren.

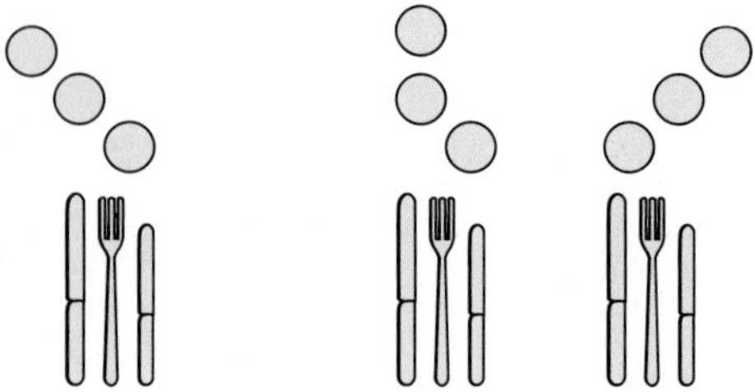

1 2 3

Zwei der angeführten Stellungen sind möglich. Welche?

Lösungen der Aufgaben auf Seite 530

Tragen Sie die eingerahmten Kennziffern der richtigen Antworten in die Kästchen ein.

1.22

Zur Vollendung der Festtische werden die Platzkärtchen, die Menükarten, die Menagen und die Tischdekoration platziert. Kerstin ist verwundert, dass die Platzkärtchen beidseitig mit den Namen der Gäste beschriftet sind. Frank erklärt ihr, warum.

1 Bei einer so großen Gästezahl ist davon auszugehen, dass sich ein Teil der gegenübersitzenden Gäste nicht kennt. Eine persönliche Ansprache soll dadurch ermöglicht werden.
2 Man braucht beim Aufstellen der Kärtchen nicht so genau darauf achten, dass die Namen nach außen zeigen.
3 Es sieht besser aus. ▶ ☐

1.23

Dagmar hat wohlweislich Salz, Pfeffer und Aschenbecher auf den Festtischen platziert. Frank erklärt sich damit nicht einverstanden. Welche beiden Teile möchte er ausgenommen wissen?

1 Salz und Pfeffer
2 Aschenbecher und Salz
3 Aschenbecher und Pfeffer ▶ ☐

1.24

Die Blumendekorationen für die Tische werden von der Floristikabteilung erstellt. Worauf haben die Mitarbeiterinnen dieser Abteilung besonders geachtet?

1 Die Blumendekoration muss preiswert sein, da sie ohnehin nicht lange hält.
2 Heute werden zu solchen Anlässen oft Plastikblumen verwendet. Man kann diese auch hinterher wieder verwenden.
3 Blumen müssen dem Anlass entsprechen. ▶ ☐
4 Blumen müssen der Saison entsprechen. ▶ ☐
5 Topfblumen sind langlebig und pflegeleicht, daher optimal. ▶ ☐
6 Blumen dürfen nicht zu geruchsintensiv sein. ▶ ☐
7 Blumengestecke dürfen nicht zu hoch gesteckt werden. ▶ ☐
8 Blumengestecke müssen auch zur Farbe der Tischwäsche und zum Dekor des Porzellans passen.

Lösungen der Aufgaben auf Seite 530

3

Tragen Sie die eingerahmten Kennziffern der richtigen Antworten in die Kästchen ein.

Die Bankettleitung hat den erfahrenen Mitarbeiter Holger Warnecke mit der Durchführung des Gästeempfangs und des Services anlässlich der Geburtstagsfeier von Frau Royale beauftragt.

1.25

Holger bereitet zunächst einen Tafelorientierungs- und einen Serviceplan vor. Welche Aufgaben hat der Tafelorientierungsplan?

1 Er orientiert die Mitarbeiter, wie die Tafel für die Veranstaltung gestellt werden muss.
2 Er legt fest, welche Gäste an welchen Tafelabschnitten (Stationen, Revieren) von welchen Mitarbeitern betreut werden.
3 Er gibt den Gästen bereits im Vorfeld, z. B. im Aperitifraum, die Möglichkeit, festzustellen, welche Plätze für sie vorgesehen sind. ▶ ☐ ▶ ☐

Holger bittet seine Servicemitarbeiter in den „Braunschweiger Saal“. Der Serviceablauf und die Übertragung der einzelnen Aufgaben an die jeweiligen Mitarbeiter sollen noch einmal durchgesprochen werden; der Serviceplan dient als Grundlage. Zeitgleich werden auch die Vorbereitungen bezüglich der Getränke getroffen.

1.26

Es ist bekannt, dass zur kalten Vorspeise (Räucherlachs mit Toast und Butter) Weißwein aus dem Anbaugebiet Burgund gereicht werden soll. Welcher Wein ist da wohl festgelegt?

1 Edelzwicker
2 Wehlener Sonnenuhr
3 Chablis ▶ ☐

1.27

Wesentlich ist, dass die zu servierenden Weine die korrekte Ausschanktemperatur aufweisen. Wie hoch ist die Ausschanktemperatur für Weißwein?

1 5–7 °C
2 10–14 °C
3 16–20 °C ▶ ☐

Lösungen der Aufgaben auf Seite 530

Tragen Sie die eingerahmten Kennziffern der richtigen Antworten in die Kästchen ein.

1.28

Allein die Kenntnis über die Ausschanktemperatur des Weißweines ist für Holgers vorbereitendes Team nicht ausreichend. Auch die Rotwein- und Sektflaschen müssen temperaturgerecht gelagert werden. Ordnen Sie dem Buchstaben A für Rotwein und B für Sekt die korrekte Temperatur zu.

1 1 bis 2 °C
2 5 bis 7 °C
3 8 bis 10 °C
4 16 bis 20 °C

A Rotwein ▶ ☐
B Sekt ▶ ☐

1.29

Holger teilt seine Kolleginnen und Kollegen für den Getränke- und Speiseservice ein. Obwohl bei dieser Veranstaltung die offene Tafelform (20 runde Tische für jeweils zehn Gäste) gewählt wurde, ist Birgit der Meinung, beim Servieren müssten zuerst die anwesenden Damen berücksichtigt werden. Ferner spiele auch das Alter der Gäste eine Rolle. Was könnte Holger darauf antworten?

1 Das Alter kann man bei so vielen Leuten nicht berücksichtigen, da einige Gäste keinen Pass oder Führerschein mitgebracht haben.
2 Birgits Anmerkung sei korrekt, wenn es sich lediglich um eine kleine Gruppe Gäste (bis fünf Personen) handele.
3 Alter und Geschlecht zu berücksichtigen, würde bei größeren Gruppen Unruhe in den Serviceablauf bringen.
4 Seit der Gleichberechtigung muss das Geschlecht nicht mehr berücksichtigt werden.

▶ ☐
▶ ☐
▶ ☐

1.30

Beim Servieren von Speisen und Getränken ist es von Bedeutung, dass die Mitarbeiter den Service in der korrekten Richtung durchführen. Dies kann im Uhrzeigersinn (1) oder entgegen dem Uhrzeigersinn (2) geschehen. Ordnen Sie zu.

1 Uhrzeigersinn
2 gegen den Uhrzeigersinn

Servieren von Weißwein ▶ ☐
Servieren nach der französischen Methode ▶ ☐
Servieren nach der amerikanischen Methode ▶ ☐
Anbieten von Toast oder Brot ▶ ☐

Lösungen der Aufgaben auf Seite 530

3

Tragen Sie die eingerahmten Kennziffern der richtigen Antworten in die Kästchen ein.

1.31

Die große Gästezahl und die Anzahl der zur Verfügung stehenden Mitarbeiter lässt für Holger nur eine Servicemethode zu, und zwar die amerikanische Methode. Was ist unter diesem Begriff zu verstehen?

1 Alle Speisen werden eingesetzt, die Gäste bedienen sich selbst.
2 Das Fleisch ist auf den Tellern angerichtet, die Beilagen werden eingesetzt.
3 Alle Speisen sind auf den Tellern angerichtet. Diese werden von der rechten Seite der Gäste eingesetzt.
4 Die Speisen werden von der linken Seite des Gastes vorgelegt.
5 Die Speisen werden am Beistelltisch von den Platten auf die Teller angerichtet. Einsetzen der Teller von rechts. ▶ ☐

1.32

Holger weist seine Kollegen auf den korrekten Zeitpunkt des Ausnehmens der Toastteller und der Menagen hin. Was wird Holger sagen?

1 Die Brotteller werden nach dem Suppengang ausgenommen.
2 Die Brotteller bleiben stehen bis der Hauptgang beendet ist.
3 Die Brotteller werden bereits nach der Vorspeise ausserviert. ▶ ☐
4 Die Menagen sind vor dem Dessert auszunehmen.
5 Die Menagen werden nach dem Dessert ausgenommen. ▶ ☐

1.33

Da nur etwa 80 Gäste im Hotel übernachten, werden die restlichen 120 Anwesenden nach der Feier den Heimweg antreten. Das erfordert die Berücksichtigung von mehr alkoholfreien Getränken. Für welche Möglichkeit hat sich Frau Heimann entschieden, um diese und die restlichen angebotenen Getränke umweltgerecht zu be- und entsorgen. Sie bestellt:

1 Normalflaschen und Großgebinde (mind. 2 Liter) aus Glas, die farbgetrennt in Glascontainer entsorgt werden können.
2 Normalflaschen und Großgebinde (mind. 2 Liter) aus Plastik, die nach ihrer unterschiedlichen Zusammensetzung entsorgt werden können.
3 Normal- und Großgebinde aus Pappe, die im entsprechenden Recyclingcontainer entsorgt werden können.
4 Normalflaschen (evtl. Großgebinde) aus Glas, die durch „Wiederverwertung" gekennzeichnet sind und vom Lieferanten zurückgenommen werden. ▶ ☐

Lösungen der Aufgaben auf Seite 530

Tragen Sie die eingerahmten Kennziffern der richtigen Antworten in die Kästchen ein.

1.34

Um den internationalen Gästen ein Höchstmaß an Service zu bieten, schlug die Geschäftsleitung vor, das Menü auf Teakholzpapier zu drucken. Warum konnte sich Frau Heimann mit dieser Idee nicht anfreunden und bestellte statt dessen Menükarten aus Recyclingpapier?

1 Weil Teakholzpapier den Budgetrahmen gesprengt hätte.
2 Weil Recyclingpapier nicht nur umweltfreundlich, sondern auch kostengünstiger ist.
3 Weil die Be- und Entsorgung von Teakholzpapier die Umwelt doppelt belastet. ▶ ☐
4 Weil Recyclingpapier ein besseres Druckbild zulässt. ▶ ☐

1.35

Um den Geburtstagsgästen einen optimalen Augenschmaus zu bieten, hat der Küchenchef veranlasst, dass aus Metallfolie modellierte Figuren das kalte Büfett zieren sollen. War diese Entscheidung aus umweltpolitischer Sicht sinnvoll?

1 Ja, denn Metallfolie kann mehrmals verwendet werden.
2 Nein, denn die Herstellung und Entsorgung von Metallfolie ist umweltfeindlich.
3 Ja, weil diese Folie umweltgerecht verbrannt werden kann.
4 Nein, weil Metallfolie Giftstoffe enthält und diese Lebensmittel ungenießbar macht. ▶ ☐

1.36

Herr Weidekamp ist selbst einer der 80 Hotelgäste dieser Geburtstagsfeier. Vor der Feier suchte er noch sein Zimmer auf und stellte fest, dass die Heizkörper heiß und die Zimmertemperatur viel zu hoch waren. Herr Weidekamp hat daraufhin richtig reagiert. Was hat er gemacht?

1 Herr Weidekamp hat die Fenster geöffnet, damit die Warmluft entweichen kann. Die Heizkörper blieben wie sie waren.
2 Herr Weidekamp ließ alles so wie er es vorfand. Nach der Feier, so dachte er, hat er dann ein warmes Zimmer.
3 Herr Weidekamp hat die Heizkörper abgestellt und die Fenster geöffnet, damit die Warmluft entweichen kann. Nach der Feier will er die Heizkörper wieder voll aufdrehen.
4 Herr Weidekamp regulierte die Heizkörper auf mittlere Temperatur und öffnete kurz die Fenster, um sie danach gleich wieder zu schließen, damit nicht zu viel Warmluft vergeudet wird. ▶ ☐

Lösungen der Aufgaben auf Seite 530

3

Situation 2 – Aktionswoche Lamm

FLEISCH- UND WURSTWAREN **HAUSHOFER HARTKIRCHEN**

Hartkirchen/Inn
Filiale Egglfing

Herrn Anton Hann
Küchenchef
Hotel Wilder Mann – Ringhotel Aschaffenburg

Lieferschein Datum 27. 03. 98

23.000	1x Milch-Lamm p. kg DM	10,–	
	aus dem Zucht- u. Mastbetrieb Jos. Loher		

HOTEL
WilderMann
GmbH
RINGHOTEL ASCHAFFENBURG
Fischergasse 1 63739 Aschaffenburg

LAMMSPEZIALITÄTEN ZU OSTERN
in unserem Hause

Hausgemachte Lammpastete
Preiselbeer-Pfefferminzsoße
DM 19,80

Schottische Graupensuppe
kräftige Lammbrühe mit Gemüsewürfeln
DM 8,80

„Irishstew"
Irischer Lammeintopf
mit Kartoffeln, Zwiebeln, Weißkohl, Knoblauch
und vielen Kräutern
DM 16,50

Lammragout „Indische Art"
herzhaft gewürzt mit Curry und Ingwer,
dazu Patnareis und Früchte
DM 22,50

Lammkoteletts gegrillt
Knoblauch-Kräuterbutter,
grüne Bohnen mit Tomatenwürfeln
Lyoner Kartoffeln
DM 26,80

Lammkeule rosa gebraten „Provençalische Art"
Ratatouille, Bäckerin-Kartoffeln
DM 24,50

Lammkarree rosa gebraten
Senf-Kräuterkruste, Thymiansaft
Zucchini-Tomatenragout, Schlosskartoffeln
DM 29,80

„Mutton chops" vom Holzkohlengrill
Schalotten-Rotweinbutter auf Paprikagemüse
Kartoffelgratin
DM 32,50

Für zwei Personen
Lammrücken rosa gebraten
in der Knoblauch-Gewürzkruste überbacken
Flageolets, glacierte Schalotten
Savoykartoffeln
DM 58,00

... Ihre Adresse in Aschaffenburg

3

Tragen Sie die eingerahmten Kennziffern der richtigen Antworten in die Kästchen ein.

2.1

Der Küchenchef erklärt die Speisekarte und spricht von einer speziellen Schnittart: vom ganzen Lammsattel mit Filet. Um welche Schnittart handelt es sich hier?

1 Mutton chops
2 Baron de mouton
3 Carré d'agneau
4 Côte d'agneau
5 Irishstew

▶ ☐

2.2

Der Schmelzpunkt von Lammfett ist relativ niedrig. Welche Beilagen sollten aus diesem Grund zu Lammgerichten <u>nicht</u> serviert werden?

1 Ratatouille
2 Grüne Bohnen
3 Zucchini
4 Gemischter Salat
5 Paprikagemüse

▶ ☐

2.3

Eine beliebte Beilage zu Lammgerichten ist der französische Gemüseeintopf, „Ratatouille". Aus welchen Zutaten wird dieses Gericht hergestellt?

1 Kartoffeln, Weißkohl, Zwiebeln, Tomaten, Paprika
2 Aubergine, Tomaten, Karotten, Perlzwiebeln, grüne Bohnen
3 Zucchini, Knoblauch, Schalotten, Fenchel, Tomaten
4 Tomaten, Zwiebeln, grüne Bohnen, Karotten, Weißkohl
5 Zucchini, Aubergine, Tomaten, Paprika, Zwiebeln, Knoblauch

▶ ☐

2.4

In der klassischen französischen Küche werden zu Lammgerichten bestimmte Beilagen serviert. Ordnen Sie die deutsche Übersetzung dem jeweiligen Fachausdruck zu.

1 Pommes lyonnaise
2 Ratatouille
3 Pommes boulangères
4 Pommes savoyarde
5 Flageolets en tomate
6 Haricots verts

Bäckerin-Kartoffeln ▶ ☐
Savoykartoffeln ▶ ☐
Bohnenkerne mit Tomaten ▶ ☐
grüne Bohnen ▶ ☐
Gemüseeintopf ▶ ☐
Lyoner Kartoffeln ▶ ☐

Lösungen der Aufgaben auf Seite 530

Tragen Sie die eingerahmten Kennziffern der richtigen Antworten in die Kästchen ein.

2.5

Ein bekanntes Eintopfgericht vom Lamm ist das „Irishstew“. Aus welchem Teil vom Lamm wird dieses Gericht zubereitet?

1 Hachse
2 Brust
3 Keule
4 Nacken
5 Schulter

▶ ☐

2.6

Bei der Gestaltung der Lamm-Spezialitätenkarte sollen Sie mitwirken. Welche typischen Gemüsebeilagen würden Sie wählen?

1 Wirsing
2 Grüne Bohnen
3 Spargel
4 Erbsen
5 Zucchini
6 Auberginen
7 Blattspinat
8 Kastanien
9 Kaiserschoten
10 Okra

▶ ☐
▶ ☐
▶ ☐
▶ ☐
▶ ☐

2.7

Auf einer anderen Speisekarte lesen Sie u. a. „Gigot d’agneau“. Um welches Gericht handelt es sich hier?

1 Gegrillte „Mutton chops“
2 Gegrillte Lammhachse
3 Gebratene Lammkeule
4 Gebratene Lammschulter
5 Gefüllte Lammbrust

▶ ☐

2.8

Bei der Zubereitung vom Lamm sind unterschiedliche Garmethoden zu beachten. Ordnen Sie die nachstehenden Teile vom Lamm der jeweiligen Garmethode zu.

1 Keule
2 Kotelett
3 Brust
4 Schulter

kochen ▶ ☐
schmoren ▶ ☐
braten ▶ ☐
grillen ▶ ☐

3

Lösungen der Aufgaben auf Seite 530

Tragen Sie die eingerahmten Kennziffern der richtigen Antworten in die Kästchen ein.

2.9

Der Auslieferungsfahrer der Firma Haushofer übergibt Ihnen die Ware und den Lieferschein (siehe S. 480). Wie kontrollieren Sie die ordnungsgemäße Lieferung?

1 Vergleich Materialanforderung mit Lieferschein
2 Vergleich Lieferschein mit der gelieferten Ware und Warenanforderung
3 Vergleich gelieferte Ware mit dem Bestellschein
4 Vergleich Lieferschein mit gelieferter Ware und Bestellschein
5 Vergleich Lagerfachkarte mit Lieferschein und gelieferter Ware ▶ ☐

2.10

Wie bestätigen Sie die ordnungsgemäße Übergabe der Ware?

1 Sie „entwerten" den Lieferschein durch Einreißen oder Durchstreichen.
2 Sie unterschreiben den Lieferschein mit Datum.
3 Sie versehen den Lieferschein mit Firmenstempel und Datum.
4 Sie tragen in der Lagerfachkarte die Annahme mit Datum ein.
5 Sie haken die gelieferten Positionen ab und übergeben später den Lieferschein dem Küchenchef. ▶ ☐

2.11

Nach dem Zerlegen werden die verwertbaren Teile des Milchlammes gewogen (siehe Lieferschein S. 480). Berechnen Sie die fehlenden Zahlen und tragen Sie diese bei der entsprechenden Kennziffer ein.

7,590 kg	33,00 %	Keule
4,600 kg	[1]	Rücken
3,795 kg	16,50 %	Schulter
2,990 kg	13,00 %	Brust
2,530 kg	11,00 %	Nacken/Hals
[2]	6,50 %	Bauchlappen

1 ▶ ☐☐,☐☐ %
2 ▶ ☐,☐☐☐ kg

Lösungen der Aufgaben auf Seite 530

Tragen Sie die eingerahmten Kennziffern der richtigen Antworten in die Kästchen ein.

2.12

Für das Gericht Lammkeule „Provençalische Art“ (siehe Speisekarte S. 481) benötigt man je Portion 220 g roh.

a) Wie viele ganze Portionen können aus einer Keule (Rohgewicht 3,800 kg) geschnitten werden?

► ☐☐

b) Berechnen Sie den Zubereitungsverlust in %, wenn eine tellerfertige Portion 180 g wiegt.

► ☐☐,☐☐ %

2.13

Aus dem Rücken werden 16 Portionen Lammkoteletts geschnitten (siehe Aufgabe 2.11). Berechnen Sie den Materialwert einer Portion, wenn der rohe Lammrücken mit 20,00 DM pro kg bewertet wird.

► ☐,☐☐ DM

2.14

Das Gewicht einer bratfertigen Portion Lammkotelett beträgt 240 g (siehe Aufgaben 2.11 u. 2.13). Berechnen Sie den Parierverlust in %.

► ☐☐,☐☐ %

2.15

Der Bratverlust beim Grillen beträgt 10 % (siehe Aufgabe 2.14). Berechnen Sie das Gewicht tellerfertiger Portionen Lammkoteletts.

► ☐☐☐ g

2.16

Der Materialwert für die Lammkoteletts gegrillt (Fleisch, Beilagen und Gewürze) wurde mit 7,00 DM ermittelt (Kartenpreis siehe Speisekarte S. 481). Ermitteln Sie den Gewinn in DM und Prozent, wenn mit folgenden Zuschlagssätzen gerechnet wird:

160,00 % Gemeinkosten
15,00 % Service
16,00 % USt.

► ☐,☐☐ DM
► ☐☐,☐☐ %

Lösungen der Aufgaben auf Seite 530

3

Tragen Sie die eingerahmten Kennziffern der richtigen Antworten in die Kästchen ein.

2.17

Berechnen Sie den Kalkulationsfaktor für die Lammkoteletts.

► ☐,☐☐

2.18

Bringen Sie die folgenden Schritte bei der gastronomischen Vorbereitung der Aktion „Lammspezialitäten zu Ostern" in die richtige Reihenfolge, indem Sie die Ziffern 1 bis 7 in die Kästchen eintragen. Beginnen Sie mit Themenplanung.

- Themenplanung ► ☐
- Wareneinkauf planen/ Angebote einholen ► ☐
- Personal-Schulung für die Aktion ► ☐
- Rezeptierung ► ☐
- Festlegung des Speisen- und Getränkeprogrammes ► ☐
- Probekochen ► ☐
- Kalkulation der Speisen und Getränke ► ☐

2.19

Die Aktion soll durch verschiedene Werbemittel unterstützt werden. Ordnen Sie den Werbemitteln die Kennziffern in der zeitlichen Reihenfolge ihres Einsatzes zu.

1 4 Wochen vor Beginn
2 2 Wochen vor Beginn
3 unmittelbar vor der Aktion
4 während der Aktion

- Speisekarte ► ☐
- Tischaufsteller ► ☐
- Werbebriefe ► ☐
- Zeitungsanzeige ► ☐

2.20

Die Auswertung der Aktion beinhaltet eine Kosten- und Erfolgskontrolle der Maßnahmen. Welche Kennziffer gibt Auskunft über den finanziellen Erfolg der Aktion?

1 Wareneinsatz
2 Umschlagshäufigkeit
3 Umsatz pro Beschäftigten
4 Personalkosten je Vollbeschäftigten
5 Warenumsatz pro Sitzplatz ► ☐

Lösungen der Aufgaben auf Seite 530

Situation 3 – Empfang

Tragen Sie die eingerahmten Kennziffern der richtigen Antworten in die Kästchen ein.

Herr Weber plant, seinen Urlaub zur Zeit der Weinlese am Rhein zu verbringen. Er bucht in einem Reisebüro Vollpension im Hotel „Zur Traube". Auch die Firma Gartenzwergfabrikation Quast bucht für ihren Außendienstmitarbeiter Pfiffig ein Einzelzimmer (Übernachtung mit Frühstück). Herr Professor Sauerbrei und Gattin sind Stammgäste im Hotel „Zur Traube". Auch in diesem Jahr erfolgt die entsprechende Buchung. Die Reservierungsbestätigungen erfolgen im Falle Pfiffigs per Fax, im Falle des Ehepaares Sauerbrei durch ein persönliches Schreiben des Hotels.

3.1

Herr Weber erhält im Reisebüro einen Voucher. Mit diesem kann er die gebuchten Hotelleistungen bezahlen. Es handelt sich dabei um eine gängige Buchungsart, die diverse Arbeitsschritte in Anspruch nimmt. Bringen Sie diese in die korrekte Reihenfolge.

1 Herr Weber zahlt an das Reisebüro.
2 Das Hotel „Zur Traube" erhält vom Reisebüro eine Durchschrift des Vouchers als Reservierungsauftrag. ▶ ☐
3 Das Reisebüro zahlt die um die Provision reduzierte Rechnungssumme an das Hotel „Zur Traube". ▶ ☐
4 Herr Weber gibt das Original des Vouchers an der Hotelrezeption ab. ▶ ☐
5 Herr Weber bucht die Hotelunterkunft beim Reisebüro. ▶ ☐
6 Das Hotel „Zur Traube" sendet das Original des Vouchers an das Reisebüro. ▶ ☐
7 Das Reisebüro reduziert die Rechnungssumme um den Betrag der Provision. ▶ ☐
▶ ☐

3

Lösungen der Aufgaben auf Seite 530

Tragen Sie die eingerahmten Kennziffern der richtigen Antworten in die Kästchen ein.

3.2

Das Ehepaar Sauerbrei erhält einen Brief vom Hotel, in dem die Buchung bestätigt wird. Der Brief ist an Herrn Prof. Max Sauerbrei adressiert. Welche der folgenden Adressengestaltungen entsprechen den Richtlinien des Schriftverkehrs und der DIN-Norm?

1 Herrn
Prof. Max Sauerbrei

Marktstraße 14

22339 Hamburg

2 Herrn Prof.
Max Sauerbrei
Marktstraße 14

22339 Hamburg

3 Herrn

Prof. Max Sauerbrei

Marktstraße 14

22339 Hamburg

4 Herrn
Prof. Max Sauerbrei
Marktstraße 14

22339 Hamburg

▶ ☐

3.3

Das Ehepaaar Sauerbrei und Herr Weber reisen bereits am Morgen an. Für das Ehepaar Sauerbrei ist Zimmer 241 und für Herrn Weber das Zimmer 112 vorgesehen. Das Zimmer 241 ist noch nicht als „frei" gemeldet. Wann darf ein Zimmer als „frei" gemeldet werden?

1 Nach der Abreise des Gastes
2 nach der Kontrolle durch die Hausdame
3 nach der Zimmerreinigung ▶ ☐

3.4

Während das Ehepaar auf die Freigabe des Zimmers wartet, füllt Herr Prof. Sauerbrei ein Formular, die Anmeldung, aus. Welche der folgenden Eintragungen sind auf diesem Meldeschein unbedingt notwendig?

1 Name des Gastes
2 Anzahl der Kinder ▶ ☐
3 Anzahl der Kinder, die noch in der Ausbildung sind ▶ ☐
4 Tag der Anreise ▶ ☐
5 Tag der Abreise ▶ ☐
6 Vermerk bezüglich früher Anreise
7 Staatsangehörigkeit

Lösungen der Aufgaben auf Seite 530

Tragen Sie die eingerahmten Kennziffern der richtigen Antworten in die Kästchen ein.

3.5

Die Rezeptionsmitarbeiterin Claudia informiert Herrn Prof. Sauerbrei über die Höhe der Kurtaxe. Was ist unter dem Begriff „Kurtaxe“ zu verstehen?

[1] Eine Abgabe für die Kurhotels.
[2] Ein Betrag, der alle Eintrittsgelder für Veranstaltungen der Kurverwaltung abdeckt.
[3] Rote Taxen, die für ermäßigte Fahrpreise in Anspruch genommen werden können. Diese Preise gelten jedoch nur für Fahrten im Kurbereich.
[4] Eine Abgabe an die Kurgemeinde. ► ☐

3.6

Während Frau Sauerbrei den Zimmerschlüssel und den Zimmerpass entgegennimmt, bittet Herr Prof. Sauerbrei die Rezeptionistin Claudia, für ihn einen größeren Geldbetrag im Safe zu verwahren. Claudia kommt diesem Wunsch nach und überreicht ihm eine Quittung. Wie heißt diese Quittung?

[1] Geldcoupon
[2] Depositnummer
[3] Depotschein
[4] Lageranforderungsschein ► ☐

3.7

Die Rezeptionsmitarbeiterin Claudia betätigt auf dem Hotelbuchungsautomaten die Taste „neuer Saldo“, um Herrn Prof. Sauerbrei eine angefragte Information geben zu können. Was möchte Prof. Sauerbrei wissen?

[1] Die Summe der von ihm in Anspruch genommenen Extraleistungen.
[2] Seine bisherige Zahlschuld für alle von ihm in Anspruch genommenen Leistungen.
[3] Die Zahl seiner bisherigen Übernachtungen.
[4] Den Stand seiner zu leistenden Akontozahlungen. ► ☐

3

Lösungen der Aufgaben auf Seite 530

Tragen Sie die eingerahmten Kennziffern der richtigen Antworten in die Kästchen ein.

3.8

Herr Prof. Sauerbrei kann auch im Urlaub Elemente seines Berufs als Hochschullehrer nicht vergessen. Er möchte die Rezeptionsmitarbeiterin Claudia testen und bucht für den 1. März „Alba Bat Pass". Da Claudia den Professor lediglich verstört anschaut, erklärt er, dass man nicht alles wissen kann – aber zumindest wissen sollte, wo man die gesuchte Information findet: Der Code „Alba Bat Pass" bedeutet „ein Einzelzimmer mit Bad für eine Nacht" und hat den Sinn, mit möglichst wenig Worten viel auszusagen (entwickelt für telegraphische Zimmerbestellungen). Wo findet Claudia die Übersetzung des Codes?

1 In der internationalen Hotelordnung
2 im Bezugsquellennachweis
3 im Hoteljournal
4 in der Gästedatei
5 im internationalen Hotelschlüssel ▶ ☐

3.9

Herr Prof. Sauerbrei bezahlt die Hotelrechnung mit seiner Kreditkarte. Das bedeutet, dass sich das Kreditinstitut von Prof. Sauerbrei für die Zahlung des Rechnungsbetrages verbürgt. Unter welcher Kategorie wird der Betrag verbucht?

1 Restanten
2 Verbindlichkeiten
3 Depots
4 Debitoren
5 Barkasse ▶ ☐

3.10

Auch Herr Weber hat inzwischen sein Zimmer bezogen. Von hier aus möchte er seine Schwester anrufen, um ihr seine Ankunft im Hotel mitzuteilen. Wie teuer mag eine Telefoneinheit sein? Hier hilft die *Preisangabenverordnung*. Welche Preise müssen aus der im Zimmer angebrachten Zimmerpreisliste zu entnehmen sein? Nennen Sie die entsprechende Reihung.

1 Übernachtungspreis – Restaurantpreise – Preis für eine Telefoneinheit
2 Übernachtungspreis – Preis für eine Telefoneinheit
3 Übernachtungspreis – Preise für die Getränke in der Minibar – Preis für eine Telefoneinheit
4 Übernachtungspreis – Preise für die Getränke in der Minibar – Preis für einen mitgebrachten Hund – Preis für eine Telefoneinheit ▶ ☐

Lösungen der Aufgaben auf Seite 530/531

Tragen Sie die eingerahmten Kennziffern der richtigen Antworten in die Kästchen ein.

3.11

Herr Pfiffig erhält die Bestätigung seiner Reservierung per Fax. Was muss die Reservierungsbestätigung enthalten?

1 Anzahl der Seiten des Telefax
2 gebuchte Leistungen ▶ ☐
3 Tag der An- und Abreise ▶ ☐
4 Name und Anschrift des Gastes
5 Gepäckbegrenzung ▶ ☐

3.12

Herr Pfiffig ist nicht im Hotel erschienen. Die Firma Quast hat kurzfristig die Buchung (Übernachtung mit Frühstück) rückgängig gemacht. Wie ist der Fachbegriff für diesen Vorgang?

1 Check out
2 Stornierung
3 Disponierung
4 Budget ▶ ☐

3.13

Das von Herrn Pfiffig nicht in Anspruch genommene Zimmer kann nicht mehr anderweitig belegt werden. In diesem Fall kann der Firma Quast eine Rechnung vorgelegt werden. Wie heißt diese Rechnung?

1 Verlustrechnung
2 Beteiligungsrechnung
3 Ersatzrechnung
4 No show-Rechnung ▶ ☐

3.14

Die Höhe des Rechnungsbetrages der in Aufgabe 3.13 genannten Rechnung wird nach den Richtlinien des DEHOGA festgelegt. Welche der folgenden Forderungen gilt?

1 60 % des Übernachtungspreises ohne Frühstück
2 60 % des Übernachtungspreises mit Frühstück
3 80 % des Übernachtungspreises ohne Frühstück
4 80 % des Übernachtungspreises mit Frühstück
5 es gibt keine Forderungen
6 den vollen Übernachtungspreis mit Frühstück ▶ ☐

Lösungen der Aufgaben auf Seite 531

3

Tragen Sie die eingerahmten Kennziffern der richtigen Antworten in die Kästchen ein.

3.15

Herr Weber empfand das Deponieren seiner wertvollen Fotoausrüstung als überflüssig und unbequem. Er wäre anderer Ansicht gewesen, hätte er geahnt, dass diese während des Abendessens im Restaurant aus seinem Zimmer entwendet wird. Bis zu welchem Betrag haftet der Hotelier, wenn der Zimmerpreis DM 90,00 beträgt?

1 Bis 9.000 DM
2 bis 6.000 DM
3 bis 1.500 DM
4 bis 1.200 DM
5 bis 900 DM
6 bis 90 DM ► ☐

3.16

Für Diebstähle aus dem Zimmer haftet der Hotelier im Allgemeinen begrenzt (s. Aufg. 3.15). In welchem der in der Folge genannten Fälle müsste er volle Haftung übernehmen?

1 Herr Weber hat die Fotoausrüstung in der Empfangshalle liegen lassen.
2 Die Fotoausrüstung wurde aus Herrn Webers Auto gestohlen, das er vor dem Hotel geparkt hat.
3 Der Hotelier hat sich geweigert, die Fotoausrüstung im Hotelsafe zu deponieren. ► ☐

3.17

Bei der Abreise möchte Herr Prof. Sauerbrei seine Rechnung mit Reiseschecks (Traveller Cheques) begleichen. Worauf werden die Rezeptionsmitarbeiter besonders achten?

1 Die Einlösungsgarantie der Schecks ist nur bis 400,00 DM gewährleistet.
2 Die Schecknummer muss mit der Scheckkartennummer identisch sein.
3 Die Schecks müssen vor den Augen eines Rezeptionsmitarbeiters unterschrieben werden. ► ☐

Lösungen der Aufgaben auf Seite 531

Tragen Sie die eingerahmten Kennziffern der richtigen Antworten in die Kästchen ein.

3.18

Auch Herr Weber reist ab. Er möchte die Hotelleistungen bezahlen, die durch den Voucher nicht abgedeckt wurden. Wie sind diese Außenstände der Gäste zu bezeichnen, wenn die Gäste noch nicht abgereist sind?

[1] Restanten
[2] Debitoren
[3] Depots
[4] Stornos ▶ ☐

3.19

Im Falle der Firma Quast, die eine Ausfallrechnung bekommen hat, ist der Rechnungsbetrag noch nicht eingegangen. Unter welcher Kategorie ist dieser noch ausstehende Betrag zu buchen?

[1] Restanten
[2] Debitoren
[3] Depots
[4] Stornos ▶ ☐

3.20

Herr Weber bezahlt den Betrag für die noch nicht beglichenen Leistungen u. a. mit einem Einhundertmarkschein. Ein Viertel des Scheines ist abgerissen. Es handelt sich um keine „Blüte". Wie wird sich die Rezeptionsmitarbeiterin Claudia verhalten?

[1] Claudia verweigert die Annahme, da der Schein nicht mehr als Zahlungsmittel angesehen werden kann.
[2] Claudia nimmt den Schein an, lässt sich jedoch von Herrn Weber schriftlich bestätigen, dass der Schein bereits bei der Übergabe an Claudia beschädigt war.
[3] Claudia kann den Schein annehmen, da mehr als die Hälfte des Scheines vorhanden ist. ▶ ☐

3

Lösungen der Aufgaben auf Seite 531

Tragen Sie die eingerahmten Kennziffern der richtigen Antworten in die Kästchen ein.

3.21

Für einen Wochenendaufenthalt meldet sich eine kleine Reisegruppe mit acht Personen an und fragt nach dem Zimmerpreis pro Übernachtung. Die Gruppe hat schon häufiger hier übernachtet und bekommt deshalb auf den kalkulierten Zimmerpreis einen Sonderrabatt von 15 %.

Das Hotel „Zur Traube" verfügt über 96 Betten. Der Selbstkostenpreis wurde mit 38,20 DM ermittelt. Für die Selbstkosten wird eine Durchschnittsfrequenz von 80 % zugrunde gelegt.

a) Welchen Inklusivpreis kann das Hotel „Zur Traube" für eine Übernachtung anbieten, wenn mit einem Gewinnsatz von 30 %, Bedienungsgeld von 14 % sowie 16 % Umsatzsteuer kalkuliert wird? Beachte: Die Ermäßigung erst vom durchschnittlichen Inklusivpreis abziehen; Ergebnis auf volle DM aufrunden.

▶ ☐☐,☐☐ DM

b) Im letzten Jahr wurden 25 228 Übernachtungen gebucht. Wie hoch war die Frequenz?

▶ ☐☐ %

3.22

Für das kommende Wochenende hatten zwei Geschäftsleute zwei Einzelzimmer mit Frühstück gebucht. Ihnen war ein Rabatt von 10 % des normalen Preises eingeräumt worden. Heute, am Donnerstag, wird diese Buchung kurzfristig storniert.

Die Vertreter müssen 75 % des vereinbarten Preises bezahlen.

a) Zu welchem Preis waren den Vertretern die Zimmer angeboten worden, wenn sie jetzt noch 288,00 DM zu bezahlen haben?

▶ ☐☐☐ DM

b) Wie hoch ist der Normalpreis eines jeden Zimmers?

▶ ☐☐☐ DM

Lösungen der Aufgaben auf Seite 531

Tragen Sie die eingerahmten Kennziffern der richtigen Antworten in die Kästchen ein.

3.23

Einige Zimmer des Hotels werden mit einem Inklusivpreis von 42,00 DM kalkuliert. In diesem Preis ist der Gewinn, das Bedienungsgeld von 14 1/8 % sowie die gesetzliche Umsatzsteuer enthalten. Der Selbstkostenpreis beträgt 25,60 DM.

Wie hoch ist der Gewinn in DM und Prozenten?

► ☐,☐☐ DM

► ☐☐ %

Lösungen der Aufgaben auf Seite 531

Teil 4 Lösungen und Erläuterungen

Lösungen Fachmathematik

*(Zu den mit einem * gekennzeichneten Ergebnissen finden Sie ab S. 501 nähere Erläuterungen.)*

1. 1.508,00 DM*

2. 598,72 Kronen (±0,01)*

3. 6,48 DM*

4. 82,0%

5. a) 194,80 l
   b) 2.196,70 DM

6. 6,0%

7. 38,90 (38,89) DM (±0,01)*

8. 24 240,00 DM*

9. 339,05 DM

10. 36 Flaschen*

11. 105 Flaschen

12. a) 1.590,81 sfrs (±0,01)
    b) 62,64 DM (±0,01)

13. 0,87 DM (±0,01)

14. a)

Maître d'hôtel	4.968,00 DM*
1 Chef de rang	3.384,00 DM
1 Demichef	2.419,20 DM
1 Commis	2.052,00 DM

    b) 16,24%
    c) 119,40 DM

15. 326,51 DM (±0,01)*

16. 9 Tage

17. 2,99 DM (±0,01)*

18. 12,5%*

19. a) 59,4 l
    b) 8,8 l
    c) 18,2%

20. a) 47 Flaschen
    b) 185,65 DM

21. a) 9,3%
    b) 7 Personen*
    c) 900 g

22. a) 5,7%
    b) 33 Gläser
    c) 0,55 DM (±0,01)
    d) 2,20 DM

23. 28 Tage*

24. 2,390 kg

25. 0,86 DM (±0,01)

26. 10.01.*

27. Dohmeier 51.750,00 DM
Schubart 126.500,00 DM
Tietzmann 97.750,00 DM

28. 39%

29. 85,76 DM (±0,01)

30. Maître d'hôtel 1.295,00 DM
1 Chef de rang 925,00 DM
Demichef 740,00 DM
1 RF 647,50 DM
1 Commis 555,00 DM

31. 165,00 DM

32. 6,9%

33. 8 Gläser

34. 668 kJ*

35. 14,3%

36. a) 7,36 DM (±0,01)
b) 591,33 DM (±0,01)

37. a) 220%
b) 68,00 DM
c) 81,00 DM

38. 4,90 DM

39. Ochsenschwanz 825 g*
Fett 110 g
Mehl 110 g

40. 205%

41. 5,65 DM*

42. a) 16,70 DM
b) 9,53%

43. 52 Gläser*

44. a) 918,00 DM
b) 43,5%*

45. a) 1 Büfettier 2.425,50 DM
Etagenhausdiener 2.279,20 DM
1 Hausdiener 2.140,60 DM
1 Page 1.948,10 DM
b) 71,60 DM

46. 1,70 DM (±0,01)

47. 129,50 DM

48. 80,42 DM

49. 51,00 DM

50. a) 81,3%
b) 74,9%*

51. 16 l

52. a) 43 200 l*
b) 16 Stunden*

53. a) 13,81 DM
b) 28,2%

54. 0,37 DM (±0,01)

55. 15 Tage*

56. a) 22 Portionen
b) 2,48 DM (±0,01)

57. 2.200,00 FF

58. 8,2 m²*

59. 6,25%

60. 4,0%*

61. 4.931,67 DM (±0,01)*

62. 18,0%

63. 15,0%*

64. 50 g*

65. 7242 kJ*

66. a) 13,6 Punkte
b) Chef de service 454,50 DM
1 Chef de rang 353,50 DM
1 Commis 277,75 DM
c) 32,35%

67. 53 Gläser*

68. 9,975 kg

69. a) 15,15 DM
b) 7,5%
c) 1,19 DM

70. a) Bedienungsgeld 5,95 DM
USt 8,57 DM
b) 45,00 DM
c) 214,8%
d) 1,90 DM 11,0%

71. 312.000,00 DM*

72. 15.680,62 DM

73. 15,7 Stunden bzw.
15 Stunden 42 Minuten*

74. a) 3 : 2*
b) Sorte I: 90 kg
Sorte II: 60 kg*

75. „Braunschweiger Hof“ 2.025,00 DM
„König-Stuben“ 1.050,00 DM
„Zur Linde“ 1.275,00 DM

76. a) 7 Monate
b) 26. 05.*
c) 19. 05.*

77. a) Maître d’hôtel 7.380,00 DM
Bankettleiter 5.310,00 DM
1 Chef d’étage 5.706,00 DM
1 Commis de rang 4.140,00 DM
1 Chef de rang 4.482,00 DM
b) 297,50 DM

78. a) 22,95 DM
b) 4,0%

79. 16,45 DM

80. PC: 5.015,25 DM*
Papier: 7,97 DM (±0,01)

81. a) 42,80 DM
b) 52,50 DM

82. a) Weißwein 848 Flaschen
Rotwein 636 Flaschen
b) 720,8 l
c) 2289 Schoppen

83. a) 24 Portionen
b) 7,66 DM

84. Speisen 18.468,20 DM
alkoholfreie Getränke 13.851,15 DM*
gesamt 55.404,60 DM

85. a) 32,0%
b) 127,0%

86. a) Angebot A: 31.399,20 DM
B: 30.995,25 DM
C: 31.185,50 DM*
b) 1,3%

87. 1,11 DM (±0,01)

88. 87,0%

89. a) 2 : 1
b) 640 g
c) 51,84 DM

90. a) 2.759,10 DM*
b) 913,52 DM
c) 1.827,04 DM (±0,01)

91. 20%

92. a) 409,70 DM
b) 29,70 DM
c) 7,25%

93. 1.490,72 DM (±0,01)

94. a) LSt.: 604,80 DM;*
SolZ.: 33,26 DM
b) 16,8%
c) 38,7%

95. Maître d'hôtel 1.967,07 DM
Chef de Cuisine 1.552,95 DM
1 Chef de rang 1.345,89 DM
1 RF 1.138,83 DM
1 Commis de rang 828,54 DM

96. 4,400 kg

97. 2 Flaschen*

98. 32,0%

99. 13,2%*

100. a) 1 088 l bzw. 34,0%
b) 23.248,00 DM

101. a) +1,2%
b) –1,0%
c) +6,2%*

102. 8,40 DM

103. a) 437,64 Gulden
b) 9 Scheine
c) 11,00 DM

104. 41 Gläser*

105. 1,88 DM (±0,01)

106. 49,00 DM

107. 344,7 kJ

108. a) 15,870 kg
b) 4,25 DM

109. 4.360,00 DM

110. 4.200,00 DM

111. a) Vorjahr 75 %
Berichtsjahr 80 %
b) 58 %
c) 23,1 %
d) 29,3 %
e) 56,1 %
f) Vorjahr 5,3 %
Berichtsjahr 6,4 %

112. 7,5 %

113. a) 50,34 DM
b) 60 Tage (59,5)

114. Nettobetrag 126,38
Umsatzsteuer 20,22

115. 15,90 DM

Erläuterungen Fachmathematik

zu 1

A	75 Betten
B	90 Betten
C	65 Betten
D	70 Betten
gesamt	300 Betten = 6.960,00 DM

$$1 \text{ Bett} = \frac{6960}{300} = 23{,}20 \text{ DM/Bett}$$

$$65 \cdot 23{,}20 \text{ DM} = 1.508{,}00 \text{ DM}$$

zu 2

31,15 DM = 100 skr
186,50 DM = x skr

$$x = \frac{100 \cdot 186{,}50}{31{,}15} = 598{,}72 \text{ skr}$$

zu 3

Einkaufspreis	100%	x DM
+ Aufschlag	320%	
Inklusivpreis	420% =	27,20 DM

$$x = \frac{27{,}20 \cdot 100}{420} = 6{,}48 \text{ DM}$$

zu 7

Materialkosten	100%				8,40 DM
+ Gemeinkosten	180%				15,12 DM
Selbstkostenpreis	280%	100%			23,52 DM
+ Gewinn		24%			5,64 DM
Geschäftspreis		124%	100%		29,16 DM
+ Bedienungsgeld			15%		4,37 DM
Nettoverkaufspreis			115%	100%	33,53 DM
+ Umsatzsteuer				16%	5,36 DM
Inklusivpreis				116%	38,89 DM

Der Inklusivpreis beträgt, auf volle 10 Pf aufgerundet, 38,90 DM.

zu 8

$$K = \frac{1.343{,}30 \cdot 100 \cdot 12}{9{,}5 \cdot 7} = 24.240{,}00 \text{ DM}$$

zu 10

135 · 0,2 l = 27 l Gesamtbedarf
27 l : 0,75 l = 36 Flaschen

zu 14

Garantielöhne DM · 1,44[1)] = Bruttolöhne je Mitarbeiter

1 M		3.450,00	3.450,00	4.968,00	4.968,00
3 C	je	2.350,00	7.050,00	10.152,00	3.384,00
3 D	je	1.680,00	5.040,00	7.257,60	2.419,20
4 C	je	1.425,00	5.700,00	8.208,00	2.052,00
			21.240,00	30.585,60	

[1)] 30.705 : 21.240 = 1,44(56215)

30.585,60 = 100%
4.968,00 = x%

$$x = \frac{100 \cdot 4.968{,}00}{30.585{,}60} = 16{,}24\%$$

Gesamttronc	30.705,00 DM
verteilt	30.585,60 DM
Vortrag	119,40 DM

zu 15

$$\begin{aligned} (4{,}30 \text{ m} \cdot 3{,}85 \text{ m}) &= 16{,}555 \text{ m}^2 \\ -\ (1{,}80 \text{ m} \cdot 2{,}05 \text{ m}) &= 3{,}690 \text{ m}^2 \\ & 12{,}865 \text{ m}^2 \end{aligned}$$

12,865 m² · 26,40 DM/m² = 339,64 DM

Listenpreis	100%			339,64 DM
– Rabatt	15%			50,95 DM
Zieleinkaufspreis	85%	100%		288,69 DM
– Skonto		2,5%		7,22 DM
Bar-/Nettoeinkaufspreis		97,5%	100%	281,47 DM
+ Umsatzsteuer			16%	45,04 DM
Bruttoeinkaufspreis			116%	326,51 DM

zu 17

2,300 · 15,60 DM = 35,88 DM
35,88 DM : 12 = 2,99 DM

zu 18

21 · 150 g = 3 150 g
Bratverlust: 3 600–3 150 g = 450 g

3 600 g = 100%
450 g = x%

$$x = \frac{100 \cdot 450}{3\,600} = 12{,}5\%$$

zu 21a)

$U = 2 \cdot \pi \cdot r = 2 \cdot 3{,}14 \cdot 1{,}05 = 6{,}594$ m
6,594 : 0,90 = 7,327 Personen, also 7 Personen

zu 23

35 Gäste – 20 Tage
25 Gäste – x Tage

$$x = \frac{20 \cdot 35}{25} = 28 \text{ Tage}$$

zu 26

Z = 3.520,80 – 3.456,00 = 64,80 DM

$$t = \frac{64{,}80 \cdot 100 \cdot 360}{3.456{,}00 \cdot 9} = 75 \text{ Tage}$$

25. 03. – 75 Tage = 10. 01.

zu 34

E	3,3 · 17 =	56,1 kJ
F	3,5 · 37 =	129,5 kJ
K	4,8 · 17 =	81,6 kJ
		267,2 · 2,5 = 668 kJ

zu 39

$11 \cdot 0{,}25\ l = 2{,}75\ l$ Gesamtmenge

Ochsenschwanz	$300\ g \cdot 2{,}75 = 825\ g$
Fett	$40\ g \cdot 2{,}75 = 110\ g$
Mehl	$40\ g \cdot 2{,}75 = 110\ g$

zu 41

9,7 kg	brutto	
– 1,3 kg	Tara	
8,4 kg	netto	47,46 DM : 8,4 = 5,65 DM

zu 43

60% von 17,5 kg = 10,5 kg (l) Saftanteil
10,5 l : 0,2 l = 52 Gläser (genau 52,5)

zu 44

1. Etage	$6 \cdot 24\ m^2 =$	$144\ m^2$	
	$3 \cdot 20\ m^2 =$	$60\ m^2$	$204\ m^2$
2. Etage	$5 \cdot 23\ m^2 =$	$115\ m^2$	
	$2 \cdot 21\ m^2 =$	$42\ m^2$	$157\ m^2$
			$361\ m^2$

a) $361\ m^2 = 1.624{,}50$ DM
$204\ m^2 = x$ DM

$$x = \frac{1.624{,}50 \cdot 204}{361} = 918{,}00\ \text{DM}$$

b) 1.624,50 DM = 100%
706,50 DM = x%

$$x = \frac{100 \cdot 706{,}50}{1.624{,}50} = 43{,}5\%$$

zu 50

Auslastungstage: 365 – 29 = 336 Tage

a) $336 \cdot 72 = 24\,192$ Übernachtungen (Kapazität)

24 192 = 100%
19 675 = x%

$$x = \frac{100 \cdot 19\,675}{24\,192} = 81{,}3\%$$

→

▷ *Fortsetzung der Lösung* zu 50 ▷

b) 365 · 72 = 26 280 Übernachtungen (theoretisch mögliche Kapazität)

26 280 = 100%
19 675 = x%

$$x = \frac{100 \cdot 19\,675}{26\,280} = 74{,}9\%$$

zu 52

a) Volumen 4,50 m · 6 m · 1,60 m (!) = 43,2 m^3

43,2 m^3 = 43 200 l

b) 45 l/min · 60 min = 2 700 l/h

43 200 : 2 700 = 16 h

zu 55

6 Gäste – 24 l 10 Tage
5 Gäste – 30 l (!) x Tage

$$x = \frac{10 \cdot 6 \cdot 30}{5 \cdot 24} = 15 \text{ Tage}$$

zu 58

1 Boden	1,10 m · 0,45 m =	0,495 m^2
2 Seiten je	1,10 m · 0,40 m =	0,880 m^2
2 Seiten je	0,45 m · 0,40 m =	0,360 m^2
	je Kasten	1,735 m^2

für 4 Kästen 4 · 1,735 m = 6,940 m^2

85% (!) – 6,940 m^2
100% – x m^2

$$x = \frac{6{,}940 \cdot 100}{85} = 8{,}2 \text{ m}^2$$

zu 60

$$p = \frac{14{,}22 \cdot 100 \cdot 360}{2\,559{,}60 \cdot 50} = 4{,}0\%$$

zu 61

$$Z = \frac{4.800{,}00 \cdot 12{,}5 \cdot 79}{100 \cdot 360} = 131{,}67 \text{ DM Zinsen}$$

Kredit	4.800,00 DM
+ Zinsen	131,67 DM
Rückzahlung	4.931,67 DM

zu 63

140 g – 777 kJ
100 g – x kJ

$$x = \frac{777 \cdot 100}{140} = 555 \text{ kJ}$$

555 kJ : 37 kJ = 15 kJ in 100 g, also 15%

zu 64

23,2% von 7 974 kJ = 1 850 kJ Fett/Tag

1 850 kJ : 37 kJ/g = 50 g Fett

zu 65

6 · 71 = 426 g Tagesbedarf

426 · 17 = 7 242 kJ

zu 67

Vorrat 5 · 0,7 l = 3,5 l =	350 cl
– Schankverlust 4% =	14 cl
ausschenkbare Menge	336 cl

67 · 2 cl =	134 cl
24 · 4 cl =	96 cl
bereits ausgeschenkt	230 cl
Restbestand	106 cl

106 : 2 = 53 Gläser

zu 71

80% (!) – 249.600,00 DM
100% – x DM

$$x = \frac{249.600{,}00 \cdot 100}{80} = 312.000{,}00 \text{ DM}$$

zu 73

1 500 l – 27 000 l – 18 h
1 590 l (!) – 25 000 l – x h

$$x = \frac{18 \cdot 1\,500 \cdot 25\,000}{1\,590 \cdot 27\,000} = 15{,}7 \text{ h}$$

zu 74

a)

			Differenz	Teile	Verhältnis
Sorte I	11,70 DM		2,70	27	3
Mischung		13,50			
Sorte II	16,20 DM		1,80	18	2

b) 5 Teile – 150 kg
3 Teile – 90 kg (Sorte I)
2 Teile – 60 kg (Sorte II)

zu 76

b) $t = \frac{83{,}38\ (!) \cdot 100 \cdot 360}{3.790{,}00 \cdot 9} = 88$ Tage

28.02. + 88 Tage = 26.05.

c) $t = \frac{466{,}90\ (!) \cdot 100 \cdot 360}{8.400{,}00 \cdot 11{,}5} = 174$ Tage

13.11. – 174 Tage = 19.05.

zu 80

	Wert DM	kg	Fracht DM	Vers. DM	Summe DM	pro Einheit DM
PCs	14.790,00	25,5	19,12	236,64	15.045,76	5.015,25
Papier	210,00	87,5	65,63	3,36	278,99	7,97
	15.000,00	113,0	84,75	240,00	15.324,75	

Die Fracht (84,75 DM) wird nach den Gewichtsanteilen,
die Versicherung (240,00 DM) nach den Wertanteilen verteilt.

zu 84

			Teile	DM
Speisen	1/3	4/12	4	18.468,20
alk.-freie G.	1/4	3/12	3	13.851,15
alkohol. G.	Rest	5/12	5	23.085,25
	1	12/12	12	55.404,60

5 Teile – 23.085,25 DM
4 (3) Teile – x DM $\quad x = \frac{23.085{,}25 \cdot 4\,(3)}{5} = 18.468{,}20\ (13.851{,}15)$ DM

zu 86

a)

	A	B	C
Listeneinkaufspreis	35.600,00	37.400,00	32.150,00
Rabatt	3.560,00	5.610,00	–
Zieleinkaufspreis	32.040,00	31.790,00	32.150,00
– Skonto	640,80	794,75	964,50
Bareinkaufspreis	31.399,20	30.995,25	31.185,50

b) 31.399,20 DM – 30.995,25 DM = 403,95 DM (größte Differenz)

31.399,20 – 100%
403,95 – x% $\quad x = \frac{100 \cdot 403{,}95}{31.399{,}20} = 1{,}3\%$

zu 90

a)

	Bruttogehalt		4.350,00 DM
–	Lohnsteuer	13,6%	591,60 DM
–	Solidaritätszuschlag	5,5% der Lohnsteuer	32,54 DM
–	Kirchensteuer	9 % der Lohnsteuer	53,24 DM
–	KV	13,5% = 587,25 DM; davon 1/2	293,63 DM
–	AlV	6,5% = 282,75 DM; davon 1/2	141,38 DM
–	RV	20,3% = 883,05 DM; davon 1/2	441,53 DM
–	Pflegeversicherung	1,7% = 73,95 DM; davon 1/2	36,98 DM
	Nettoeinkommen		2.759,10 DM

→

▷ *Fortsetzung der Lösung* zu 90 ▷

b) Die Beiträge zur Sozialversicherung werden vom Arbeitnehmer und Arbeitgeber je zur Hälfte getragen, also:

Arbeitgeberanteil:	Krankenversicherung	293,63 DM
	Arbeitslosenversicherung	141,38 DM
	Rentenversicherung	441,53 DM
	Pflegeversicherung	36,98 DM
	gesamt	913,52 DM

c) Der Arbeitgeber muss den Arbeitnehmer- und den Arbeitgeberanteil an den Sozialversicherungsträger abführen, also:

913,52 DM (AN-Anteil) + 913,52 DM (AG-Anteil) = 1.827,04 DM

Hinweis: Die Differenz von 0,04 DM entsteht durch das Aufrunden bei der Krankenversicherung und der Arbeitslosenversicherung, ist rechnerisch aber richtig.

zu 94

a)

	Bruttogehalt		3.600,00 DM
–	Lohnsteuer	?	? DM
–	Solidaritätszuschlag	?	? DM
–	KV	13,5% = 486,00 DM; davon 1/2	243,00 DM
–	AlV	6,5% = 234,00 DM; davon 1/2	117,00 DM
–	RV	20,3% = 730,80 DM; davon 1/2	365,40 DM
–	Pflegeversicherung	1,7% = 61,20 DM; davon 1/2	30,60 DM
	Nettogehalt		2.205,94 DM

(LSt + SolZ) = Bruttogehalt – SV-Beiträge – Nettogehalt
= 3.600,00 DM – 756,00 DM – 2.205,94 DM = 638,06 DM

Dieser Betrag enthält die Lohnsteuer als Grundwert (also 100%) und den Solidaritätszuschlag (5,5% davon), also gilt:

105,5% = 638,06 DM
100 % = x DM (Lohnsteuer)

$$x = \frac{638{,}06 \cdot 100}{105{,}5} = 604{,}80 \text{ DM}$$

100 % = 604,80 DM
5,5% = x DM (SolZ)

$$x = \frac{604{,}80 \cdot 5{,}5}{100} = 33{,}26 \text{ DM}$$

b) 3.600,00 DM = 100%
604,80 DM = x%

$$x = \frac{100 \cdot 604{,}80}{3.600{,}00} = 16{,}8\%$$

c) Gesamtabzüge: Bruttogehalt – Nettogehalt
= 3.600,00 DM – 2.205,94 DM = 1.394,06 DM

3.600,00 DM = 100%
1.394,06 DM = x%

$$x = \frac{100 \cdot 1.394{,}06}{3.600{,}00} = 38{,}7\%$$

4

zu 97

			Differenz	Teile	Verhältnis	Liter
Alkohol	80%		14%	14	1	?
Mischung		52%				
Himbeergeist	38%		28%	28	2	3

2 Teile – 3 l
1 Teil – x l

$$x = \frac{3 \cdot 1}{2} = 1{,}5 \text{ l Alkohol}$$

1,5 l : 0,75 l/Flasche = 2 Flaschen

zu 99 1 122 kJ : 17 kJ/g = 66 g Eiweiß

500 g Wurst – 66 g Eiweiß
100 g Wurst – x g Eiweiß

$$x = \frac{66 \cdot 100}{500} = 13{,}2 \text{ g} = 13{,}2\%$$

zu 101

	Monat 1	Monat 2	Differenz
Erträge	125.400,00	126.897,00	+1.497,00
– Aufwendungen	86.900,00	86.010,00	– 890,00
Gewinn	38.500,00	40.887,00	+2.387,00

a) 125.400,00 – 100%
1.497,00 – x%

$$x = \frac{100 \cdot 1.497{,}00}{125.400{,}00} = 1{,}2\%$$

b) 86.900,00 – 100%
890,00 – x%

$$x = \frac{100 \cdot 890{,}00}{86.900{,}00} = 1{,}0\%$$

c) 38.500,00 – 100%
2.387,00 – x%

$$x = \frac{100 \cdot 2.387{,}00}{38.500{,}00} = 6{,}2\%$$

zu 104

Bruttogewicht	20,0 kg
– Tara	1,5 kg
Nettogewicht	18,5 kg

$$\frac{18{,}5 \cdot 45}{100} = 8{,}325 \text{ kg} = 8{,}325 \text{ l Saftausbeute insgesamt}$$

8,325 l : 0,2 l/Glas = 41,625 Gläser, also 41 Gläser,
da 0,625 Gläser nicht ausgeschenkt werden.

Lösungen und Erläuterungen: Fachmathematik – Fallbeispiele

116.1

1, 3, 5, 7, 6, 4, 2

116.2

3

116.3

5

116.4

Überweisungsbetrag (Banklastschrift): 8.923,88 DM

9.106,00 DM	=	100 %		
x DM	=	98 %		
x	=	9.106,00 : 100 · 98	=	8.923,88

Skontoabzug (Bruttoskonto): 182,12 DM

	Rechnungsbetrag	9.106,00 DM
–	Banklastschrift	8.923,88 DM
=	Bruttoskonto	182,12 DM

Mehrwertsteueranteil: 25,12 DM

182,12 DM	=	116 %		
x DM	=	16 %		
x	=	182,12 : 116 · 16	=	25,12

116.5

Rabatt 392,50 DM

7.850,00 DM	=	100 %		
x DM	=	5 %		
x	=	7.850,00 : 100 · 5	=	392,50

Mehrwertsteueranteil: 62,80 DM

392,50 DM	=	100 %		
x DM	=	16 %		
x	=	392,50 : 100 · 16	=	62,80

→

4

▷ *Fortsetzung der Lösung* zu 116.5 ▷

Gutschrift gesamt			**455,30 DM**
		Gutschrift netto	392,50 DM
	+	Umsatzsteuer	62,80 DM
	=	Gutschrift gesamt	455,30 DM

116.6

Zinsen **53,33 DM**

$$Z = \frac{K \cdot p \cdot t}{100 \cdot 360}$$

$$K = \frac{8.000 \cdot 12 \cdot 20}{100 \cdot 360} = \qquad 53{,}33$$

116.7

Abschreibung **7.300,50 DM**

1.460,10 DM	=	20 %		
x DM	=	100 %		
x	=	1.460,10 : 20 · 100	=	7.300,50

117.1

5

117.2

2

117.3

4

117.4

2

117.5

1

117.6

3

117.7

1 kg filetierter Lachs kostet **20,77 DM**

Frischgewicht			9,100 kg
Zubereitungsverlust		35 %	3,185 kg
bratfertig			5,915 kg
5,915 kg	=	122,85 DM	
1,000 kg	=	x DM	
x	=	122,85 : 5,915 =	20,77

117.8

Verlust beim Filetieren: **34,00 %**

Frischgewicht			5,000 kg
tafelfertig		15 · 0,220 kg =	3,300 kg
Zubereitungsverlust			1,700 kg
5,000 kg	=	100 %	
1,700 kg	=	x %	
x	=	1,7 · 100 : 5 =	34,00

117.9

Materialkosten für 30 Portionen: **115,50 DM** oder **115,80 DM**

– 1 Forelle (250 g)	7,500 kg	9,80 DM	73,50 DM	73,50 DM
– 50 g Butter	1,500 kg	9,80 DM	14,70 DM	14,70 DM
– 200 g Kartoffeln	6,000 kg	0,80 DM	4,80 DM	4,80 DM
– 1/4 Kopf Salat	7,500 kg	0,60 DM	4,50 DM	4,80 DM
– Zitrone, Gewürz	Pauschale	0,60 DM	18,00 DM	18,00 DM

117.10

Ersparnis **13,13 DM**

Seeteufel	12,500 kg · 25,50 DM	318,75 DM
Rabatt	10 %	31,88 DM
Einstandspreis	beim anderen Lieferer	286,88 DM
Einstandspreis	bei FFFD	273,75 DM
Ersparnis		13,13 DM

4

117.11

Anzahl Portionen			**33**
Frischgewicht			8,600 kg
Zubereitungsverlust	30 %		2,580 kg
tafelfertig gesamt			6,020 kg
Portionen:	180 g	6,020 kg : 0,180 kg	33,44
Materialwert:		90,30 DM : 33	**2,74 DM**

118.1

4

118.2

Kalkulationsfaktor:	34,50 DM : 10	**3,45**

118.3

Rechnungsbetrag FF **26.016,26**

Verkaufskurs 30,75 DM = 100 FF
8.000,00 DM = x FF
x = 8.000 · 100 : 30,75 = 26.016,26

118.4

Wareneinsatz	100	%	**10,10 DM**		
+ Gemeinkosten	140	%			
Selbstkosten	240	100 %	24,24 DM	:	2,4
+ Gewinn		20 %			
kalk. Betrag	100	120 %	29,09 DM	:	1,2
+ U.-Bet. f. Service	15	%			
Netto-VKP	115	100 %	33,45 DM	:	1,15
+ USt.		16 %			
Inklusivpreis lt. Rechnung	116 %		38,80 DM	:	1,16

118.5

Selbstkostenpreis pro Übernachtung	100 %	**50,00 DM**		
+ Gesamtaufschlag	90 %	45,00 DM		
Zimmerpreis lt. Rechnung	190 %	95,00 DM	:	1,9

118.6

Auslastung **80 %**

Kapazität $366 \cdot 80 = 29\,280$ Ü = 100 %
$23\,424$ Ü = x %
$x = 100 \cdot 23\,424 : 29\,280 = 80$ %

118.7

4

119.1

78,00 26,00

119.2

4

119.3

3

119.4

5

119.5

Auszahlungsbetrag in % vom Bruttolohn **56,71 %**

Bruttolohn 4.052,00 DM = 100 %
Nettolohn 2.297,84 DM = x %
x = 2.297,84 · 100 : 4.052,00 = 56,71

119.6

Beitragssatz zur Krankenversicherung **6,75 %**

SV-Brutto 4.052,00 DM = 100 %
KV-Beitrag 273,51 DM = x %
x = 273,51 · 100 : 4.052,00 = 6,75

119.7

Lohnerhöhung **15,05 %**

Lohn vorher 3.521,95 DM = 100 %
Lohn jetzt 4.052,00 DM
Lohnerhöhung 530,05 DM = x %
Lohnerhöhung x = 530,05 · 100 : 3.521,95 = 15,05

119.8

2

119.9

2

119.10

1, 3, 2

119.11

4, 2, 5

119.12

tatsächliche Lohnkosten **9.035,00 DM**

Bruttolohn	100 %	=	5.000,00 DM
+ Lohnzusatzk.	80,7 %		
tats. Lohnkosten	180,7 %	=	x DM
tats. Lohnkosten	x	=	180,7 · 5.000,00 : 100 = 9.035,00 DM

119.13

Personalzusatzkosten **4.035,00 DM**

tatsächliche Lohnkosten	9.035,00 DM
– Bruttolohn	5.000,00 DM
Personalzusatzkosten	4.035,00 DM

119.14

AG-Anteil Sozialversicherung an Personalzusatzkosten **33,84 %**

Personalzusatzkosten	80,70 DM	= 100 %
SV-Arbeitgeberanteil	26,50 DM	= x %
AG-Anteil SV an …	x	= 26,5 · 100 : 80,70 = 33,84

119.15

Bruttolohn nach 4 %iger Lohnerhöhung **5.200,00 DM**

Lohn vorher	100 %	=	5.000,00 DM
Lohnerhöhung	4 %	=	
Lohn neu	104 %	=	x DM
	x	=	104 · 5.000,00 : 100 = 5.200,00

119.16

Anstieg der Personalnebenkosten 1972–1996 **44,60 %**

Lohnnebenkosten ’72	55,60 DM	=	100 %	
Lohnnebenkosten ’96	80,70 DM	=		
Anstieg Lohnnebenkosten	24,80 DM	=	x %	
	x	=	24,8 · 100 : 55,60	= 44,60

Lösungen Wirtschafts- und Sozialkunde

Aufgabe	Lösung	Aufgabe	Lösung	Aufgabe	Lösung
1.	5	33.	4	65.	2
2.	3	34.	3	66.	2
3.	3	35.	2	67.	2 5
4.	4	36.	1 2 4	68.	5
5.	3 4 5	37.	1 2 4	69.	7 4 2 1
6.	5 1 4	38.	3 5	70.	2
7.	3	39.	3	71.	4
8.	3	40.	4	72.	3
9.	5	41.	3 5	73.	3
10.	1	42.	1 4	74.	4
11.	4	43.	3	75.	4
12.	2 3	44.	5	76.	3
13.	4	45.	4	77.	2
14.	5	46.	3	78.	1
15.	4	47.	4	79.	4
16.	4	48.	3 4 5	80.	5
17.	1	49.	1	81.	3
18.	2 6	50.	3	82.	6 3 1 2 5 4
19.	5	51.	3	83.	4 1 2 6 3 5
20.	5 7	52.	2 3 1 2 1	84.	5
21.	2	53.	1 3 4 5	85.	2 3 4
22.	1	54.	1	86.	6
23.	1	55.	1 2 5	87.	2
24.	2	56.	4	88.	3 6
25.	2	57.	5 3 1	89.	3
26.	4	58.	3	90.	4
27.	5	59.	1	91.	3
28.	5	60.	2	92.	4
29.	3	61.	1	93.	1
30.	2	62.	2 4	94.	1
31.	4	63.	3 4	95.	5
32.	1	64.	2		

Aufgabe	Lösung
96.	[1] oder [5]
97.	[2]
98.	[1] [2] [4] [3]
99.	[1] [4] [2] [5] [3] [7] [6]
100.	[1] [3]
101.	[2]
102.	[1] [3]
103.	[1] [2] [4]
104.	[1]
105.	[6]
106.	[2]
107.	[4]
108.	[5]
109.	[3] [5] [4]
110.	[3]
111.	[4]
112.	[1]
113.	[4] [5]
114.	[2]
115.	[2] [1] [2] [1] [2]
116.	[3]
117.	[3]
118.	[5]
119.	[2]
120.	[1]
121.	[4] [2] [3] [3] [2] [1] [1]
122.	[2]
123.	[4] [6]
124.	[2] [1] [1] [1] [2]
125.	[3]
126.	[2]
127.	[4]
128.	[1]
129.	[1] [3] [5]
130.	[4] [5]
131.	[1]
132.	[5]
133.	[3]
134.	[4]
135.	[1] [4] [3] [2] [1] [2]
136.	[3]
137.	[1] [3] [2] [4]
138.	[4]
139.	[3]
140.	[2] [4]
141.	[4]
142.	[2]
143.	[4]
144.	[4]
145.	[3]
146.	[2]
147.	[1]
148.	[5]
149.	[6] [4] [2] [5]
150.	[2]
151.	[2] [3]
152.	[3]
153.	[3]
154.	[3] [1] [4] [2]
155.	[2] [1] [2] [2] [1] [2] [1]
156.	[5] [3] [2] [1] [4]
157.	[5]
158.	[1]
159.	[6]
160.	[2]
161.	[4] [6] [7]
162.	[1]
163.	[3]
164.	[3]
165.	[1] [4]
166.	[5]
167.	[5]
168.	[4]
169.	[1]
170.	[4]
171.	[2]
172.	[2]
173.	[1]
174.	[5]
175.	[2] [5] [6]
176.	[3]
177.	[2] [3] [6] [7]
178.	[1] [2] [2] [1] [1] [2]
179.	[3] [4] [5] [2] [1]
180.	[1] [6]
181.	[5]
182.	[7] [2] [6]
183.	[6] [1]
184.	[4]
185.	[7]
186.	[5]
187.	[4]
188.	[1]
189.	[3]
190.	[4]
191.	[4]
192.1	[5] [1] [2] [3] [4]
192.2	[2]
192.3	[1] [2] [4]

Aufgabe	Lösung
192.4	[1] [3]
193.1	[1] [2] [4]
193.2	[1] [3] [5]
193.3	[1] [3] [5]
193.4	[2] [3] [4]
194.1	[2]
194.2	[4]
194.3	[2]
195.1	[4]
195.2	[2]
195.3	[3]
196.1	[3]
196.2	[3]
196.3	[4]
196.4	[1]
196.5	[5]
196.6	[3]
196.7	[2]
196.8	[2]
196.9	[2]
196.10	[3] oder [5]
197.1	[4] [1] [3]
197.2	[1]
197.3	[2]
197.4	[3]
197.5	[1]
197.6	[4]
197.7	[1] [2]
197.8	[3]
197.9	[5] [2]
197.10	[5]
197.11	[1]
197.12	[2]
197.13	[3]
197.14	[5]
197.15	[2]
197.16	[5]
197.17	[3]
197.18	So verteilt: [1] [3] Dafür verwendet: [4] [5] [7] Dort erarbeitet: [2] [6]
197.19	[5]
197.20	[4]
197.21	A: [1]; B: [5]
197.22	[2]
197.23	[1]

Lösungen Technologie

Arbeitssicherheit

Aufgabe	Lösung
1.	[1] [4]
2.	[3]
3.	[3]
4.	[4] [1]
5.	[2] [1] [2] [2] [2] [2] [1] [2]
6.	[1]
7.	[2]
8.	[5]
9.	[2] [1] [1] [2]
10.	[2] [5]
11.	[1]
12.	[4]
13.	[1]
14.	[1]
15.	[3]
16.1	[5]
16.2	[2]
16.3	[2]
16.4	[4]
17.1	[4]
17.2	[1]
17.3	[3] [5]
17.4	[4] [7] [8] [12]

Umweltschutz im Gastgewerbe

Aufgabe	Lösung	Aufgabe	Lösung	Aufgabe	Lösung
1.	3	*4.*	1 2 5 6	*7.*	1 3 5
2.	5	*5.*	1 2 4		
3.	2	*6.*	4 5 2		

Naturwissenschaftliche Grundlagen

Aufgabe	Lösung	Aufgabe	Lösung	Aufgabe	Lösung
1.	1	*10.*	1	*19.*	1 1 2 1 2 2
2.	3	*11.*	3	*20.*	1 4 5
3.	4	*12.*	5	*21.*	1 3 1 2 3 2
4.	1	*13.*	3	*22.*	3
5.	4	*14.*	4	*23.*	2 3 5
6.	2	*15.*	2	*24.*	3
7.	3	*16.*	1 4	*25.*	4 3 2
8.	2	*17.*	3		
9.	4	*18.*	a) 1 b) 2		

Hygiene im Gastgewerbe

Aufgabe	Lösung	Aufgabe	Lösung	Aufgabe	Lösung
1.	3	*6.*	4	*10.*	1 2 4
2.	2 5 6	*7.*	1 3 6 8 8 2 8	*11.*	2
3.	1 3 5			*12.*	5
4.	1 2 4 5 7	*8.*	1 2 2 1 1 2 2	*13.*	3 1 6
5.	1 2 4 6 7 8	*9.*	4	*14.*	3

Lebensmittelrecht im Gastgewerbe

Aufgabe	Lösung	Aufgabe	Lösung	Aufgabe	Lösung
1.	5	*6.*	1	*11.*	3
2.	3	*7.*	3	*12.*	1 2 1 1 2 1 2 1 2 2
3.	4	*8.*	2		
4.	3 4 1 2	*9.*	3		
5.	3 4 5 2 1	*10.*	4		

Inhaltsstoffe von Lebensmitteln

Aufgabe	Lösung
1.	2
2.	2 2 1 2 1 1
3.	4
4.	1 4 6
5.	2 1 1 2 1 2 1 2
6.	5
7.	2 3
8.	3 1 2 4
9.	2
10.	3
11.	3
12.	4
13.	2
14.	3
15.	1 2 2 1
16.	1
17.	1
18.	3
19.	4
20.	2
21.	4
22.	2

Ernährung

Aufgabe	Lösung
1.	1 2 3
2.	4
3.	3
4.	1
5.	3
6.	4
7.	4 5 1 2 3
8.	1
9.	2 3 1
10.	4
11.	2 4 1 3
12.	1
13.	2
14.	3
15.	4
16.	2
17.	2 1 2 2 1 1
18.	3
19.	1 4 5
20.	4
21.	1
22.	4 2 3 2 1 1
23.	2 4 5
24.	3 1 2 4
25.	1 2 3 1 3 3 2

Lebensmittel im Gastgewerbe

Aufgabe	Lösung
1.	7 4 5 6 2 1 3
2.	9 7 3 4
3.	3
4.	2
5.	5
6.	1
7.	4 3 2 1
8.	4
9.	3
10.	7 3 4 5 6 2 1
11.	3 1 2 4
12.	3
13.	4 3 2 1 5
14.	4
15.	1
16.	2
17.	5
18.	1
19.	3
20.	2
21.	2 3 3 1 1
22.	4
23.	1
24.	3
25.	5 3 4 1 2

Aufgabe	Lösung
26.	[3] [1] [4] [2] [6] [5]
27.	[2] [3] [5]
28.	[3]
29.	[1]
30.	[3] [1] [4] [2]
31.	[4] [6] [7] [3] [1]
32.	[4]
33.	[4]
34.	[2]
35.	[3]
36.	[1]
37.	[3] [2] [1] [5] [4]
38.	[2] [7] [8]
39.	[1] [4] [5]
40.	[4]
41.	[2]
42.	[1] [4] [6]
43.	[3]
44.	[4] [3] [2] [1]
45.	[2]
46.	[5]
47.	[3] [2] [1] [4]
48.	[3] [1] [2]
49.	[11] [4] [5] [9] [3]
50.	[4]
51.	[1] [1] [3] [2] [1] [2]
52.	[2] [1] [3]
53.	[3]

Verarbeitung von Lebensmitteln

Aufgabe	Lösung
1.	[4]
2.	[1]
3.	[5] [1] [2] [3] [4]
4.	[2]
5.	[3]
6.	[5]

Speisen im Gastgewerbe

Aufgabe	Lösung
1.	[3]
2.	[1]
3.	[3] [5] [4] [2] [1]
4.	[4]
5.	[4] [5] [1] [3] [2]
6.	[2]
7.	[2]
8.	[4]
9.	[3]
10.	[5] [4] [2] [1] [3]
11.	[1]
12.	[3]
13.	[4]
14.	[3]
15.	[2]
16.	[2] [1] [2] [2] [1] [1] [1] [2]
17.	[4]
18.	[5] [3] [4] [2] [1]
19.	[3] [4]
20.	[3]
21.	[2]
22.	[3] [1] [4] [2] [5] [6]
23.	[1]
24.	[3]
25.	[4]
26.	[2] [4] [1] [3]
27.	[5]
28.	[3]
29.	[4]
30.	[3] [4] [1] [2]
31.	[1]
32.	[2]
33.	[1]
34.	[4]
35.	[2]
36.	[3]
37.	[3] [2] [4]
38.	[3]
39.	[4]
40.	[2]

Aufgabe	Lösung
41.	[1]
42.	[4]
43.	[1]
44.	[3]
45.	[2]
46.	[1]
47.	[3]
48.	[4]
49.	[4] [1] [3] [2]
50.	[3]
51.	[1] [3] [2]
52.	[3]
53.	[4]
54.	[1]
55.	[2]
56.	[3]
57.	[1] [3] [5]
58.	[2]
59.	[4]
60.	[3]
61.	[1]
62.	[5] [6] [2] [4]
63.	[2]
64.	[1]
65.	[3]
66.	[2]
67.	[3]
68.	[3] [1] [2]
69.	[5]
70.	[2]
71.	[2] [4] [3]
72.	[3]
73.	[4]
74.	[3]
75.	[2]
76.	[5] [3] [1]
77.	[5]
78.	[2]
79.	[1]
80.	[4]
81.	[1] [5] [3] [2] [4]
82.	[1]
83.	[3]
84.	[1] [5] [4]
85.	[4]
86.	[2]
87.	[5]
88.	[2] [5] [1] [4]
89.	[3]
90.	[5]
91.	[3] [1] [2] [6]
92.	[1]
93.	[4]
94.	[6] [3] [4] [1]
95.	[2] [3] [5]
96.	[3] [4] [1]
97.	[2]
98.	[4]
99.	[1]
100.	[2] [5] [4]
101.	[3] [4] [1]
102.	[3]
103.	[4] [3] [2] [1]
104.	[1] [2] [5]
105.	[5]
106.	[4] [6] [1] [3]
107.	[3]
108.	[1] + [4]
109.	[2] [4] [1] [3]
110.	[4]
111.	[1]
112.	[3]
113.	[1] [3] [2]
114.	[3]
115.	[3] [5] [1] [2] [4]
116.	[3] [4] [1] [2]
117.	[4] [3] [1] [2]
118.	[4] [1] [5] [2] [3]
119.	[4]
120.	[2]
121.	[1] [2] [4]
122.	[3] [4] [5]
123.	[2] [4]
124.	[3] [2] [3] [1] [1] [2] [3]
125.	[5]
126.	[3]
127.	[1] [3] [5]
128.	[4]
129.	[4] [3] [5] [6] [2] [4] [1] [2]

Menükunde

Aufgabe	Lösung
1.	2 3
2.	2
3.	4 2 1 5
4.	3 2 1
5.	2 1 3
6.	2 3 1
7.1	1
7.2	3 5 1 4
7.3	2 3 7 9
7.4	2
7.5	2 3
7.6	1
7.7	2 4
8.1	3 5
8.2	3 4
8.3	4 7

Getränke im Gastgewerbe

Aufgabe	Lösung
1.	2 1 3
2.	3 1 2
3.	3 1 2
4.	2 1 1 2 1 2
5.	1
6.	3
7.	3
8.1	3 1 2
8.2	1
8.3	2 5
8.4	1 2 2 2 1 1
8.5	2 1 4 3
8.6	3 2 1 4
9.1	9 10 1 4 3 7 6 8 5 2 11 12 13
9.2	4 1 5
9.3	2 4 1 7 6 3 5 8
9.4	2
9.5	4
9.6	1 2 5 3 8 4 6 7
9.7	1 1 4 5 3 2 6 7 1 3
9.8	1 1 2 1 1 2 2 1
9.9	2
9.10	1
9.11	2 3
9.12	3
9.13	1
10.1	1 4 5 7 12 15
10.2	8 13 3 9
10.3	6 11 2 14 10 16
11.	1 5 6 2 4 3
12.	4
13.	4
14.1	2 12 6 8 1 3 5 4 9
14.2	2 3 4 1 4 2 5 2 6 4 5 2
14.3	1
15.1	2 5 1 3 4 6
15.2	4 1 2 3
15.3	5 3 2 1 4
16.	4
17.	3
18.	3 2 1 4 5
19.	2
20.1	4 2 3 1 5
20.2	4
20.3	3
20.4	2
21.1	2 3 1
21.2	1 3 2
21.3	2 2 1 2 1 2 1 1
21.4	4 1 2 3
21.5	2
21.6	3
21.7	3
21.8	2 3 4 1
21.9	3
22.1	3 2 1 1 5 4 1
22.2	3 2 1 2
22.3	2

Aufgabe	Lösung
22.4	3
23.	3
24.	3
25.	3
26.	3 1 5
27.	1
28.	3
29.	2
30.	5 3 4 1 2

Büfett

Aufgabe	Lösung
1.1	2 4
1.2	2
1.3	3
1.4	3
1.5	1
1.6	1 2 5
1.7	3 6
2.1	3 1 2 6 7 4 5 9 8
2.2	1 2 1 1 2 1 1 2
2.3	3
2.4	2 6
2.5	1
2.6	4
3.	1 3
4.	3
5.	4
6.	2
7.	2
8.	3
9.	5 4 3 1 2
10.	1 3 2 1 2 3
11.	1 3 4
12.	5 1 2 4 3
13.	4 1 6 5 2 3
14.1	5 6
14.2	3
14.3	3 5
14.4	3 1 2
14.5	5 5 1 2 1 4 3 3
14.6	4
14.7	2 3 1 4 2 4
15.1	1 2 4
15.2	3
15.3	3 4 2 1
15.4	5 2 3 6 8 1 7 4
15.5	3
15.6	1 3 4
15.7	2
16.1	2 1 1 4 3 1
16.2	2
16.3	2

Servierkunde

Aufgabe	Lösung
1.1	1 2 4 6 7 8
1.2	1
1.3	3
1.4	3
1.5	2
1.6	2 1 1
1.7	2
1.8	2 5 4 1 3 6
1.9	1
1.10	1 2 3
1.11	3
2.1	4 5 1 7 3 2 6 8
2.2	2
2.3	4
2.4	1 3 4
2.5	6 1 2 5 3
2.6	2
3.1	2
3.2	3
3.3	2

Aufgabe	Lösung
3.4	2
3.5	2
3.6	2 4
3.7	2
3.8	3
3.9	3
4.1	3 2 5 1 4

Aufgabe	Lösung
4.2	1
4.3	3
4.4	2 1 3
4.5	1 2 3
4.6	2
4.7	3
4.8	1 3 5

Aufgabe	Lösung
4.9	1
5.1	3
5.2	4
5.3	3
5.4	3

Barkunde

Aufgabe	Lösung
1.1	2 3 1 5 4
1.2	2 1 1 1 2 3
1.3	2 4
1.4	3 5
1.5	3
1.6	5

Aufgabe	Lösung
1.7	2
1.8	2
2.1	3
2.2	3
2.3	1
2.4	2 6
2.5	4

Aufgabe	Lösung
3.	4
4.	1 4 6
5.	4
6.	2
7.	3 5

Rezeption

Aufgabe	Lösung
1.1	3
1.2	3
1.3	3 2 4 6 1 5
1.4	2
1.5	1

Aufgabe	Lösung
1.6	3
1.7	3
1.8	4
1.9	2
1.10	1
1.11	4

Aufgabe	Lösung
1.12	3
1.13	2
1.14	2
1.15	2
1.16	2

Servierkunde/Büffet – fächerübergreifend

Aufgabe	Lösung
1.1	1 3 4
1.2	5 6
1.3	1 8 10
1.4	2 4 5

Aufgabe	Lösung
1.5	4
1.6	1 4 5
1.7	2
1.8	2 4 5

Aufgabe	Lösung
1.9	5 4 2 2 1 3 1
1.10	2 4 3 1 5
1.11	4

4

Aufgabe	Lösung
1.12	2 3 5 7
1.13	3
1.14	3
1.15	1 3
1.16	2
1.17	3 4 5 1 2 7 6 8
1.18	2 1
1.19	2
1.20	1 3 5 7 8 10 11
1.21	1 2 1 2 2 1 1 2 1 2
1.22	2 2 2
1.23	2
1.24	2
1.25	3
1.26	1
1.27	1

Housekeeping

Aufgabe	Lösung
1.	1
2.	4
3.	2
4.	1 2 3 4
5.	2
6.	5
7.	2
8.	5
9.	2
10.	4
11.	5
12.	2
13.	1
14.	4
15.	3
16.	3
17.	1
18.	5 6 1
19.	1
20.	2
21.	5
22.	1
23.	3
24.	5
25.	4
26.	4
27.	3
28.	3
29.	1
30.	5
31.	4
32.	4

Organisation im Gastgewerbe

Aufgabe	Lösung
1.	4
2.	4
3.	3
4.	3
5.	2 5
6.	2
7.	3 4 1 5 2
8.	5
9.	4
10.	3
11.	4
12.	2 1 2 2 3 3 1
13.	2 2 1 2 1 1 2
14.	4
15.1	4
15.2	2 1 4 5 3
15.3	4
15.4	2
16.	4
17.	3
18.	4
19.	2
20.	1
21.	2
22.	5
23.	4

Aufgabe	Lösung
24.	2
25.	3
26.	5
27.	2 5
28.	1
29.	2 5 1
30.	5
31.	2
32.	4
33.	3
34.	1 2 3 4
35.	2
36.	5

EDV

Aufgabe	Lösung
1.	4
2.	5
3.	4 1 3
4.	2 4 5
5.1	2
5.2	2
5.3	5
6.	3
7.	5
8.	2 1 1 2 2 1
9.	3
10.	2 4
11.	5
12.	4
13.	3
14.	1 5 6
15.	3 5
16.	3 6
17.	3
18.	1 3 5
19.	5
20.	4
21.	4
22.	1 3 4
23.	1 2 4 5
24.	2 4

Telekommunikation

Aufgabe	Lösung
1.	3
2.	3
3.	3
4.	1 3 4
5.	3 4 5
6.	1 4 5

Beschaffung und Lagerhaltung

Aufgabe	Lösung
1.1	3
1.2	5
1.3	5
2.	3
3.	1
4.	1 6 3
5.	2
6.	2 3 4 1 7 5 6
7.	2
8.	5
9.	2

Teil 3 Situation 1: Sonderveranstaltung

Aufgabe	Lösung
1.1	[1] [3]
1.2	[1] [2] [3] [4] [6] [8] [9] [10] [11] [12]
1.3	[1] [2]
1.4	[2] [3]
1.5	[4]
1.6	[2] [3]
1.7 a)	[2] [3] [4] [5] [7]
1.7 b)	[2] [3]
1.8	[1] [3] [4] [9]
1.9	[1] [3] [4]
1.10 a)	[5]
1.10 b)	[2]
1.11	[5] [7] [1] [2] [4] [3] [6] [8]
1.12	[2] [2] [2] [2] [1] [1] [2] [1]
1.13	[1] [2] [1] [2] [1] [1] [3]
1.14	[3]
1.15	[1]
1.16	[1] [3] [5] [6] [7]
1.17	[2]
1.18	[3]
1.19	[1]
1.20	[2] [3] [6] [7]
1.21	[1] [2]
1.22	[1]
1.23	[3]
1.24	[3] [4] [6] [7] [8]
1.25	[2] [3]
1.26	[3]
1.27	[2]
1.28 a)	[4]
1.28 b)	[2]
1.29	[2] [3] [4]
1.30	[1] [2] [1] [2]
1.31	[3]
1.32	[2] [4]
1.33	[4]
1.34	[2] [3]
1.35	[2]
1.36	[4]

Situation 2: Aktionswoche Lamm

Aufgabe	Lösung
2.1	[1]
2.2	[4]
2.3	[5]
2.4	[3] [4] [5] [6] [2] [1]
2.5	[2]
2.6	[1] [2] [5] [6] [7]
2.7	[3]
2.8	[3] [4] [1] [2]
2.9	[4]
2.10	[2]
2.11	20,8 % – 1,495 kg
2.12 a)	17
2.12 b)	18,18 %
2.13	5,75 DM
2.14	16,52 %
2.15	216 g
2.16	2,06 DM – 11,34 %
2.17	3,83
2.18	[1] [3] [7] [4] [2] [5] [6]
2.19	[4] [2] [1] [3]
2.20	[5]

Situation 3: Empfang

Aufgabe	Lösung
3.1	[5] [1] [2] [4] [6] [7] [3]
3.2	[2]
3.3	[2]
3.4	[1] [4] [5] [7]
3.5	[4]
3.6	[3]
3.7	[2]
3.8	[5]

Aufgabe	Lösung
3.9	[1]
3.10	[2]
3.11	[2] [3] [4]
3.12	[2]
3.13	[4]
3.14	[3]
3.15	[2]

Aufgabe	Lösung
3.16	[3]
3.17	[3]
3.18	[1]
3.19	[2]
3.20	[3]
3.21 a)	56,00 DM (55,85 DM)

Aufgabe	Lösung
3.21 b)	72,0 %
3.22 a)	192,00 DM
3.22 b)	214,00 DM (213,33 DM)
3.23	6,40 DM bzw. 25 %

Gastronomische Fachausdrücke

1. Die für das Englische verwendeten Zeichen der Lautschrift

ɑ:	b**ah**	g	**g**ood	r	**r**at
ɑ̃	ens**em**ble	h	**h**at	s	**s**ip
æ	f**a**t	ɪ	b**i**t, late**ly**	ʃ	**sh**ip
æ̃	l**in**gerie	ɪə	n**ea**rly	t	**t**ip
aɪ	f**i**ne	i:	m**ee**t	tʃ	**ch**in
aʊ	n**ow**	j	**y**et	θ	**th**in
b	**b**at	k	**k**it	ð	**th**e
d	**d**og	l	**l**ot	u:	b**oo**t
dʒ	**j**am	m	**m**at	ʊ	b**oo**k
e	m**e**t	n	**n**ot	ʊə	t**our**ist
eɪ	f**a**te	ŋ	si**ng**	ʌ	d**u**g
eə	f**ai**ry	ɒ	g**o**t	v	**v**an
əʊ	g**oa**t	ɔ:	p**aw**	w	**w**in
ə	**a**go	ɔ̃	fait acc**om**pli	x	lo**ch**
ɜ:	f**ur**	ɔɪ	b**oi**l	z	**z**ip
f	**f**at	p	**p**et	ʒ	vi**s**ion

: Längezeichen, bezeichnet Länge des unmittelbar davor stehenden Vokals, z. B. boot [bu:t]

ˈ Betonung, steht unmittelbar vor einer betonten Silbe, z. B. ago [əˈgəʊ].

(r) Ein „r“ in runden Klammern wird nur gesprochen, wenn im Textzusammenhang ein Vokal unmittelbar folgt, z. B. pare [peə(r)]; pare away [peər əˈweɪ].

2. Die für das Französische verwendeten Zeichen der Lautschrift

a	p**a**tte	u	s**ou**s	s	**s**ans
ɑ	g**â**ter	y	ch**u**te	z	ma**z**out
ɑ̃	b**an**c, t**em**ple	b	**b**ois	ʃ	**ch**amp
e	b**é**b**é**	d	**d**outer	ʒ	**G**eor**g**es, **j**uge
ɛ	d**e**tte	f	**f**lûte	t	**t**on
ɛ̃	p**ain**, cous**in**	g	**g**rand	v	**v**ert
ə	d**e**dans	k	**c**arte		
i	d**i**re	l	**l**ampe	**Halbkonsonanten**	
o	b**eau**	m	**m**on	w	**ou**ïe, **w**igwam
ɔ	p**o**rte	n	**n**on	j	na**ti**on
ɔ̃	garç**on**	ɲ	bai**gn**er	ɥ	n**u**it
ø	bl**eu**	ŋ	go**ng**		
œ	b**œu**f	p	**p**ère	ʼh	behauchtes h
œ̃	**un**, h**um**ble	r	**r**ond		h aspire

: Längezeichen, bezeichnet Länge des unmittelbar davor stehenden Vokals, z. B. bazar [baza:r]

Service

Aschenbecher	Cendrier	[sɑ̃drije]	Ashtray	[æʃtreɪ]
Austerngabel	Fourchette à Huitres	[furʃɜt a ɥitr]	Oyster Fork	['ɔɪstə(r)fɔ:k]
Austernmesser/ Austernbrecher	Couteau à Huitres	[kuto a ɥitr]	Oyster Knife	['ɔɪstə(r)nɑɪf]
Becher	Gobelet	[gɔblɛ]	Mug	[mʌg]
Beistelltisch	Guéridon	[geridɔ̃]	Side Table	[sɑɪd 'teɪbl]
Bierglas	Verre à Bière	[vɛ:r ɑ bjɛ:r]	Beer Glass	[bɪə(r)glɑ:s]
Bon	Bon	[bɔ̃]	Voucher	['vaʊtʃə(r)]
Brotkorb	Corbeille à Pain	[kɔrbɛj a pɛ̃]	Bread Basket	[bred 'bɑ:skɪt]
Buttermesser	Couteau à Beurre	[kuto a bœr]	Butter Knife	[bʌtə(r)nɑɪf]
Champagnerglas	Verre à Champagne	[vɛ:r a ʃɑ̃paɲ]	Champagne Glass	[ʃæm'peɪn glɑ:s]
Dessertgabel	Fourchette à Dessert	[furʃɛt a desɛ:r]	Dessert Fork	[dɪ'zɜ:t fɔ:k]
Dessertlöffel	Cuiller à Dessert	[kɥijɛr a desɛ:r]	Dessertspoon	[dɪ'zɜ:t spu:n]
Dessertteller	Assiette à Dessert	[asjɛt a desɛ:r]	Dessert Plate	[dɪ'zɜ:t pleɪt]
Eierbecher	Coquetier	[kɔktje]	Eggcup	[egkʌp]
Eierlöffel	Cuiller à Oeufs	[kɥijɛr a ø]	Egg Spoon	[eg spu:n]
Eislöffel/ Eisspatel	Cuiller à Glace	[kɥijɛr a glas]	Ice Spoon	[ɑɪs spu:n]
Eiszange	Pince à Glace	[pɛ̃s a glas]	Ice Tongs	[ɑɪs tɒŋz]
Esslöffel	Cuiller à Soupe	[kɥijɛr a sup]	Dinner Spoon	['dɪnə(r) spu:n]
Feuerzeug	Briquet	[brikɛ]	Lighter	['lɑɪtə(r)]
Fingerbowle/ Fingerschale	Rince-Doigts	[rɛ̃sdwa]	Finger Bowl	['fɪŋgə(r) baʊl]
Fischgabel	Fourchette à Poisson	[furʃɛt a pwasɔ̃]	Fish Fork	[fɪʃ fɔ:k]
Fischmesser	Couteau à Poisson	[kuto a pwasɔ̃]	Fish Knife	[fɪʃ nɑɪf]
Flasche	Bouteille	[butɛj]	Bottle	['bɒtl]
Gabel	Fourchette	[furʃɛt]	Fork	[fɔ:k]
Gast	Hôte	[ot]	Guest	[gest]
Gedeck	Couvert	[kuvɛr]	Cover	['kʌvə(r)]
Gemüseschüssel	Légumière	[legymjɛr]	Vegetable Bowl	['vedʒtəbl baʊl]
Glas	Verre	[vɛ:r]	Glass	[glɑ:s]
Glocke/Platten-abdeckhaube	Cloche	[klɔʃ]	Cover, Dome	['kʌvə(r)], [dəʊm]

4

Gratinplatte	Plat Russe	[pla rys]	Gratin Plate	['grætæ̃ pleɪt]
Hummergabel	Fourchette à Homard	[furʃɛt a ɔma:r]	Lobster Fork	['lɒbstə(r) fɔ:k]
Kaffeekanne	Cafetière	[kaftjɛ:r]	Coffee Pot	['kɒfɪ pɒt]
Kaffeelöffel	Cuiller à Café	[kɥijer a kafe]	Coffee Spoon	['kɒfɪ spu:n]
Kaffeetasse	Tasse à Café	[tɑs a kafe]	Coffee Cup	['kɒfɪ kʌp]
Karaffe	Carafe	[karaf]	Carafe	[kə'ræf, kə'rɑ:f]
Käsemesser	Couteau à Fromage	[kuto a 'frɔmaʒ]	Cheese Knife	[tʃɪ:z naɪf]
Kaviarmesser	Couteau à Caviar	[kuto a kavjar]	Caviar Knife	[kævɪ'ɑ:(r) naɪf]
Kompottlöffel	Cuiller à Compote	[kɥijer a kɔ̃pɔt]	Compote Spoon	['kɒmpəʊt spu:n]
Kompottschale	Compotier	[kɔ̃pɔtje]	Compote Bowl	['kɒmpəʊt baʊl]
Korken	Bouchon	[buʃɔ̃]	Cork	[kɔ:k]
Korkenzieher	Tire-Bouchon	[tirbuʃɔ̃]	Cork Screw	[kɔ:k skru:]
Löffel	Cuiller	[kɥije]	Spoon	[spu:n]
Mahlzeit	Repas	[r(ə)pɑ]	Meal	[mi:l]
Menage	Ménagère	[menaʒɛr]	Salt & Pepper Set	[sɔ:lt ənd 'pepə(r) set]
Messer	Couteau	[kuto]	Knife	[naɪf]
Nachservice	Supplément	[syplemɑ̃]	Supplement	['sʌplɪmənt]
Obstgabel	Fourchette à Fruits	[furʃɛt a frɥi]	Fruit Fork	[fru:t fɔ:k]
Obstmesser	Couteau à Fruits	[kuto a frɥi]	Fruit Knife	[fru:t naɪf]
Officemesser	Couteau d'Office	[kuto dɔfis]	Office Knife	[ɒfɪs naɪf]
Pfeffermühle	Moulin à Poivre	[mulɛ̃ a pwa:vr]	Pepper Mill	['pepə(r) mɪl]
Pfefferstreuer	Poivrière	[pwavrjɛ:r]	Pepper Shaker	['pepə(r) 'ʃeɪkə(r)]
Plattenwärmer	Chauffe-Plat	[ʃofpla]	Hot Plate	[hɒt pleɪt]
Rechnung	Addition	[adisjɔ̃]	Bill	[bɪl]
Salatschüssel	Saladier	[saladje]	Salad Bowl	['sæləd baʊl]
Salzstreuer	Salière	[saljɛ:r]	Salt Shaker	[sɔ:lt 'ʃeɪkə(r)]
Saucenlöffel	Cuiller à Sauce	[kɥijer a sos]	Sauce Spoon	[sɔ:s spu:n]
Saucengießer	Saucière	[sosjɛ:r]	Sauce Boat	[sɔ:s bəʊt]
Schokoladen-tasse	Tasse à Chocolat	[tɑs a ʃɔkɔla]	Chocolate Cup	['tʃɒklət kʌp]
Schüssel	Plat	[pla]	Bowl	[baʊl]
Sektkühler	Seau à Champagne	[so a ʃɑ̃paɲ]	Champagne Cooler	[ʃæm'peɪn 'ku:lə(r)]
Senftopf	Moutardier	[mutardje]	Mustard Pot	['mʌstəd pɒt]

Servierbrett	Plateau de Service	[plato də sɛrvis]	Service Tray	['sɜ:vɪs treɪ]
Serviertisch	Table de Service	[tabl də sɛrvis]	Service Table	['sɜ:vɪs 'teɪbl]
Servierwagen	Table Roulante	[tabl rulɑ̃t]	(Serving) trolley	['sɜ:vɪŋ 'trɒlɪ]
Spargelzange	Pince à Asperge	[pɛ̃s a aspɛrʒ]	Asparagus Tongs	[ə'spærəgəs tɒŋz]
Speisenkarte	Carte	[kart]	Menu	['menju:]
Streichhölzer	Allumettes	[alymɛt]	Matches	[mætʃis]
Suppenterrine/ Suppenschüssel	Soupière	[supjɛ:r]	Soup Tureen	[su:p tjʊ'ri:n]
Tageskarte	Carte du Jour	[kart dy ʒu:r]	Today's Menu	[tə'deɪs 'menju:]
Tagesmenue	Plat du Jour	[pla dy ʒu:r]	Today's Special	[tə'deɪs 'speʃl]
Tasse	Tasse	[tɑs]	Cup	[kʌp]
Teekanne	Théière	[tejɛ:r]	Tea Pot	[ti: pɒt]
Teelöffel	Cuiller à Thé	[kɥijer a te]	Tea Spoon	[ti: spu:n]
Teetasse	Tasse à Thé	[tɑs a te]	Tea Cup	[ti: kʌp]
Teller	Assiette	[asjɛt]	Plate	[pleɪt]
Flacher Teller	Assiette plate	[asjɛt plat]	Flat Plate	[flæt pleɪt]
Tiefer Teller	Assiette creuse	[asjɛt krøz]	Deep Plate	[di:p pleɪt]
Trinkgeld	Pourboire	[purbwɑr]	Tip	[tɪp]
Trinkhalm/ Strohhalm	Chalumeau	[ʃɑlymo]	Straw	[strɔ:]
Untertasse	Soucoupe	[sukup]	Saucer	['sɔ:sə(r)]
Wärmeplatte	Réchaud	[reʃo]	Hot plate	[hɒt pleɪt]
Weinflasche	Bouteille à Vin	[butɛj a vɛ̃]	Wine bottle	[wɑɪn 'bɒtl]
Weinglas	Verre à Vin	[vɛ:r a vɛ̃]	Wineglass	[wɑɪnglɑ:s]
Weinkarte	Carte des Vins	[kart də vɛ̃]	Wine-List	[wɑɪn lɪst]
Weinkühler	Seau à Vin	[so a vɛ̃]	Wine Cooler	[wɑɪn 'ku:lə(r)]
Zahnstocher	Cure-dent	[kyrdɑ̃]	Tooth Pick	[tu:θpɪk]
Zange	Pince	[pɛ̃s]	Tongs	[tɒŋz]
Zigarette	Cigarette	[sigarɛt]	Cigarette	[sɪgə'ret]
Zigarre	Cigare	[sigar]	Cigar	[sɪ'gɑ:(r)]
Zigarren-abschneider	Coupe-cigares	[kupsigar]	Cigar Cutter	[sɪ'gɑ:(r) 'kʌtə(r)]
Zuckerdose	Sucrier	[sykrje]	Sugar Bowl	['ʃʊgə(r) baʊl]
Zuckerzange	Pince à Sucre	[pɛ̃s a sykr]	Sugar Tongs	['ʃʊgə(r) tɒŋz]

Getränke

Apfelwein	Cidre	[sidr]	Cider	['sɑɪdə(r)]
Bier	Bière	[bjɛ:r]	Beer	[bɪə(r)]

Dunkles Bier	Bière brune	[bjɛ:r bryn]	Dark Beer	[dɑ:k bɪə(r)]
Helles Bier	Bière blonde	[bjɛ:r blɔ̃d]	Light Beer	[lɑɪt bɪə(r)]
Malzbier	Bière de malt	[bjɛ:r də malt]	Malt Beer	[mɔ:lt bɪə(r)]
Bordeauxwein	Bordeaux	[bɔrdo]	Claret	['klærət]
Bowle	Bol	[bɔl]	Fruit Punch	[fru:t pʌntʃ]
Burgunderwein	Bourgogne	[burgɔɲ]	Burgundy	['bɜ:gəndɪ]
Champagner	Champagne	[ʃɑ̃paɲ]	Champagne	[ʃæm'peɪn]
Cognac	Cognac	[kɔɲɑk]	Cognac	['kɒnjæk]
Glühwein	Vin chaud	[vɛ̃ ʃo]	Mulled Wine	[mʌld wɑɪn]
Grog	Grog	[grɔg]	Grog	[grɒg]
Kaffee	Café	[kafe]	Coffee	['kɒfɪ]
Kaffee mit Milch	Café au lait	[kafeolɛ]	Coffee with Milk	['kɒfɪ wɪð mɪlk]
Kaffee mit Sahne	Café Crème	[kafe krɛm]	Coffee with Cream	['kɒfɪ wið kri:m]
Kaffee, schwarz	Café Noir	[kafe nwa:r]	Black Coffee	[blæk 'kɒfɪ]
Kakao	Cacao	[kakao]	Cacao	[kə'kɑ:əʊ]
Landwein	Vin du Pays	[vɛ̃ dy pei]	Country Wine	['kʌntrɪ wɑɪn]
Likör	Liqueur	[likœr]	Liqueur	[lɪ'kjʊə(r)]
Limonade	Limonade	[limɔnɑd]	Lemonade	[lemə'neɪd]
Milch	Lait	[lɛ]	Milk	[mɪlk]
Mokka	Moka	[mɔkɑ]	Mocha	['mɒkə]
Moselwein	Vin de Moselle	[vɛ̃ də mosl]	Moselle Wine	[məʊ'zel wɑɪn]
Mineralwasser	Eau Minérale	[omineral]	Mineral Water	['minərl 'wɔ:tə(r)]
Punch	Punch	[pɔ̃ʃ]	Punch	[pʌntʃ]
Rheinwein	Vin du Rhin	[vɛ̃ dy rɛ̃]	Hock	[hɒk]
Roséwein	Vin rosé	[vɛ̃ roze]	Rosé Wine	[rəʊ'zeɪ wɑɪn]
Rotwein	Vin rouge	[vɛ̃ ruʒ]	Red Wine	[red wɑɪn]
Saft	Jus	[ʒy]	Juice	[dʒu:s]
Apfelsaft	Jus de Pommes	[ʒyd(ə)pɔm]	Apple Juice	[æpl dʒu:s]
Johannisbeersaft	Jus de Groseilles	[ʒyd(ə)grozɛj]	Currant Juice	['kʌrənt dʒu:s]
Kirschsaft	Jus de Cerises	[ʒyd(ə)s(ə)riz]	Cherry Juice	['tʃerɪ dʒu:s]
Orangensaft	Jus d'Oranges	[ʒydɔrɑ̃ʒ]	Orange Juice	['ɒrɪndʒ dʒu:s]
Sauerkrautsaft	Jus de Choucroute	[ʒyd(ə)ʃukrut]	Sauerkraut Juice	['sɑʊəkrɑʊt dʒu:s]
Tomatensaft	Jus de Tomates	[ʒyd(ə)tɔmɑt]	Tomato Juice	[tə'mɑ:teʊ dʒu:s]
Traubensaft	Jus de Raisins	[ʒyd(ə)rezɛ̃]	Grape Juice	[greɪp dʒu:s]
Schnaps	Eau-de-Vie	[od(ə)vi]	Spirits	['spɪrɪts]

Schokolade	Chocolat	[ʃɔkɔla]	Chocolate	['tʃɒklət]
Sekt/ Schaumwein	Vin Mousseux	[vɛ̃ musøz]	Sparkling Wine	['spɑ:kliŋ waɪn]
Sprudel	Eau Gazeuse	[ogɑzøz]	Sparkling mineral water	['spɑ:kliŋ 'mɪnərl 'wɔ:tə(r)]
Tee	Thé	[te]	Tea	[ti:]
Tee mit Zitrone	Thé avec Citron	[te avɛk sitrɔ̃]	Tea with Lemon	[ti: wið 'lemən]
Wasser	Eau	[o]	Water	['wɔ:tə(r)]
Wein	Vin	[vɛ̃]	Wine	[waɪn]
Weinbrand	Cognac	[kɔɲɑk]	Brandy	['brændɪ]
Weißwein	Vin Blanc	[vɛ̃ blɑ̃]	White Wine	[waɪt waɪn]

Französische Fachausdrücke aus dem Küchenbereich

abattis	[abatɪ]	Geflügelklein
agar-agar	[ɑgɑrɑgɑr]	Meeralge von sehr starker Gelierkraft, aus Asien (wird anstelle von Gelatine in der vegetarischen Küche verwendet)
annoncer	[anɔ̃se]	annoncieren, Ausrufen von Bestellungen in der Küche
apéritif	[aperitif]	appetitanregendes Getränk, wird vor dem Essen gereicht
à point	[a pwɛ̃]	kurz gebratenes Fleisch, rot bis rosa, „auf den Punkt“
aromates	[arɔmat]	Aromen, Gewürze, typische Geschmacksträger
aspic	[aspik]	Fleischgallerte (aus kollagenhaltigen Fleischteilen gewonnen), im Handel als Aspikpulver bekannt
au four	[ofur]	im Ofen überbacken, überkrusten
bain-marie	[bɛ̃mɑri]	Wasserbad, zum Warmstellen
barder	[barde]	bardieren, in Speckstreifen einhüllen oder umbinden als Schutz vor Hitze bzw. vor dem Austrocknen
baron	[barɔ]	Keulen und Rücken eines Hammels oder Lammes, an einem Stück gebraten
béchamel	[beʃamɛl]	Milchsoße, für Gemüse-, Fleisch- oder Fischgerichte
beignet	[bɛɲɛ]	Früchte im Bierteig gebacken (im Fettbad)
beurre manié	[bœrmanje]	Mehlbutter, zum raschen Binden von Soßen, Gemüsen
bien cuit	[bjɛ̃kɥi]	gut durchgebraten
blanchir	[blɑ̃ʃir]	blanchieren, abwällen, abbrühen
blanquette	[blɑ̃kɛt]	würfelig geschnittenes, weißes Fleisch (der Fond wird zur Soße verarbeitet)
blinis	[blɛ̃nis]	kleine Pfannkuchen, aus Buchweizenmehl hergestellt, mit Kaviar belegt

bombage	[bɔ̃ba:ʒ]	aufgetriebene Konserve
bordure	[bɔrdyr]	Einfassung, Schüsselrand
boucherie	[buʃri]	Fleischerei
bouillon	[bujɔ̃]	Fleischbrühe
Bouquet garni	[bukɛgarni]	Kräutersträußchen aus Petersilie, Thymian, Lorbeerblatt, auch Lauch, Sellerie, Möhren, Knoblauch
braiser	[brɛze]	schmoren
braisière	[brɛzjɛ:r]	Schmorpfanne mit Deckel
brider	[bride]	bridieren, mittels Faden binden (zur Bewahrung der Form)
brunoise	[brynwa:z]	kleinwürfelig geschnittenes Gemüse
canapé	[kanape]	kleine, mundgerechte Weißbrotschnitte, pikant belegt
carcasse	[karkas]	Gerippe, Knochengerüst des Geflügels
carré	[kare]	halbiertes Rippenstück von Kalb, Schwein, Hammel
casserole	[kasrɔl]	Schmortopf
château	[ʃato]	Schloss
chaud-froid	[ʃofrwɑ]	Sülzgericht, Ableitung der Velouté mit Sahne und Aspik
chemiser	[ʃ(ə)mize]	chemisieren (eine Form mit Aspik ausgießen oder eine Eisbombe innen mit Mantel versehen)
chiffonade	[ʃifɔnad]	Blattsalat, Spinat oder Sauerampfer, in kurze, kleine Stücke geschnitten
chinois	[ʃinwa]	Spitzsieb
ciseler	[sizle]	ziselieren, kleine Einschnitte, einkerben
concasser	[kɔ̃kase]	grob zerkleinern, zerhacken
consommé	[kɔ̃sɔme]	Kraftbrühe, mit Rindfleisch geklärt
coquille	[kɔkij]	fächerartige Muschelschale für kalte und warme Vorspeisen
court-bouillon	[kurbujɔ̃]	stark gewürzter Fond, Brühe, Fischsud zum Kochen von Krustentieren
crème-fraîche	[krɛm frɛʃ]	milder Sauerrahm mit etwa 30 % Fett
crêpe	[krɛp]	dünner Eierpfannkuchen
croûtons	[krutɔ̃]	Weißbrotwürfel, in Butter gebacken
darioles	[darjɔl]	kleine, glatte, konische Zylinderförmchen
darne	[darn]	Mittelstück von größeren Fischen
déglacer	[deglase]	ablöschen (Bratenansatz)
dégraisser	[degrɛse]	degrassieren, abfetten, abschäumen
digestif	[diʒɛstif]	verdauungsförderndes Getränk, nach dem Essen gereicht
duchesse	[dyʃɛs]	Kartoffelpüree mit Ei (nicht mit Milch) gebunden
duxelles	[dyksɛl]	feingehackte Füllung, Pilze als Grundbestandteil

Économat	[ekɔnɔmɑ]	Lebensmittelmagazin
entrée	[ɑ̃tre]	kleine Platte, Zwischengericht, alle Gerichte, die roh portioniert werden (Steak, Ragout)
entremetier	[ɑ̃trəmetje]	Abteilungskoch, zuständig für Suppen, Gemüse, Beilagen, Eierspeisen
entremets	[ɑ̃trəmɛ]	Süßspeisen
escalops	[ɛskɑlɔp]	Schnitte von einem rohen Stück Fleisch
étamine	[etamin]	Passiertuch
farce	[fars]	Füllmasse, z. B. aus Fleisch, Semmeln
fleurons	[flœrɔ̃]	Halbmonde aus Blätterteig
fond	[fɔ̃]	Grundbrühe, hell oder braun
fondue	[fɔ̃dy]	Geschmolzenes
fricassée	[frikase]	weißes Ragout, in der Soße gegart
frire	[frir]	fritieren, in Fett schwimmend ausbacken
friteuse	[fritøz]	elektrisches Fritiergerät
fumer	[fyme]	räuchern von Fisch, Fleisch
fumet	[fymɛ]	kräftiger, stark eingekochter Fond, Essenz
galantine	[galɑ̃tin]	gekochte Rollpastete, gefüllt
garde-manager	[gɑrdmanaʒɛr]	Abteilungskoch, zuständig für kalte Küche, Vorspeisen
gourmand	[gurmɑ̃]	ein Mensch, der viel und gerne isst
gourmet	[gurmɛ]	Feinschmecker
gratiner	[gratine]	überbacken mit Oberhitze
haut-goût	['ogu]	Wildgeschmack, entsteht durch Abhängen des Wildes
hors d'œuvre	['ɔrdœvr]	Vorspeise
jardinière	[ʒɑrdinjɛ:r]	Gemüsegarnitur aus verschiedenen Gemüsen, entweder klein ausgebohrt oder in kleine Würfel geschnitten
julienne	[ʒyljɛn]	in dünne Streifen geschnittenes Gemüse oder Fleisch
jus	[ʒy]	Bratensaft, Fleischsaft
larder	[larde]	lardieren, mit Speckbalken spicken
liaison	[ljɛzɔ]	Legierung aus Eigelb oder Rahm
lier	[lje]	binden, mit Eidotter und Süßrahm
marinade	[marinad]	Essiglösung zum Einlegen von Salaten, Fisch, Fleisch
marmite	[marmit]	Fleisch-, Gemüse- oder Bratentopf, Suppenkessel
mèler	[mɛle]	melieren, mischen, vermengen
mie de pain	[midpɛ̃]	frische Weißbrotkrumen (ohne Rinde)
mirepoix	[mirpwa]	Röstgemüse, in große Würfel geschnittenes Suppengemüse für Fonds, Fleisch, Wild etc.
mise en place	[miz ɑ̃ plas]	Vorbereitungen in der Küche und im Service

mousse	[mus]	Schaumbrot, feines Püree von Schinken, Geflügel, Wild, Fisch
panade	[panad]	brandteigartige Bindung für Farcen
paner	[pane]	panieren, in Paniermehl wenden
parfumer	[parfyme]	Zufügen von Aromen oder Geschmacksträgern
passoire	[pɑswa:r]	Durchschlag
pâtissier	[pɑtisje]	Küchenkonditor, Süßspeisenkoch
petit four	[p(ə)tifur]	kleines, als Nachtisch bestimmtes Backwerk
paysanne	[peizan]	Gemüsescheiben, rund geschnitten
pocher	[pɔʃe]	pochieren, am Siedepunkt garen, unter 100 °C
poissonnier	[pwasɔnje]	Abteilungskoch, zuständig für Fisch
potagier	[pɔtaʒje]	Abteilungskoch, zuständig für Suppen
réchauffer	[reʃofe]	wieder erwärmen, aufwärmen
réduction	[redyksjɔ̃]	Reduzieren, auf ein Minimum einkochen lassen
remouillage	[r(ə)muja:ʒ]	zweiter Fond, Knochen nochmals zum Kochen aufsetzen
restaurateur	[rɛstɔratœ:r]	Abteilungskoch, zuständig für à la minute-Gerichte
rôtir	[roti:r]	braten
rôtisseur	[rɔtisœ:r]	Abteilungskoch, zuständig für Fleisch
roux	[ru]	Mehlschwitze
royale (royal)	[rwajal]	Eierstich
salamander	[salamɑ̃dr]	Küchengerät zum Gratinieren
salmis	[salmi]	braunes Ragout von Wildgeflügel
saucier	[sosje]	Abteilungskoch, zuständig für Soßen
saucisse	[sosis]	kleines Bratwürstchen
sauteuse	[sotøz]	Schwenkkasserolle
sautoir	[sotwa:r]	Stielkasserolle
savarin	[savarɛ̃]	in kleinen Ringformen gebackene Hefekuchen
soubise	[subis]	helles Zwiebelmus, helle Zwiebelsoße
soufflé	[sufle]	Auflauf
souschef	[suʃɛf]	Vertreter des Küchenchefs
supplement	[syplemɑ̃]	Nachreichen
suprême	[syprɛm]	Bezeichnung für das Beste, das Feinste
surprise	[syrprɪz]	Überraschung
tartelette	[tartəlɛt]	kleines Törtchen, meist mit Früchten belegt
terrine	[terin]	kalte Schüsselpastete
torchon	[tɔrʃɔ̃]	Anfasstuch des Kochs
tournant	[turnɑ̃]	Vertreter der Abteilungsköche
tournedos	[turnədo]	Lendenschnitten aus Rindfleisch

tourner	[turne]	tournieren, formen, rund schneiden, wenden
tranche	[trɑ̃ʃ]	Schnitte
velouté	[vəlute]	helle Grundsoße
vinaigrette	[vinɛgrɛt]	Essig-Kräutersoße
vol-au-vent	[vɔlovɑ̃]	Pastetenhaus, große Blätterteigpastete
zeste	[zɛst]	Zitronen- oder Orangenschale hauchdünn und in sehr feine Streifen geschnitten

Sachwortverzeichnis

4

4

4